21世纪全国高职高专物流管理系列实用规划教材

国际货运代理实务

张建奇　编著

北京大学出版社
PEKING UNIVERSITY PRESS

内 容 简 介

本书通过行业分析和职业岗位分析，综合国际货运代理行业的从业人员应掌握的知识、能力及素质要求，以国际货运代理业务流程为主线，采用同实际企业运营流程及岗位相吻合的方法编排内容。本书注重实用性和可操作性，写作上强调文、图、表有机结合，使内容与知识形象化，内容重点突出，简明扼要，通俗易懂。全书共分为八个项目，每个项目按照以下思路来构建：学习目标—引导案例—学习任务—职业能力训练—考核评价—推荐网络学习资源。

本书突出适应高等职业教育项目导向和任务驱动的教学改革要求，既可作为高等职业学校物流管理、国际贸易等专业的学习教材，也可作为相关行业社会工作者的实践手册。

图书在版编目(CIP)数据

国际货运代理实务/张建奇编著. —北京：北京大学出版社，2013.1

(21 世纪全国高职高专物流管理系列实用规划教材)

ISBN 978-7-301-21968-3

Ⅰ. ①国…　Ⅱ. ①张…　Ⅲ. ①国际货运—货运代理—高等职业教育—教材　Ⅳ. ①F511.41

中国版本图书馆 CIP 数据核字(2013)第 012052 号

书　　　名：国际货运代理实务

著作责任者：张建奇　编著

责 任 编 辑：李　辉

标 准 书 号：ISBN 978-7-301-21968-3/F・3481

出 版 发 行：北京大学出版社

地　　　址：北京市海淀区成府路 205 号　100871

网　　　址：http://www.pup.cn　新浪官方微博：@北京大学出版社

电 子 信 箱：pup_6@163.com

电　　　话：邮购部 62752015　发行部 62750672　编辑部 62750667　出版部 62754962

印　刷　者：涿州市星河印刷有限公司

经　销　者：新华书店

787 毫米×1092 毫米　16 开本　19.5 印张　458 千字

2013 年 1 月第 1 版　2016 年 1 月第 3 次印刷

定　　　价：38.00 元

前　言

随着国际贸易往来日趋频繁，国际货运代理业在世界范围内得到迅速发展，已经渗透到国际商务活动的每个领域，被公认为国际运输的组织者，也被誉为“国际贸易的桥梁”，在国际物流运作过程中起着举足轻重的作用。

随着我国对外贸易的迅速发展，国际货运代理正在向着多元化方向发展，经营模式也向规模化、规范化、一体化的现代国际货运代理模式转变。新兴的国际货运代理行业需要大量高素质、专业技能过硬、动手实践能力强的人才。这为高等职业院校培养国际货运代理人才提供了巨大的市场空间。高职高专院校培养国际货运代理行业实用型、技能型“灰领人才”事不宜迟。

目前高职高专层次的国际货运代理教材比较多，但是许多教材内容理论性较强，与实际工作脱节，不利于实操型国际货运代理人才的培养。这和高职高专教育“以就业为导向，培养应用型人才”的理念不大相符。根据教育部《关于全面提高高等职业教育教学质量的若干意见》等文件精神，高职高专院校要积极构建与生产劳动和社会实践相结合的学习模式，把工学结合作为高职高专教育人才培养模式改革的切入点。鉴于此，编者编写了本书。

在本书的编写过程中，按照高职教育的新定位，编者从高职高专学生的知识结构、接受能力与未来工作岗位的需求出发，突出基础理论和实践紧密结合的特色，对每个项目进行了精心的构建。在以“任务驱动、工作流程为主线，工作岗位为载体”的理念指导下，本书突破传统的编写体例，以海运货运代理为重点组织内容，介绍了国际货运代理的基本知识和操作规程等。与其他国际货运代理实务及国际物流教材相比，本书主要特色如下：

1．结构新颖。本书完全打破了现行教材的章节结构，以实际业务项目为主线，按照实际工作程序编写教学内容，既包括基础知识，又包括基本技能训练。

2．内容翔实、知识全面。本书涉及海运货运代理业务、航空货运代理业务、国际陆路货运代理业务及国际多式联运等主要货运代理业务，学生通过对本书的学习，能够具备承担实际工作的能力。

3．重点突出。海运货运代理是国际货运代理中最常见、最普遍的代理业务，因此本书重点介绍国际海运货运代理业务，按照国际海运货运代理业务常识—国际海运货运代理合同的磋商与订立—履行国际海运货运代理合同—海运货物跟踪与保险编排内容。

4．实践性强。本书中的项目与任务完全“嫁接”实际业务中的具体做法，具有较强的指导性和实用性，不仅能够帮助学生更深切地理解与掌握专业知识与技能，还有助于全方位提升实践能力。

5．配套综合测试题丰富。本书附有配套综合测试题，题型丰富，覆盖面广，按照基本理论知识考核—知识运用能力考核—实践操作能力考核编排内容，同时结合国际货运代理员资格考试要求，有利于检验和深化所学的知识。

本书由广东省政企合作院校广州康大职业技术学院双师型骨干教师张建奇编著。在本书的编写过程中，广州鼎泰国际货运代理有限公司、广州达康国际货运代理有限公司、广州海图国际货运代理有限公司等企业管理者提出了许多宝贵的意见和建议，在此深表谢意。编者还参阅了大量同行学者的论文、著作、案例及网络资料，在此一并表示衷心的感谢。

由于国际货运代理行业在不断地发展，加之时间仓促，编者水平有限，书中难免存在疏漏，望广大读者多提宝贵意见，以便修订再版时改进。有关意见和建议请发至 kangda2007.love@163.com。

张建奇

2012 年 8 月

目　录

项目1 认知国际物流与货运代理

学习目标

知识目标

◆掌握国际物流的相关概念。
◆掌握国际货运代理的相关概念。
◆熟悉国际物流系统的组成。
◆了解国际货运代理的设立及内部运行。
◆了解国际货运代理行业管理及从业资格。

能力目标

◆通过讨论和竞争性发言，提高学生的语言表达能力。
◆通过案例评析，提高学生对相关知识的认知能力。
◆通过实践操作题，提高学生的实践应用能力。

引导案例

丝绸之路——国际物流之源

很多人认为在我国，物流业是随着改革开放和市场化进程才出现和发展起来的新兴行业。但是，如果研究一下“丝绸之路”的历史，或许可以得出这样的结论：我国的国际物流业古已有之，它最初发端于陆地，而后扩展到海上。

考古发现，“丝绸之路”的开通距今已有 2 100 多年的历史。历史上，广义上的“丝绸之路”东段已达今韩国、日本，西段已至今法国、荷兰。这条古商道，南路可西行至现在的阿富汗、乌兹别克斯坦、伊朗，最远可到达埃及的亚历山大城；另一条路经巴基斯坦、阿富汗的喀布尔，到达波斯湾地区；如果从喀布尔南行，可以到达现在巴基斯坦的卡拉奇，转海路也可以到达波斯和罗马等地。“丝绸之路”在此又起到了陆海转承相接、实现国际联运的作用，相当于部分地发挥了大陆桥的功能。“丝绸之路”原本就是一条沟通东西方，贯穿当时各相关国际商品市场的物流之路。在这条路上的商贸活动中，应该已经包含了诸如国际物流、多式联运、大陆桥等现代意义上的物流和运输概念的雏形和思想。“丝绸之路”的历史或许可以证明，国际物流业或应源自古老的中国。

从英国考古学家斯坦因在玉门关和楼兰等遗址发掘出的丝织品的标签上可以了解到，当时产自山东的丝绸已经通过这条商业通道被运往了西方。那时的运输驼队规模较大的已有几十峰骆驼，规模宏大的甚至可达成百或上千峰，它们所承运的货物数量之大、种类之多，是难以想象的。当时行走的路线是漫长、坎坷、复杂、艰险的，途经国家和地区众多，必须要考虑和安排沿途的停歇、补给、装卸、联络、交易等事务，还要考虑路线的选择、运输计划的安排、运输时间及速度、节奏的控制和掌握。沿途各国各民族的习俗不同，会涉及多种语言。沿途各地的交易环境、交易习惯、交易手段、交易规则不仅不尽相同，甚至还可能相当复杂。

可见，伴随着这条商贸古道上如此长期和宏大的商旅活动，其中货物的集散、存储、保管和运输，以及交易信息的传递和交换等各个业务环节，应该已经相当丰富。“丝绸之路”是国际物流之源，国际物流业应该是从这里发端和发展而来的。

【解析】

国内关于国际物流的教科书和专著，谈到我国的国际物流之源，占主流的观点认为“物流业西来”，更有人认为中国的物流业是从或德国、或美国、或日本等外国引进的；并因此以为，此前，中国没有国际物流业的历史。但是，“丝绸之路”的历史告诉我们，中国的国际物流业古已有之。

任务 1.1　国际物流概述

1.1.1　国际物流的概念、作用及特点

1. 国际物流的概念

国际物流(International Logistics，IL)是跨越不同国家之间的物流活动。它是相对于国内物流而言的，是国内物流的跨国延伸和扩展，是跨国界的、流通范围更加扩大了的货物流通。其狭义的理解是当供应和需求分别处在不同的地区和国家时，为了克服供需时间和空间上的矛盾而发生的商品物质实体在不同国家之间跨越国境的流动。国际物流伴随着国际贸易的发展而产生和发展，并成为国际贸易的重要物质基础，各国之间的相互贸易最终必须通过国际物流来实现。此外，如各国之间的邮政物流、展品物流、军火物流等也构成了国际物流的重要内容。

2. 国际物流的作用

国际物流最大的特点是物流跨越国界，物流活动是在不同国家之间进行的，所以国际物流的存在与发展可以促进世界范围内物品的合理流动，可以使国际间物资或商品的流动路线达到最佳、流通成本最低、服务最优、效益最高。由于现代物流业对本国经济发展、国民生活提高和竞争实力增强有着重要的影响，因此，世界各国都十分重视物流业的现代化和国际化。

3. 国际物流的特点

1) 物流的环境差异大

国际物流所面临的环境相对于国内物流来说具有很大的差异性。这种差异来自各个方面，不同的国家、不同的地区适用的法律法规不同，操作规程和技术标准不同，地理、气候等自然环境、风俗习惯等人文环境不同，经济法律和科技发展及各自消费水平不同，等等。这使得国际物流的复杂性远高于一国的国内物流，甚至会阻断国际物流。不同国家的不同经济和科技发展水平会造成国际物流处于不同科技条件的支撑下，甚至有些地区根本无法应用某些技术而造成国际物流全系统水平的下降。不同国家的不同标准也会造成国际间“接轨”的困难，因而使国际物流系统难以建立。这些具有显著差异的物流环境使得国际物流多流的建立必须同时适应多种不同的法律法规、人文环境、习俗、语言、科技发展程度及相关的设施，由此国际物流相对于国内物流来说，要形成完整、高效的物流系统难度较大。

2) 物流系统范围广泛

国际物流系统不仅具有物流本身的复杂的功能要素，而且还要面对不同国家、不同地区错综复杂的不断变化的各种因素。国际物流涉及广阔的地域空间和诸多内外因素，需要经历较长的时间和较大难度的操作过程，以及面临较大的风险。国际物流系统范围的广泛性使得相关的现代化技术的开发与使用显得尤为重要。

3) 必须有国际化信息系统的支持

国际物流所面对的市场变化多、稳定性小，所以对信息的提供、收集与管理具有更高的要求，由此必须要有国际化信息系统的支持，而建立技术先进的国际化信息系统成为发展现代国际物流的关键所在，同时它需要克服一系列困难：一是管理困难，二是投资巨大，三是世界信息水平不均衡。只有逐一地克服这些困难，才能建立起符合现代国际物流需求的物流信息支持系统。

4) 标准化要求较高

国际物流要使国际间物流互相“接轨”并畅通起来，有一个必备的条件是标准统一，可以说，如果没有统一的标准，国际物流水平就难以提高。目前，美国、欧洲基本实现了物流工具、设施的统一标准，如托盘统一采用 1 000 毫米×1 200 毫米规格，集装箱也采用几种统一规格及条码技术等，这样一来，大大降低了物流费用，降低了转运的难度。而不向这一标准靠拢的国家，必然在转运、换车底等许多方面要多耗费时间和费用，从而降低其国际竞争能力。

5) 运输更加现代化

为了提高物流的便捷化，当前世界各国都在采用先进的物流技术，开发新的运输和装卸机械，大力改进运输方式，如应用现代化物流手段和方式，发展集装箱运输、托盘技术等。

美国的物流效率之所以高，原因在于美国的物流模式是善于将各种新技术有机融入到具体物流运作中，因而能在世界上率先实现高度的物流集成化和便利化。总之，融合了信息技术与交通运输现代化手段的国际物流，对世界经济运行将继续生积极的影响。

1.1.2 国际物流系统的组成

国际物流是一个高度综合的系统概念，其中，储存和运输子系统是物流的两大支柱。物品流动主要是通过运输达成，实现其自身的时间和空间效应，储存货物无形之中也就成为国际运输的另一项基本功能。流通过程根据操作要求或客户的特殊需要，又包括包装和流通加工子系统。涉及物品的进出口，国际物流还包括检验报关、国际配送等系统。

1. 运输子系统

物流系统依靠运输作业克服商品生产地和需要地点的空间距离，创造了商品的空间效益。国际货物运输是国际物流系统的核心。货物通过国际货物运输实现商品由发货方到收货方的转移。国际货物运输是国内运输的延伸和扩展，同时又是衔接出口国运输和进口国货物运输的桥梁与纽带。国际货物运输具有路线长、环节多、涉及面广、手续繁杂、风险性大、时间性强、内外运两段性和联合运输等特点。现代物流业的迅速发展与运输业的技术革命紧密相关，特别是集装箱技术的推广应用给国际物流业的发展带来一场深刻的革命，极大地提高了国际物流系统的效率。

我国国际物流运输主要存在以下问题。

(1) 海运力量不足、航线不齐、港口较少等，影响了进出口货物及时流进流出，特别是出口货物的运输更加不足。我国出口货物主要靠海运。目前，现有的船型结构也不尽合理，中等船舶奇缺。由于船舶较大，运输间隔时间又长，这对要求批量小、供货快的运输很不利。我国港口数量不足和布局不合理的问题也比较突出。例如，我国输往中南美洲、大洋洲、南太平洋、西非等地区的货物几乎全部需要运到我国香港地区中转，这样运费高、时间长，严重影响了我国出口商品的竞争力。

(2) 铁路运输全面告急，我国内陆出口更困难。我国同朝鲜、蒙古、独联体国家、越南等虽然有铁路连接，但运力仍然不足。有些内陆省份有时即使有国际市场急需的货物，但由于铁路运力不足也不能卖出。

(3) 航空运输力也不足，加上运价昂贵，难以适应外贸发展的需要。20 世纪 80 年代以来，货物空运在世界范围内已被广泛采用，而我国在这方面却较为落后。我国的货物空运目前主要靠客运飞机捎带货物，真正的货运飞机数量少。据统计，2011 年我国国际航线运量只有 400 万吨左右，远远满足不了外贸发展的需要。

总之，为解决外贸出口运输的困难，必须由国家和地方联合发展船队，加速沿海码头建设和航空事业的发展。

2. 仓储与配送子系统

商品储存、保管使商品在其流通过程中处于一种或长或短的相对停滞状态，这种停滞是完全必要的。因为商品流通是一个由分散到集中，再由集中到分散的源源不断的流通过程。国际贸易和跨国经营中的商品从生产厂或供应部门被集中运送到装运港口，有时需要临时存放一段时间再装运出口，这是一个集和散的过程。它主要是在各国的保税区和保税仓库进行的，主要涉及各国保税制度和保税仓库建设等方面。

知识链接

保税制度是对特定的进口货物，在入境后，尚未确定内销或复出的最终去向前，暂缓缴纳进口税，并由海关监管的一种制度。这是各国政府为了促进对外加工贸易和转口贸易而采取的一项关税措施。

保税仓库是经海关批准专门用于存放保税货物的仓库。它必须具备专门储存、堆放货物的安全设施。健全的仓库管理制度和详细的仓库账册，配备专门的经海关培训认可的专职管理人员。保税仓库的出现，为国际物流的海关仓储提供了既经济又便利的条件。从物流角度看，应尽量减少储存时间、储存数量，加速货物和资金周转，实现国际物流的高效率运转。

配送是指在经济合理区域范围内，根据客户要求，对物品进行拣选、加工、包装、分割、组配等作业，并按时送达指定地点的物流活动。配送是物流中一种特殊的、综合的活动形式，是商流与物流的紧密结合，包括商流活动和物流活动，也包括物流中若干功能要素的一种形式。

3. 装卸与搬运子系统

在物流系统中，装卸与搬运主要指垂直运输和短距离运输，其主要作用是衔接物流其他各环节的作业。货物的装船、卸船、商品进库、出库，以及在库内的搬、倒、清点、查库、转运、转装等，都是装卸与搬运的重要内容。提高装卸搬运的作业质量和作业效率，可以有效地减少物流各环节之间的摩擦，提高物流系统的效率，降低物流成本。

4. 流通加工子系统

商品在流通过程中的加工，不仅可以促进商品销售，提高物流效率和资源利用率，而且还能通过加工过程保证并提高进出口商品的质量，扩大出口。流通加工既包括分装、配装、拣选、刷唛等出口贸易商品服务，也包括套裁、拉拔、组装、服装烫熨等生产性外延加工。这些加工不仅能最大限度地满足客户的多元化需求，还能增加外汇收益。

5. 商品检验检疫、通关子系统

国际贸易和跨国经营具有投资多、风险高、周期长等特点，使得商品检验成为国际物流系统中重要的子系统。通过商品检验，确定交货品质、数量和包装条件是否符合合同规定。如发现问题，可分清责任，向有关方面索赔。在买卖合同中，一般都订有商品检验条款，其主要内容有检验时间与地点、检验机构与检验证明、检验标准与检验方法等。

另外，商品的出入境还须申请通关。当报关人员填写和提交有关单证后，海关按照海关法律法规，审查、核对有关单证，并查验货物，计算进出口税额，结清税款，办理通关手续后，准予货物进出境。

6. 商品包装子系统

在国际物流系统中，商品包装的主要作用是保护商品、便利流通、促进销售。商品的商标与包装不仅反映了企业的经营水平与风格，也是一个国家综合科技文化水平的直接反映。杜邦定律(美国杜邦化学公司提出)认为，63%的消费者是根据商品的包装和装潢进行购买决策的，国际市场和消费者是通过商品来认识企业的。在对出口商品包装进行设计及具体包装作业时，应将包装、储存、装卸搬运、运输等物流各环节进行系统分析，全面规划，实现现代国际物流系统所要求的“包、储、运一体化”，从而提高整个物流系统的效率。

7. 国际物流信息子系统

功能完善的信息系统是国际物流和跨国经营的基础。该子系统的主要功能是采集、处理和传递国际物流和商流的信息情报。国际物流信息的主要内容包括报关和进出口单证、支付方式信息、客户资料信息、市场行情信息和供求信息等。国际物流信息系统的特点是信息量大，交换频繁；传递量大，时间性强；环节多，点多，线长。没有功能完善的信息系统，国际贸易和跨国经营将寸步难行，所以要建立技术先进的国际物流信息系统。国际贸易中电子数据交换(Electronic Data Interchange，EDI)的发展是一个重要趋势。我国应该在国际物流行业加强推广 EDI 的应用，建设国际贸易和跨国经营的信息高速公路。

我国发展国际物流，应将上述主要系统有机联系起来，统筹考虑，全面规划，建立适应国际竞争要求的国际物流系统。国际物流系统的运作流程如图 1.1 所示。

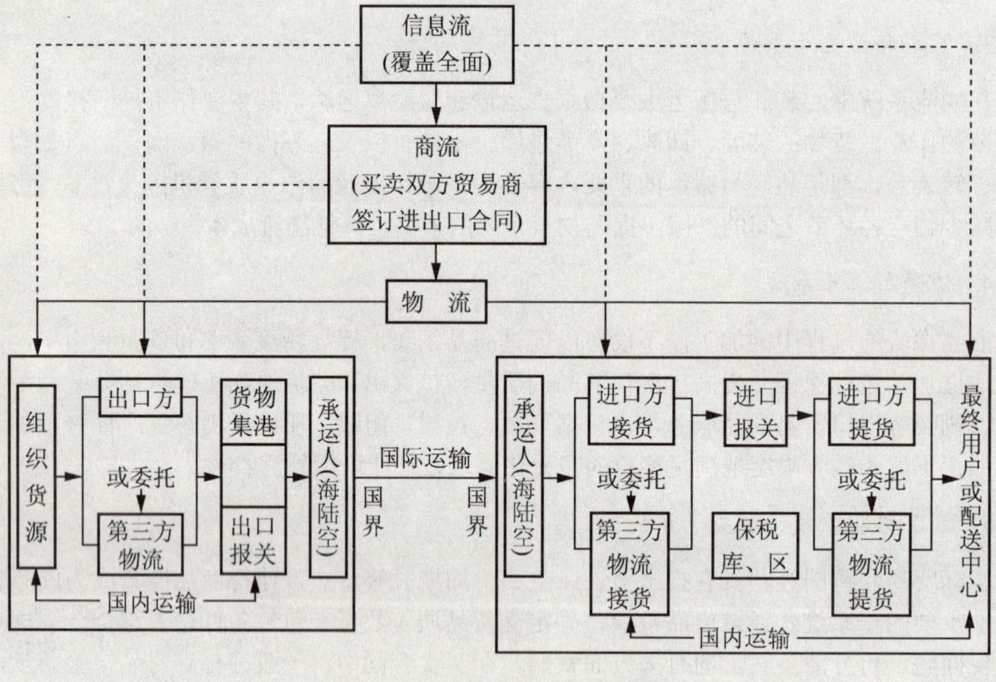

图 1.1 国际物流系统的运作流程

1.1.3 国际物流系统运作模式

系统一般包括输入部分、输出部分及将输入转换成输出的转换部分等内容。在系统运行过程中或一个系统循环周期结束时，有外界信息反馈回来，为原系统的完善提供改进信息，使下一次的系统运行有所改进，如此循环往复，使系统逐渐达到有序的良性循环。国际物流遵循一般系统模式的原理，形成了自己独特的物流系统模式，如图 1.2 所示。

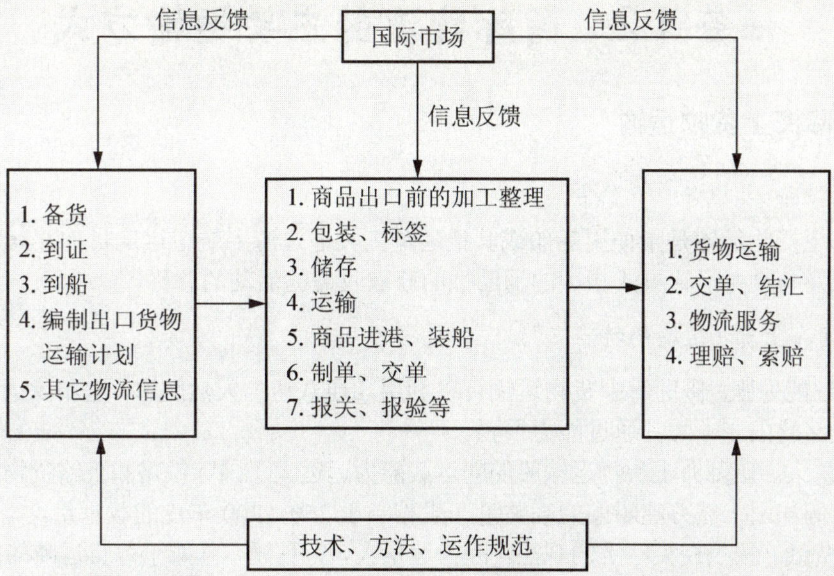

图 1.2 国际物流系统运作模式

(1) 国际物流系统输入部分的内容：①备货，货源落实；②到证，接到买方开来的信用证(Letter of Credit，L/C)；③到船，买方派来船舶；④编制出口货物运输计划；⑤其他物流信息。

(2) 国际物流系统的转换部分的内容：①商品出口前的加工整理；②包装、标签；③储存；④运输(国、国际段)；⑤商品进港、装船；⑥制单、交单；⑦报关、报验，以及现代管理方法、手段和现代物流设施的介入。

(3) 国际物流系统输出部分的内容：①商品实体从卖方经由运输过程送达买方手中；②交齐各项出口单证；③结算、收汇；④提供各种物流服务；⑤经济活动分析及理赔、索赔。

除上述三项要素外，还经常有许多外界不可控因素的干扰，使系统运行偏离原计划。这些不可控因素可能是国际的、国内的、政治的、经济的、技术上的和政策法令、风俗习惯等的制约，这是很难预计控制的，它对物流系统的影响很大。如果物流系统具有良好的应变适应能力，遇到不可控因素，马上能提出改进意见，变换策略，只有这样，系统才能具有强大的生命力。

知识链接

1956—1967 年苏伊士运河封闭，直接影响国际货物的外运。这是事先难以预见的，是外界政治因素严重干扰的结果。日本的对外贸易商品运输因此受到严重威胁：如果将货物绕道好望角或巴拿马运河运往欧洲，则航线会增长，时间会延长，经济效益会下降。为此，日本尝试利用横贯北美大陆的铁路进行运输，取得了良好的效果，于是大陆桥运输由此得名。当时日本的国际物流系统设计部门面对外部环境的干扰，采取了积极措施，使该国的国际物流系统具有了新的生命力。

任务 1.2 国际物流的主要运输方式

1.2.1 国际海上货物运输

1. 国际海上货物运输的概念

国际海上货物运输是指使用船舶或其他运输工具通过海上航道运送货物并获取收益的运输方式，以及与这种运输方式相关的辅助性的获取收益的活动的总称。

2. 国际海上货物运输的特点

(1) 通过能力强。国际海上货物运输可以利用四通八达的天然航道，它不像火车、汽车受到轨道和道路的限制，故其通过能力很强。

(2) 运量大。国际海上货物运输船舶的运载能力远远大于国际铁路和公路货物运输车辆的运载能力。例如，一艘万吨船舶的载重量一般相当于 250～300 车皮的载重量。

(3) 运费低。按照规模经济的观点，因为运量大，行程远，分摊于每货运吨的运输成本就少，因此运价相对低廉。

国际海上货物运输虽有上述优点，但也存在不足之处。例如，国际海上货物运输受气候和自然条件的影响大，行期不易准确，而且风险较大。此外，国际海上货物运输的速度也较慢。

3. 国际海上货物运输的具体业务种类

1) 班轮运输业务

班轮运输(Liner Transport)又称定期船运输，是指在固定的航线上和港口间按事先公布的船期表，以从事客货运输业务并按事先约定的费率收取运费。

班轮运输经过长期的发展，形成了以下三大特点。

(1) 五定：定期、定船、定港、定航线和定费率。

(2) 班轮提单是运输合同的证明。班轮运输的承运人按照国际公约和有关国内法规拟订的载有承、托运人双方的权利、义务、责任和免责条款的班轮提单，是承、托运人双方争议处理的依据。货物装船后，提单由承运人(或其代理人)或船长签发给托运人。

(3) 不规定货物的装卸时间。由于班轮须按船期表规定的时间到港和离港，装卸作业均由随运人负责，所以在班轮运输中不存在滞期费和速遣的问题。

由于班轮运输具有上述特点，其在国际海上货物运输中表现出了明显的优点如下：

(1) 船舶技术性能较好，能适应定期运行的航线和货源(如备有冷藏货舱、鲜活货舱，以及贵重物品和重件货装载的特需的特殊装备)。

(2) 管理制度较为完善，船舶设备较好，船员的技术素质也较高，而且班轮公司一般都拥有自己的专用码头，在仓储和装卸方面都有一套专门的管理制度。

(3) 特别适合一般杂货和小批量货物的运输需要。班轮公司众多、班次频繁的特点对小批量而卸货港又分散的货物及时出运提供了便利的条件。即使是不能直达的港口货运，班轮公司也可安排货物的转口工作。

(4) 有利于收、发货的合理安排。班轮承运人一般采取码头仓库交接货物的做法，并负责办理货物的装卸作业和全部费用，以及货物的转口工作，而且定期公布船期表，这就为货方提供了诸多方便。

班轮的货运程序大致可归纳为揽货和订舱、收货和装船、卸货和交付三个部分。

2) 租船运输业务

租船运输(Shipping by Chartering)又称不定期船(Tramp)运输，它没有预定的船期表、航线和港口，船舶是按照租船人和承租人双方签订的租船合同中的条款来进行运输的。国际上船舶租赁方式可分为航次租船(Voyage/Trip Charter)、光船租船(Bareboat/Demise Charter)和定期租船(Time Charter)三种。

(1) 航次租船又称航程租船、程租船或程租。它是指船东负责提供一条船舶，在指定的港口或区域之间(多个装货港或卸货港)进行一个航次或数个航次承运租船人指定的货物，租船人向船东支付相应运费的租船运输方式。它一般有下列特点：

① 船东占有和控制船舶，负责船舶的营运调度工作。租船人指定装卸港口和货物。

② 租船人向船东支付运费(Freight)，不称租金(Hire)。运费的确定要考虑货物品种、数量、航线和装卸港条件好坏、租船市场行情等多种因素。一般有两种计费方式：一是按每吨费率计收运费；二是采用包干运费(Lump Sum Freight)方式，即不按每吨费率计收运费，而是提出一笔总运费，让租船人装足为止，若租船人装不足该轮也得支付包干总运费。在承运某些难以精确计算吨位或容积的货物时，船东往往喜欢选择包干运费，如木材运输等。

③ 船东负责营运费用。除装卸费由谁支付可协商之外，营运费用都由船东负担，如船员工资和伙食费，维修保养营运费，物料、供应品及设备费用，燃油费，港口使用费，船舶保险费，淡水费，船舶折旧费，公司管理费，扫舱费，垫舱费，代理费，佣金及货物索赔等。

④ 航次租船中都规定可用于在港装卸货物的时间(Lay Time)、装卸时间的计算方法、滞期及规定(Demurrage and Dispatch)。这是因为船东要控制该轮在港装卸时间，这与航次的经济效益有关。若装卸时间超过规定的天数，租船人要支付滞期费；反之，船东则要向租船人支付速遣费。但双方也可以同意习惯快速装卸(Customary Quick Dispatch，CQD)，即不规定装卸时间而按港口习惯装卸速度进行装卸，由船东承担时间风险。

根据双方约定的航次数，航次租船方式又有以下几种，见表1-1。

表1-1 航次租船方式的分支与特点

航次租船方式	特点
航次租船	仅仅洽租一个单程航次的租船方式。船东负责履行将指定的货物从一个或几个装货港运往另一个或几个卸货港，货物运抵卸货港，卸货完毕合同即告终止。航次租船中以单航次租船为多
来回航次租船	洽租一个往返航次的租船方式。所租用的船舶在完成一个单航次后，即在本合同中的卸货港装上回程货运回原装货港，卸完货后合同才告终止。由于货物流向及船舶适宜货载等因素，对租船人来说，回程货一般不易找到，因此这种来回航次租船很少见
连续单航次或连续来回航次租船	洽租连续完成几个单航次或几个来回航次的租船方式。这种方式下，同一艘船舶在同一航线上连续完成合同规定的两个或两个以上的单航次或来回航次，则合同终止。一般地，连续完成几个单航次的合同占绝大多数，空放回程航次的费用就由船东负担。当然也往往会有给予船东指定另一船(但要大致相同)或作代替的权力
包运合同	在规定的期限内，在船东和租船人预先同意的港口或区域内，船东指派船舶将规定的货物数量在规定的期限内平均分多个航次有规律地运完。履行各航次的船舶分别由船东指派同一或不同的船舶

(2) 光船租船又称租船。船东在租期内将一艘空船出租给租船人使用，并将船舶的控制权和占有权也一并交给租船人。这是一种财产租赁方式，并不具有运输承揽的性质。租船人按合同规定在租期内按期向船东支付租金，负责提供船员、供应和装备，以及船舶的营运管理费用。租船人在租期内成为该船临时特定的船东并有权使用船舶。

光船租船经营中的费用划分见表 1-2。

表 1-2　光船租船经营中的费用划分

船东负责	租船人负责
折旧费	燃油费
船舶保险费△	港口使用费
船舶检验费△	货物装卸费
经纪费	扫舱洗轮费
	垫舱物料费
	空航费(若产生的话)
	代理费和经纪费
	货物索赔
	船员工资、伙食
	维修保养
	物料、供应品和设备
	润滑油
	淡水
	船舶保险费△
	船舶检验费△
	企业一般管理费

注：△表示根据合同规定由船东负责或由租船人负责。

(3) 定期租船，是船舶所有人将船舶租给他人使用一定时期的租船方式。它以约定的某段期间为租期，在此租期内船东收取租金，租船人使用该船的运载能力。

根据联合国贸易和发展会议(简称联合国贸发会议)出版《租约》一书，将定期租船中船东和租船人应负担的费用作出划分，见表 1-3。

表 1-3　定期租船中船东和租船人应负担的费用划分

船东负担	租船人负担
船员工资	燃油费
船员伙食	港口使用费
维修保养	扫舱洗轮费
物料、供应品和设备	货物装卸费
润滑油	垫舱物料费
淡水△	空航费
船舶保险费	淡水△

续表

船东负担	租船人负担
企业一般管理费	承运货物产生的经纪费和代理费
船舶折旧费	部分货损货差索赔△
经纪费	
部分货损货差索赔	

注：△表示该项费用根据合同规定由谁负责。

1.2.2　国际航空货物运输

1. 国际航空货物运输的概念

按一般的常规理解，国际航空货物运输即指一国的提供者向他国消费者提供航空飞行器运输货物并获取收入的活动。

2. 国际航空货物运输的特点

(1) 运送速度快。从航空业诞生之日起，国际航空货物运输就以快速而著称。到目前为止，飞机仍然是最快捷的交通工具，其时速大都为 1 000 千米左右。快捷的交通工具大大缩短了货物在途时间，对于那些易腐烂、变质的鲜活商品，时效性、季节性强的报刊，节令性商品，抢险、救急品的运输，这一特点显得尤为重要。可以这样说，快速加上全球密集的国际航空货物运输网络才有可能使鲜活商品开辟出远距离市场，使消费者享有更多的利益。

运送速度快、在途时间短，也使货物的在途风险降低，因此许多贵重物品、精密仪器的运送也往往采用航空货物运输的形式。

(2) 不受地面条件影响，深入内陆地区。国际航空货物运输利用天空这一自然通道，不受地理条件的限制，对于地面条件恶劣、交通不便的内陆地区非常合适，有利于当地资源的出口，促进当地经济的发展。

国际航空货物运输使本地与世界相连，对外的辐射面广，而且国际航空货物运输比国际公路货物运输与国际铁路货物运输占用土地少，对寸土寸金、地域狭小的地区发展对外交通无疑是适合的。

(3) 安全、准确。与其他运输方式相比，国际航空货物运输的安全性较高，事故率也较低。航空公司的运输管理制度也比较完善，货物的破损率较低，如果采用空运集装箱的方式运送货物，则更为安全。

(4) 节约包装、保险、利息等费用。采用国际航空货物运输方式，货物在途时间短、周转速度快，企业存货可以相应地减少。一方面有利于资金的回收，减少利息支出；另一方面企业仓储费用也可以降低。国际航空货物运输安全、准确，货损货差少，保险费用较低。与其他运输方式相比，国际航空货物运输的包装简单，包装成本减少。这些都构成企业隐性成本的下降和收益的增加。

国际航空货物运输也有自己的局限性，主要表现在国际航空货物运输的运输费用较其他运输方式更高，不适合低价值货物。航空运载工具——飞机的舱容有限，对大件货物或大批量货物的运输有一定的限制。此外，飞机飞行安全容易受天气影响等。但总的来讲，随着新兴技术得到更为广泛的应用，产品更趋向薄、轻、短、小和高等价值，管理者更重视运输的及时性、可靠性，相信国际航空货物运输将会有更大的发展前景。

3. 国际航空货物运输的作用

(1) 当今国际贸易有相当数量的洲际市场，商品竞争激烈，市场行情瞬息万变，时间就是效益。国际航空货物运输可以使进出口货物抢行就市，卖出好价钱，增强商品的竞争能力，对国际贸易的发展起到了很大的推动作用。

(2) 利用航空飞行器来运输诸如电脑、精密仪器、电子产品，成套设备的精密部分，贵稀金属，手表，照相器材，纺织品，服装，丝绸，皮革制品，中西药材，以及工艺品等价值高的商品，可以利用其速度快、商品周转快的优点，使存货降低、资金迅速回收，以节省仓储和利息费用，提高运输效率。

(3) 国际航空货物运输适合于鲜活、易腐、季节性强的商品运送。这些商品对时间的要求极为敏感，如果运输时间过长，则可能使商品变为废品。

(4) 国际航空货物运输是国际多式联运的重要组成部分。

1.2.3 国际铁路货物运输

国际铁路货物运输是指经由地上、地下及架空铁路，实现货物从一地到另一地的位移的运输方式。它是现代运输业的主要运输方式之一。与其他运输方式相比，国际铁路货物运输具有以下显著特点。

(1) 国际铁路货物运输的运输量较大，安全可靠。铁路的一列货物列车一般能运送 3 000～5 000 吨货物，远比国际航空货物运输和国际公路货物运输的运输量大得多。在货物运输的安全性方面也较国际海上货物运输高。

(2) 速度快，铁路货运速度可达 100 千米每小时，磁悬浮列车时速已达 600 千米，据专家预测，21 世纪常规铁路行车时速将超过 480 千米，远远超过汽车和船只。

(3) 成本较低，仅为国际公路货物运输的几分之一甚至十几分之一。

(4) 具有较高的连续性和准确性，受气候条件的影响较小，一年四季可以不分昼夜地进行运输。

1.2.4 国际公路货物运输

1. 国际公路货物运输的概念

国际公路货物运输是指国际货物借助一定的运载工具，沿着公路做跨两个或两个以上国家或地区的移动的运输方式。它既是一个独立的运输体系，也是车站、港口和机场集散物资的重要手段。没有国际公路货物运输的衔接，国际铁路、海上、航空货物运输就不能正常进行。

2. 国际公路货物运输的特点

由于国际公路货物运输具有机动灵活、适应性强的优点，因此在运输体系中体现了时差效益、远距离效益和质量差效益三个特点。

1) 时差效益

在当今市场竞争日益激烈的环境下，对运输贸易的时间性要求将越来越高。汽车机动灵活，可以实现“门到门”运输，能满足时间性强的需要。目前，在一些尚未通铁路的中小开放港口，汽车的时差效益更为明显。

续表

标准	分类	主要特点
按贸易的内容	一般贸易	与加工贸易相对，是单边输入关境或单边输出关境的进出口贸易方式，其交易的货物是企业单边售定的正常贸易的进出口货物。一般贸易货物在进口时可以按一般进出口监管制度办理海关手续，这时它就是一般进出口货物。也可以享受特定减免税优惠，按照特定减免税监管制度办理海关手续，这时它就是特定减免税货物。也可以经海关批准保税，按照保税监管制度办理海关手续，这时它就是保税货物

注：进口贸易和出口贸易是就每笔交易的双方而言的。对于卖方而言，就是出口贸易；对于买方而言，就是进口贸易。此外，输入本国的商品再输出时，称为复出口；输出国外的商品再输入本国时，称为复进口。

1.3.3 国际物流与国际贸易的关系

国际物流是随着国际贸易的发展而发展起来的，同时国际物流也成为影响和制约国际贸易进一步发展的重要因素。国际物流的发展极大地改善了国际贸易的环境，为国际贸易提供了各种便利的条件，世界贸易的飞速增长与国际物流的发展是分不开的。

(1) 国际贸易促进了国际物流的产生与发展。国际物流是国内物流的延伸和进一步扩展，是跨越国界的、流通范围扩大了的“物的流通”，是实现货物在两个或两个以上国家(或地区)间的物理性移动而发生的国际贸易活动。可见，国际物流实质上就是国际贸易活动的一部分，是为国际贸易活动服务的。因此，国际物流得以产生的前提就是国际贸易的存在。如果没有国际贸易，也就没有商品的国际间流通，因此也就不需要有国际物流。

(2) 高效的国际物流系统成为国际贸易持续发展的保证。国际物流为货物的运输、装卸、仓储、信息传输等各个环节都提供了便利。现代物流运用科技手段，使信息快速、准确反馈，采用货物流通的最优渠道，将产品按消费者的需求生产出来，快速送到消费者手中，提高了服务质量，刺激了消费需求，加快了企业对市场的反应速度。

高效的物流系统为国际贸易不断发展提供了有利支持，使各国参与贸易的利益增加，使更多的非贸易品变为贸易品。

综上所述，国际贸易与国际物流是相辅相成、互相促进的关系。国际贸易的进一步发展需要国际物流的支持，如果国际物流的发展无法跟上国际贸易发展的脚步，将会大大阻碍国际贸易的纵深发展。因此，除了政策支持、全球合作等促进国际贸易发展的传统方法以外，还必须大力发展国际物流，以适应国际贸易发展的需要，促进国际贸易的持久发展。

任务 1.4 国际货运代理概述

国际货物运输具有线长面广、中间环节多、时间性强、情况复杂等特点，因此国际货物的运输业务通常由国际货运代理协同货主和承运人来完成。国际货运代理在国际上被誉为“国际贸易的桥梁”、“国际贸易运输的设计师和执行人”。国际贸易与国际货运代理(International Freight Forwarding Agent)的关系如图 1.3 所示。

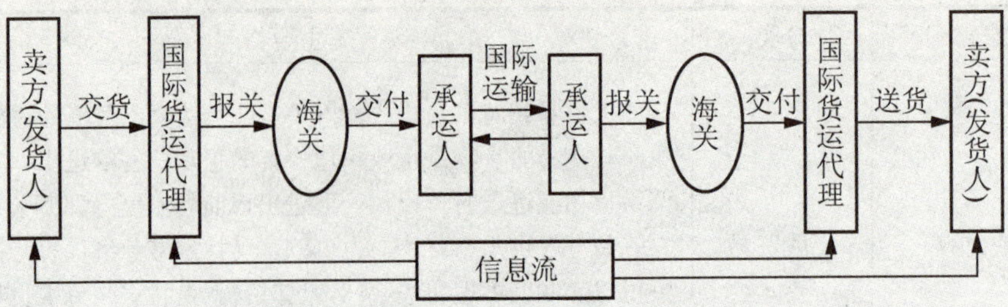

图 1.3 国际贸易与国际货运代理的关系

1.4.1 国际货运代理的含义

对“货运代理”一词，国际上并没有公认的、统一的定义，目前各国对之称谓不尽相同，如“通关代理人”、“报关代理人”、“船货代理”等。我国称为“国际货运代理”。

国际货运代理协会联合会(International Federation of Freight Forwarders Associations，FIATA)对国际货运代理下的定义是“国际货运代理是根据客户的指示，并为客户的利益而揽取货物运输的人，其本人并不是承运人。货运代理也可以依这些条件，从事与运送合同有关的活动，如储存(也含寄存)、报关、验收、收款等”。

中华人民共和国国家标准 GB/T 18354—2006《物流术语》将国际货运代理定义为“接受进出口货物收货人(Appoint)、发货人(Entrust)的委托，以委托人或自己的名义，为委托人办理国际货物运输及相关业务，并收取劳务报酬的经济组织”。

从传统意义上讲，国际货运代理通常充当代理的角色。他们替发货人或货主安排货物的运输，负责支付运费、保险费、包装费、海关税等，然后收取费用(通常是整个费用的一个百分比)，所有的成本开支由(或将由)客户承担。但近年来，货运代理有时充当了合同的当事人的角色，并且以货运代理人的名义来安排属于发货人或委托人的货物运输。尤其当货运代理执行多式联运合同时，作为货运代理的“标准交易条件”就不再适用了，货运代理的契约义务受其所签发的多式联运提单条款的制约，也将像承运人一样作为多式联运经营人，承担所负责运输货物的全部责任。

1.4.2 一级国际货运代理与二级国际货运代理

目前在我国，货运代理公司一般分为一级国际货运代理和二级国际货运代理两类。一级国际货运代理的资信程度最高，运费最低，提供的服务也最及时、到位。一级国际货运代理和二级国际货运代理的区别见表 1-5。

表 1-5 一级国际货运代理和二级国际货运代理的区别

项目	一级国际货运代理	二级国际货运代理
成立条件	相对高	相对低
公司账户及开票	人民币账户＋美元账户。可以直接开税票	人民币账户。只能到国家税务局开票
存在数量	较少	很多
订舱权大小	直接向承运人订舱(有订舱协议)	通常经一级国际货运代理向承运人订舱

知识链接

(1) 货运代理是代理人，不是船公司实际承运人。

(2) 一级国际货运代理有美金发票，二级国际货运代理没有而且必须要到国家税务局开票。一级国际货运代理可直接向船公司订舱，但不一定有资格订舱，许多船公司只指定了几个少数的货运代理作为订舱口。所以并不是说一级国际货运代理就明显胜过二级国际货运代理，大部分的一级国际货运代理也只在几个船公司享有订舱权。

(3) 即使有订舱权，一级国际货运代理也并不一定能争取到好的价格与服务，有许多情况，订舱货运代理反而要委托其订舱货运代理(其他一级或二级国际货运代理)争取价格与舱位，货运代理挂靠很常见，挂靠并不代表没有实力。

(4) 货运代理的主要工作包括订舱、报关、车运等。

(5) 报关者不一定是报关行(公司)，货运代理也可以报关，有的货运代理只经营报关业务。货主必须通过货运代理向船公司订舱。

(6) 拼箱订舱不是向船公司订舱，而是通过货运代理公司订舱，船公司一般不接受拼箱订舱。

(7) 无船承运人与一级国际货运代理的本质是一样的，二者都可以开美金发票，但也有一定的区别：前者是交通部核准的，后者是商务部核准的，前者可以开海运发票，后者只能开代理发票。通常货主只能选择其一。

(8) 无船承运人与一级国际货运代理可以是同属一家公司，某货运公司可以既是一级国际货运代理又是无船承运人。

(9) 选择货运代理的关键是服务，服务是重点，价格也应在考虑范围之内。

1.4.3　国际货运代理的主要业务范围

国际货运代理企业作为进出口货物收货人、发货人的代理人，可以以委托人的名义或者以自己的名义办理有关业务，收取代理费或佣金，当然也可以作为独立经营人接受进出口货物收货人、发货人或其代理人的委托，签发运输单证、履行运输合同并收取运费及服务费。

国际货运代理企业作为代理人或独立经营人从事经营活动，其主要经营范围包括进、出口代理等业务，具体见表 1-6。

表 1-6　国际货运代理的主要经营业务范围

出口代理业务	进口代理业务	其他代理服务
1. 选择运输路线、运输方式和适当的承运人	1. 报告货物动态	1. 国际多式联运业务 2. 根据客户的特殊需要进行监装、监卸、货物混装、集装箱拼装拆箱、运输咨询服务等
2. 向选定的承运人提供揽货、订舱服务	2. 接收和审核所有与运输有关的单据	
3. 提取货物并签发有关单证	3. 提货和付运费	
4. 研究信用证条款和所有政府的规定	4. 安排报关和付税及其他费用	
5. 包装、储存、称重和量尺码	5. 安排运输过程中的存仓	
6. 安排保险	6. 向收货人交付已结关的货物	
7. 将货物的港口后办理报关及单证手续，并将货物交给承运人	7. 协助收货人储存或分拨货物	
8. 做外汇交易		
9. 支付运费及其他费用		

续表

出口代理业务	进口代理业务	其他代理服务
10. 收取已签发的正本提单，并付发货人	7. 协助收货人储存或分拨货物	3. 特种货物装挂运输服务及海外展览运输服务等
11. 安排货物转运		
12. 通知收货人货物动态		
13. 记录货物灭失情况并协助收货人向有关责任方进行索赔		

1.4.4 国际货运代理的权利

国际货运代理接受客户支付的因货物的运送、保管、投保、报关、签证、办理汇票的承兑和其他服务所发生的一切费用，同时还接受客户支付的因国际货运代理不能控制的因素以致合同无法履行而产生的其他费用。如果客户拒付，国际货运代理人对货物享有留置权，有权以某种适当的方式将货物出售，以此来补偿所应收取的费用。国际货运代理人接受承运人支付的订舱佣金。

1.4.5 国际货运代理的性质和法律地位

1. 国际货运代理的性质

国际货运代理属于货物运输关系人的代理人，是联系发货人、收货人和承运人的货物运输中介。也就是说，国际货运代理是接受委托人的委托，提供运输、转运、仓储、保险等业务的一种“货物运输中间人”，既代表货主，保护货主的利益，又协助承运人进行承运工作，在二者之间从事经济活动业务。

国际货运代理的工作性质决定了从事这项业务的人必须具有有关国际贸易运输方面的广博的专业知识、丰富的实践经验和卓越的办事能力。国际货运代理熟悉各种运输方式、运输工具、运输路线、运输手续和不同的社会经济制度、法律规定、习惯做法等，精通国际货物运输中各个环节的各种业务，与国内外各有关机构如海关、商检机构、银行、保险公司、仓储公司、包装公司和各种承运人及代理人等有着广泛的联系和密切的关系，并在世界各地建有客户网和自己的分支机构。这些优势使得国际货运代理在国际货物运输中起着其他人取代不了的作用。

2. 国际货运代理的法律地位

根据《国际货物运输代理业管理规定实施细则》(以下简称《实施细则》)第二条规定，国际货运代理企业既可以作为进出口货物收货人、发货人的代理人，又可以作为独立经营人从事国际货运代理业务。

结合有关国际货运代理的规定和业务实践，我国国际货运代理有以下几种不同的法律地位。

1) 作为直接代理人

(1) 国际货运代理以委托人的名义与第三方发生关系时，根据《中华人民共和国民法通则》(以下简称《民法通则》)第六十三条的规定，被代理人对代理人的代理行为承担民事责任，在产生纠纷时，由委托人承担责任，第三方只能向委托人起诉，国际货运代理仅有谨慎处理之责。国际货运代理绝不能谋私利或与第三方通谋侵犯委托人的利益，否则国际货运代理与第三方负连带责任。

(2) 国际货运代理同第三方发生关系时，声明自己是代理但又不披露委托人的身份。国际货运代理通过与第三方明确的协议，把自己承担的义务转移给委托人或告诉委托人协议内容，委托人不作否认表示，即视为同意，委托人受此协议约束。国际货运代理仍是委托人的代理人，仅有谨慎处理的义务。第三方只能向委托人起诉，若国际货运代理不公开委托人是谁时，第三方可向国际货运代理起诉。

知识链接

国际货运代理作为代理人，在业务开展过程中，应注意如下问题。

(1) 要严格依照委托人的指示从事交易活动，不可出现越权代理的现象，也不能在未取得客户同意的情况下贸然安排与国际货运代理业务有关的服务。

(2) 当委托人的指示与国际货运代理实践不一致时，一定要得到委托人明确的、书面的指示。

(3) 不能进行双方代理，只能代理一位当事人。

2) 作为间接代理人

国际货运代理以自己的名义但为了委托人的利益与第三方订立合同，此时国际货运代理的法律地位是间接代理。无论委托人是否授权国际货运代理以自己的名义同第三方发生关系，此时的国际货运代理已不是实质上委托人的代理人，他已成为合同的当事人，同第三方直接发生民事法律关系。也即行纪人以自己的名义实施行为，并且自己取得行为的法律效果，在产生纠纷时，第三方只能向国际货运代理起诉。货主与国际货运代理发生纠纷时，由于国际货运代理是运输合同的当事人，依照《中华人民共和国海商法》(以下简称《海商法》)，其诉讼时效为 1 年。

3) 作为独立经营人

《实施细则》第二条规定，国际货运代理企业作为独立经营人，接受进出口货物收货人、发货人或其代理人的委托，签发运输单证、履行运输合同并收取运费及服务费的行为。当国际货运代理利用自己的运输工具直接从事货物运输时，他是实际承运人；当货运代理利用第三方的运输工具承运货物签发自己的提单时，他是契约承运人。

就《实施细则》独立经营人的定义来看，认为国际货运代理作为独立经营人时已成为无船承运人。国际货运代理负责多式联运，收取全程运费，签发全程提单，成为无船承运人，即多式联运经营人。多式联运经营人收取货物后，对在运输过程中任何区段发生的灭失、损害及延误负直接赔偿责任，除非他能证明其本人、受雇人、代理人或其他人，为避免事故的发生和后果已采取了一切符合要求的措施。

4) 作为居间人

国际货运代理在租船运输中经常充当经纪人的角色。《中华人民共和国合同法》(以下简称《合同法》)第四百二十四条规定，居间合同是指居间人向委托人报告订立合同的机会或提供订立合同的媒介服务，委托人支付报酬的合同。这里将国际货运代理称为居间人而不称为经纪人，是因为经纪人是指任何以从事中介活动为营业目的的法人或自然人。依其具体行为的法律性质，经纪人包括委托代理人、行纪人和居间人。《实施细则》中并无货运代理作为居间的规定。

1.4.6　国际货运代理的行业组织

1. FIATA

1) FIATA 的基本情况

FIATA 于 1926 年成立，总部设在瑞士苏黎世，是世界运输领域最大的非政府和非营利性国际货运代理行业组织。其目的是保障全球货运代理的利益并促进国际货运代理行业的发展。

2) FIATA 的宗旨

FIATA 的宗旨是保障和提高国际货运代理在全球的利益，工作目标是团结全世界的货运代理行业，以顾问或专家身份参加国际性组织，处理运输业务，代表、促进和保护运输业的利益。通过发布信息和分发出版物等方式，使贸易界、工业界和公众熟悉国际货运代理提供的服务。提高制定和推广统一货运代理单据、标准交易条件，改进和提高国际货运代理的服务质量，协助国际货运代理进行职业培训，处理责任保险问题，提供电子商务工具。

3) FIATA 的会员情况

2000 年 9 月，中国国际货运代理协会(China International Freight Forwarders Association，CIFA)成立，作为国家级会员加入 FIATA，我国台湾省和香港特别行政区各有一个区域性会员，台湾省以“中国台北”在 FIATA 登记注册。截至 2008 年，FIATA 有 86 个国家和地区的 96 个一般会员，在 150 多个国家和地区有 2 700 多家联系会员，代表 4 万多家国际货运代理企业和近 1 000 万从业人员。

知识链接

(1) 一般会员。代表某个国家全部或部分国际货运代理行业的组织和在某个国家或地区独立注册的唯一国际货运代理企业可以申请成为一般会员。

(2) 联系会员。国际货运代理企业或与国际货运代理行业密切相关的法人实体经其所在国家的一般会员书面同意，可以申请成为联系会员。

2. CIFA

1) CIFA 的基本情况

CIFA 于 2000 年 9 月 6 日在北京成立，是经国家主管部门批准从事国际货运代理业务、在中华人民共和国境内注册的国际货运代理企业，以及从事与国际货运代理业务有关的单位、团体、个人自愿结成的非营利性的具有法人资格的全国性行业组织。它属于 FIATA 的会员。

2) CIFA 的宗旨

CIFA 的业务指导部门是商务部。作为联系政府与会员之间的纽带和桥梁，CIFA 的宗旨是协助政府部门加强对我国国际货运代理物流行业的管理，维护国际货运代理物流业的经营秩序，推动会员企业间的横向交流与合作；依法维护本行业利益，保护会员企业的合法权益；促进对外贸易和国际货运代理物流业的发展；为行业培训现代国际货运代理物流人才，提升行业人员素质，增强行业企业的国际竞争力；以民间形式代表中国国际货运代理物流业参与国际经济贸易运输事务并开展国际商务往来，参加各种国际行业会议。

3) CIFA 的会员情况

截至 2010 年，CIFA 拥有会员近 600 家，其中理事会成员 89 家，各省市团体会员 27 家，包括各省市协会会员计 6 000 多家。

4) 地方性国际货运代理协会

随着国际货运代理行业的快速发展，在我国，各地方性国际货运代理协会在 20 世纪 90 年代纷纷成立。其宗旨是指导、服务、保护、协调会员，推动各会员企业发展横向联系，交流情况，协调关系，增进相互间的协作，保护会员的正当权益，以促进国际货运代理业务的发展，为对外经济贸易提供服务。

1.4.7 国际货运代理从业人员资格证书

国际货运代理从业人员资格证书(Certificate of Practitioners' Qualification)是从事国际货运代理行业的一个入门条件，是由商务部授权，CIFA 统一组织考试，统一颁发的国内公认的职业资质证书。

特别提示

如有意报考国际货运代理从业人员资格考试，请多关注 CIFA 考试中心网站公布的信息。

任务 1.5 国际货运代理的责任

1.5.1 国际货运代理的责任概述

国际货运代理企业依据与货主的约定，可以以货主的名义开展业务，也可以以自己的名义开展业务。这两种不同的情况，国际货运代理企业享有的权利和所承担的风险与责任是不同的。

1. 国际货运代理的责任范围

国际货运代理作为代理人的(法律)责任如下。

(1) 因不履行职责给委托人造成损失的赔偿责任。代理人不履行职责而给被代理人造成损失的，应当承担赔偿责任。

(2) 因自身过错给委托人造成损失的赔偿责任。国际货运代理作为纯粹的代理人，通常应对其本人及其雇员的过失承担责任，国际货运代理常见的错误和疏忽包括①未按指示交付货物；②尽管得到指示，办理过程中仍然出现疏忽；③报关有误；④运往错误的目的地；⑤未能按必要的程序取得再出口(进口)货物退税；⑥未取得收货人的货款而交付货物；⑦应对其经营过程中造成第三人的财产灭失、损坏或人身伤亡承担责任。

如果国际货运代理能够证明他对第三人的选择做到了合理的谨慎(即如果货运代理能够证明其在第三人选择上不存在过失)，那么他一般不承担因第三人的行为或不行为引起的责任。

(3) 与第三人串通损害委托人利益的，与第三人承担连带赔偿责任。国际货运代理与第三人恶意串通损害委托人利益的，应当由该国际货运代理和第三人向委托人承担连带责任。所谓“恶意串通”是指国际货运代理和第三人明知或应当知道自己的行为会损害委托人的利益，故意互相勾结，损害委托人的利益。所谓“连带责任”是指国际货运代理和与之串通的第三人共同对委托人承担法律责任，委托人可以向其中任何一方要求承担全部责任。

(4) 明知委托事项违法仍予代理的，与委托人承担连带责任。国际货运代理知道委托人委托办理的事项违法，但为了自身利益仍然进行代理活动，由委托人和国际货运代理承担连带责任。

(5) 擅自将委托事项转委托他人代理的责任，应对转委托的行为向委托人承担责任。国际货运代理不经委托人同意，擅自将委托人委托的事项转委托他人代理的，应当对其转委托的行为向委托人承担责任。但是在出现法定事由的情况下，为了保护委托人的利益，国际货运代理也可以不经委托人同意将委托事项的全部或一部分转委托他人办理，这种法定的事由限于国际货运代理不能亲自办理委托事务，又不能与委托人及时取得联系，如不及时转委托他人办理，就会给委托人利益造成损失或扩大损失的紧急情况。

(6) 从事无权代理行为，如果事后委托人不予追认，对委托人不发生效力，应由国际货运代理自行承担责任。

根据《民法通则》有关条款规定，我国国际货运代理没有代理权、超越代理权或者代理权终止后，仍然以委托人的代理人身份行事，称为无权代理。

国际货运代理在无权代理情况下的行为，只有经过委托人的事后追认，才对委托人发生效力，并由委托人承担责任。如果未经委托人事后追认，对委托人不发生效力，应由国际货运代理自己承担责任。如果第三人知道国际货运代理无权代理，仍然与其实施民事行为，并给委托人造成损害的，第三人还要与国际货运代理承担连带责任。

案例评析 1-1

某国际货运代理作为进口商的代理人，负责从A港接收一批艺术作品，在120海里外的B港交货。该批作品用于国际展览，要求国际货运代理在规定的日期之前于B港交付全部货物。国际货运代理在A港接收货物后，通过定期货运卡车将大部分货物陆运到B港。由于定期货运卡车出现季节性短缺，小部分货物无法及时运抵。于是国际货运代理在卡车市场雇佣了一辆货运车，要求其于指定日期之前抵达B港。而后，该承载货物的货车连同货物一起下落不明。

思考：国际货运代理有无责任？并说明理由。

【评析要点】根据FIATA关于国际货运代理的谨慎责任之规定，国际货运代理应恪尽职责，采取合理措施，否则需承担相应责任。本案中造成货物灭失的原因与国际货运代理所选择的承运人有直接的关系。由于其未尽合理而谨慎职责，即没有检验承运人的证书、考查承运人的背景，致使货物灭失。因而他应对选择承运人的过失负责，并承担由此给货主造成的货物灭失的责任。

2. 国际货运代理的除外责任

除外责任，又称免责，是指根据国家法律、国际公约、运输合同的有关规定，责任人免于承担责任的事由。对于国际货运代理，其除外责任通常规定在国际货运代理标准交易条件或与客户签订的合同中。一般情况下，国际货运代理除外责任主要包括以下七个方面：

(1) 客户的疏忽或过失所致。

(2) 客户或其代理人在搬运、装卸、仓储和其他处理中所致。

(3) 货物的自然特性或潜在缺陷所致，如由于破损、泄漏、自燃、腐烂、生锈、发酵、蒸发或由于对冷、热、潮湿的特别敏感性。

(4) 货物的包装不牢固，缺乏或不当包装所致。

(5) 货物的标志或地址的错误或不清楚、不完整所致。

(6) 货物的内容申报不清楚或不完整所致。

(7) 不可抗力所致。

此外，国际货运代理征询有关业务或处理意见时，委托人必须予以答复，并且对要求国际货运代理所做的工作及时给予各种明确的指示，如因指示不及时或不当而造成损失，国际货运代理不承担任何责任。

案例评析 1-2

货主A公司向作为无船承运人的B国际货运代理公司订舱出运20个出口集装箱，B公司接受委托承运后签发了提单，又以自己的名义将其中 10 个集装箱交由 C 航运公司运输，将另外 10 个集装箱交由 D 航运公司运输。D 航运公司的船舶在运输途中遇强风，部分装在甲板上的集装箱因绑扎不牢而落入海中灭失。收货人持 B 公司签发的提单提货时发现少了 3 个集装箱，收货人向 B 公司索赔，B 公司拒赔，从而引发诉讼。

思考：(1) B 公司和 D 航运公司是否应对收货人承担赔偿责任？为什么？

(2) D 航运公司对集装箱落海灭失是否适用免责条款？为什么？

【评析要点】(1) B 公司和 D 航运公司应对收货人承担赔偿责任。理由如下：①B 国际货运代理公司作为无船承运人，对其承运人的货物损失具有赔偿责任；②D 航运公司作为实际承运人，在运输途中，有责任保证货物运输安全，并承担货物灭失责任。

(2) D 航运公司对集装箱落海灭失不适用免责条款。理由如下：①作为实际承运人，D 航运公司将运输货物装在甲板上，加剧货物运输过程中的风险；②D 航运公司未将集装箱绑扎牢靠，作为承运人，应承担赔偿责任。

1.5.2　国际货运代理责任保险

1. 国际货运代理责任风险的产生

国际货运代理所承担的责任风险主要产生于以下三种情况。

(1) 国际货运代理本身的过失。国际货运代理未能履行代理义务，或在使用自有运输工具进行运输出现事故的情况下，无权向任何人追索。

(2) 分包人的过失。在“背对背”签约的情况下，责任的产生往往是由于分包人的行为错误或遗漏，而国际货运代理没有任何过错。此时，从理论上讲国际货运代理有充分的追索权，但复杂的实际情况却使其无法全部甚至部分地从责任人处得到补偿，如海运(或陆运)承运人破产。

(3) 保险责任不合理。在“不同情况的保险”责任下，单证不是“背对背”的，而是规定了不同的责任限制，从而使分包人的责任小于国际货运代理或免责。国际货运代理可以通过多种途径转移责任风险，而投保国际货运代理责任险就是一个很好的选择。

2. 国际货运代理责任险的内容

国际货运代理责任险主要是承保国际货运代理因过失或疏忽所导致的风险损失。因为国际货运代理无论是作为纯粹的代理人，还是作为当事人，均应对本人及雇员的过失及疏忽负责，所以这一方面的责任风险肯定是国际货运代理责任险的承保内容，通常包括以下几个方面。

1) 错误与遗漏

(1) 虽有指示但未能投保或投保类别有误。

(2) 迟延报关或报关单内容缮制有误。

(3) 发运到错误的目的地。

(4) 选择运输工具有误，选择承运人有误。

(5) 再次出口未办理退还关税和其他税务的必要手续。

(6) 保留向船方、港方、国内储运部门、承运单位及有关部门追偿权的遗漏。

(7) 不顾保单有关说明而产生的遗漏。

(8) 所交货物违反保单说明。

2) 仓库保管中的疏忽

仓库保管中的疏忽是指在港口或外地中转库(包括国际货运代理自己拥有的仓库或租用、委托暂存其他单位的仓库、场地)监卸、监装和储存保管工作中代运的疏忽与过失。

3) 货损货差责任不清

货损货差责任不清是指在与港口储运部门或内地收货单位各方交接货物时，数量短少、残损责任不清，最后由国际货运代理承担的责任。

4) 迟延或未授权发货

迟延或未授权发货包括以下几方面：①部分货物未发运；②港口提货不及时；③未及时通知收货人提货；④违反指示交货或未经授权发货；⑤交货但未收取货款(以交货付款条件成交时)。

可见，国际货运代理如果投保了国际货运代理责任险，就可以将其因过失或疏忽所导致的风险损失转嫁给保险公司。

国际货运代理责任险除承保国际货运代理因过失或疏忽所导致的风险损失外，还承保一些国际货运代理作为承运人时该承担的责任风险。

5) 货物的损坏及灭失

国际货运代理在提供物流服务时，货物出现损坏及灭失，在享受责任限制的情况下，对存放货物的短少及灭失均予以承保。若其不享受责任限制，则不享受部分不予承保，或需额外支付承保费方可予以承保。

6) 资讯和文件的错误和疏忽责任

物流商由于需要处理大量的资讯及文件，因此对员工的专业能力要求非常高，一旦在这一过程中有疏忽遗漏，就可能会对物流商造成重大损失。保险人对物流商因其员工过错造成的损失和应承担的责任予以承保。

7) 罚款与关税

物流商在货物通关过程中报关失误、违反出口条例等所产生的罚款，保险人可予以承保。甚至由于疏忽，违反反恐条例而遭受的政府罚款，保险人亦可予以承保。

8) 律师与检验费

由于上述险种所产生的律师费用和检验费用等均可由保险人承保。

9) 物流合同的一般责任

对于物流商的风险承保，最主要仍为对物流合同的特殊批准及承保。值得注意的是，现实中很多物流合同均会有一些非常苛刻的条款(如保证在特定时间到达指定地点的规定及违约责任)，这些条款往往都是保险人所不能承保的。

3. 国际货运代理责任保险的除外责任

虽然国际货运代理的责任可以通过投保责任险将风险事先转移，但作为国际货运代理必须清楚地懂得，投保了责任险并不意味着保险公司将承保所有的风险，因此绝不可以误认为在任何情况下，无论发生任何事故，即使自己有责任也不必承担任何风险与责任，一律由保险公司承担。这种想法是错误的。事实上，保单中往往都有除外条款，即保险公司不予承保，所以要特别注意阅读保单中的除外条款，并加以认真地研究和考虑。另外，保单中同时订有要求投保人履行的义务条款，如投保人未尽其义务，也会导致保险公司不予赔偿的后果。

除外责任适用于各种保险。在包括责任保险的保单中，除外条款和限制通常有以下几个方面。

(1) 对在承保期间以外发生的危险或事故不予承保。

(2) 索赔时间超过承保条例或法律规定的时效。

(3) 保险合同或保险公司条例中所规定的除外条款及不在承保范围内的国际货运代理的损失。

(4) 违法行为造成的后果，如运输毒品、枪支、弹药、走私物品或一些国家禁止的物品。

(5) 蓄意或故意行为，如倒签提单、预借提单引起的损失。

(6) 战争、外敌入侵、敌对行为、内战、反叛、革命、起义、军事或武装侵占、罢工、停业、暴动、骚乱、戒严和没收、充公、征购等的任何后果，以及为执行任何政府、公众或地方权威的指令而造成的任何损失或损害。

(7) 任何由核燃料或核燃料爆炸所致核废料产生的离子辐射或放射性污染所导致、引起或可归咎于此的任何财产灭失、摧毁、毁坏或损失及费用，不论直接或间接，都将作为其后果损失。

(8) 超出保险合同关于赔偿限额规定的部分。

(9) 事先未征求保险公司的意见，擅自赔付对方，亦可能从保险公司得不到赔偿或得不到全部赔偿。例如，当货物发生残损后，国际货运代理自认为是自己的责任，未征求保险公司的意见，自作主张赔付给对方。如事后证明不属于或不完全属于国际货运代理的责任，保险公司将不承担或仅承担其应负责的部分损失。当然，不同的险别对除外责任之规定是不一样的。

1.5.3　降低国际货运代理风险的措施

1. 预防性措施

采取一些预防性措施，可以有效降低国际货运代理的风险。

1) 提高人员素质

加强对人员的培训，使他们熟悉有关国际货运代理的标准交易条件、提单条款及相关行业术语等，并能处理索赔和进行迅速有效的追偿。

2) 规范单证使用

在使用单证时，确保使用正确、规范，字迹清楚。

3) 采用标准交易条件

建议采用 CIFA 标准交易条件，使其经营能够被客户及其分包人所理解和接受。

4) 慎选第三人

雇佣的分包人、船舶所有人、仓库保管人、公路运输经营人等应能胜任职务和可靠，国际货运代理应通知对方投保足够的和全部的责任保险。

5) 做好事故防范工作

如果经营仓储业、汽车运输业，还应做好防止偷窃、失火等安全性工作。

2. 挽救性措施

1) 对客户的挽救性措施

(1) 拒绝索赔并通知客户向货物保险人索赔。

(2) 在征得承包责任险的保险公司同意后，只要可能，与货主谈判，友好地进行和解。

2) 对承保责任险的保险公司的挽救性措施

(1) 及时向保险公司通报对国际货运代理的索赔或可能产生索赔的任何事故，并提供相关资料。如有可能造成损失，应及时将每一次事故或事件以书面形式通知保险公司，即使当时尚未发生索赔。如国际货运代理发现做了不该做之事，或该做而未做之事时，必须告知保险公司或向其提供下述资料：①事故或事件发生的时间与地点；②有关被保险人的姓名；③发生或未发生的事情，日后可能提出何种索赔；④事故或事件可能造成的损失金额；⑤日后可能会成为索赔人的姓名与地址；⑥有关交易的文件副本，包括事故或事件发生前所收到的指示内容、服务条款与条件及(或)此笔交易中所使用的提单。

(2) 向保险公司提供索赔方与己方的联系纪录。立即将双方有关要求与答复的书面材料的副本抄送保险人，且需将索赔人提出的口头要求的记录或双方口头联系(包括口头要求与答复或与此有关的交谈内容)的记录提供给保险人，并将在下述情况下发生的全部内部通信记录(或内部口头联系记录)提供给保险公司：从事导致发生此项索赔的交易时，收到索赔进行处理时或知道该事故/事件已发生进行处理时。

(3) 与保险公司及其法律代表在索赔或诉讼协商、调查或诉讼中充分合作。获得授权的代表，包括律师也应有义务与保险公司和保险公司的法律代表进行合作与协助。所以，须通知这些人或这些人的有关单位进行此项合作的职责。

对于被他人认为的疏忽行为必须严守秘密，除非法律要求披露。当然，对律师可以披露此疏忽行为与错误。

遇到货物灭失或损坏时，与保险公司(责任保险公司和货物保险公司)联系检验事宜，向保险公司提供单证和资料，收集支持案件的证据。

保险公司的费用将限于应适用的保险单内所约定的免赔额外的费用，但不限于提供证据、取得证据、出庭聆听、出庭听审、设法使证人出庭的费用。在指定关于索赔的律师之前要与保险公司协商。

(4) 没有保险人的允许，既不承认责任也不处理索赔。被保险人不得在没有获得保险公司书面授权的情况下，承担任何经济义务，承诺支付任何款项或任何金额。不得对某项索赔做出任何负有责任的陈述或行为。如果做出此种陈述或行为，可能导致保险公司的拒赔，即使此项赔偿或许是在保险单承保范围之内。

(5) 不得在没有得到保险公司特别书面同意的情况下，予以诉讼时效的延期。

3. 补偿性措施

1) 投保责任险

投保责任险，将风险事先进行转移，是防止或减少国际货运代理的责任风险的最好办法。

2) 索赔理赔

在投保责任险的情况下，国际货运代理该如何向保险人进行索赔？其中哪些损失会得到赔偿？哪些损失则无法从保险人处获得赔偿？可以结合国际货运代理投保责任险的实例进行分析。

案例评析 1-3

某国际货运代理公司接受货主委托，安排一批茶叶海运出口。国际货运代理公司在提取了船公司提供的集装箱并装箱后，将整箱货(Full Container Load，LCL)交给船公司。同时，货主自行办理了货运一切险。收货人在目的港拆箱提货时发现集装箱内异味浓重，经查明，该集装箱前一航次所载货物为精萘，致使茶叶受精萘污染。

思考：(1) 收货人可以向谁索赔?为什么?

(2) 最终应由谁对茶叶受污染事故承担赔偿责任?

【评析要点】(1) 可以向国际货运代理公司索赔，因为国际货运代理在装箱前没有检查集装箱。也可以向保险公司索赔，因为已经购买了保险，属于一切险的承保范围。

(2) 国际货运代理公司，因为就是由于国际货运代理公司工作人员不仔细而导致茶叶受精萘污染。

任务 1.6　国际货运代理企业的设立及内部运行

据统计，截至 2009 年，中国 90%的国际航空货物运输业务和 80%的进出口贸易运输和中转业务(其中散杂货占 70%，集装箱货占 90%)都是通过国际货运代理企业完成的。据《2006—2007 年中国货代企业名录大全》记载，中国的国际货运代理企业除了经过商务部审批或在商务部备案的 1 万多家较有规模的国际货运代理企业以外，还有众多中小企业和挂靠在其他企业的货运代理，总数在 3 万～4 万家。截至 2011 年 11 月，经商务部批准设立的一级国际货运代理企业已经有 9 300 多家，而且每天都有新的货运代理企业诞生。

1.6.1　国际货运代理企业设立的资格和条件

1. 国际货运代理业务申请人的资格

国际货运代理业务的申请人应当是与进出口贸易或国际货物运输业务有关，并有稳定货源的单位。符合以上条件的投资者应当在申请项目中占大股。国际货运代理企业的名称、标志应当符合国家有关规定，与其业务相符合，名称应当含有“货运代理”、“运输服务”“物流”等相关字样。

2. 国内投资国际货运代理企业的注册条件

国际货运代理企业应当依法取得中华人民共和国企业法人资格。企业组织形式为有限责任公司或股份有限公司。

国际货物运输代理企业的注册资本最低限额应当符合下列要求：经营海上国际货物运输代理业务的，注册资本最低限额为 500 万元人民币；经营航空国际货物运输代理业务的，注册资本最低限额为 300 万元人民币；经营陆路国际货物运输代理业务或者国际快递业务的，注册资本最低限额为 200 万元人民币；经营两项以上国际货物运输代理业务的，注册资本最低限额为其中最高一项的限额。国际货运代理企业每申请设立一个分支机构，应当相应增加注册资本 50 万元人民币。如果企业注册资本超过上述最低限额，其超过部分可以作为设立分支机构的增加资本。

3. 外商投资和港、澳、台投资的国际货运代理企业的注册条件

1) 外商投资的国际货运代理企业的注册条件

外商投资设立经营国际快递业务的国际货运代理企业由商务部负责审批和管理。外商投资设立经营其他业务的国际货运代理企业由各省、自治区、直辖市、计划单列市及新疆生产建设兵团商务主管部门(以下简称省级商务主管部门)负责审批和管理，其注册资本要达到 100 万美元。投资国际货运代理企业每设立一个从事国际货物运输代理业务的分公司，应至少增加注册资本 50 万元人民币。如果企业注册资本已超过最低限额，超过部分可作为设立公司的增加资本。

2) 港、澳、台投资的国际货运代理企业的注册条件

虽然我国香港、澳门特别行政区和台湾省属于中华人民共和国不可分割的组成部分，但是由于政治、法律等方面的原因，目前这些地区的公司、企业在内地设立国际货运代理企业，

只能参照有关外商投资国际货运代理企业的规定办理。国务院就香港、澳门投资者投资国际货运代理企业作了如下规定。

允许中国香港服务提供者和澳门服务提供者在内地以合资、合作、独资的形式设立国际货运代理企业。符合条件的中国香港服务提供者和澳门服务提供者在内地投资设立国际货运代理企业的注册资本最低限额应当符合下列要求：

(1) 经营海上国际货物运输代理业务的，注册资本最低限额为 500 万元人民币。

(2) 经营航空国际货物运输代理业务的，注册资本最低限额为 300 万元人民币。

(3) 经营陆路国际货物运输代理业务的，注册资本最低限额为 200 万元人民币。

(4) 经营前款两项以上业务的，注册资本最低限额为其中最高一项的限额。

中国香港服务提供者和澳门服务提供者在内地投资设立的国际货运代理企业在缴齐全部注册资本后，可申请在国内其他地方设立分公司。每设立一个分公司，应当增加注册资本 50 万元人民币。如果企业注册资本已超过最低限额，则超过部分可作为设立分公司的增加资本。

1.6.2 国际货运代理企业的运行机制

1. 国际货运代理企业的赢利机制

国际货运代理企业经营的产品是“代理服务”，以较低的成本采购代理服务，再以较高的价格销售出去，从中谋取差价收益。具体有以下三个步骤。

第一步：采购国际货运代理服务。国际货运代理企业的市场部用低价向掌握资源的主体预订相应的服务，形成自己的服务体系，见表 1-7。

表 1-7 采购国际货运代理服务

主体	所拥有的资源
船东(船公司)	船舶、舱位
无船承运人	订舱权
航空公司	飞机、舱位
机场	配载权利
海内外代理公司	海内外代理
报关行	报关资格
港口	码头
车站	火车等
堆场	场站
车队	货运汽车等
仓储企业	仓库
检验检疫站	检验检疫权利

第二步：营销国际货运代理业务。国际货运代理企业的业务部向货主销售国际货运代理业务即“揽货”，从而形成客户资源网络。

第三步：赚取差价。国际货运代理企业的操作部等部门操办业务，收取的费用要高于其向实际承运人支付的费用，从中赚取差价。

2. 国际货运代理企业的部门设置

国际货运代理企业实行的是流程型管理，建立以业务流程为中心的、扁平化的组织结构。一般按市场部、业务部、操作部、结算部来设置。国际货运代理企业业务部门的设置如图 1.4 所示。

1) 市场部

市场部主要负责市场开拓和管理工作，货运代理企业依靠它构建较低的服务成本体系。

2) 业务部

业务部负责开拓业务，即“揽货”，向货主销售货运代理服务，形成稳定的客户资源网络。

3) 操作部

操作部直接面向客户，为客户提供服务。包括单证及文件制作、航线制定、海外与地面(现场)监控和客户服务等岗位，按照业务流程操办代理运输的各项工作。

操作人员必须精通业务知识，具备较强的综合能力，掌握一门外语；能耐心、仔细处理各种问题。尤其是客户服务人员必须在操作部的业务岗位上工作多年，以积累经验。

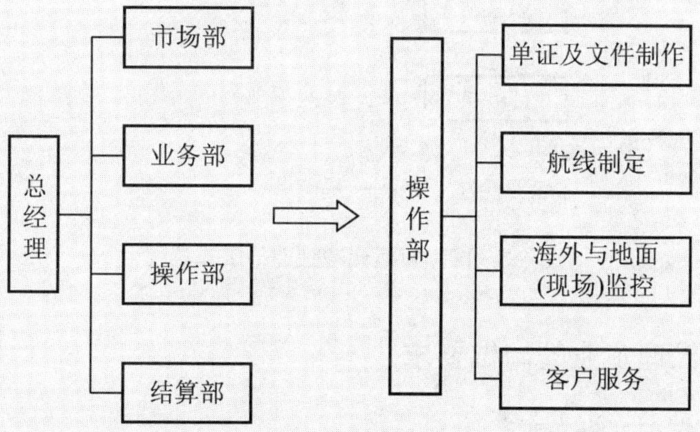

图 1.4 国际货运代理公司业务部门设置

4) 结算部

(1) 向货主收取相关费用，快速将信息反馈给客户，做好全程跟踪，使客户满意。

(2) 支付各种应付费用，确认进行的操作，客户的业务凭证，以及应收、应付款项。根据付款通知，及时准确开具银行票据与客户结算。

3. 国际货运代理企业的工作流程

国际货运代理企业的业务流程主要分为以下三步。

第一步：预订舱位、车队、海外代理等。通过与船东、航空公司、机场、车队、报关公司、堆场、港口码头等联系，形成资源网络。

第二步：“揽货”。与客户即货主进行磋商并签订国际货运代理合同，如有进出口业务的公司及生产企业等。

第三步：履行合同。按照业务流程操办代理运输的各项工作。

如图 1.5 所示为国际货运代理企业的工作流程。

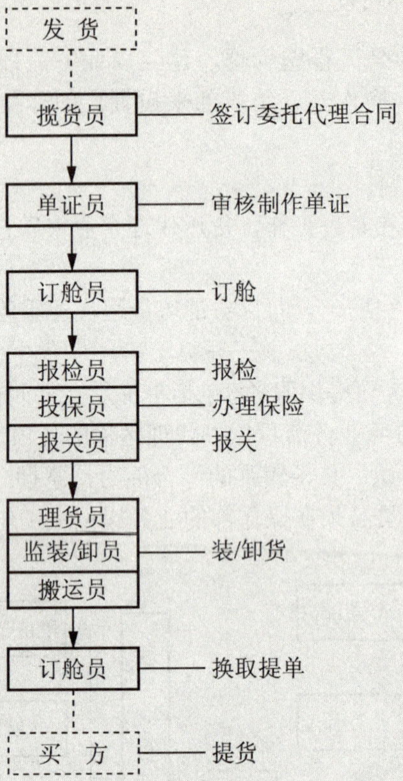

图 1.5　国际货运代理企业的工作流程

1.6.3　国际货运代理企业的岗位要求

1. 国际货运代理人员的业务素质

1) 维护公司信誉

当员工直接面对客户时，员工对业务熟悉是公司取信于客户的关键，员工形象就是公司形象。所以员工应该站在公司立场上处理和维护好公司与客户的关系，提高服务质量。

2) 精通国际货运业务知识

以航运为例，国际货运代理人员应做到“六知”，见表 1-8。

表 1-8　国际货运业务“六知”

六知	特点
知线	了解国际航线的现状和构成。目前大多数航线有定期的班轮航行，暂无直达航线的港口可以通过一程船或一线船运至中国香港、日本、新加坡、韩国等中转港口进行转船运输
知港	了解装、卸港口情况。各航线都有基本港口和非基本港口之分，一般基本港口都是一些条件较好的大港口，船舶航次较多；非基本港口相对来说装卸条件较差、比较拥挤，对于非基本港口一般除按基本港口收费外，还需另外加收转船附加费
知船	了解船舶情况。国际货运代理人员要了解各主要班轮公司所属船舶的基本状况，包括国籍、船龄、载重量、舱容积及服务质量等

续表

六知	特点
知货	了解货物对运输的要求。国际货运代理人员应对普通杂货、集装箱货物、特种货物对运输的要求有一定的了解
知价	国际货运代理人员有义务为货主节约运费，这就要求在订舱租船前从不同的承运人、不同的运输方式和不同的运输途径着手进行比价工作，以减少运费支出
知规程	国际货运代理人员除精通本公司的业务流程外，还应对其他有关部门，如货主、一关三检(外贸企业在向海关申报前，首先要申请商品检验、动植物检疫和卫生检疫，俗称“一关三检”)、码头、船公司等业务流程及其特殊规定予以全面的掌握，才能有效地开展业务活动

3) 了解世界地图和各地法律法规与政策

首先，国际货运代理人员要做到“心中一张图”。只有熟悉世界地图，熟知世界各地的外贸概况，才能做到胸有成竹，取得货主信任。

其次，国际货运代理人员要做到“脑中一片网”。由于各国政治、法律、货币制度、政策、法令等不同，造成各国对外贸、对进出口货物有着不同的规定。因此，国际货运代理人员要经常关注这方面的动态。

4) 加强责任风险防范的职业敏感性

在国际货运代理过程中，有可能因为企业自身或分包人的过失，未能履行义务给委托人或第三人造成损失，所以企业在追求利润的同时，应尽可能对未来的责任风险进行预防。即使进行了商业投保，也要认清哪些责任由保险公司承保，哪些责任只能由企业自己承担。

2. 国际货运代理人员的职业素质

由于国际货运历时长，空间跨度大，这就要求国际货运代理人员除了具备专业技能外，更要关注个人品德修养的提升和综合素质的提高，养成良好的职业素养。

1) 敬业爱岗

对工作要有足够的耐心和细心，不允许有错误和偏差，否则会造成延误和损失。许多国际货运代理企业建立了自己的网站，实现客户网上运价查询、订舱、货物跟踪等一系列的电子化服务，实现与客户“零接触”。

2) 时效精神

国际货运代理工作对于时效性要求非常高，稍有耽误，就有损失。例如，①港口、码头、堆场、机场、场站、集装箱、舱位等占有费用的损失，这是一笔不小的数额；②可能无法确保信用证、提单等单据的“单单相符、单证相符”，使收货方无法顺利提货、发货方无法取得货款项或退税额；③可能导致延误交货、货物变质、无法交货、外贸违约、关系破裂等严重后果。

知识链接

班轮需要提前定时报关、定时开船。如果码头没有在规定时间安排货柜，那么报关员就不能及时报关，如果不能及时报关，海关不放行，货物就无法装船；错过船次，至少要延迟一个星期，耗费的不仅仅是时间还有费用，如改船名费、码头堆存费、租柜费等。对于客户来说，可能面临着信用证过期，目的港客户可能会拒绝提货等严重后果，对客户造成的损失可想而知。

3) 责任精神

在国际货运代理行业中，非常关键的职业素质就是强烈的责任感。如果缺乏责任心，很难立足。员工须认真做事，用心做事。

案例评析 1-4

2010 年 4 月 30 日，我国某国际货运代理企业(总部在广州)发生了一起事故，因公司的几名员工没有积极负责，未能及时采取措施，导致损失 26 800 多美元。

该公司文件部的亨特将提单通过联邦快递(FedEx)寄送给美国某国际货运代理企业。5 月 1 日美国某国际货运代理企业的森尼收到快件的时候，发现信封破烂，里面没有文件。快递公司也查不到文件的去向，于是森尼下班时匆忙发了一封邮件给亨特，之后两人开始休假。

休假结束之后，亨特于 5 月 8 日补寄备份的正本提单，提单于 5 月 17 日到达美国，但货物在 5 月 14 日已经到达美国。因此造成了报关报检的延误，以及港口码头滞留费等各项开支。

思考：案例中两人的做法是否合理？

【评析要点】如果美国某国际货运代理企业的森尼积极负责，应该在假期通过电话等手段联系亨特，而不应发一封邮件了事。假如休假期间，亨特多关注一下自己的邮箱，而不是把公司的事情完全抛在脑后，就不会发生如此后果。

职业能力训练

一、案例分析题

1．A 贸易公司委托 B 国际货运代理企业办理一批从我国 C 港运至日本 D 港的危险品货物。A 贸易公司向 B 国际货运代理企业提供了正确的货物名称和危险品货物的性质，B 国际货运代理企业为此签发其企业的提单给 A 公司。随后，B 国际货运代理企业以托运人的身份向船公司办理该批货物的订舱和出运手续。为了节省运费，同时因为 B 国际货运代理企业已投保责任险，B 国际货运代理企业向船公司谎报了货物的名称，亦未告知船公司该批货物为危险品货物。船公司按通常货物处理并装载于船舱内，结果在海上运输中，因为货物的危险性质导致火灾，造成船舶受损，该批货物全部灭失并给其他货主造成巨大损失。

思考：(1) A 贸易公司、B 国际货运代理企业、船公司在这次事故中的责任如何？

(2) A 贸易公司的损失该由谁来承担？

(3) 承运人是否应对其他货主的损失承担赔偿责任？为什么？

(4) 责任保险人是否承担责任？为什么？

2．2010 年 10 月，中国香港某货运代理商在码头误将一个编号为 DRUC5074882、规格为 20 英尺的集装箱交给某运输公司运往内地，并于次日通过海关到达收货人厂房，拆箱后发现与运单不符。经向口岸海关解释并提供有关证据，该代理商办理了出关手续，将货物拖回中国香港。之后，把真正属于内地收货人的编号为 HTYD1854728、规格为 20 英尺的集装箱发运给收货人。两个集装箱对调所产生的额外费用为 6 万元人民币。

思考：(1) 该损失应该由谁来承担？

(2) 如果国际货运代理已经投保或带责任险，可以从保险公司处获得赔偿吗？

3．某出口商指示其国际货运代理为其价值 40 000 美元的半成品服装在发货前投保。国际货运代理安排了投保，但保单上注明货物应由几条船装运，且每条船的货价不得超过 8 000 美元。其中一批超过 8 000 美元的货物装运于某船上。此情况出口商亦知晓。运输途中货物出现灭失。保险人对超过 8 000 美元的部分拒绝赔付，因为实际装船与保单上的规定不符。

思考：(1) 该损失应该由谁来承担？

(2) 如果国际货运代理已经投保或带责任险，可以从保险公司处获得赔偿吗？

4．某国际货运代理作为进口商的代理人，负责从 A 港接收一批艺术作品，在 300 海里外的 B 港交货。该批作品用于国际展览，要求国际货运代理在规定的日期于 B 港交付全部货物。国际货运代理在 A 港接收货物后，通过定期货运卡车将大部分货物陆运到 B 港。由于定期货运卡车出现季节性短缺，一小部分货物无法及时运抵。于是国际货运代理在市场上找了一辆货车，要求于指定日期之前抵达 B 港。而后，该承载货物的货车连同货物一起下落不明。

思考：货运车造成的损失，是否应由国际货运代理负责？

5．原告(某外贸进出口公司)2009 年 6 月 9 日通过出口货物明细单，委托被告(某国际货运代理企业)代理出运鲜活文蛤，要求装 6 月 15 日“港珠”轮从上海运至横滨。被告受托后以货主名义办理了订舱手续。6 月 14 日，货物被运抵被告仓库。由于被告接到中远总公司集装箱运输总部的传真通知“横滨港压港严重，导致班轮脱班，遂决定调整‘港珠’轮 V.162 航次为 6 月 22 日”，被告将此情况迅速通知了原告。另查明，从 6 月 14 日货物进被告仓库至 6 月 18 日装船，集装箱湿度始终控制在原告要求鲜活文蛤保存的温度内，但货物运抵横滨后海鲜全部死亡腐烂。而后某外贸公司提起诉讼，要求国际货运代理赔偿全部损失。

思考：国际货运代理是否应当承担责任？

6．某省某公司从国外进口 200 吨可可豆，共计 3 500 包。货场于某年 6 月 16 日由华利轮运至上海，卸于九区，堆放在港区露天场地，下垫垫仓木板和草席，上盖双层油布。收货人于 6 月 18 日书面委托上海某货运代理代办进口报关和铁路运输至某省某站某巧克力厂收货。国际货运代理接受委托后立即办妥报关、卫检、植检等有关的进口手续，并先后 24 次向铁路部门申报车皮计划。由于铁路运力紧张，车皮计划一直未批。国际货运代理及时通过电话向收货人通报了情况并建议改用水运。8 月 16 日收货人在电话中称请酌情处理。8 月 18 日可可豆装上了某省航运公司的驳船，于 29 日运抵某市后，向当地国家出入境检验疫局申请品质检验，检验结果这批可可豆严重霉变，失去使用价值，已无法加工成成品。收货人多次与国际货运代理交涉，要求赔偿，未果，遂于同年 11 月向某市中级人民法院起诉。

思考：你认为此案的责任应如何划分？如何了结？

二、实践操作题

1．查询本地区国际货运代理企业

考核要求：分组上网查询本地区国际货运代理行业相对比较成功的 3 家企业，并说明其业务优势特点，将内容做成 PPT 的形式，各小组派一人课堂汇报。

考核指标：①PPT 精美程度；②汇报人的表达能力；③资料的详细程度；④内容是否条理清晰。

2. 体验国际货运代理网络平台业务

考核要求：浏览中国国际海运网、锦程网等国内较大型的物流平台，并在某个平台上注册。以虚拟的船东、国际货运代理、货主等不同的身份登录平台，了解供求关系及变化的市场行情，了解海陆空运输价格、保险等。

考核指标：①所浏览网站的名称；②已注册成功的网站及账号；③有沟通的公司名称；④电话或邮件来往情况。

【考核评价】

对本项目内容的考核，分为任课老师考核、学生自评和学生小组互评考核，考核评分内容见表 1-9。

表 1-9 评分表

姓名	学习态度(10%)	职业素养(10%)	专业知识(30%)	课堂和实训参与程度(30%)	学习纪律(20%)	合计

推荐网络学习资源

◆中国国际货运代理协会(http://www.cifa.org.cn/index.asp)。

◆中国国际货运代理协会考试中心(http://211.87.160.204)。

◆中国远洋运输集团(http://www.cosco.com/cn/index.jsp)。

◆中国外轮代理公司(http://www.penavico.com.cn/penavico)。

◆中国国际海运网(http://www.shippingchina.com)。

◆中国对外贸易运输(集团)总公司(http://www.sinotrans.com)。

◆浩通国际货运代理有限公司(http://www.hital.com)。

◆中国物流人论坛(http://club.jctrans.com)。

项目2 国际货运代理业务的贸易实务知识

学习目标

知识目标

◆掌握主要贸易术语。
◆掌握出口商品成本的核算。
◆掌握汇票的填制。
◆熟悉佣金及术语间价格的换算。
◆熟悉国际货款的结算方式及使用。
◆熟悉信用证的内容及相关条款。
◆了解汇付、托收这两种结算方式。
◆了解进出口业务的程序及合同的履行。

能力目标

◆通过讨论和竞争性发言，提高学生的语言表达能力。
◆通过案例评析，提高学生对相关知识的认知能力。
◆通过实践操作题，提高学生的实践应用能力。

引导案例

国际经济贸易纠纷案例

2009 年 8 月 16 日，重庆某公司作为买方，美国某公司作为卖方，签订了《货物进口合同》(以下简称“合同”)，合同规定：买方向卖方购买以维生素和矿物质为主要构成元素的保健膳食片 50 000 瓶，单价 4.1 美元，合同总价为 205 000 美元。货物装运港为美国纽约肯尼迪国际机场(John F. Kennedy International Airport，JFK)，目的地为上海港，成交价格术语为《2000 年国际贸易术语解释通则》(International Rules for the Interpretation of Trade Terms 2000，INCOTERMS 2000)解释下的 CIF。装运期从收到信用证开始 10 日内。付款条件为买方通过美国花旗银行在 2009 年 8 月 20 日前开出以卖方为受益人的不可撤销即期信用证。双方在合同中还约定：货物质量必须符合合同及质量保证的规定，在保证期限内，因产品的缺陷造成的货物损害应由卖方负责赔偿。卖方须在装运前 3 日内委托美国的法定检验机构对本合同之货物进行检验并出具检验证书，货到上海港后，由买方委托中国法定商品检验机构进行复检。若经中国法定商品检验机构复检，发现货物有损坏、残缺及与质量保证书之规定不符，买方凭上述检验机构出具的证明书，10 日内向卖方提出索赔，并且在质量保证期限内买方仍可向卖方就质量问题提出索赔。合同中的仲裁条款规定：任何与本合同有关的争议，均提交中国国际经济贸易仲裁委员会上海分会，按该会的仲裁规则进行仲裁。

在合同的履行过程中，双方发生争议。卖方认为，合同签订后，买方却拖延开立信用证，直到 8 月 30 日，买方才委托开证银行某交通银行开出了受益人为卖方的不可撤销即期信用证，卖方随后组织空运货物至上海。9 月 29 日，开证银行某交通银行收到了通知银行美国花旗银行寄给买方的所有单据后，提出单据有多项不符点而拒付货款，美国花旗银行回函指出，单据没有不符点。后买方在收到全部货物的情况下，拒绝付款。买方认为，卖方所供产品经中国法定商品检验机构鉴定为不合格产品，不得食用，并提出退货。经查，膳食片是保健食品，根据我国《保健食品管理办法》的有关规定，凡以保健食品名义进口的食品必须报卫生部审批合格后方准进口，经卫生部审查合格的保健食品发给《进口保健食品批准证书》，买方在进口该保健食品前未经卫生部审核批准，当然也未取得《进口保健食品批准证书》，因此，中国某法定卫生监督检验所出具不符合《保健食品管理办法》的规定及不得食用的结论。最后该案在律师的主持下，双方签订了和解协议。

【解析】

本案中，关于法律的适用问题，双方约定适用发生争议时货物所在地国家的法律，因此本案适用中华人民共和国的法律，另外还适用《联合国国际货物销售合同公约》，解决本案争议应适用的准据法为中华人民共和国法律。关于 CIF 在本案中的应用问题，双方当事人在合同中约定的成交价格术语为 CIF，根据国际贸易惯例，在 CIF 合同中，应当由买方负责办理货物的进口手续，因此应当由买方就进口该批保健食品一事向卫生部报批，并取得有关批准证书，买方未履行报批手续而造成的损失后果，应由买方自行承担。由于买方进口该批货物并未取得《进口保健食品批准证书》，自然就会导致中国的法定商品检验机构出具“不合格产品，不得食用”字样，该检验证明不能证明卖方交付的货物品质不符合合同约定或中国法律规定的有关卫生标准，因此对于买方依据该检验证明提出卖方交付的保健食品品质不合格的理由是不成立的，主责任应当由买方承担。

相关法律依据：《联合国国际货物销售合同公约》及国际商会的 INCOTERMS 2000。

任务 2.1 贸易术语

2.1.1 贸易术语的含义

贸易术语(Trade Terms)，又称贸易条件、价格术语(Price Terms)，是指用一个简短的概念或 3 个字母的英文缩写来表示商品的价格构成，说明交货地点，明确在货物交接过程中买卖双方的有关费用、风险和责任划分的专门用语。

2.1.2 贸易术语的作用

贸易术语是国际贸易发展到一定阶段的产物，它的出现推动了国际贸易的发展。贸易术语的广泛使用，对简化交易手续、节约费用开支和节约时间起到了重要作用。

(1) 有利于简化交易手续、缩短交易时间、节约费用开支。每种贸易术语都有其特定的含义，且有相应的在国际上被广泛接受的国际惯例对其进行解释和规定。因此，在进行交易磋商时，买卖双方只要商定按何种贸易术语成交，即可明确彼此在货物交接方面所承担的风险、责任和费用。

(2) 有利于交易双方进行比价和加强成本核算。贸易术语可以表示商品的价格构成因素，不同的贸易术语所包含的买卖双方的责任、风险和费用不同。例如，USD 1 200/MT，CIF New York 与 USD 1 200/MT，FOB New York，价格相同，但 CIF 价格中包含了运费和保险费。

(3) 有利于双方妥善解决贸易争端。贸易术语有其可以依据的国际惯例，当交易中产生的争议不能依据合同的规定解决时，可以援引有关的贸易术语的一般解释解决争端。

2.1.3 有关国际贸易术语的国际惯例

1. 国际贸易惯例的性质

国际贸易惯例是由一些国际组织、商业团体在各国习惯做法的基础上，加以编辑和解释而形成的。惯例本身不是法律，对交易的当事人不具有约束力，它的运用是以当事人的意思自治为基础的。只有当事人在合同中明确规定采用某项惯例时，该惯例才对双方当事人具有普遍的约束力。

在有效成立的合同中，对于某些问题的规定与惯例的解释不符时，以合同为准。如合同中明确规定适用某个惯例，该惯例就具有了约束力，国际贸易惯例对国际贸易的指导作用不容忽视。

2. 有关贸易术语的国际贸易惯例

(1)《1932 年华沙-牛津规则》，该惯例由国际法协会制定，只对 CIF 一种价格术语进行了解释。

(2)《1941 年美国对外贸易定义修订本》，该惯例由美国的九个商业团体共同制定，对六种贸易术语进行了解释，具体如下。

① EX(Point of Origin)：产地交货。

② FOB(Free on Board)：在运输工具上交货。

③ FAS(Free Along Side)：在运输工具旁边交货。

④ C&F(Cost and Freight)：成本加运费。

⑤ CIF(Cost，Insurance and Freight)：成本加保险费、运费。

⑥ EX Dock (Named Port of Importation)：目的港码头交货。

(3) INCOTERMS 2000。涵盖的贸易术语最多，使用最广，影响最大的一个。在 INCOTERMS 2000 中，国际商会根据卖方承担义务的不同，将 13 种贸易术语分为 E、F、C、D 四组。

13 种国际贸易术语的对比见表 2-1。

表 2-1　13 种国际贸易术语的对比

术语	中文含义	交货地点	运输手续办理	保险手续办理	风险界限划分	出口手续	进口手续	适用运输方式	交货性质
EXW	工厂交货	商品生产或储存地	买方	买方	商品生产或储存地	买方	买方	任何运输方式	实际性交货
FAS	装运港船边交货	装运港船边	买方	买方	装运港船边	卖方	买方	海运及内河运输	象征性交货
FOB	装运港船上交货	装运港船上	买方	买方	货物在装运港越过船舷	卖方	买方	海运及内河运输	象征性交货
CFR	成本加运费	装运港船上	卖方	买方	货物在装运港越过船舷	卖方	买方	海运及内河运输	象征性交货
CIF	成本加运费、保险费	装运港船上	卖方	卖方	货物在装运港越过船舷	卖方	买方	海运及内河运输	象征性交货
FCA	货交承运人	指定的装运地点	买方	买方	货交承运人处置后	卖方	买方	任何运输形式	象征性交货
CPT	运费付至目的地	指定的装运地点	卖方	买方	货交承运人处置后	卖方	买方	任何运输形式	象征性交货
CIP	运费、保险费付至目的地	指定的装运地点	卖方	卖方	货交承运人处置后	卖方	买方	任何运输形式	象征性交货
DAF	边境交货	边境装运地点	卖方	卖方	买方处置货物后	卖方	买方	任何运输形式	实际性交货
DES	目的港上交货	目的港船上	卖方	卖方	买方在船上收货后	卖方	买方	海运及内河运输	实际性交货
DEQ	目的港码头交货	目的港码头	卖方	卖方	买方在码头收货后	卖方	买方	海运及内河运输	实际性交货
DDU	未完税交货	进口国内	卖方	卖方	买方在指定地点收货后	卖方	买方	任何运输形式	实际性交货
DDP	完税后交货	进口国内	卖方	卖方	买方在指定地点收货后	卖方	卖方	任何运输形式	实际性交货

(4) 《2010 年国际贸易术语解释通则》(International Rules for the Interpretation of Trade Terms 2010，INCOTERMS 2010) 是国际商会根据国际货物贸易的发展，对 INCOTERMS 2000 的修订，于 2011 年 1 月 1 日实施。INCOTERMS 2010 删去了 INCOTERMS 2000 中的四个术语：DAF (Delivered at Frontier)边境交货、DES (Delivered Ex Ship) 目的港船上交货、DEQ (Delivered Ex Quay)目的港码头交货、DDU (Delivered Duty Unpaid)未完税交货；新增了两个术语：DAT(Delivered at Terminal)在指定目的地或目的港的集散站交货、DAP(Delivered at Place) 在指定目的地交货。即用 DAP 取代了 DAF、DES 和 DDU 三个术语，DAT 取代了 DEQ，且扩展至适用于一切运输方式。

修订后的 INCOTERMS 2010 取消了“船舷”的概念，卖方承担货物装上船为止的一切风险，买方承担货物自装运港装上船后的一切风险。在FAS、FOB、CFR和CIF等术语中加入了货物在运输期间被多次买卖(连环贸易)的责任义务的划分。考虑到对于一些大的区域贸易集团内部贸易的特点，规定INCOTERMS 2010不仅适用于国际销售合同，也适用于国内销售合同。

INCOTERMS 2010共有11种贸易术语，按照所适用的运输方式划分为两大类。

第一类：适用于任何运输方式的术语有七种，即EXW、FCA、CPT、CIP、DAT、DAP、DDP，具体如下：

① EXW(Ex Works)：工厂交货。

② FCA(Free Carrier)：货交承运人。

③ CPT(Carriage Paid to)：运费付至目的地。

④ CIP(Carriage and Insurance Paid to)：运费/保险费付至目的地。

⑤ DAT(Delivered at Terminal)：目的地或目的港的集散站交货。

⑥ DAP(Delivered at Place)：目的地交货。

⑦ DDP(Delivered Duty Paid)：完税后交货。

第二类：适用于水上运输方式的术语有四种，即FAS、FOB、CFR、CIF，具体如下：

① FAS(Free alongside Ship)：装运港船边交货。

② FOB(Free on Board)：装运港船上交货。

③ CFR(Cost and Freight)：成本加运费。

④ CIF(Cost Insurance and Freight)：成本、保险费加运费。

2.1.4　主要的国际贸易术语

1. FOB

Free on Board(…named port of shipment)，即装运港船上交货(……指定装运港)，指当货物在指定装运港越过船舷时，卖方即完成交货。适用范围为海运或内河运输。

1) 卖方义务

卖方的责任：①提供符合合同规定的货物；②办理出口手续(包含出口报关及可能需要取得出口许可证或其他官方许可等)；③按照合同规定的时间和地点，将货物装到买方派来的船上；④迅速发出装船通知；⑤移交有关的货运单据或电子数据。

卖方的费用：货物装船前的一切费用。

卖方的风险：货物在装运港越过船舷前的一切风险。

2) 买方义务

买方的责任：①租船订舱，并及时通知卖方；②办理保险；③接受货运单据，支付货款；④办理进口手续(包含进口报关及可能需要取得进口许可证或其他官方许可等)，收取货物。

买方的费用：货物装船后的一切费用。

买方的风险：货物在装运港越过船舷后的一切风险。

3) 装船费用的负担

对于装船费用由谁承担的问题导致FOB变形：

① FOB班轮条件(FOB Liner Terms)，指费用按班轮条件处理，由船运公司或买方负责装船费用。

② FOB吊钩下交货(FOB Under Tackle)，指卖方交货物置于买方吊钩所及之处，由买方负责装船费用。

③ FOB 理舱费在内(FOB Stowed)，指卖方负担交货物装入船舱并支付包括理舱费在内的装船费用。

④ FOB 平舱费在内(FOB Trimmed)，指卖方负担交货物装入船舱并支付包括平舱费在内的装船费用。

⑤ FOB 理舱平舱费在内(FOB Stowed and Trimmed，FOBST)，指卖方负担交货物装入船舱并支付包括平舱理舱费在内的装船费用。

2. CFR

Cost and Freight(…named port of destination)，即成本价运费(……指定目的港)。

按照 CFR 术语成交，卖方要自费订立从装运港至目的港的运输合同，办理出口清关手续，在合同规定的装运港和规定的期限内，将货物装船，并及时通知买方。货物在指定的装运港越过船舷时起风险由卖方转移至买方。适用范围为海运或内河运输。

1) 卖方义务

(1) 安排运输，支付至目的港运费，及时通知买方。

(2) 承担货物越过船舷前一切风险和费用。

(3) 办理出口报关手续(包含出口报关及可能需要取得出口许可证或其他官方许可等)。

(4) 提供相应单据。

2) 买方义务

(1) 承担货物越过船舷后一切风险和额外费用。

(2) 办理进口手续(包含进口报关及可能需要取得进口许可证或其他官方许可等)，收取货物。

(3) 支付货款。

3) 卸货费用的负担

对于卸货费用由谁承担的问题导致 CFR 变形：

① CFR 班轮条件(CFR Liner Terms)，指卸货费用按班轮条件处理，由船运公司或卖方负责装船费用。

② CFR 卸到岸上(CFR Landed)，指由卖方负担卸货费，包括可能的驳船运费。

③ CFR 吊钩下交货(CFR EX Tackle)，指卖方负责将货物从船舱吊起卸到船舶吊钩所及之处(码头上或驳船上)的费用。在船舶不能靠岸的情况下，租用驳船的费用和货物从驳船卸到岸上的费用，概由买方负担。

④ CFR 舱底交货(CFR Ex Ship's Hold)，指货物运到目的港后，由买方自行启舱，并负担货物从舱底卸到码头的费用。

3. CIF

Cost Insurance and Freight (…named port of destination)，即成本、保险费加运费(……指定目的港)，是指货物在装运港越过船舷时卖方即完成交货。卖方支付货物运至目的港的运费和必要的费用，但交货后货物的风险及由于各种事件造成的任何额外费用由买方承担。卖方还须办理保险，支付保险费。适用范围为海运或内河运输。

1) 卖方义务

(1) 约定期限内，在装运港将货物装上船，并向买方发出通知。

(2) 办理出口手续(包含出口报关及可能需要取得出口许可证或其他官方许可)。

(3) 租船或订舱，支付运费。

(4) 办理运输保险，支付保险费。

(5) 负担货物越过船舷为止的一切费用和风险。

(6) 提供商业发票、保险单和运输单据或电子信息。

2) 买方义务

(1) 支付货款。

(2) 办理进口手续(包含进口报关及可能需要取得进口许可证或其他官方许可等)，收取货物。

(3) 负担货物越过船舷后的一切费用和风险。

(4) 收取货物，接受与合同相符的单据。

3) 卸船费用的负担

对于卸货费用由谁承担的问题导致 CIF 变形：

① CIF 班轮条件(CIF liner terms)，指卸货费用按班轮条件处理，由船运公司或卖方负责装船费用。

② CIF 卸到岸上(CIF landed)，指由卖方承担卸货费，包括可能涉及的驳船费。

③ CIF 吊钩交货(CIF ex tackle)，指卖方负责将货物从船舱吊起一直卸到吊钩所及之处(码头或驳船上)的费用，船舶不能靠岸时，驳船费用由买方负担。

④ CIF 舱底交货(CIF ex ship's hold)，指由买方自行启舱，并负担货物由舱底卸至码头的费用。

特别提示

FOB、CFR 及 CIF 术语的变形，只是为了明确装船费用或卸货费用由何方负担，其交货地点和风险划分的界线，并无任何改变。

案例评析 2-1

我国某出口公司按 CIF 条件，凭不可撤销议付信用证支付方式向某外商出售一批货物。该外商按合同规定开来的信用证经我方审核无误。该出口公司在信用证规定的装运期限内在装运港将货物装上开往目的港的海轮，并在装运前向保险公司办理了货物运输保险。但装船完毕不久，海轮起火爆炸沉没，该批货物全部灭失。外商闻讯后来电表示拒绝付款。

思考：你认为该出口公司应如何处理？并说明理由。

【评析要点】本案涉及 CIF 合同的性质，即 CIF 术语达成的合同对买卖双方承担风险的划分。按 INCOTERMS 2000 的规定，采用 CIF 术语，买卖双方以装运港船舷为界划分货物风险，凡货物在装船后发生的风险，应当由买方负责。CIF 合同是一种象征性交货合同，特点是“凭单交货，凭单付款”，只要卖方按合同要求将货物装船并提交了合格的单据，即使货物已在运输途中损坏或丢失，买方也必须履行付款义务。因此在本案中，该出口公司不应同意对方的要求，应由对方持该出口公司转让的保险单据向保险公司索赔。

案例评析 2-2

我国某出口公司对日本某客户发盘，供应棉织淋巾 4 000 打，每打 CIF 大阪价为 80 美元，装运港为大连。现日商要求我方改报 FOB 大连价。

思考：(1) 该出口公司对价格应如何理解？

(2) 如果最后按 FOB 条件签订合同，买卖双方在所承担的责任、费用和风险方面有什么不同？

【评析要点】我国某进出口公司从报 CIF 大阪价改为 FOB 大连价时，应将报价降低，即从原报价中减去货物从大连至大阪的运费和保险费。当按 FOB 签订合同时，买卖双方除风险的划分没有变化外，他们所承担的责任和费用都发生了变化。按 CIF 大阪价成交，卖方负责租船订舱和投保，并支付运费和保险费。如果改为按 FOB 大连价成交，则由买方派船接货和投保，并支付运费和保险费。

案例评析 2-3

2011 年我国某出口公司对加拿大魁北克省某进口商出口 500 吨三级核桃仁，合同规定价格为每吨 4 800 加拿大元，装运期不得晚于 10 月 31 日，不得分批和转运，并规定货物应于 11 月 30 日前到达目的地，否则买方有权拒收，支付方式为 90 天远期信用证。

加方于 9 月 25 日开来信用证。我方于 10 月 5 日装船完毕，但船到加拿大东海岸时已是 11 月 25 日，此时魁北克已开始结冰。

承运人担心船舶驶往魁北克后出不来，便根据自由转船条款指示船长将货物全部卸在哈利法克斯，然后从该港改装火车运往魁北克。待这批核桃仁运到魁北克时已是 12 月 2 日。于是进口商以货物晚到为由拒绝提货，提出除非降价 20%以弥补其损失。几经交涉，最终以我方降价 15%结案，该出口公司共损失 36 万加拿大元。

思考：(1) 该出口公司是否应承担此项风险？并说明理由。

(2) 通过此案例，应该吸取哪些教训？

【评析要点】本案中的合同已非真正的 CIF 合同。

CIF 合同是装运合同，卖方只负责在装运港将货物装上船，越过船舷之后的一切风险、责任和费用均由买方承担。

本案在合同中规定了货物到达目的港的时限条款，改变了合同的性质，使装运合同变成了到达合同，即卖方须承担货物不能按期到达目的港的风险。

通过此案例应该吸取的教训：

(1) 在 CIF 合同中添加到货期等限制性条款将改变合同性质。

(2) 例如核桃仁等季节性很强的商品，进口方往往要求限定到货时间，卖方应采取措施减少风险。

(3) 对货轮在途时间应估算准确。

案例评析 2-4

我国某出口企业按 FCA Shanghai Airport 条件向印度 A 公司出口手表一批，货价 5 万美元，规定交货期为 8 月，自上海运往孟买。支付条件：买方凭由孟买某银行转交的航空公司空运到货通知即期全额电汇付款。该出口企业于 8 月 31 日将该批手表运到上海虹桥机场，交由航空公司收货并出具航空运单，随即用电传向印度 A 公司发出装运通知。航空公司于 9 月 2 日将该批手表空运至孟买，并将到货通知连同有关发票和航空运单交孟买某银行。该银行立即通知印度 A 公司收取单据并电汇付款。此时，国际手表价格下跌，印度 A 公司以我方交货延期为由拒绝付款、提货。我国某出口企业坚持对方必须立即付款、提货。双方争执不下，遂提交仲裁。

思考：如果你是仲裁员，你认为应如何处理？并说明理由。

【评析要点】印度 A 公司应该付款。因为 FCA 的风险点在货交承运人处，即本案中上海虹桥机场货交航空公司处。交货时间为 8 月 31 日，符合合同 8 月交货的时间要求，卖方按照合同规定履行了交货义务，所以买方即印度 A 公司应该付款。

2.1.5　FOB、CFR 和 CIF 三种贸易术语价格的换算

1. FOB 价换算为其他价

公式为

CFR 价＝FOB 价＋运费

CIF 价＝(FOB 价＋运费)/(1－保险费率×投保加成)

CIF 价＝FOB 价＋运费＋保费＝FOB 价＋运费＋CIF 价×投保加成×保险费率

2. CFR 价换算为其他价

公式为

FOB 价＝CFR 价－运费

CIF 价＝CFR 价/(1－投保加成×保险费率)

3. CIF 价换算为其他价

公式为

FOB 价＝CIF 价×(1－投保加成×保险费率)－运费

CFR 价＝CIF 价×(1－投保加成×保险费率)

知识链接

所谓“投保加成”即被保险人习惯上按 CIF 总值的 110%投保，110%为投保加成，10%为投保加成率。

【例 2-1】某出口公司出口牛肉罐头，对外报价为 2.20 美元／听 CIF 伦敦，按 CIF 价加成 10%投保一切险，保险费率 0.3%，客户要求改报 CFR 价格，请问该报多少？

解：CFR＝CIF×(1－投保加成×保险费率)

≈2.2×[1－(1＋10%)×0.3%]

≈2.193(美元/听)

任务 2.2　衡量出口商品盈亏

在价格掌握上，要注意加强成本核算，以提高经济效益，防止出现不计成本、不计盈亏和单纯追求成交量的偏向。尤其在出口方面，强调加强成本核算，掌握出口总成本、出口销售外汇净收入和人民币净收入的数据，并计算和比较各种商品出口的盈亏情况，更有现实意义。

1. 出口总成本

出口总成本是指出口商品的进货成本加上出口前的一切费用和税金。

出口总成本计算公式为

国内出口总成本＝进货成本＋国内费用＋出口税

2. 出口销售外汇净收入

出口销售外汇净收入是指出口商品按 FOB 价出售所得的外汇净收入。

3. 出口销售人民币净收入

出口销售人民币净收入是指出口商品的 FOB 价按当时的外汇牌价折成人民币的数额。

4. 出口商品盈亏率

出口商品盈亏率是指出口商品盈亏额与出口总成本的比率。出口盈亏额是指出口销售人民币净收入与出口总成本的差额，前者大于后者为赢利；反之，为亏损。

出口商品盈亏率＝(出口销售人民币净收入－出口总成本)/出口总成本×100%

【例 2-2】某公司以每公吨 1 000 美元 CIF 价格出口商品，已知该笔业务每公吨需要支付国际运输费用(F)100 美元，保险费率(I)为 0.1%，国内商品采购价格为 5 000 元人民币，其他商品管理费为 500 元人民币，试计算该笔业务的出口盈亏率(汇率为 1∶8.25)。

解： 出口成本＝50 00＋500＝5 500(元人民币)

出口净收入(FOB)＝CIF－F－I

＝CIF－F－110%CIF×0.1%

＝1 000－100－1.1×1 000×0.1%

＝898.9(美元)

出口人民币净收入＝898.9×8.25≈7 415.9(元人民币)

出口盈亏率＝(7 415.9－5 500)/5 500×100%≈34.8%

5. 出口商品换汇成本

出口商品换汇成本又称换汇率，它是以某种商品的出口总成品与出口所得的外汇净收入之比，得出用多少人民币换回一美元。出口商品换汇成本若高于银行的外汇牌价，则出口为亏损；反之，则说明出口赢利。

出口商品换汇成本＝出口总成本(元人民币)/出口销售外汇净收入(美元)

【例 2-3】某公司以每公吨 1 000 美元 CIF 价格出口商品，已知该笔业务每公吨需要支付国际运输费用 100 美元，保险费率为 0.1%，国内商品采购价格为 5 000 元人民币，其他商品管理费为 500 元人民币，试计算该笔业务的出口换汇成本。

解： 出口成本＝5 000＋500＝5 500(元人民币)

出口净收入(FOB)＝CIF－F－I

＝CIF－F－110%×CIF×0.1%

＝1 000－100－1.1×1 000×0.001

＝898.9(美元)

换汇成本＝5 500/898.9≈6.12(元人民币/美元)

任务 2.3　汇　　票

国际贸易货款的收付采用现金结算的较少，大多使用非现金结算，即使用代替现金作为流通手段和支付手段的信用工具来结算国际间的债权债务。票据是国际上通行的结算和信贷工具，是可以流通转让的债权凭证。国际贸易中使用的金融票据主要有汇票(Bill of Exchange 或 Draft)、本票(Promissory Note)和支票(Cheque 或 Check)，其中以使用汇票为主。

2.3.1　汇票的含义

汇票是某人向另一人签发的，要求见票时或在将来的固定时间或可以确定的时间，对某人或其指定的人或持票人支付一定金额的无条件的书面支付命令。

《中华人民共和国票据法》(以下简称《票据法》)的定义：汇票是出票人签发的，委托付款人在见票时或者在指定日期无条件支付确定金额给收款人或者持票人的票据。

英国票据法的定义：汇票是由一人签发给另一人的无条件的书面命令，要求受票人见票时或于未来某一规定的或可以确定的时间，将一定金额的款项支付给某一特定的人或其指定人，或持票人。

2.3.2　汇票的内容

汇票的内容主要包括：应载明“汇票”字样，无条件的支付命令，出票人名称，受票人名称，收款人名称，付款的金额、期限和地点，出票日期、地点和出票人签字等。

各国票据法对汇票内容的规定不同。例如，我国《票据法》第二十二条规定，汇票必须记载下列事项：①表明“汇票”字样；②无条件支付委托；③确定的金额；④付款人的名称；⑤收款人的名称；⑥出票日期；⑦出票人签章。汇票上未记载规定事项之一的，汇票无效。

上述基本内容，一般为汇票的要项，但并不是汇票的全部内容。按照各国票据法的规定，汇票的要项必须齐全，否则受票人有权拒付。

汇票样本如图2.1所示。

Bill of Exchange

凭
Drawn under (出票依据)
信用证　　　　第　　号
L/C No.__________
日期
Dated __________
按息付款
Payable with Interest @__________% Per Annual
号码　　　汇票金额　　　　　　　　日期
No.________Exchange for________ Beijing, China Date (出票日期)
见票
At ×××Sight of this First of Exchange (Second of Exchange Being Unpaid)
Pay to the Order of (受款人)
金额
The Sum of (大写)
此致
To (受票人)

____
(Authorized Signature) (出票人签字)

图2.1　汇票样本

2.3.3 汇票的种类

汇票从不同的角度可分为以下几种。

(1) 按照出票人的不同，汇票分为银行汇票和商业汇票。

① 银行汇票(Banker's Draft)。是指出票人和受票人都是银行的汇票。

② 商业汇票(Commercial Draft)。是指出票人是商号或个人，付款人可以是商号、个人，也可以是银行的汇票。

(2) 按照有无随附商业单据，汇票可分为光票和跟单汇票。

① 光票(Clean Bill)。是指不附带商业单据的汇票。银行汇票多是光票。

② 跟单汇票(Documentary Bill)。是指附带有商业单据的汇票。商业汇票一般为跟单汇票。

(3) 按照付款时间的不同，汇票分为即期汇票和远期汇票。

① 即期汇票(Sight Draft)。是指在提示或见票时立即付款的汇票。

② 远期汇票(Time Bill or Usance Bill)。是指在一定期限或特定日期付款的汇票。

远期汇票的付款时间，有以下几种规定办法：

① 见票后若干天付款(At××Days after Sight)。

② 出票后若干天付款(At××Days after Date)。

③ 提单签发日后若干天付款(At××Days after Date of Bill of Lading)。

④ 指定日期付款(Fixed Date)。

一张汇票往往可以同时具备几种性质。例如，一张商业汇票，同时又可以是即期的跟单汇票；一张远期的商业跟单汇票，同时又是银行承兑汇票。

2.3.4 汇票的使用

汇票的使用有出票(Issue)、提示(Presentation)、承兑(Acceptance)、付款(Payment)等。如需转让，通常经过背书行为转让。汇票遭到拒付时，还要涉及作出拒付证书(Protest)和行使追索权(Right of Recourse)等法律权利。

1. 出票

出票是指出票人在汇票上填写付款人、付款金额、付款日期和地点及受款人等项目，经签字交给持票人的行为。在出票时，对受款人通常有三种写法，见表 2-2。

表 2-2 出票写法与示例

出票写法	示例
限制性抬头	“仅付××公司”(Pay××Co. Only)或“付××公司，不准流通”(Pay××Co. not Negotiable)。这种抬头的汇票不能流通转让，只限××收取货款
指示性抬头	“付××公司或指定人”(Pay××Co. by Order 或 Pay to the Order of ××Co.)。这种抬头的汇票，除××公司可以收取票款外，也可以经过背书转让给第三者
持票人或来人抬头	“付给来人”(Pay Bearer)。这种抬头的汇票，无须由持票人背书，仅凭交付汇票即可转让

2. 提示

提示是指持票人将汇票提交付款人要求承兑或付款的行为。付款人见到汇票叫做见票(Sight)。提示可以分为以下两种。

(1) 付款提示。指持票人向付款人提交汇票、要求付款的行为。

(2) 承兑提示。指持票人向付款人提交远期汇票，付款人见票后办理承兑手续，承诺到期时付款的行为。

3. 承兑

承兑是指付款人对远期汇票表示承担到期付款责任的行为。付款人在汇票上写明“承兑”字样，注明承兑日期，并由付款人签字，交还持票人。付款人对汇票作出承兑，即成为承兑人。承兑人有在远期汇票到期时承担付款的责任。

4. 付款

对即期汇票，在持票人提示汇票时，付款人即应付款。对远期汇票，付款人经过承兑后，在汇票到期日付款。付款后，汇票上的一切债务即告终止。

5. 背书

在国际市场上，汇票又是一种流通工具(Liquid Instrument)，可以在票据市场上流通转让。背书(Endorsement)是转让汇票权利的一种法定手续，就是由汇票持有人在汇票背面签上自己的名字，或再加上受让人(Endorsee)的名字，并把汇票交给受让人的行为。经背书后，汇票的收款权利便转移给受让人。汇票可以经过背书不断转让下去。对于受让人来说，所有在他以前的背书人(Endorser)及原出票人都是他的“前手”。而对出让人来说，所有在他让与以后的受让人都是他的“后手”。“前手”对“后手”负有担保汇票必然会被承兑或付款的责任。

在国际市场上，一张远期汇票的持有人如想在付款人付款前取得票款，可以经过背书转让汇票，即将汇票进行贴现(Discount)。贴现是指远期汇票承兑后，尚未到期，由银行或贴现公司从票面金额中扣减按一定贴现率计算的贴现息后，将余款付给持票人的行为。

6. 拒付

持票人提示汇票要求承兑时，遭到拒绝承兑(Dishonour by Non-Acceptance)，或持票人提示汇票要求付款时，遭到拒绝付款(Dishonour by Non-Payment)，均称拒付(Dishonour)，也称退票。

除了拒绝承兑和拒绝付款外，付款人拒不见票、死亡或宣告破产，以致付款事实上已不可能时，也称拒付。

如果汇票在合理时间内提示，遭到拒绝承兑，或在到期日提示，遭到拒绝付款，对持票人立即产生追索权，他有权向背书人和出票人追索票款。按照有些国家的法律，持票人为了行使追索权应及时作出拒付证书。所谓追索权是指汇票遭到拒付，持票人对其“前手”(背书人、出票人)有请求其偿还汇票金额及费用的权利。拒付证书是由付款地的法定公证人(Notary Public)或其他依法有权作出证书的机构如法院、银行、公会、邮局等，作出证明拒付事实的文件，是持票人凭以向其“前手”进行追索的法律依据。如拒付的汇票已经承兑，出票人可凭以向法院起诉，要求承兑汇票的承兑人付款。

《票据法》规定，持票人行使追索权时，应当提供被拒绝承兑或者被拒绝付款的有关证明。同时规定，持票人提示承兑或提示付款被拒绝的，承兑人或付款人必须出具拒绝证明，或者出具退票理由书。否则，应当承担由此产生的民事责任，持票人可以依法取得其他有关证明。此外，汇票的出票人或背书人为了避免承担被追索的责任，可在出票时或背书时加注“不受追索”(Without Recourse)字样。注意：凡加注“不受追索”字样的汇票，在市场上难以流通。

2.3.5 汇票的填制

汇票一般为一式两份，第一联、第二联在法律上无区别。其中一联生效则另一联自动作废。填写规则如下。

1. 出票根据

(1) 信用证项下，这一栏内要求填写开证银行的名称、信用证号码和开证日期。此栏中的名称应填写全称，除非信用证内汇票条款中允许写开证银行的缩写。

(2) 托收项下，一般应加发运货物的名称、数量，有的还增加起运港和目的港及合同号等。

2. 年息

这一栏目应由结汇银行填写，用以清算企业与银行间利息费用。填写合同规定的利息率。

3. 号码

此栏目有三种填制方法：①填发票号码，说明该汇票是某发票项下的，以核对发票与汇票中相关内容；②按本身汇票的顺序编号；③空白此栏。我国出口贸易多采用方法①。

4. 小写金额

此栏填制小写的金额，由货币名称缩写及阿拉伯数字组成，如USD 598.00。金额数要求保留小数点后两位，货币名称应与信用证规定和发票上的货币名称一样，汇票金额的多少应根据信用证中具体规定填制。

一般在正常情况下，汇票金额应为发票金额的100%。例如，信用证中DRAFT…FOR 100% OF INVOICE VALUE或 DRAFT AT SIGHT…FOR FULL INVOICE VALUE，或者当实际装运的数量少于规定的数量，当信用证允许分批时，每一批出货的发票金额是实际应收金额。此时，汇票金额＝发票金额。

当然也有汇票金额小于发票金额的情况，当发票金额含佣金或折扣时，信用证表示发票含佣金或折扣，议付时佣金或折扣须在汇票上予以扣除，即汇票上应填制实际所能收回的除去佣金或折扣的金额。例如，INVOICE SHOWING CIF VALUE INCLUDING 3% COMMISSION，AT THE TIME OF NEGOTIATION 3% COMMISSION MUST BE DEDUCTED FROM DRAWINGS UNDER THIS CREDIT。此时，汇票金额小于发票金额。

5. 付款期限

常见的汇票付款期限根据汇票本身性质有两种，即分期付款和远期付款。采用即期汇票，当汇票的出票人按要求向银行提交单据和汇票时，银行应立即付款，一般在AT和SIGHT之间的横线上打上“…”或“×××”等。

远期汇票表示在将来的某个时间付款。具体付款时间应按照信用证在规定的“远期”起算日算起的几天内，不同的起算日，付款的日期也不同。具体有以下几种情况。

(1) DRAFT AT 30 DAYS SIGHT：这是以见票日为“远期”起算日，即为见票日后30天付款，填制时，在付款期限一栏内打上“30 DAYS”即可。

(2) DRAFT AT 30 DAYS FROM THE DATE OF INVOICE：这是以发票日期为“远期”起算日，即发票日期后 30 天付款。在填制汇票时应打上“30 DAYS FROM THE DATE OF INVOICE”。

对于此类来证，发票制作时应尽量提前日期以便卖方尽早收汇。

(3) DRAFT AT 30 DAYS FROM THE DATE OF B/L：这是以提单日期作为“远期”起算日，即提单签发日后的 30 天付款。填制时，只要打上“30 DAYS AFTER B/L DATE”即可。

(4) THIS L/C IS AVAILABLE WITH US BY PAYMENT AT 90 DAYS AFTER RECEIPT OF FULL SET OF DOCUMENTS AT OUR COUNTERS：这是一张以付款银行收到全套单据为“远期”起算日的远期信用证。在填制时，应打上“90 DAYS AFTER RECEIPT OF FULL SET OF DOCUMENTS AT YOUR COUNTERS”。

特别提示

信用证内容填制“OUR COUNTERS”(我方柜台)，在汇票上应作相应调整，以“YOUR COUNTERS”，作为受益人对付款银行的称呼。

6. 受款人

此栏目应根据信用证内容填制。若信用证无规定，则填制议付银行的名称和地址。若也无明确哪家银行为议付银行，则填制“BANK OF CHINA”。

在国际票据市场上，汇票的受款人通常有以下三种填制方法。

(1) 限制性抬头(Restrictive order)，即在“受款人”栏中填写“PAY TO×××ONLY(仅付给××人)”或“PAY TO××× ONLY NOT TRANSFERABLE(不准流通)”，这种汇票不能流通，只有指定的受款人×××才能接受票款。

(2) 记名抬头，即在“受款人”栏中填写“付给×××人的指定人”，如“PAY TO THE ORDER OF×××(由×××指定)”，这种汇票可经受款人×××背书转让。它是目前最普遍使用的一种填制方法。

(3) 持票人或来人抬头，即在受款人栏目中填写“PAY TO BEARER(持票人)”，这种汇票转让时无须背书，仅将汇票交给受让人即可。

7. 汇票大写金额

大写金额应由小写金额翻译而成，一般顶格打印，货币名称全称写在数额前，大写金额后加 ONLY，防止涂改，如 USD 23 978.55：SAY UNITED STATES DOLLARS TWENTY THREE THOUSAND NINE HUNDRED SEVENTY EIGHT AND CENTS FIFTY-FIVE ONLY 其中小数点后数字“0.55”的表达方法有以下几种：①CENTS FIFTY-FIVE；②POINT FIFTY-FIVE。

8. 汇票的交单日期和地点

汇票的交单日期指受益人把汇票交给议付银行的日期。这一栏目一般由议付银行代为填制。(它不得早于各种单据的出单日期且在信用证的议付有效日期内)

9. 付款人及地址

此栏应根据信用证汇票条款中所规定的付款人填制，可能是开证银行，也可能是开证申请人或另外的一家公司，在汇票中表示为“此致…”(TO…)，有以下几种情况。

(1) 当信用证未明确规定付款人时，应填制开证银行的名称和地址。

(2) 当信用证要求“DRAFT DRAWN ON APPLICANT”时，应填制开证银行的名称和地址。

(3) 当信用证要求“DRAFT DRAWN ON US”时，应填制开证银行的名称和地址。

10. 出票人及地址

虽然汇票上没有“出票人”栏，但习惯在右下角空白处盖上出票人全称印章和其负责人印章。与付款人相对应，出票人即出具汇票的人，一般为出口公司。

汇票样单如图 2.2 所示。

汇票

Bill of Exchange

凭

Drawn under CITIBANK NA SINGAPORE

5 SHENTON WAY UIC BUILDING SINGAPORE 068808

信用证　　　　第　　号

L/C No. 779-223-12698

日期

Dated October 26TH, 2010

按息付款

Payable with Interest@　% Per Annual

号码　　　　汇票金额　　　　中国上海　　日期

No. HLK345　Exchange for USD 56 000.00　Shanghai, China.　Dated November. 15TH, 2010

At 90 Days After Sight Of This First Of Exchange(Second Of Exchange Being Unpaid)

或其指定人

Pay to the Order of BANK OF CHINA，SHANGHAI BRANCH

金额

The Sum of SAY UNITED STATES DOLLARS FIFTY SIX THOUSAND ONLY

此致

To CITIBANK NA SINGAPORE

5 SHENTON WAY

UIC BUILDING SINGAPORE 068808

CHINA NATIONAL

ANIMALBYPRODUCTS IMP. & EXP. CORP

.SHANGHAI BRANCH

周大庆

图 2.2 汇票样单

任务 2.4　国际货款结算方式

汇付(Remittance)、托收(Collection)和信用证(L/C)都是国际贸易中经常采用的支付方式。

2.4.1　汇付

汇付又称汇款，指付款人主动通过银行或其他途径将款项汇交收款人。国际贸易货款的收付如采用汇付，一般是由买方按合同约定的条件(如收到单据或货物)和时间，将货款通过银行，汇交给卖方。这是最简单的国际贸易货款结算方式。汇付的支付方式是建立在商业信用基础上的，因为对于货到付款的卖方或对于预付货款的买方来说，能否按时收汇或能否按时收货，完全取决于对方的信用。汇付方式可分为信汇(M/T)、电汇(T/T)和票汇(D/D)三种。

2.4.2　托收

托收是指债权人(出口人)出具债权凭证(汇票、本票、支票等)委托银行向债务人(进口人)收取货款的一种支付方式。托收的支付方式是建立在商业信用基础上的，因为卖方交货后，能否收回货款，完全取决于买方的信誉。托收方式一般都通过银行办理，所以，又称银行托收。

2.4.3　信用证

信用证支付方式是随着国际贸易的发展，在银行与金融机构参与国际贸易结算的过程中逐步形成的。信用证支付方式把由进口人履行付款责任转为由银行来付款，保证出口人安全迅速地收到货款，买方按时收到货运单据。因此，在一定程度上解决了进出口人互不信任的矛盾。同时，也为进出口双方提供了资金融通的便利。所以，自出现信用证以来，这种支付方式发展很快，并在国际贸易中被广泛应用。当今，信用证付款已成为国际贸易中普遍采用的一种主要的支付方式。

1. 信用证的当事人

信用证支付方式所涉及的当事人较多，通常有以下几个。

1) 开证申请人

开证申请人(Applicant)，是指向银行申请开立信用证的人，即进口人或实际买主，在信用证中又称开证人(Opener)。如由银行自己主动开立信用证，则此种信用证所涉及的当事人中没有开证申请人。

2) 开证银行

开证银行(Opening Bank)，是指接受开证申请人的委托开立信用证的银行，它承担保证付款的责任。开证银行一般是进口人所在地的银行。

3) 通知银行

通知银行(Advising Bank，Notifying Bank)，是指受开证银行的委托，将信用证转交出口人的银行。它只鉴别信用证的表面真实性，不承担其他义务。通知银行是出口人所在地的银行。

4) 受益人

受益人(Beneficiary)，是指信用证上所指定的有权使用该证的人，即出门人或实际供货人。

5) 议付银行

议付银行(Negotiating Bank)，是指根据开证银行的授权买入或贴现受益人开立和提交的符合信用证规定的汇票或单据的银行。议付银行可以是指定的银行，也可以是非指定的银行，这要由信用证条款来规定。

6) 付款银行

付款银行(Paying Bank，Drawee Bank)，是指开证银行指定代行信用证项下付款或充当汇票付款人的银行，一般是开证银行，也可以是它指定的另一家银行，这要根据信用证条款的规定来决定。

7) 保兑银行

保兑银行(Confirming Bank)，是指根据开证银行的请求在信用证上加具保兑的银行。保兑银行在信用证上加具“保兑”后，即对信用证独立负责，承担必须付款或议付的责任。保兑银行具有与开证银行相同的责任和地位。保兑银行可以由通知银行兼任，也可由其他银行加具保兑。

8) 偿付银行

偿付银行(Reimbursement Bank)，又称清算银行(C1earing Bank)，是指接受开证银行的指示或授权，代开证银行偿还垫款的第三国银行，即开证银行指定的对议付行或代付行进行偿付的代理人(Reimbursing Agent)。偿付银行的出现，往往是由于开证银行的资金调度或集中在该第三国银行，要求该银行代为偿付信用证规定的款项。

9) 受让人

受让人(Transferee)又称第二受益人(Second Beneficiary)，是指接受第一受益人转让有权使用信用证的人，大都是出口人。在可转让信用证条件下，受益人有权要求将该证的全部或一部分转让给第三者，该第三者即为信用证的受让人。

信用证的业务流程如图 2.3 所示。

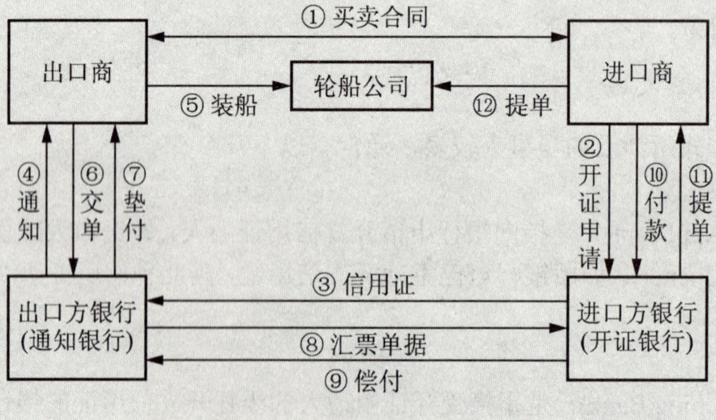

图 2.3 信用证的业务流程

2. 信用证的特点

银行信用一般比商业信用可靠，信用证支付方式与汇付及托收方式比较，具有不同的特点，主要表现在以下三个方面。

(1) 信用证付款是一种银行信用。开证银行以自己的信用作出付款的保证。在信用证付款的条件下，银行处于第一付款人的地位。《跟单信用证统一惯例》规定，信用证是一项约定，按此约定，根据规定的单据在符合信用证条件的情况下，开证银行向受益人或其指定人进行付款、承兑或议付。信用证是开证银行的付款承诺。因此，开证银行是第一付款人。

(2) 信用证是独立于合同之外的一种自足的文件。信用证的开立以买卖合同作为依据，但信用证一经开出，就成为独立于买卖合同之外的另一种契约，不受买卖合同的约束。《跟单信用证统一惯例》(UCP600)规定，信用证与其可能依据的买卖合同或其他合同是相互独立的交易。即使信用证中提及该合同，银行也与该合同无关，且不受其约束。所以，信用证是独立于有关合同之外的契约，开证银行和参与信用证业务的其他银行只按信用证的规定办事。

(3) 信用证项下付款是一种单据的买卖。在信用证支付方式下，实行的是凭单付款的原则。UCP600 规定："在信用证业务中，各有关方面处理的是单据，而不是与单据有关的货物、服务及/或其他行业。"所以，信用证业务是一种纯粹的单据业务。银行虽有义务"合理小心地审核一切单据"，但这种审核，只是用以确定单据表面上是否符合信用证条款，开证银行只根据表面上符合信用证条款的单据付款，因此，银行对任何单据的形式、完整性、准确性、真实性及伪造或法律效力，或单据上规定的或附加的一般和/或特殊条件概不负责。在信用证条件下，实行严格符合的原则，不仅要做到"单证一致"(受益人提交的单据在表面上与信用证规定的条款一致)，还要做到"单单一致"(受益人提交的各种单据之间在表面上一致)。

案例评析 2-5

我国某出口企业收到一份国外开来的不可撤销即期议付信用证，正准备按信用证规定发货时，突接接到开证银行通知，声称开证申请人已经倒闭。

思考：该出口企业应如何处理？依据何在？

【评析要点】该出口公司可按信用证规定发货，因为信用证条件下开证银行具有第一性付款责任，其不能以开证申请人倒闭为由拒付，只要受益人提交单据符合信用证规定，开证银行必须付款。当然，出口人在发货之前要确保能提交相符单据，因为此种情况下，开证银行审单非常苛刻。

3. 信用证的作用

采用信用证支付方式，给进、出口双方及银行都带来一定的好处。信用证在国际贸易结算中的作用主要表现在以下几个方面。

1) 对出口商的作用

(1) 保证出口商凭单取得货款。信用证支付的原则是单证严格相符，只要做到出口商交货后提交的单据与信用证规定相符，即"单证一致、单单一致"，银行就保证支付货款。在信用证支付方式下，出口商交货后不必担心进口商到时不付款，因为是由银行承担付款责任。这种银行信用要比商业信用可靠。因此，信用证支付为出口商收取货款提供了较为安全的保障。

(2) 使出口商得到外汇保证。在进口管制和外汇管制严格的国家，进口商向本国申请外汇得到批准后，方能向银行申请开证，出口商如能按时收到信用证，说明进口商已得到本国外汇管理当局使用外汇的批准，因而可以保证出口商履约交货后，按时收取外汇。

(3) 可以取得资金融通。出口商在交货前，可凭进口商开来的信用证作抵押，向出口地银行借取打包贷款(Packing Credit)，用以收购、加工、生产出口货物和打包装船。或出口商在收到信用证后，按规定办理货物出运，并提交汇票和信用证规定的各种单据，叙作押汇取得货款。这是出口地银行对出口商提供的资金融通，从而有利于资金周转，扩大出口。

2) 对进口商的作用

(1) 可保证取得代表货物的单据。在信用证支付方式下，开证银行、付款银行、保兑银行的付款及议付银行的议付货款都要求做到单证相符，都要对单据表面的真伪进行审核。因此，可以保证进口商收到的是代表货物的单据，特别是提单，它是物权的凭证。

(2) 保证按时、按质、按量收到货物。进口商申请开证时可以通过控制信用证条款来约束出口商交货的时间、交货的品质和数量，如在信用证中规定最迟的装运期限，要求出口商提交由信誉良好的公证机构出具的品质、数量或重量证书等，以保证进口商按时、按质、按量收到货物。

(3) 提供资金融通。进口商在申请开证时，通常要交纳一定的押金，如开证银行认为进口商资信较好，进口商就有可能在少交或免交部分押金的情况下履行开证义务。如采用远期信用证，进口商还可以凭信托收据(Trust Receipt)向银行借单，先行提货、转售，到期再付款，这就为进口商提供了资金融通的便利。

3) 对银行的作用

开证银行接受进口商的开证申请，即承担开立信用证和付款的责任，这是银行以自己的信用作出的保证，以银行信用代替了进口商的商业信用。所以，进口商在申请开证时要向银行交付一定的押金或担保品，为银行利用资金提供便利。此外，在信用证业务中，银行每提供一项服务均可取得各种收益，如开证费、通知费、议付费、保兑费、修改费等。因此，承办信用证业务是各银行的业务项目之一。在国际贸易结算中，信誉良好、作风正派的银行及其高质量的服务，又促进了信用证业务的发展。

4. 信用证的种类

信用证根据其性质、期限、流通方式等特点，可以从不同的角度分为以下几种，见表2-3。

表 2-3　信用证的分类

划分依据	种类
按是否附有货运单据划分	跟单信用证
	光票信用证
按开证银行所负的责任划分	不可撤销信用证
	可撤销信用证
按有无另一银行加以保证兑付划分	保兑信用证
	不保兑信用证
按付款期限的不同划分	即期付款信用证
	延期付款信用证
按受益人对信用证的权利可否转让划分	可转让信用证
	不可转让信用证

1) 跟单信用证

跟单信用证(Documentary Credit)，是指开证银行凭跟单汇票或仅凭单据付款的信用证。国际贸易中所使用的信用证绝大部分是跟单信用证。

2) 光票信用证

光票信用证(Clean Credit)，是指开证银行仅凭不附单据的汇票付款的信用证。在采用信用证方式预付货款时，通常采用光票信用证。

3) 不可撤销信用证

不可撤销信用证(Irrevocable Letter of Credit)，是指信用证一经开出，在有效期内，未经受益人及有关当事人的同意，开证银行不得片面修改和撤销，只要受益人提供的单据符合信用证规定，开证银行必须履行付款义务。这种信用证对受益人较有保障，在国际贸易中，使用最为广泛。凡是不可撤销信用证，在信用证中应注明“不可撤销”(Irrevocable)字样，并载有开证银行保证付款的文句。

4) 可撤销信用证

可撤销信用证(Revocable Letter of Credit)，是指开证银行对所开信用证不必征得受益人或有关当事人的同意，有权随时撤销的信用证。凡是可撤销信用证，应在信用证上注明“可撤销”(Revocable)字样，以资识别。这种信用证对出口人极为不利。因此，出口人一般不接受这种信用证。需要指出的是，只要可撤销信用证已先被受益人利用，则开证银行的撤销或修改通知即不发生效力。鉴于国际上开立的信用证绝大部分都是不可撤销的，因此，UCP600 规定，如果信用证中没注明“不可撤销”或“可撤销”的字样，应视为不可撤销信用证。

案例评析 2-6

一家银行为了从某港装运货物给发货人开立了一份不可撤销信用证，列明按照 UCP600 办理。该信用证后被修改，要求增加由开证人指定的检验机构签发的商检证书，遭到受益人拒绝后，开证银行开始宣称，如果提示的单据中不包括该商检证书将拒不偿付。继而又声明，如果开证人收到的货物与信用证相符，可以照付。货物抵达目的地后，经检验收到的货物仅为发票所列数量的 80%，因此遭到开证银行拒付。为此，受益人起诉开证银行违反信用证承诺。

思考：开证银行的说法和做法是否合理？并说明理由。

【评析要点】开证银行的说法和做法均不合理。首先，本案中使用的是不可撤销信用证，因此不经受益人同意不能修改，对于要求增加由开证人指定的检验机构签发的商检证书的信用证修改，受益人已经拒绝，因此无须提交商检证书。其次，对于开证银行所交货物与单据不符，也不能作为拒付的理由，因为信用证业务是纯单据业务，开证银行只需审核单据，无须过问货物，只要单据相符必须付款，而对于货物中存在的问题，由进口方直接通过买卖合同向出口方索赔。

5) 保兑信用证

保兑信用证(Confirmed Letter of Credit)，是指开证银行开出的信用证，由另一银行保证对符合信用证条款规定的单据履行借款义务。对信用证加以保兑的银行，称为保兑银行(Confirming Bank)。

保兑则是指开证银行以外的银行保证对信用证承担付款责任。不可撤销的保兑的信用证，则意味着该信用证不但有开证银行不可撤销的付款保证，而且又有保兑银行的兑付保证。二者都负第一性的付款责任。所以这种有双重保证的信用证对出口商最为有利。保兑银行的付款责任，是以规定的单据在到期日或以前向保兑银行提交，并符合信用证的条款为条件。保兑银行通常是通知银行，有时也可以是出口地的其他银行或第三国银行。

6) 不保兑信用证

不保兑信用证(Unconfirmed Letter of Credit)，是指开证银行开出的信用证没有经另一家银行保兑。当开证银行资信好和成交金额不大时，一般都使用这种不保兑的信用证。

7) 即期付款信用证

注明“即期付款兑现”(Available by Payment at Sight)的信用证称为即期付款信用证(Sight Payment Credit)。此种信用证一般不需要汇票，也不需要领款收据，付款银行或开证银行只凭货运单据付款。证中一般列有“当受益人提交规定单据时，即行付款”的保证文句。即期付款信用证的付款银行通常由指定通知银行兼任。其到期日，一般也是受益人向付款银行交单要求付款的日期。

8) 延期付款信用证

注明“延期付款兑现”(Available by Payment after Sight)的信用证称为延期付款信用证(Deferred Payment Credit)。此种信用证不要求受益人出具远期汇票，因此，必须要在证中明确付款时间，如“装运日后××天付款”或“交单日后××天付款”。由于此种信用证不使用远期汇票，因此出口商不能利用贴现市场资金，而只能自行垫款或向银行借款。

9) 可转让信用证

可转让信用证(Transferable Credit)，是指信用证的受益人(第一受益人)可以要求授权付款、承担延期付款责任、承兑或议付的银行(统称“转让银行”)，或当信用证是自由议付时，可以要求信用证中特别授权的转让银行，将信用证全部或部分转让给一个或数个受益人(第二受益人)合用的信用证。

根据 UCP600 的规定，唯有开证银行在信用证中明确注明“可转让”(Transferable)字样，信用证方可转让。如果信用证注明“可分割”(Divisible)、“可分开”(Fractionable)、“可让渡”(Assignable)和“可转移”(Transmissible)等措辞，并没有使信用证可以转让，则银行可以不予理会。

可转让信用证只能转让一次，即只能由第一受益人转让给第二受益人，第二受益人不得要求将信用证转让给其后的第三受益人，但若再转让给第一受益人，则不属于被禁止转让的范畴。如果信用证不禁止分批装运，在总和不超过信用证金额的前提下，则可分别按若干部分办理转让，该项转让的总和，将被认为只构成信用证的一次转让。

在实际业务中，要求开立可转让信用证的第一受益人，通常是中间商。为了赚取差额利润，中间商要将信用证转让给实际供货人，由供货人办理出运手续。但信用证的转让并不等于买卖合同的转让，如第二受益人不能按时交货或单据有问题，第一受益人(原出口人)仍要负买卖合同上的卖方责任。

案例评析 2-7

广州 A、B 两家贸易公司共同对外出口水泥 6 000 公吨，双方约定分别交货 60%和 40%，各自结汇，由 A 公司按 CIF 曼谷条件对外签订出口合同。合同签订后，泰国亚洲银行开来以 A 公司为受益人的不可撤销即期信用证，证中规定不迟于 8 月 22 日装运，允许分批装运，但未注明“可转让”字样。A 公司收到该信用证后经审核，认为证中条款与合同规定相符，因此按各自比例发货，并以各自名义制作了有关的结汇单据。

思考：A、B公司这样做有无问题？为什么？

【评析要点】本案中，国外开证银行开来的信用证未注明“可转让”字样，则该信用证是一份不可转让的信用证。A、B公司可各自交货，但必须是仅由A公司以A公司名义制作符合信用证规定的全套单据，否则，银行必定以单证不符为由拒付货款。

10) 不可转让信用证

不可转让信用证(Non-Transferable Credit)，是指受益人不能将信用证的权利转让给他人的信用证。凡信用证中未注明“可转让”字样的，就是不可转让信用证。

11) 承兑信用证

承兑信用证(Acceptance Credit)，是指由某一银行承兑的信用证，即当受益人向指定银行开具远期汇票并提示时，指定银行即行承兑，并于汇票到期日履行付款。这种信用证又称为银行承兑信用证(Banker's Acceptance L/C)。承兑信用证一般用于远期付款的交易。但有时，买方为了便于融资或利用银行承兑汇票以取得比银行放款利率为低的优惠贴现率，在与卖方订立即期付款的合同后，要求开立银行承兑信用证，证中规定“远期汇票即期付款、所有贴现和承兑费用由买方负担”。此种做法对受益人来说，虽然开出的是远期汇票，但却能即期收到全部货款。

12) 议付信用证

议付信用证(Negotiation L/C)，是指开证行在信用证中，邀请其他银行买入汇票及/或单据的信用证。即允许受益人向某一指定银行或任何银行交单议付的信用证。通常在单据符合信用证条款的条件下，议付银行扣除利息和手续费后将票款付给受益人。

(1) 公开议付信用证。公开议付信用证(Open Negotiation Credit)，又称自由议付信用证(Freely Negotiation Credit)，是指开证银行对愿意办理议付的任何银行作公开议付邀请和普通付款承诺的信用证，即任何银行均可按信用证条款自由议付的信用证。

(2) 限制议付信用证。限制议付信用证(Restricted Negotiation Credit)，是指开证银行指定某一银行或开证银行本身自己进行议付的信用证。在限制议付信用证中，通常有下列限制议付文句：“本证限××银行议付。”

公开议付信用证和限制议付信用证的到期地点都在议付银行所在地。这种信用证经议付后，如因故不能向开证银行索得票款，议付银行有权对受益人行使追索权。

5. 信用证开立的形式

信用证开立的形式主要有信开本(To Open by Airmail)和电开本(To Open by Cable)两种。

1) 信开本

信开本是指开证银行采用印就的信函格式的信用证，开证后以空邮形式寄送通知银行。这种形式现已很少使用。

2) 电开本

电开本是指开证银行使用电报、电传、传真、SWIFT(Society for Worldwide Interbank Financial Telecommunication，全球银行金融电信协会)电文等各种电信方法将信用证条款传达给通知银行。电开本又可分为三种，见表2-4。

表 2-4　电开本的种类

种类	含义	特点
简电本(Brief Cable)	开证银行只通知已经开证，将信用证的主要内容如信用证号码，受益人名称和地址，开证人名称，金额，货物名称、数量、价格、装运期及信用证有效期等预先通告通知银行，详细条款将另邮航寄通知银行	由于简电本内容简单，因此在法律上是无效的，不足以作为交单议付的依据
全电本(Full Cable)	开证银行以电信方式开证，把信用证全部条款传达给通知银行	全电开证本身是一种内容完整的信用证，因此是交单议付的依据
SWIFT 信用证	凡参加 SWIFT 的成员银行，均可使用 SWIFT 办理信用证业务	SWIFT 格式应用较为普遍，它采用全加密的方式，安全又快捷，受银行的普遍欢迎

SWIFT 于 1973 年在比利时布鲁塞尔成立，该组织设有自动化的国际金融电信网，该组织的成员银行可以通过该电信网办理信用证业务及外汇买卖、证券交易、托收等业务。截至 2012 年 8 月，全球 212 个国家/地区的 10 000 多家金融机构和企业借助其系统每天交换数百万条标准化金融报文。

目前开立 SWIFT 信用证的格式代号为 MT700 和 MT70l，如对开出的 SWIFT 信用证进行修改，则采用 MT707 标准格式传递信息。

采用 SWIFT 信用证，使信用证具有标准化、固定化和统一格式的特性，且传递速度快捷，成本也较低。我国银行在电开信用证或收到的信用证电开本中，SWIFT 信用证也已占很大比重。

(1) SWIFT 信用证特点有以下几点。

① SWIFT 需要会员资格。我国的大多数专业银行都是其成员。

② SWIFT 的费用较低。同样多的内容，SWIFT 的费用只有电传的 18%左右，只有电报的 2.5%左右。

③ SWIFT 的安全性较高。SWIFT 的密押比电传的密押可靠性强、保密性高，且具有较高的自动化特性。

④ SWIFT 的格式具有标准化特性。对于 SWIFT 电文，SWIFT 组织有着统一的要求和格式。

(2) SWIFT 电文表示方式如下。

① 项目表示方式。SWIFT 由项目(Field)组成。例如，“59 Beneficiary(受益人)”就是一个项目，59 是项目的代号。项目代号可以用两位数字来表示，也可以用两位数字加上字母来表示，如 51a Applicant(申请人)。不同的代号，表示不同的含义。

在 SWIFT 电文中，一些项目是必选项目(Mandatory Field)，一些项目是可选项目(Optional Field)，必选项目是必须要具备的，如 31D DATE AND PLACE OF EXPIRY(信用证有效期)，可选项目是另外增加的项目，并不是每个信用证都一定有的，如 39B MAXIMUM CREDIT AMOUNT(信用证最大限制金额)。

② 日期表示方式。SWIFT 电文的日期表示为 YYMMDD(年月日)，如 1999 年 5 月 12 日，表示为 990512；2000 年 3 月 15 日，表示为 000315；2001 年 12 月 9 日，表示为 011209。

③ 数字表示方式。在 SWIFT 电文中，数字不使用分格号，小数点用逗号“，”来表示，如“5，152，286.36”表示为“5152286，36”；“4/5”表示为“0，8”；“5%”表示为“5 PERCENT”。

④ 货币表示方式。在 SWIFT 电文中，货币用相应的字母缩写表示，如澳大利亚元——AUD；加拿大元——CAD；人民币元——CNY；港币——HKD；日元——JPY；英镑——GBP；

美元——USD；台币——TWD；欧元——EUR；澳门币——MOP。

6. 国际商会《跟单信用证统一惯例》

为了规范信用证业务的运作，国际商会在1933年制定了《商业跟单信用证统一惯例》。此后进行了多次修订，最新文本是2007年制定的UCP600。该惯例为世界各国银行处理信用证业务所适用。

UCP600共有三十九项条款，全文按照业务环节对所有权条款进行了归纳总结。简而言之，就是将通知、修改、审单、偿付、拒付等环节涉及的条款在原有条款的基础上分别加以集中，使得对某一问题的规定更加明确和系统化。但值得注意的是，UCP600没有包含与信用证有关的全部事项，如信用证的效力、议付信用证是否取消、信用证的欺诈等，因此，在适用时还需要国内法补充该惯例没有调整的事项。

任务2.5 履行贸易合同

在国际货物贸易中，买卖双方经过交易磋商后，最终达成贸易合同。接下来就是要履行贸易合同了。贸易合同分为出口合同和进口合同，它们各自的履行程序分别如图2.4和图2.5所示。

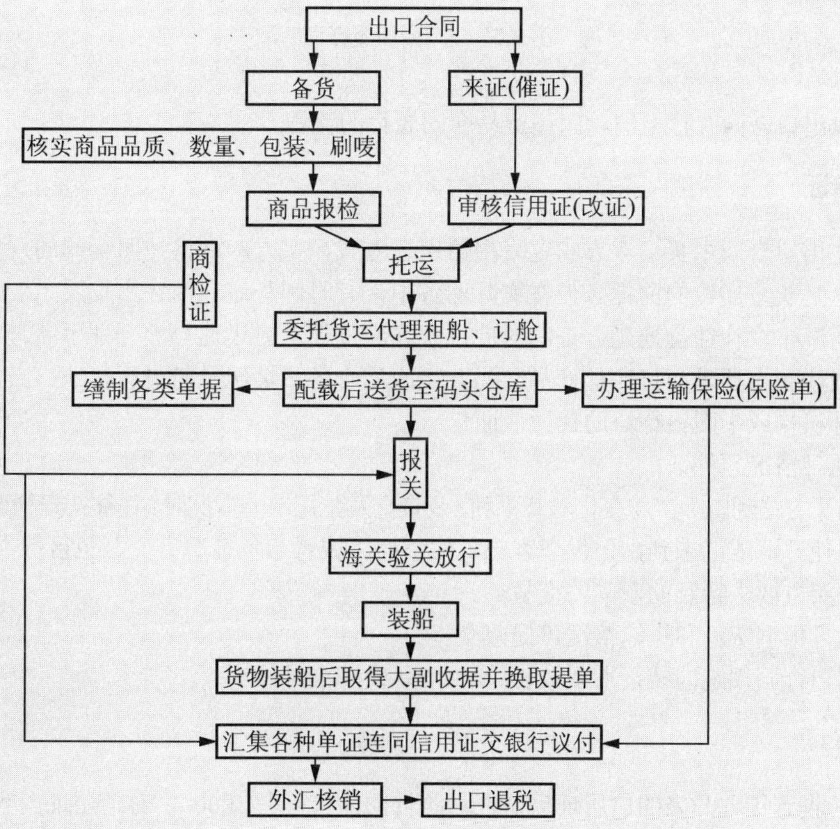

图2.4 出口合同履行程序

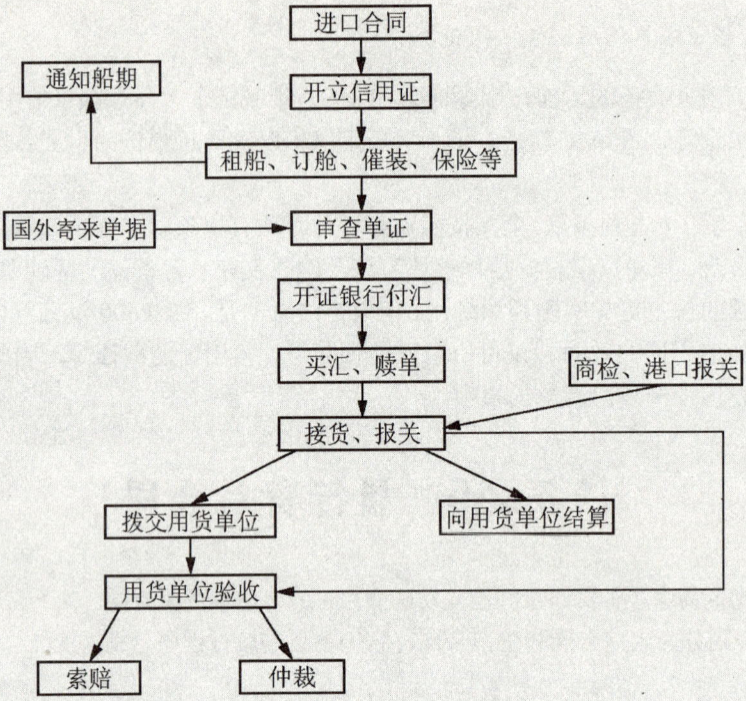

图 2.5 进口合同履行程序

下面以出口合同履行为例，阐述贸易合同履行的流程。

2.5.1 催证

如果在出口合同中买卖双方约定采用信用证方式，买方应严格按照合同的规定按时开立信用证，这是买方履约的前提。但在实际业务中，有时国外进口商在市场发生变化或资金发生短缺的情况下，往往会拖延开证。对此，卖方应催促对方迅速办理开证手续。特别是大宗商品交易或应买方要求而特制的商品交易，更应结合备货情况及时进行催证。必要时，也可请我国驻外机构或中国银行协助代为催证。

下列几种情况须催证：

(1) 当买方遇到国际市场变化对其不利，或资金发生短缺的情况时，往往拖延开证或不开证。

(2) 即使开证限期未到，但发现客户资信不好，或者市场情况有变，也可催促对方开证。

(3) 按买方要求特制的商品的交易。

(4) 卖方根据货源和运输情况可提前交货。

(5) 出口合同规定的装运期限较长(如 3 个月或 6 个月)。

2.5.2 审证

企业在收到买方开来的信用证后，应对照合同并依据 UCP600，对信用证内容进行全面、认真的审核。在业务中，银行和出口单位共同承担审证任务。银行着重审核开证银行的政治背景、资信能力、付款责任和索汇路线等，出口单位则着重审核信用证与合同是否一致。

1. 银行审证要点

(1) 政策上的审核。来证应符合我国方针政策，不得有歧视性内容。

(2) 对开证银行资信及信用证真实性的审查。对开证银行所在国的政治经济状况、开证银行的资信、经营作风等进行审查。对来证进行印押审查，如对信函开证要核对印鉴是否相符，如果相符，银行在来证上盖有核符戳记；如SWIFT开证，电文尾端要有“SAC”或“MAC”表示密押相符的戳记。

(3) 对信用证生效及开证银行付款责任的审查。对信用证加列限制性条款或保留条件的条款，如“领到许可证后方能生效”、“另函详”等字样，应在接到上述生效通知书或信用证详细条款后再履行交货义务。我国接受不可撤销的信用证，同时证内要载有开证银行保证付款的文句。

2. 出口企业审证要点

(1) 对开证申请人和受益人的名称及地址要仔细核对。

(2) 核实信用证金额、币种、付款期限规定是否与合同一致。

(3) 核实品名、货号、规格、数量规定是否与合同一致。

(4) 核实信用证中的装运条款是否与合同一致。

(5) 核实信用证交单日、到期日和到期地点是否正确。交单日是信用证规定的最晚向银行交单议付的日期。信用证如果没有规定，一般为提单日期后21天交单。到期日是信用证有效使用的最后日期，一般为货物装运期后15天或21天，装运期应该与信用证到期日有一段合理间隔时间，时间太短，甚至“双到期”(即信用证的装运期与有效期为同一天)，就没有足够时间办理制单结汇工作。到期地点要规定在卖方所在地。

(6) 对单据的审核。卖方议付单据通常包括商业发票、保险单、海运提单、装箱单、原产地证明、检验证书及其他证明文件。要注意单据由谁出具、能否出具，信用证对单据有无特殊要求，单据的规定是否与合同条款一致、前后是否有矛盾等。对于必须由第三方或开证申请人签字的单据，一定要求改证修改。

(7) 对其他特殊条款的审查。有时来证加列许多特殊条款，如指定船公司、船级、船龄、船籍等条款，一般不应轻易接受。例如，来证要求提单注明二程船为15年以下船龄的船只，如果没有直达船，一般外轮代理公司对二程船能否确定为15年以下的船只没有把握，因而外代不会在提单上加以证明，此时应考虑修改信用证。

(8) 对银行费用条款的审核。根据UCP600规定，银行费用由开证申请人负担，偿付银行的费用由开证银行承担。其他发生费用由指示方负担。

2.5.3 改证

对信用证进行了全面、细致的审核以后，如果发现问题，应区别问题的性质，分别同银行、运输、保险、商检等有关部门研究，作出恰当妥善的处理。凡是属于不符合我国对外贸易方针政策、影响合同执行和安全收汇的情况，必须要求国外客户通过开证银行进行修改，并坚持在收到银行修改信用证通知书后才能对外发货，以免发生货物装出后而修改通知书未到的情况，造成工作上的被动和经济上的损失。

知识链接

改证时需要注意的问题如下:

(1) 信用证在什么情况需要修改，掌握好“改”与“不改”的界限。

(2) 信用证修改向谁提出。

(3) 修改信用证的内容要征得开证人的同意，由开证银行发放改证通知才有效。

(4) 对于需修改的内容应一次向对方全部提出，以节约改证费用。

(5) 对修改通知书内容只能全部接受或全部拒绝，并立即向通知银行表示。不可在未接到修改通知书之前贸然出运。

(6) 修改前的内容是否依然有效。

总之，对国外来证的审核和修改，是保证顺利履行合同和安全迅速收汇的必要前提，必须给予足够的重视，认真做好审证工作。

2.5.4 备货

备货是进出口公司根据合同和信用证规定，向生产加工及仓储部门下达联系单(有些公司称其为加工通知单或信用证分析单等)要求有关部门按联系单的要求，对应交的货物进行清点、加工整理、刷制运输标志及办理申报检验和领证等工作。联系单是各个部门进行备货、出运、制单结汇的共同依据。在备货工作中，应注意以下几个问题。

(1) 备货时间：应根据信用证规定，结合船期安排，以利于船货衔接。

(2) 货物本身：对货物的品质、规格应按合同的要求进行核实，必要时应进行加工整理，以保证货物的品质、规格与合同规定一致。货物的数量应保证满足合同或信用证对数量的要求，备货的数量应适当留有余地，以备作装运时可能发生的调换和适应舱容之用。

(3) 货物的包装和唛头(运输标志)：应进行认真检查和核实，使之符合信用证的规定，并要做到对保护商品和适应运输的要求，如发现包装不良或破坏，应及时进行修或换装。标志应按合同规定的式样刷制。

2.5.5 报验

凡属国家规定或合同规定必须经国家出入境检验检疫局出证的商品，在货物备齐后，应向国家出入境检验检疫局申请检验，只有取得国家出入境检验检疫局发给的合格的检验证书，海关才准放行。凡经检验不合格的货物，一律不得出口。

2.5.6 安排运输

各进出口公司在备货的同时，如是 CIF 或 CFR 合同，还必须做好租船订舱工作，办理报关、投保等手续。

1. 办理货运的步骤

在 CIF 或 CFR 条件下，租船订舱是卖方的主要职责之一。如出口货物数量较大，需要整船载运的，则要对外办理租船手续。如出口货物数量不大，无须整船装运的，可由外运公司代为洽订班轮或租订部分舱位运输。其步骤如下。

(1) 查看船期表，填写出口货物托运单(B/N)。

(2) 船公司或代理人签发装货单(S/O)或下货纸。

(3) 装船完毕，由船长或大副签发大副收据(M/R)或收货单。

(4) 托运人凭收货单向外轮代理公司交付运费并换取正式提单。

2. 托运订舱时应注意的问题

(1) 在船舶抵达港口或截止签单前，出口公司应及时办理托运手续。

(2) 在办理订舱手续时，力求准确无误，尽量避免加载(即增加订舱数量)、退载和变载的情况发生。一旦有更改项目发生，应尽早提请办理，以免增加额外费用和延误船期。

(3) 对某些特殊货物，如散装油类、冷藏、冷珠等特殊货物的订舱，应列明对运输的要求。

(4) 对于危险品的订舱，应提供所规定的项目。

(5) 对超重、超长、超高货物的订舱，应提供每件货物的详细尺码、毛重等。

3. 装船后应注意的问题

货物装船后，出口商应及时向国外买方发出装运通知，以便对方准备付款、赎单、办理进口报关及接货手续。

2.5.7 投保

凡按 CIF 条件成交的出口合同，在货物装船前，卖方应及时向保险公司办理投保手续。出口货物投保都是逐笔办理，为了简化投保手续，也可利用出口货物明细单或货物出运分析单来代替投保单。保险公司接受投保后，即签发保险单或保险凭证。

(1) 在配载就绪，确定船名后，出口商应在货物运离仓库或其他储存处所前，按照买卖合同和信用证的规定向保险公司办理投保手续，以取得约定的保险单据。

(2) 在办理投保手续时，通常填写国外运输险投保单，列明投保人名称，货物的名称、唛头、运输路线，船名或装运工具，开航日期，航程，投保险别，保险金额，投保日期，赔款地点等。保险公司据此考虑是否接受承保并缮制保险单据。

2.5.8 报关

报关是指进出口货物装船出运前，向海关申报的手续。按照《中华人民共和国海关法》(以下简称《海关法》)规定，凡是进出国境的货物，必须经由设有海关的港口、车站、国际航空站进出，并由货物所有人向海关申报，经过海关放行后，货物才可提取或者装船出口。

1. 出口申报

出口报关时出口货物的发货人(通常为出口人)或其代理人应向海关申报交验有关单据、证件，申请验关并办理货物通关出境的手续。

(1) 报关期限和地点。出口货物的发货人，除海关特准者外，应当在装货的 24 小时前向海关申报。

(2) 报关单证，包括出口货物报关单、装货单、发票、装箱单，以及减税、免税或免验的证明文件。

2. 缴纳出口税

《中华人民共和国海关进出口税则》目前对涉及大约47个税号的商品规定征收出口关税。出口货物的关税税率为单一税则制，即只使用一种税率。

3. 出口查验

出口货物发货人应在装货发运前通知海关查验，海关凭出口货物发货人向海关申报时填报的全部单证查验货物。

4. 出口放行

在装货单或运单上盖“放行”章，交货主签收，货方方可把货物装运出境。

2.5.9 制单结汇

出口货物装运后，出口企业应按信用证的规定，缮制各种单据，并在信用证规定的有效期内，送交银行办理议付结汇手续。

1. 常用的出口结汇单据

常用的出口结汇单据包括汇票、发票、装箱单和重量单、海运提单、保险单、检验证书、产地证明、普惠制证明等。

2. 单据制作的要求

(1) 正确。各种单据必须做到 “四个一致”：“单证一致”、“单单一致”、“单货一致”、“单同一致”。

(2) 完整。成套单证的群体的完整性，即单据的种类要完整。每一种单据的内容必须完备齐全，每一种单据的份数要足够。

(3) 及时。各种单据的出单日期必须合理可行，在规定的时间内向银行交单结汇

(4) 简明。单据的内容应该简洁明了，即各种单据在记述各项内容时，用词要力求简明扼要、恰如其分，尽量避免烦琐、画蛇添足。

(5) 整洁。单据的表面应该清晰、美观、大方，单据的各项内容应该清楚、易认。

3. 对结汇单据不符点的处理办法

在实际业务中，单证不符的情况经常发生。这时，首先要争取时间修改单据，使其与信用证相符。如果来不及修改，视具体情况，选择如下处理方法。

(1) 表提。也称担保结汇，即信用证受益人在提交单据时出现单证不符，主动向议付银行书面提出单证不符点，议付银行要求受益人出具保函，担保日后遭到拒付时，一切后果由受益人承担。表提一般适用于单证不符点并不严重或虽然是实质性不符，但事先已经经进口商确认可以接受的情形。

(2) 电提。又称电报提出，即在单证不符情况下，议付银行先向开证银行去电(电报或电传)，列明单证不符点，待开证银行同意后再将单据寄出。这样可在最短时间内由开证银行征求买方意见。如对方同意，可寄单收汇；如不同意，卖方可及时处理运输中的货物。

(3) 跟单托收。议付银行不同意上述两种方法，这时，出口单位只能采用托收方式收款。

以上方法，受益人都失去了开证银行的付款保证，银行信用已经变成了商业信用。

4. 信用证项下制单结汇

1) 收妥结汇

收妥结汇即信用证议付银行收到企业的出口单据后，经审查无误，将单据寄交国外付款银行索取货款的结汇做法。在这种方式下，议付银行都是待收到付款银行的货款后，即从国外付款银行收到该银行账户的贷记通知书，才按当日外汇牌价，按照出口企业的指示，将货款折成人民币拨入出口企业的账户。

2) 押汇

押汇又称买单结汇，即指议付银行在审单无误的情况下，按信用证条款贴现受益人(出口公司)的汇票或者以一定的折扣买入信用证下的货运单据，从票面金额中扣除从议付日到估计收到票款之日的利息，将余款按议付日外汇牌价折成人民币，拨给出口企业。议付银行向受益人垫付资金、买入跟单汇票后，即成为汇票持有人，可凭票向付款银行索取票款。银行之所以叙作出口押汇，是为了给出口企业提供资金融通的便利，这有利于加快出口企业的资金周转速度。

3) 定期结汇

定期结汇即议付银行根据向国外付款银行索赔所需时间，预先确定一个固定的结汇期限，并与出口企业约定该期限到期后，无论是否已经收到国外付款银行的货款，都将主动将票款金额折成人民币拨交出口企业。

2.5.10 出口收汇核销

1. 出口收汇核销管理

出口收汇核销管理是指外汇管理局在出口、海关、税务、银行等有关部门的配合、协助下，以出口货物的价值为标准核对是否有相应的外汇(或货物)收回国内的一种事后监管措施，是对出口收汇的贸易真实性的审核。

出口收汇核销管理对防止外汇资金流失或非出口贸易项下外汇资金混入，维护国际收支平衡，促进对外贸易的发展起到了积极的作用。

出口单位出口货物后，应在收汇日期起30天内，持规定的核销凭证向外汇管理局进行出口收汇核销报告。

2. 出口收汇核销单管理

出口收汇核销单是指由国家外汇管理局统一管理、各分支局核发，出口单位凭以向海关办理出口报关、向银行办理出口收汇、向外汇管理局办理出口收汇核销、向税务机关办理出口退税申报，有统一编号的重要凭证。核销单分为出口收汇核销存根、正本及出口退税专用联3个部分。最终的存根必须回到外汇管理局，以核对原来数据库的电子档案并注销此核销单号码。

外贸企业从外汇管理局申领的每一张核销单，都在外汇管理局的数据库中有备案和留档。企业必须具备一定的资格才可以向外汇管理局申领核销单，其中最重要的资格是企业的进出口权。

图2.6为出口收汇核销的一般流程。

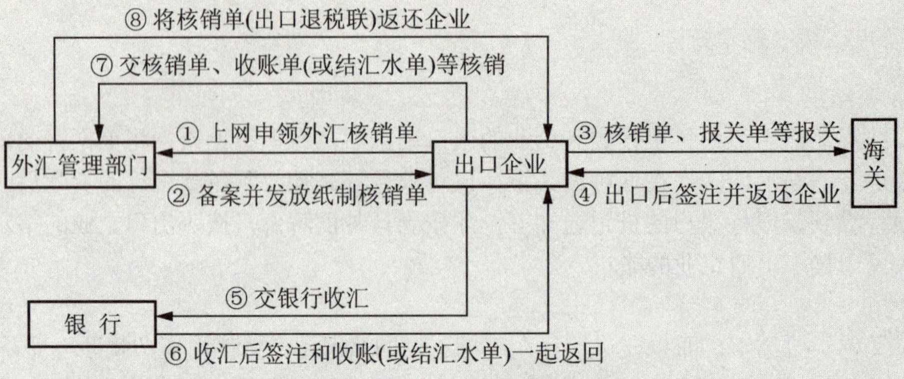

图 2.6　出口收汇核销的一般流程

2.5.11　出口退税

出口退税主要是通过退还出口货物的国内已纳税款来平衡国内产品的税收负担，使本国产品以不含税成本进入国际市场，与国外产品在同等条件下进行竞争，从而增强竞争能力，扩大出口创汇。

增值税、消费税征收范围内的货物才能享受出口退税。增值税、消费税的征收范围，包括除直接向农业生产者收购的免税农产品以外的所有增值税应税货物，以及烟、酒、化妆品等 11 类列举征收消费税的消费品。

图 2.7 为出口退税的一般程序图。

结论：在出口合同履行过程中，货、证、船的衔接是一项细致又复杂的工作，外贸企业为加强对出口合同的管理，应做好“四排”、“三平衡”工作。

“四排”是指以买卖合同为对象，根据合同项下的货物是否备妥、信用证是否开到，按四种情况进行分析排队，即“有证有货”、“有证无货”、“无证有货”、“无证无货”。

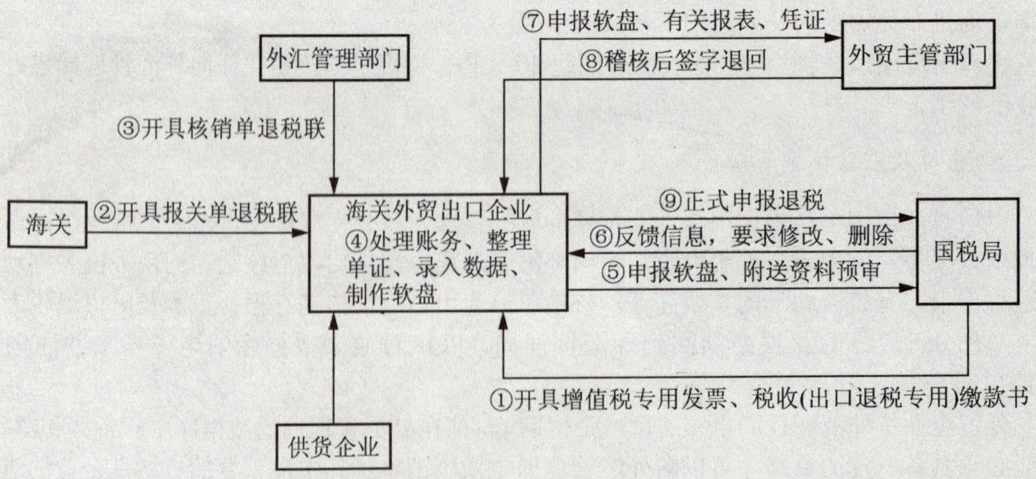

图 2.7　出口退税的一般程序

“三平衡”是指以信用证为依据，根据信用证规定的装运期和到期日的远近，结合货源和运输能力的具体情况，分清轻重缓急，力求做到“货、证、船”三方面的有效衔接。

职业能力训练

一、案例分析题

1. 我国某公司以 FOB 条件出口一批冻鸡。合同签订后接到买方来电，称订舱较为困难委托我方公司代为订舱。为了方便合同履行，该公司接受了对方的要求。但由于船期比较紧张，时至装运期，该公司在规定装运港无法订到合适的舱位，且买方又不同意改变装运港。因此，到装运期满时货仍未装船，买方因销售季节即将结束便来函以该公司未按期履行订舱交货义务为由撤销合同。

思考：该公司应如何处理？

2. 我国某公司按 CIF 条件进口一批床单，货物抵达后发现床单在运输途中部分受潮，而卖方已如期向我方提交了合同规定的全套合格单据并要求我方支付货款。

思考：该公司能否以所交货物受潮为由而拒付货款或向卖方提出索赔？

3. 我国某出口公司与外商按 CIF 条件成交出口一批货物，合同规定，商品的数量为 500 箱，以信用证方式付款，5 月装运。买方按合同规定的开证时间将信用证开抵卖方。货物顺利装运完毕后，卖方在信用证规定的交单期内办好了议付手续并收回货款。不久，该公司收到买方寄来的货物在伦敦港的卸货费和进口报关费的收据，要求该公司按收据金额将款项支付给买方。

思考：该公司是否需要支付这笔费用？为什么？

4. 新加坡 A 公司与马来西亚 B 公司订立 FCA 合同，购买 500 吨白糖，合同约定提货地为 B 公司所在地。2012 年 7 月 3 日，A 公司派代理人到 B 公司提货，B 公司已将白糖装箱完毕并放置在临时敞篷中，A 公司代理人由于人手不够，要求 B 公司帮助装货，B 公司认为已履行完应尽义务，故拒绝帮助装货。A 公司代理人无奈返回，3 日后 A 公司再次到 B 公司所在地提走货物。但是，在货物堆放的 3 天里，因遇湿热台风天气，货物部分受损，造成 10%的脏包。

思考：该损失应由哪一方承担？

5. 某公司收到孟加拉标准麦加利银行来证，最大金额为 120 万美元，来证规定货款向纽约大通曼哈顿银行电汇索偿，单据寄孟加拉开证银行，公司于货物装船后第三天收到结汇货款，15 天后孟加拉开证银行给议付银行来电称：“L/C1234 号单证不符，货物水分超过标准，请退款。”议付银行将该电转交公司。

思考：该公司应如何处理？

二、计算题

1. 我国某公司出口某商品对外报价为 480 美元/吨 FOB 湛江，现外商要求将价格改报 CIF 旧金山(设运费是 FOB 价的 3%，保险费为 FOB 价的 0.8%)。

思考：在不影响该公司收益的情况下，CIF 的报价应为多少？

2．某外贸公司出口一批商品，国内进货价为 10 000 元人民币，加工费支出 1 500 元人民币，商品流通费是 1 000 元人民币，税金支出为 100 元人民币，该批商品出口销售净收入为 2 000 美元(注：1 美元=8.27 元人民币)。

思考：该批商品的出口换汇成本是多少？该商品的出口销售盈亏率是多少？

三、实践操作题

1．出口报价核算

2012 年 3 月，家诚公司打算出口一批不锈钢厨具至开普敦(Cape Town)，安排 3 个 20 英尺集装箱各装 1 个货号的商品。各货号内容见表 2-5。

表 2-5　各货号内容

货号	包装方式(套/箱)	尺码长/cm^3	尺码宽/cm^3	尺码高/cm^3	购货成本(人民币元/套)
SA1012RG	2	56	32.5	49	180
SA1013	2	61.5	30.5	74	144
SA1004	8	63	35.5	25	55

已知上海至开普敦 20 英尺 FCL 海洋运费为 2 200 美元，增值税税率为 17%，退税率为 9%，加一成投保一切险加保战争险，保险费率分别为 0.8%和 0.2%。一个 20 英尺集装箱的国内运费为 2 000 元人民币，出口商检费为 100 元人民币，报关费为 150 元人民币，港区港杂费为 600 元人民币。其他业务费用共计 1 800 元人民币，包装费每箱 2 元人民币。如果公司预期利润率为成交金额的 6%，加客户要求 3%的佣金。

请报出 3 个货号 CIFC3% Cape Town 价格(注：1 美元＝6.87 元人民币)。

2．汇票填制

根据下列资料出具汇票。

SHENZHEN LIGHT IND. PROD. IMP&EXP. CORP (NO.55 SHANDONG RD. SHEN ZHEN, CHINA)与韩国 DAIWAN ARTS AND CRAFTS CO. LTD. (C.P.O.BOX 1780，SEOUL, KOREA)签订一份出口合同，出口一批玻璃器皿，2010 年 8 月 25 日对方通过 INDUSTRIAL BANK OF KOREA(HEAD OFFICE SEOUL)50，ULCHIRO 2-GA，CHUNG-GU SEOUL，KOREA 开来编号为 MO3576452NU30057 的信用证，商业发票号为 DN1784103，与汇票有关的信用证条款如下。

AMOUNT：USD AMOUNT 551 000.00

PLS./NEG. TOL，(%)：05/05

AVAILABLE WITH/BY：BKCHKRSE BANK OF CHINA SEOUL BRANCH SEOUL BY NEGOTIATION

DRAFTS AT：60 DAYS AFTER THE DATE OF SHIPMENT

DRAWEE：BKCHCNBJ810 BANK OF CHINA QINGDAO(SHANDONG BRANCH)

LATEST SHIPMENT：2010-12-23

开来的汇票如图 2.8 所示。

汇票

Bill of Exchange

凭

Drawn under __________

信用证　　　　　第　　号

L/C No .__________

日期

Dated __________

按息付款

Payable with Interest @__________% Per Annual

号码　　　　汇票金额　　　　　　　　　日期

No. __________Exchange for __________Shenzhen, China Date ________

见票

At_______Sight of this First of Exchange (Second of Exchange Being Unpaid)

Pay to the Order of ______________________________

金额

The Sum of ______________________________

此致

To ______________________________

____

(Authorized Signature)(出票人签字)

图 2.8　汇票

3. 信用证审核修改

根据下述合同内容审核信用证，指出不符之处，并提出修改意见。

SALES CONTRACT

THE SELLER:　　　　NO.WILL09068

SHANGHAI WILL TRADING CO.LTD.　　　　DATE: JUNE.1, CHINA

NO.25 JIANGNING ROAD, SHANGHAI, CHINA

SINGED AT: SHANGHAI, CHINA

THE BUYER:

NU BONNETER DE GROOTE

AUTOSTRADEWEG 69090 MEUE BELGIUM

This sales contract is made by and between the sellers and the buyers, whereby the sellers agree to sell and the buyers agree to buy the under-mentioned goods according to the terms and conditions stipulated below:

Commodity & Specification	Quantity	Price Terms	
		Unit Price	Amount
WORK SHORT TROUSERS-100 PCT COTTON TWILL AS PER ORDER D0900326, WORK	300 PCS	CIF ANTWERP USD 10.50/PC	USD 31 500.00
SHORT TROUSERS -100 PCT COTTON TWILL SA PER ORDER D0900327	5 000 PCS	USD 12.00/PC	USD 60 000.00
Total:	8 000 PCS		USD 91 500.00
Total Amount:U.S. DOLLARS NINETY-ONE THOUSAND FIFE HUNDRED ONLY			

Packing: IN CARTONS OF 50 PCS EACH Shipping Marks: AT SELLER'S OPTION

Time of Shipment: DURING AUG. 2009 BY SEA

Loading Port and Destination: FROM SHANGHAI, CHINA TO ANTWERP, BELGIUM

Partial Shipment and Transshipment:ARE ALLOWED

Insurance: TO BE EFFECTED BY THE SELLER FOR 110 PCT OF INVOICE VALUE AGAINST ALL RISKS AND WAR RISKS AS PER CIC OF THE PICC DATED 01/01/1981.

TERMS OF PAYMENT: THE BUYER SHALL OPEN THROUGH A BANK ACCEP -TABLE TO THE SELLER AN IRREVOCABLE SIGHT LETTER OF CREDIT TO REACH

THE SELLER 30 DAYS BEFORE THE MONTH SHIPMENT AND TO REMAIN VALID FOR NEGOTIATION IN CHINA UNTIL THE 15TH DAY AFTER THE FORESAID TIME OF SHIPMENT.

SELLER	BUYER
SHANGHAI WILL TRADING CO., LTD	NU BONNETERIE DE GROOTE
张平	LJSKOUT

ISSUE OF DOCUMENTARY CREDIT

27: SEQUENCE OF TOTAL: 1/1

40A: FORM OF DOC.CREDIT: IRREVOCABLE

20:DOC.CREDIT NUMBER: 132CD6372730

31C: DATE OF ISUSUE: 090715

40E: APPLICABLE RULES: UCP LATEST VERSION

31D: DATE AND PLACE OF EXPIRY: DATE 090910 PLACE IN BELGIUM

51D: APPLICANT BANK: ING BELGIUM NV/SV(FORMERLY BANK BRUSSELS LAMBERT SA), GENT

50: APPLICANT: NU BONNETERIE DE GROOTE AUTOSTRADEWEG6
9090 MELLE BELGIUM

59: BENEFICIARY: SHANGHAI WILL IMPORT AND EXPORT CO., LTD
NO. 25 JIANGNING ROAD, SHANGHAI, CHINA

32B: AMOUNT: CURRENCY USD AMOUNT 19 500.00

41A: AVAILABLE WITH…BY ANY BANK IN CHINA BY NEGOTIATION

42C: DRAFTS AT…30 DAYS AFTER SIGHT

43P: PARTIAL SHIPMENTS: NOT ALLOWED

43T: TRANSSHIPMENT: ALLOWED
44E: PORT OF DISCHARGE: ANTWERP, BELGIUM
44C: LATEST DATE OF SHIPMENT: 090815
45A: DESCRIPTION OF GOODS
+3 000 PCS SHORT TROUSERS-100 PCT COTTON TWILL AT EUR 10.5/PC AS PER ORDER D0900326 AND SALES CONTRACT NUMBER WILL09068
+5 000 PCS SHOR TROUSERS-100 PCT COTTON TWILL AT EUR 12.00/PC AS PER
SALES CONDITIONS：CFR ANTWERP
PACKING: 50 PCS/CTN
46A: DOCUMENTS REQUIRED

1．SIGNED COMMERCIAL INVOICES IN 4 ORGINAL AND 4 COPIES

2.FULL SET OF CLEAN ON BOARD OCEAN BILLS OF LADING, MADE OUT TO ORDER, BLAND ENDORSED, MARKED FREIGHT COLLECT NOTIFY THE APPLICANT

3．PACKING LIST IN QUADRUPLICATE ISSUED IN DUPLICATE IN NEGOTIABLE FORM, COVERING ALL RISKS,FROM WAREHOUSE TO WAREHOUSE FOR 120 PCT OF INVOICE VALUE. INSURANCE POLICY/CERTIFICATE MUST CLEARLY STATE IN THE BODY CLAIMS, IF ANY, ARE PAYABLE IN BELGIUM IRRESPECTIVE OF PERCENTTAGE

47A: ADDITIONAL CODITIONS

1/ALL DOCUMENTS PRESENTED UNDER THIS L/C MUST BE ISSUED IN ENGLISH.

7/IN CASE THE DOCUMENTS CONTAIN DISCREPANCIES, WE RESERVE THE RIGHT TO CHARGE DISCREPANCY FEES AMOUNTING TO EUR 75 OR EQUIVALENT.

71B:CHARGES：ALL CHARGES ARE TO BE BORN BY BENEFICIARY
48: PERIOD FOR PRESENTATION: WITHIN 5 DAYS AFTER THE DATE OF SHIPMENT, BUT WITHIN THE VALIDITY OF THIS CREDIT
49: CONFIRMATION INSTRUCTION: WITHOUT

审核信用证后存在的问题如下：

____

____

____

【考核评价】

对本项目内容的考核，分为任课老师考核、学生自评和学生小组互评考核，考核评分内容见表2-6。

表2-6 评分表

姓名	学习态度(10%)	职业素养(10%)	专业知识(30%)	课堂和实训参与程度(30%)	学习纪律(20%)	合计

推荐网络学习资源

◆中德商贸网(http://www.dchandel.com)。
◆世界电子商务网(http://china.wecn.com/china_2001/index.pntml)。
◆万国商业网(http://www.busytrade.com)。
◆中国制造网(http://www.made-in-china.com)。
◆大中华商贸网(http://www.ebigchina.com)。
◆香港贸发局网(http://www.hktdc.com/sc-supplier)。
◆亚洲产品网(http://www.asianproducts.com)。
◆中国出口在线(http://www.ecvv.com)。
◆龙之向导-外贸网(http://www.dragon-guide.net/index0.htm)。
◆中国贸易网(http://www.cntrades.com)。
◆国际贸易网(http://www.vooec.com)。
◆环球贸易网(http://china.herostart.com)。

项目3 国际海运货运代理业务常识

学习目标

知识目标

◆了解集装箱相关知识。

◆熟悉全球主要的承运商。

◆熟悉全球主要的航线与港口。

◆掌握查询班轮船期及运价的方法。

◆掌握班轮运费的计算。

能力目标

◆通过讨论和竞争性发言，提高学生的语言表达能力。

◆通过案例评析，提高学生对相关知识的认知能力。

◆通过实践操作题，提高学生的实践应用能力。

引导案例

初到国际货运代理公司的小王

2011年6月的某天，刚从职业院校毕业的小王来到广州多运国际货运代理公司通过面试后入职，被安排在公司的市场部工作，试用期3个月。小王刚工作，既兴奋又紧张，希望自己在这3个月内，通过努力工作，顺利转为公司正式员工。

小王为了使自己尽快适应工作要求，首先参加了公司的岗前培训，平时注意观察其他员工的工作方式，并且主动虚心向同事们请教。在部门经理和同事的指导和帮助下，小王摸清了自己的主要工作内容和要求：

(1) 熟悉基本业务及相关知识，熟悉公司的部门设置和分工情况，对各部门之间的工作关系要了如指掌。

(2) 熟悉广州市场主要的船公司资源及集装箱海运基本常识。

(3) 掌握海运费的构成及计算，协助同事整理同一航线、同船期的各船公司运价对比表，以便业务员可以根据各船公司的优势运价进行揽货。

(4) 负责与船公司日常业务关系的维护及船期、运价等申请工作。

【解析】

对于刚入职国际货运代理行业的大学生来说，学校知识和实际工作存在巨大差距。工作中，是一个重新学习的过程。多收集一些与本职业相关的资料，多多请教公司老员工。周围所有的人，都是学习对象，与人沟通良好，保持乐观开朗、易上进的心态。学会接受失败和批评，学会主动思考。

任务3.1　集装箱相关知识

集装箱是指具有一定强度、刚度和规格，专供周转使用的大型装货容器。使用集装箱转运货物，可直接在发货人的仓库装货，运到收货人的仓库卸货，中途更换车、船时，无须将货物从箱内取出换装。我国香港特别行政区称之为“货箱”，台湾省称之为“货柜”。

3.1.1　集装箱的种类

集装箱的种类见表3-1

表3-1　集装箱的种类

分类标准	种类
制造材料	木集装箱、钢集装箱、铝合金集装箱、玻璃钢集装箱、不锈钢集装箱等
结构	折叠式集装箱、固定式集装箱等，固定式集装箱还可分为密闭集装箱、开顶集装箱、框架集装箱等
总重	30吨集装箱、20吨集装箱、10吨集装箱、5吨集装箱、2.5吨集装箱等
用途	干货集装箱(Dry Cargo Container)、散货集装箱(Solid Bulk Container)、开顶集装箱(Open Top Container)、罐式集装箱(Tank Container)、冷藏集装箱(Reefer Container)、台架集装箱(Flat Rack Container)及一些特种专用集装箱，如汽车集装箱(Car Container)、动物集装箱(Pen Container/Live Stock Container)、平台集装箱(Platform Container)、服装集装箱(Garment Container)等

图3.1为常见的几种集装箱。

(a) 干货集装箱

(b) 散货集装箱

(c) 开顶集装箱

(d) 罐式集装箱

(e) 冷藏箱集装箱

(f) 台架集装箱

(g) 汽车集装箱

(h) 服装集装箱

图 3.1　常见的几种集装箱

3.1.2　常用的集装箱及适装的货物

常用的集装箱及适装的货物见表 3-2。

表 3-2　常用的集装箱及适装的货物

集装箱	适装的货物
干货集装箱	又称杂货集装箱，用来运输无须控制温度的件杂货。其使用范围极广，占全部集装箱的 80%以上。这种集装箱通常为封闭式，在一端或侧面设有箱门，通常用来装运文化用品、化工用品、电子机械、工艺品、医药、日用品、纺织品及仪器零件等。不受温度变化影响的各类固体散货、颗粒或粉末状的货物都可以由这种集装箱装运

续表

集装箱	适装的货物
冷藏集装箱	以运输冷冻食品为主，能保持所定温度的保温集装箱。温度可在−28～+26℃调整，是专为运输如鱼、肉、新鲜水果、蔬菜等食品而特殊设计的。目前国际上采用的冷藏集装箱基本上分为两种：一种是集装箱内带有冷冻机的，叫机械式冷藏集装箱；另一种箱内没有冷冻机而只有隔热结构，即在集装箱端壁上设有进气孔和出气孔，箱子装在舱中，由船舶的冷冻装置供应冷气，这种叫做离合式冷藏集装箱(又称外置式或夹箍式冷藏集装箱)。这种箱子适合在夏天运输黄油、巧克力、冷冻鱼肉、炼乳、人造奶油等物品
保温集装箱	箱内有隔热层，箱顶又有能调节角度的进出风口，可利用外界空气和风向来调节箱内温度，紧闭时能在一定时间内不受外界气温影响。适宜装运对温湿度敏感的货物。它是为载运水果、蔬菜等货物，防止温度上升过快，以保持货物鲜度而具有充分隔热结构的集装箱。通常用冰作制冷剂，保温时间为72小时左右
通风集装箱	为装运水果、蔬菜等不需要冷冻而具有呼吸作用的货物而在端壁和侧壁上设有通风孔的集装箱，如将通风口关闭，同样可以作为干货集装箱使用
罐式集装箱	专用以装运酒类、油类(如动植物油)、液体食品及化学品等液体货物的集装箱。它还可以装运其他液体的危险货物。这种集装箱有单罐和多罐数种，罐体四角由支柱、撑杆构成整体框架
台架式集装箱	没有箱顶和侧壁，甚至连端壁也去掉而只有底板和4个角柱的集装箱。这种集装箱可以从前后、左右及上方进行装卸作业，适合装载长大件和重货件，如重型机械、钢材、钢管、木材、钢锭等。台架式的集装箱没有水密性，怕水湿的货物不能装运，或用帆布遮盖装运。台架式集装箱在广东及中国港澳地区(粤语方言区)又叫凳子柜
平台集装箱	在台架式集装箱上再简化而只保留底板的一种特殊结构集装箱。平台的长度与宽度与国际标准集装箱的箱底尺寸相同，可使用与其他集装箱相同的紧固件和起吊装置。这一集装箱的采用打破了过去一直认为集装箱必须具有一定容积的概念
开顶集装箱	没有刚性箱顶的集装箱，但有由可折叠式或可折式顶梁支撑的帆布、塑料布或涂塑布制成的顶篷，其他构件与通用集装箱类似。这种集装箱适于装载大型货物和重货，如钢铁、木材，特别是玻璃板等易碎的重货，利用吊车从顶部吊入箱内不易损坏，而且也便于在箱内固定
汽车集装箱	一种运输小型轿车的专用集装箱，其特点是在简易箱底上装一个钢制框架，通常没有箱壁(包括端壁和侧壁)。这种集装箱分为单层的和双层的两种。因为小轿车的高度为1.35～1.45米，如装在8英尺(2.438米)的标准集装箱内，其容积要浪费2/5以上。因而出现了双层集装箱。这种双层集装箱的高度有两种：一种为10.5英尺(3.2米)，一种为8.5英尺(2.59米)的2倍。因此汽车集装箱一般不是国际标准集装箱
动物集装箱	装运鸡、鸭、鹅等活家禽和牛、马、羊、猪等活家畜用的集装箱。为了遮蔽太阳，箱顶采用胶合板露盖，侧面和端面都有用铝丝网制成的窗，以求有良好的通风。侧壁下方设有清扫口和排水口，并配有上下移动的拉门，可把垃圾清扫出去，还装有喂食口。动物集装箱在船上一般应装在甲板上，因为甲板上空气流通，便于清扫和照顾
服装集装箱	这种集装箱的特点是在箱内上侧梁上装有许多根横杆，每根横杆上垂下若干条皮带扣、尼龙带扣或绳索，成衣利用衣架上的钩，直接挂在带扣或绳索上。这种服装装载法属于无包装运输，它不仅节约了包装材料和包装费用，而且减少了人工劳动，提高了服装的运输质量

3.1.3　国际标准集装箱

国际标准集装箱是指根据国际标准化组织(International Organization for Standardization，ISO)第 104 技术委员会制定的国际标准来建造和使用的国际通用的标准集装箱。集装箱标准化经历了一个发展过程。国际标准化组织第 104 技术委员会自 1961 年成立以来，对集装箱国际标准作过多次补充、增减和修改，到目前为止，经常使用的国际标准集装箱主要是第 1 系列的 4 种集装箱共 13 种规格，见表 3-3。

表 3-3　常用国际标准集装箱

种类	规格	长度/mm	高度/mm	宽度/mm
1A 型	1AAA、1AA、1A、1AX	12 192	2 896	2 438
1B 型	1BBB、1BB、1B、1BX	9 125	2 591	2 438
1C 型	1C、1CX	6 058	2 438	2 438
1D 型	1D、1DX	2 991	2 438	2 438

目前，在国际海上集装箱运输中采用最多的是 1AA 型(即 40 英尺)和 1C 型(即 20 英尺)两种，见表 3-4。

表 3-4 常用国际海上集装箱规格

规格	容量/m^3	自重/kg	载重/公吨	总载重量/公吨
1AA 型	67.96	3 800	26.68	30.48
1C 型	33.2	2 317	17.9	20.32

3.1.4　集装箱计算单位

集装箱计算单位(Twenty-feet Equivalent Units，TEU)又称 20 英尺换算单位，是计算集装箱箱数的换算单位。目前各国大部分集装箱运输，都采用 20 英尺和 40 英尺长的两种集装箱。为使集装箱箱数计算统一化，把 20 英尺集装箱作为一个计算单位，40 英尺集装箱作为两个计算单位，以利于统一计算集装箱的营运量。

3.1.5　集装箱内容积

集装箱内容积(Containers Unobstructed Capacity)是按集装箱内尺寸计算的装货容积。同一规格的集装箱，由于结构和制造材料的不同，其内容积略有差异。集装箱内容积是物资部门或其他装箱人必须掌握的重要技术资料。表 3-5 为干货集装箱常见技术参数。

表 3-5　干货集装箱常见技术参数

		干货集装箱							
		20 英尺			40 英尺				
		钢质	钢质高柜	铝质	钢质	钢质高柜	玻璃钢质	铝质	铝质高柜
外部尺寸/mm	长	6 058	6 058	6 058	12 192	12 192	12 192	12 192	12 192
	宽	2 438	2 438	2 438	2 438	2 438	2 438	2 438	2 438
	高	2 438	2 591	2 591	2 591	2 896	2 591	2 591	2 896

续表

		干货集装箱							
		20 英尺			40 英尺				
		钢质	钢质高柜	铝质	钢质	钢质高柜	玻璃钢质	铝质	铝质高柜
内部尺寸/mm	长	5 917	5 902	5 925	12 050	12 034	11 977	12 045	12 060
	宽	2 336	2 338	2 344	2 343	2 345	2 273	2 350	2 343
	高	2 249	2 376	2 391	2 386	2 677	2 300	2 377	2 690
内容积/m^3		31	32.84	33.1	67.4	75.9	61.3	67.4	76
总重/kg		24 000	22 396	21 372	30 480	30 480	30 480	30 373	30 480
自重/kg		1 860	2 275	1 794	3 100	4 080	4 763	2 981	3 000
载重/kg		22 140	20 121	19 578	27 380	26 400	25 717	27 392	27 480

3.1.6 集装箱装载数量的计算

当集装箱是 FCL 时，计算集装箱所需数量前，先要判断这批货物是重货还是轻货，然后求出集装箱的最大装载量和有效容积，最后可以计算出所运货物需要的集装箱数量。

知识链接

货物单位容重＝货物重量/货物体积

集装箱单位容重＝集装箱最大载货重量/集装箱容积

“重货”是指货物单位容重大于集装箱的单位容重；反之，称为“轻货”。

实际上，集装箱装货后，箱内的容积或多或少都会产生空隙，因此，集装箱内实际利用的有效容积小于最大容积。以常用的普通干货集装箱(20 英尺、40 英尺)和高箱集装箱(40 英尺)为例，不同箱容积利用率下的集装箱的单位容重见表 3-6。

表 3-6 集装箱的单位容重

集装箱种类	最大载货重量/kg	集装箱容积/m^3	箱容积利用率为 100%时的单位容重/(kg/m^3)	箱容积利用率为 80%时的单位容重/(kg/m^3)
20′ 普箱	21 740	33.1	656.8	821.0
40′ 普箱	26 630	67.7	393.4	491.7
40′ 高箱	26 600	73.3	362.9	453.6

如果货物是重货，计算时就用货物的总重量除以集装箱的最大载货重量，即可得出所需集装箱的数量；如果货物是轻货，用货物总体积除以集装箱的有效容积，即可以得出所需集装箱的数量。当然如果货物与集装箱的单位容重相等时，无论按重量计算或容积计算，均可求得集装箱的数量。计算过程如图 3.2 所示。

值得注意的是，有些看似密度大的钢架构等货物，有的因为形状不规则、占用空间较大，被确定为轻货而不是重货。

此外，如果集装箱是拼箱货(Less than Container Load，LCL)时，那么装箱时应尽可能地轻重搭配，在保证不会引起货损的前提下，尽量满载。

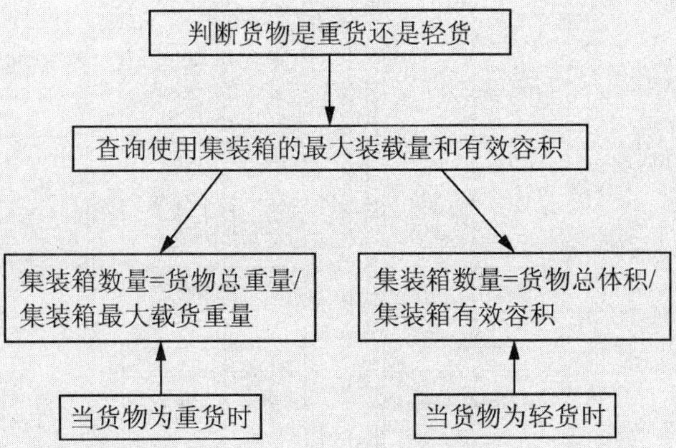

图 3.2　集装箱使用量的计算

3.1.7　集装箱标记

标记又称为标志，国际标准化组织规定的集装箱标记有必备标记和自选标记两类，每一类标记中又分为识别标记和作业标记。具体来说，集装箱上有箱主代号、箱号或顺序号、核对号、集装箱尺寸及类型代号。40 英尺集装箱的标记如图 3.3 所示。

1. 必备标记

1) 识别标记

它包括箱主代号、顺序号和核对数字，如“CBHU 0012342”。

(1) 箱主代号，又称所有人代码。国际标准化组织规定，箱主代号由 4 个大写的拉丁文字母表示，前 3 位由箱主自己规定，并经国际集装箱局(BIC)注册登记(一个公司可以申请多个箱主代码)，登记时不得与登记在先的箱主有重复。第 4 个字母是设备识别代号，分别为“U”、“J”和“Z”3 个字母。“U”表示海运集装箱，“J”表示集装箱所配置的挂装设备，“Z”表示集装箱专用车和底盘车。箱主代号和设备识别代号一般由 4 个字母连续排列，如“ABCU”，箱主代号为“ABC”，设备识别代号为“U”。

(2) 顺序号又称箱号，用 6 位阿拉伯数字表示。若有效数字不足 6 位，则在前面加“0”，补足 6 位。如有效数字为“1234”，则集装箱号应为“001234”。

(3) 核对数字，是用来核对箱主代号和顺序号记录是否准确的依据。 它位于箱号后，以 1 位阿拉伯数字加一个方框表示。运营中的集装箱频繁地在各种运输方式之间转换，如从火车到卡车再到船舶等，不断地从这个国家到另一个国家，进出车站、码头、堆场、集装箱货运站。每进行一次转换和交接，就要记录一次箱号。在多次记录中，如果偶然发生差错，记错一个字符，就会使该集装箱从此“下落不明”。为了避免出现此类“丢失”集装箱及所装货物的事故，在箱号记录中设置了一个“自动检测系统”，即设置 1 位“核对数字”。

在集装箱运行中，每次交接记录箱号时，在将“箱主代号”与“箱号”录入电脑时，电脑就会自动按上述原理计算“核对数字”。当记录人员键入最后一位“核对数字”与电脑计算得出的数字不符时，电脑就会提醒箱号记录“出错”。这样，就能有效避免箱号记录出错的事故。

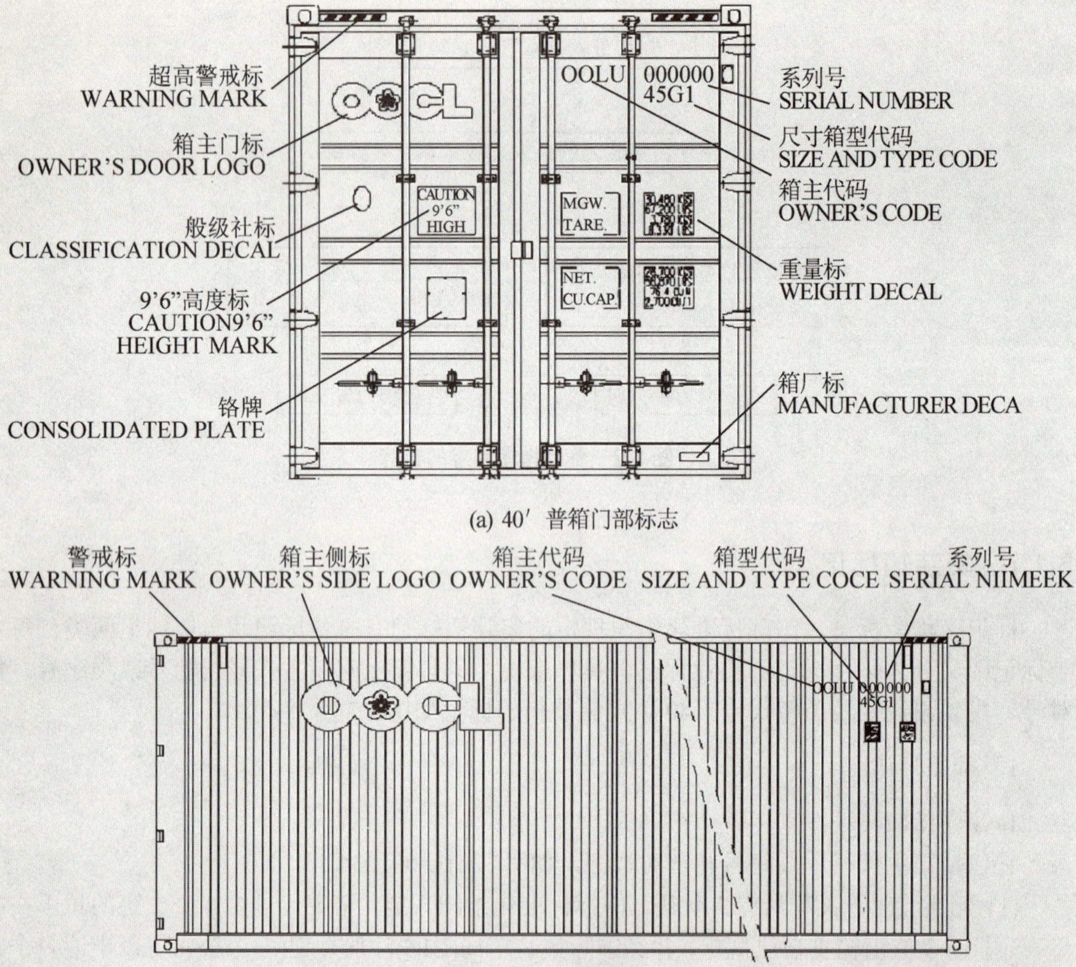

(a) 40′ 普箱门部标志

(b) 40′ 高箱侧板标志

图 3.3　40 英尺集装箱的标记

2) 作业标记

它包括以下三方面内容：

(1) 额定重量和自定重量标记。额定重量即集装箱总重，自重即集装箱空箱质量(或空箱重量)，国际标准化组织制定的《集装箱的代号、识别和标记》(ISO 6346—1981(E))标准规定应以千克(kg)和磅(lb)同时表示。

(2) 空陆水联运集装箱标记。由于该集装箱的强度仅能堆码两层，因此国际标准化组织对该集装箱规定了特殊的标志，该标记为黑色，位于侧壁和端壁的左上角，并规定标记的最小尺寸为高 127 毫米，长 355 毫米，字母标记的字体高度至少为 76 毫米。

(3) 登箱顶触电警告标记。该标记为黄色底各色三角形，一般设在罐式集装箱和位于登至箱顶的扶梯处，以警告登梯者有触电危险。

2. 自选标记

1) 识别标记

它包括以下内容：

(1) 国籍(地区)代号。它是指箱主公司所在国家(地区)的代码。具有非强制性，1995年的国际标准中取消了国家代码，现在许多集装箱上不打此代码。国家(地区)代码用两个或三个英文字母表示。表3-7为部分国家(地区)代码。

表3-7　部分国家(地区)代码

国家名称	国家(地区)代码
中国(People's Republic of China)	CN 或 PRC
美国(United States of America)	US 或 USA
英国(Great Britain and Northern Ireland)	GB 或 GBX
日本(Japan)	JP 或 JXX
韩国(Korea)	KR 或 ROX
法国(France)	FR 或 FXX
意大利(Italy)	IT 或 IXX
荷兰(The Kingdom of Netherlands)	NL 或 NLX
丹麦(The Kingdom of Denmark)	DK 或 DKX
希腊(Greece)	GR 或 GRX
德国(Germany)	DE 或 DXX
新加坡(Singapore)	SG 或 SGP
加拿大(Canada)	CA 或 CAN
中国香港(Hong Kong)	HK 或 HKX
中国台湾(Taiwan)	TW 或 PCX

(2) 尺寸和类型代号。识别标记主要由“尺寸代号”与“类型代号”组成。

① 尺寸代号。以两位字符表示。第一位字符表示箱长，若第一位为2，其代表的集装箱长度为20英尺(20′)；若第一位为4，则代表的集装箱长度为40英尺(40′)；第二位字符表示箱宽和箱高，第二位数字若为“0”或“1”，则集装箱高度为8英尺(8′)。若为“2”或“3”，则集装箱高度为8英尺6英寸(8′ 6″)；若为“4”或“5”，则集装箱高度为9英尺6英寸(9′ 6″)。通常20′ 普箱和40′ 普箱无鹅颈槽，而40′ 高箱有鹅颈槽。

知识链接

鹅颈槽是指设在集装箱箱底前部，用以配合鹅颈式底盘车上的凹槽。

带有鹅颈槽的集装箱主要与鹅颈式底盘车配合使用，其目的是降低集装箱卡车整车的高度，适合在通行高度受限的道路、隧道和桥梁等使用。

② 类型代号。类型代号可反映集装箱的用途和特征。类型代号原用两个阿拉伯数字表示，1995年改为用两个字符表示。其中第一个字符为拉丁字母，表示集装箱的类型。例如，G(General)表示通用集装箱，V(Ventilated)表示通风集装箱，B(Bulk)表示散货集装箱，R(Reefer)表示保温集装箱中的冷藏集装箱，H(Heated)表示集装箱中的隔热集装箱，U(Up)表示开顶集装箱，P(Platform)表示平台集装箱，T(Tank)表示罐式集装箱，A(Air)表示空陆水联运集装箱，S(Sample)表示以货物命名的集装箱。第二个字符为阿拉伯数字，表示某类型集装箱的特征，

如通用集装箱(无通风装置)，一端或两端有箱门，类型代号为 G0。具体见表 3-8。

表 3-8　通用集装箱类型代号

代号	类型	类型组号	主要特征	已公布的类型代号
G	通用集装箱(无通风装置)	GP	一端或两端有箱门	G0
			货物的上方有透气罩	G1
			一端或两端设有箱门，并且在一侧或两侧设“全开式”箱门	G2
			一端或两端设有箱门，并且在一侧或两侧设“局部”箱门	G3

2) 作业标记

作业标记包括以下内容：

(1) 超高标记。该标记为在黄色底上标出黑色数字和边框，贴在集装箱每侧的左下角距箱底约 0.6 米处，同时贴在集装箱主要标记的下方。凡高度超过 2.6 米的集装箱应贴上此标记。

(2) 国际铁路联盟标记。凡符合《国际铁路联盟条例》规定的集装箱，可以获得此标记。该标记是在欧洲铁路上运输集装箱的必要通行标记。

图 3.4　国际铁路联盟标记

国际铁路联盟标记由两部分构成，如图 3.4 所示，方框上部的“i”、“C”表示国际铁路联盟。方框下部的两位阿拉伯数字为各铁路的代号，如“33”为中华人民共和国铁路的代号。

3) 最大总重和自重标记

最大总重(Max Gross)：又称集装箱额定重量，常以“R”表示，是集装箱的自重和最大允许载货量之和。它是一个常数，任何类型的集装箱装载货物后，都不能超过这一重量。最大总重单位用千克(kg)和磅(lb)同时标出。

自重(Tare)：是集装箱的空箱重量，常以“T”表示。ISO6346—1981(E)标准规定应以千克(kg)和磅(lb)同时表示。

最大允许载重量(Max Payload)：又称载货质量，以“P”表示，它是集装箱最大容许承载的货物重量。

3. 通行标记

集装箱在运输过程中能顺利地通过或进入他国国境，箱上必须贴有规定的各种通行标记，否则，必须办理烦琐的证明手续，可能会延长集装箱的周转时间。集装箱上主要的通行标记有安全合格牌照、集装箱批准牌照、防虫处理板、检验合格徽及国际铁路联盟标记等。

1) 安全合格牌照

该牌照表示集装箱已按照《国际集装箱安全公约》(International Convention for Safe Container，CSC)的规定，经有关部门检验合格，符合相关安全要求，允许在营运中使用。

安全合格牌照主要标示内容如下：

(1) 批准国、批准证书号和批准日期，批准国家应以国际公路运输车辆登记国的标记符号加以标示。

(2) 出厂日期(年、月)。

(3) 集装箱制造厂商产品号。

(4) 最大(营运)总重(以 kg 和 lb 表示)。

(5) 对 1.8 克的允许堆码重量(以 kg 和 lb 表示)。

(6) 横向挤拉试验载荷数值(以 kg 和 lb 表示)。

为便于集装箱在各国间的通行，可海关加封运行，而不必开箱检查箱内的货物。联合国欧洲经济委员会制定了《集装箱海关公约》，凡符合《集装箱海关公约》规定的集装箱，可以挂集装箱批准牌照，在各国间加封运输。

2) 检验合格徽

集装箱上的安全合格牌照主要是确保不对人的生命安全造成威胁。除此之外，还必须确保集装箱在运输过程中不对运输工具(如船舶、货车、拖车等)的安全造成威胁。所以国际标准化组织要求各检验机关必须对集装箱进行各种相应实验，实验合格后，在集装箱门上贴上代表该检验机关的合格徽。图 3.5 为中国船级社(China Classification Society, CCS)的检验合格徽。

图 3.5 中国船级社的检验合格徽

另外，凡是运往澳大利亚和新西兰的集装箱，必须贴有“防虫处理板”通行标记，附有熏蒸设施。能在箱内使用规定的药品进行熏蒸的集装箱，可在箱门上贴上农林徽。

上述通行标记是集装箱在国际间运输时所必须具备的。没有这些通行标记的集装箱，卸船后会被扣留在码头上，经过相关检验后，符合有关规定才准放行。

知识链接

中国船级社成立于 1956 年，是中国唯一从事船舶入级检验业务的专业机构，是国际船级社协会(International Association of Classification Societies，IACS)13 家正式会员之一。中国船级社通过对船舶和海上设施提供合理和安全可靠的入级标准，提供独立、公正和诚实的入级及法定服务，为航运、造船、海上开发及相关的制造业和保险业服务，为促进和保障人身和财产的安全、防止水域环境污染服务。

3.1.8 集装箱租赁

集装箱租赁(Container Leasing)业务由集装箱租赁公司经营，该租赁公司专门经营集装箱出租业务，它是集装箱所有人。集装箱租赁是一项长期且稳定获利的业务，集装箱租赁业务发展迅速，集装箱租赁公司的箱量一直占全世界总箱量的 45%以上。在中国，特别是在近洋班轮公司和内贸线班轮公司的箱队中，租箱量占总箱量的 90%以上。集装箱承租方一般是船公司或货主，双方签订租赁合同。

1. 集装箱租赁的作用

在国际集装箱运输中，集装箱租赁所起的作用十分重要。

(1) 集装箱运输经营人在资金短缺的情况下可通过集装箱租赁解决一时巨额投资的困难。

(2) 集装箱租赁人通过支付租金取得集装箱的使用权，在租期内可自行负责营运管理，避免了巨额资金的即时投入。

(3) 货源不平衡航线可通过单程租赁解决空箱回运问题。

(4) 解决因季节性货源的变化而可能造成的供求不平衡问题。

2. 集装箱租赁的方式

根据集装箱租赁人的不同需要，集装箱租赁可以分为三类。

1) 定期租赁

集装箱的定期租赁(期租)分为长期租赁和短期租赁两种方式。长期租赁一般是指有一段较长的租用期限，而短期租赁则根据所需要的使用期限来租用集装箱，时间比较短。

2) 程租

集装箱的程租包括单程租赁和来回程租赁两种方式。其中单程租赁多用于同一条航线上来回程货源不平衡的情况，即从起运港至目的港单程使用集装箱。来回程租赁则通常用于来回程有较平衡货运量的航线。

3) 灵活租赁

集装箱的灵活租赁方式在费用上类似于长期租赁，在使用上与短期租赁相似，可灵活使用。这种租赁方式租期通常为一年。在集装箱货运量大，经营航线较多且来回程货运量不平衡的情况下，采用这种租赁方式能比较容易适应变化，是一种很有价值的租赁方式。

3.1.9 海运货物集装箱运输

1. 集装箱的选用

1) 集装箱的检查

在进行集装箱货物运输之前，为了确保货物的安全，通常要对集装箱进行检查。要做的有以下几个方面。

(1) 外部检查。是指对集装箱进行六面察看，检查外部是否有损伤、变形、破口等异样情况，如有，即作出修理部位标记。

(2) 内部检查。是指对集装箱的内侧进行六面察看，检查是否漏水、漏光，有无污点、水迹等。

(3) 箱门检查。是指检查箱门是否完好，门的四周是否水密，门锁是否完整，箱门能否重复开启。

(4) 清洁检查。是指检查箱内有无残留物、污染物、锈蚀异味、水湿。如不符合要求，应予以清扫、除臭，甚至更换。

特别注意的是，集装箱用水冲洗后，从表面上看好像已经干燥，但是箱底和内衬板里面却含有大量的水分，这是造成货物湿损的重要原因之一。

(5) 附属件的检查。是指对集装箱的加固环接状态进行检查，如检查台架式集装箱的支柱是否备齐，立柱插座有无变形。对开顶集装箱上部的延伸结构进行检查，如检查箱顶扩伸弓梁是否缺少，有无弯曲变形。还应把台架式集装箱和开顶集装箱上使用的篷布打开，检查篷布有无孔洞和破损，安装用的索具是否完整无缺。

经检查合格的集装箱应符合以下基本条件：

(1) 符合 ISO 标准。

(2) 四柱、六面、八角完好无损。

(3) 箱子各焊接部位牢固。

(4) 箱子内部清洁、干燥、无味、无尘。

(5) 不漏水、漏光。

(6) 具有合格检验证书。

这便要求装箱人在装箱前应按规定认真检查箱体，发现集装箱不适合装运货物时，应拒绝装箱，并立即通知集装箱所有人。集装箱所有人有责任继续提供适合货物装运的集装箱。

2) 集装箱选用应考虑的因素

在集装箱货物运输中，为了保证船、货、箱的安全，必须考虑以下因素，否则，不仅对某些货物不能承运，而且也会因选用不当而导致货损。

首先，要根据货物特点来选择适当的集装箱，具体见表 3-9。

表 3-9　集装箱的选用

主要货物种类	可选用的集装箱
一般货物	干货集装箱、通风集装箱
贵重货物、易碎货物	干货集装箱
冷藏/冷冻货物、易腐货物	冷藏/冷冻集装箱、通风集装箱、隔热集装箱
动植物	动物集装箱、通风集装箱
笨重货物	开顶集装箱、框架集装箱、平台集装箱
散装货物	开顶集装箱、罐式集装箱

其次，要根据航线上的货运量选用集装箱。根据航线上的货运量来决定采用何种规格的集装箱为宜，在货运量较少的航线上，选用集装箱的规格不宜太大。

有些航线经常会发生由于两港之间货源的不平衡造成的大量集装箱的回空运输，这不仅会降低集装箱运输的经济效益，而且严重时会影响集装箱运输的发展。

再次，必须注意到内陆运输的条件。对于内陆运输条件较差地区的则应采用小型集装箱运输，反之，则采用大型集装箱。

最后，在决定选用何种规格的集装箱时，还应考虑到与国外船公司、货主的合作问题。由于在进行集装箱货物的国际多式联运中，很有可能与国外船公司进行箱子交换、互用，因此，最好选用国际上广泛使用的集装箱型号。

2. 集装箱班轮运输

集装箱班轮运输除具有干货班轮运输的优点外，还比干货班轮运输速度更快，货运质量更高，满足了货主快速、安全、准确、直达的运输要求。

1) 集装箱运输的关系人

(1) 经营集装箱货物运输的实际承运人。

(2) 无船承运人。

(3) 集装箱租赁公司。

(4) 集装箱码头(堆场)经营人。

(5) 集装箱货运站(Container Freight Station，CFS)。

2) 集装箱货物的交接与装箱

(1) 集装箱货物的装箱方式。根据集装箱货物的流转形态，集装箱货物分为整箱货和拼箱货。

整箱货(Full Container Load，FCL)是指由发货人负责装箱、计数、积载并加铅封的货运。FCL 的拆箱一般由收货人办理，但也可以委托承运人在货运站拆箱。可是承运人不负责箱内的货损货差，除非货方举证确属承运人责任事故的损害，承运人才负责赔偿。承运人对 FCL 以箱为交接单位。只要集装箱外表与收箱时相似和铅封完整，承运人就完成了承运责任。整箱货运提单上，要加上“委托人装箱、计数并加铅封”的条款。

拼箱货(Less than Container Load，LCL)是指装不满一整箱的小票货物。这种货物通常是由承运人分别揽货并在 CFS 或内陆站集中，而后将两票或两票以上的货物拼装在一个集装箱内，同样要在目的地的 CFS 或内陆站拆箱分别交货。对于这种货物，承运人要负担装箱与拆箱作业，装拆箱费用仍向货方收取。图 3.6 为整箱货和拼箱货的流转过程。

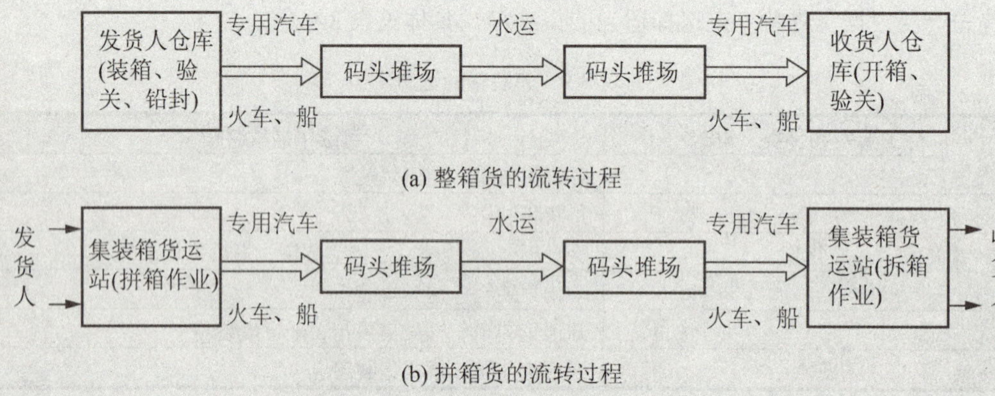

图 3.6 整箱货和拼箱货的流转过程

(2) 集装箱货物的交接地点。目前集装箱运输中货物的交接地点有门(Door)、集装箱堆场(Container Yard，CY)、集装箱货运站(Container Freight Station，CFS)。

① 门。门是指收、发货人的工厂、仓库或双方约定交接集装箱的地点。

② 集装箱堆场(CY)，简称“场”。包含集装箱前方堆场(Marshalling Yard)和集装箱后方堆场。有些国家对 CY 并不分前方堆场或后方堆场，统称为堆场。前者是指在集装箱码头前方，为加速船舶装卸作业，暂时堆放集装箱的场地。后者是集装箱重箱或空箱进行交接、保管和堆存的场所，是集装箱装卸区的组成部分。同时也是集装箱运输“场到场”(CY to CY)交接方式的 FCL 办理交接的场所(实际上是在集装箱卸区“大门口”进行交接的)。

③ 集装箱货运站(CFS)，简称“站”。它是 LCL 交接和保管的场所，也是 LCL 装箱和拆箱的场所。承运人在一个港口或内陆城市只能委托一个 CFS 的经营者。

(3) 集装箱的交接方式。在集装箱运输中，根据实际交接地点不同，集装箱货物的交接有多种方式，在不同的交接方式中，集装箱运输经营人与货方承担的责任、义务不同，集装箱运输经营人的运输组织内容、范围也不同。

集装箱货物常见的交接方式及其特点见表 3-10。

表 3-10 集装箱货物常见的交接方式及其特点

交接方式	特点
门到门 (Door to Door)	运输经营人由发货人的工厂或仓库接受货物，负责将货物运至收货人的工厂或仓库交付。在这种交付方式下，货物的交接形态都是整箱交接
门到场 (Door to CY)	运输经营人在发货人的工厂或仓库接受货物，并负责将货物运至卸货港码头堆场或其内陆堆场，在堆场向收货人交付。在这种交接方式下，货物也都是整箱交接

续表

交接方式	特点
门到站 (Door to CFS)	运输经营人在发货人的工厂或仓库接受货物，并负责将货物运至卸货港码头的 CFS，或其在内陆地区的货运站，经拆箱后向各收货人交付。在这种交接方式下，运输经营人一般是以整箱形态接受货物，以拼箱形态交付货物
场到门 (CY to Door)	运输经营人在码头堆场或其内陆堆场接受发货人的货物(FCL)，并负责把货物运至收货人的工厂或仓库，向收货人交付
场到场	运输经营人在装货港的码头堆场或其内陆堆场接受货物(FCL)，并负责运至卸货港码头堆场或其内陆堆场，在堆场向收货人交付(FCL)
场到站 (CY to CFS)	运输经营人在装货港的码头堆场或其内陆堆场接受货物(FCL)，并负责运至卸货港码头 CFS，或其在内陆地区的 CFS，一般经拆箱后向收货人交付
站到门 (CFS to Door)	运输经营人在装货港码头的 CFS 或其内陆的 CFS 接受货物(经拼箱后)，负责运至收货人的工厂或仓库交付。在这种交接方式下，运输经营人一般是以拼箱形态接受货物，以整箱形态交付货物
站到场 (CFS to CY)	运输经营人在装货港码头 CFS，或其内陆的 CFS 接受货物(经拼箱后)，负责运至卸货港码头或内陆地区的堆场交付。在这种方式下，货物的交接形态同站到门交接方式
站到站 (CFS to CFS)	运输经营人在装货港码头 CFS，或内陆地区的 CFS 接受货物(经拼箱后)，负责运至卸货港码头 CFS，或其内陆地区的 CFS，经拆箱后向收货人交付。在这种方式下，货物的交接形态一般都是拼箱交接

集装箱的交接方式与货物流转形态见表 3-11。

表 3-11　集装箱的交接方式与货物流转形态

交接方式	货物流转形态
Door to Door CY to CY Door to CY CY to Door	FCL—FCL
CFS to Door CFS to CY	LCL—FCL
Door to CFS CY to CFS	FCL—LCL
CFS to CFS	LCL—LCL

目前，在实际业务中，CY to CY 是班轮公司通常采用的交接方式，CFS to CFS 是运输经营人承运 LCL 时通常采用的交接方式。而在货主的工厂或仓库交接会涉及国际多式联运，至于其他的交接方式用得很少。

值得注意的是，实践中，如果承运人在 CY 接受 FCL，此时要求在箱体完好和封志完整的状况下接受。而当承运人在 CFS 交付 LCL 时，则必须确保箱内货物外表状况良好才能交付。

3) 进出口货物集装箱运输

(1) 出口货物集装箱运输流程。从货运代理的角度来说，出口货物集装箱运输的流程可简化为如下步骤：揽货接单、签订代理协议→接受委托、索取出口单证→订舱配载→提取空箱→货物报检、报关、保险→整/拼箱操作→制作提单→集港交货→港口装船→换取提单→装船通知→费用结算→单证整卷、建客户档案。

从操作内容来说，涉及货物和单证等。

从关联部门来说，涉及客户、船公司、集装箱码头、检验检疫部门和海关等。

出口货物集装箱运输流程如图 3.7 所示。

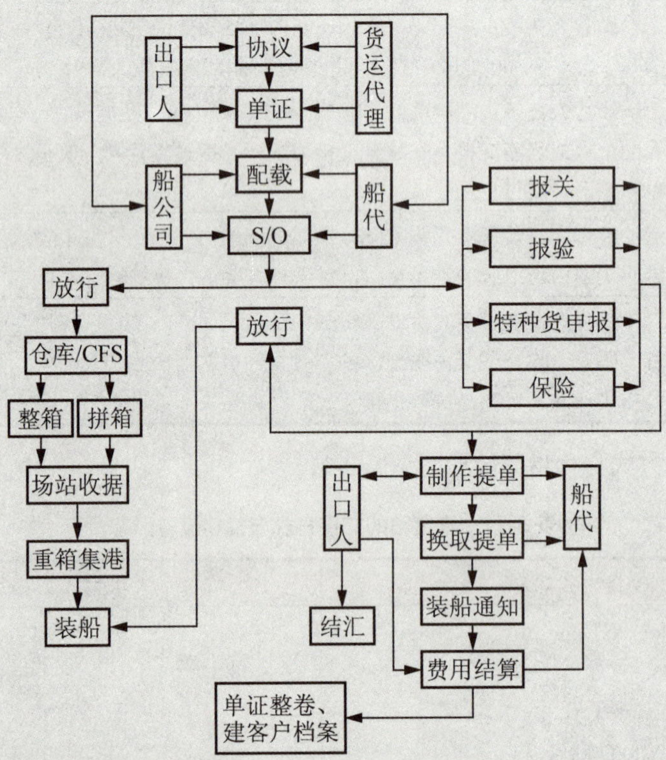

图 3.7 出口货物集装箱运输流程

出口货物集装箱运输过程中的要点如下。

① 订舱配载。船期表及船公司公布的各种航运信息是订舱配载的重要参考资料。货运代理在货物托运前的一定时间内填好集装箱托运单，注明要求配载的船只、航次等，向船公司或其代理人在截单期前申请订舱。集装箱托运单如图 3.8 所示。

船公司或其代理人审核货名、重量、尺码、卸货港等后可予接受，即在托运单上填写船名、航次、提单号，抽留其需要各联并在集装箱装货单上盖好签单章，连同其余各联退回货运代理人作为对该批货物订舱的确认。

船公司或其代理公司若接受申请就着手编制订舱单(Booking Note，B/N)，然后分送集装箱堆场(CY)和集装箱货运站(CFS)，据以安排空箱及办理货运交接。

Shipper　(发货人)	D/R No.(编号)
Consignee　(收货人)	第一联
Notify Party　(通知人)	集装箱货物托运单
Pre-carriage by　(前程运输)　Place of Receipt　(收货地点)	
Ocean Vessel　(船名)　Voy. No. (船次)　Port of Loading (装货港)	货主留底
Port of Discharge　(卸货港)　Place of Delivery　(交货地点)	Final Destination for Merchant's Reference (目的地)

Particulars Furnished by Merchants

Container No. (集装箱号)	Seal No. (封志号) Marks & Nos. (标记与号码)	No. of containers or P'kgs. (箱数或件数)	Kind of Pachages; Description of Goods (包装种类与货名)	Gross Weight 毛重(千克)	Measurement 尺码(立方米)

TOTAL NUMBER OF CONTAINERS OR PACHAGES (IN WORDS) 集装箱数或件数合计(大写)

FREIGHT & CHARGES (运费与附加费)	Freight Ton (运费吨)	Rate (运费率)	Per (每)	Prepaid (运费预付)	Collect　(到付)

Ex Rate: (兑换率)	Prepaid at　(预付地点)	Payable at　(到付地点)	Place of Issue (签发地点)
	Total Prepaid　(预付总额)	No.of Original B(S)/L (正本提单份数)	

Service Type on Receiving ☐-CY, ☐-CFS, ☐-DOOR	Service Type on Delivery ☐-CY, ☐-CFS, ☐-DOOR	Reeter Temperature Required (冷藏温度)	℉	℃

TYPE OF GOODS (种类)	☐Ordinary, (普通)　☐Reefer, (冷藏)　☐Dangerous, (危险品)　☐Auto. (裸装车辆) ☐Liqlid, (液体)　☐Live Animal, (活动物)　☐Bulk (散货)　☐_______	危险品	Glass: Property: IMDG Code Page: UN NO.

可否转船:	可否分批:	提单签发
装　期:	效　期:	中华人民共和国海关 验讫放行
金　额:		
制单日期:		

图 3.8　集装箱托运单

订舱单的主要内容包括：①货名、件数、包装式样、标志、重量、尺码；②目的港；③装运期限；④结汇期限；⑤能否分批运输、转船运输等；⑥装运条件。订舱单上填写的装运条件必须与信用证条件一致。订舱单经承运人确认，便可作为承、托双方订舱的凭证。

货运代理还应向船公司或船代递交装货单。货运代理在取得船公司的配舱回单后，分船归类立卡。集装箱装货单如图 3.9 所示。

② 提取空箱。通常整箱货(FCL)货运的空箱由货运代理到集装箱堆场(CY)领取，有的货主有自备箱。拼箱货(LCL)货运的空箱由集装箱货运站(CFS)负责领取。

③ 整/拼箱操作。整箱货(FCL)一般由发货人或货运代理负责装箱，并将已加海关封志的整箱货运到集装箱堆场(CY)。CY 根据订舱单，核对场站收据(D/R)及装箱单，然后验收集装箱货物。验收后即在场站收据上签字，并将签署后的场站收据交还给发货人或货运代理。集装箱运输中，场站收据的作用等同于传统海运方式下的大副收据。

拼箱货(LCL)装箱由集装箱货运站(CFS)根据订舱单和场站收据(D/R)验收货物。验收后即在场站收据上签字，并将签署后的场站收据交还给发货人或货运代理。然后负责装箱，由装箱人编制集装箱装箱单。

④ 换取提单。发货人或委托货运代理凭场站收据(D/R)向集装箱运输经营人或其代理换取海运提单(Ocean Bill of Lading)，然后去银行办理结汇。

⑤装船通知。货运代理要对大宗货箱掌握装船进度，船开后代出口人向进口人或卸货港代理发送装船通知，其目的在于让进口一方做好筹措资金、付款和接货的准备。

(2) 进口货物集装箱运输流程。从货运代理的角度看，进口货物集装箱运输的流程可简化为如下步骤：办理订舱、洽船公司、国外港口接货→收集整理进口单证(包括商务单证和货运单证)→保险(接到装船信息后立刻投保)→换单(船到卸货后凭正本提单和到货通知书向船代换取提货单和交货记录)→报检→报关→凭海关放行的提货单提取整箱→拼箱拆箱(凡拼箱货物填写拆箱申请单，货箱运至货运站拆箱)→提取拼箱货物(凭正本提单和到货通知书换取交货记录和提货单办理海关手续后在货运站提取货物)→索赔(货物灭失或损坏属于船公司责任的，向船公司或保险公司提出索赔，属于发货人责任的，由收货人提赔)→单证整卷归档。

进口货物集装箱运输的单证资料流转包括以下几点。

① 起运港的船公司或其代理寄送资料。起运港的船公司或其代理应在货轮抵港前(近洋 24 小时前，远洋 7 天前)采用传真或电传或邮寄的方式向卸货港的船公司或其代理提供提单副本、舱单、装箱单、积载图、危险货物集装箱清单、危险货物说明书、冷藏箱清单等有关的必要的卸船资料。

② 分发单证。卸货港的船公司或其代理应及时地将起运港寄来的有关货运单证分别送给有关的进口货代或收货人、堆场和货运站，以便各有关单位在货轮抵港前做好各项准备工作。

Shipper (发货人)

D/R No.(编号)

装 货 单
场站收据副本

第四联

Consignee (收货人)

Notify Party (通知人)

Received by the Carrier the Total number of cintainers or other pachages or units stated below to be transported subject to the terms and conditions of the Carrier's regular form of Bill of lading (for Combined Transprot or port to Port Shipment) which shall be deemed to be incorporated herein.
Date (日期):

场站章

Pre-carriage by (前程运输)	Place of Receipt (收货地点)
Ocean Vessel (船名) Voy. No. (船次)	Port of Loading (装货港)
Port of Discharge (卸货港)	Place of Delivery (交货地点)

Final Destination for Merchant's Reference (目的地)

Particulars Furnished by Merchants

Container No. (集装箱号)	Seal No. (封志号) Marks & Nos. (标记与号码)	No. of containers or P'kgs. (箱数或件数)	Kind of Pachages; Description of Goods (包装种类与货名)	Gross Weight 毛重(千克)	Measurement 尺码(立方米)

TOTAL NUMBER OF CONTAINERS OR PACHAGES (IN WORDS) 集装箱数或件数合计(大写)

Container No. (箱号)	Seal No. (封志号)	Pkgs. (件数)	Container No. (箱号)	Seal No. (封志号)	Pkgs. (件数)

Received (实收) By Terminal clerk (场站员签字)

FREIGHT & CHARGES	Prepaid at (预付地点)	Payable at (到付地点)	Place of Issue (签发地点)
	Total Prepaid (预付总额)	No.of Original B(S)/L (正本提单份数)	BOOKING (订舱确认) APPROVED BY

Service Type on Receiving □-CY, □-CFS, □-DOOR	Service Type on Delivery □-CY, □-CFS, □-DOOR	Reeter Temperature Required (冷藏温度)	°F	℃

TYPE OF GOODS (种类)	□Ordinary, (普通) □Reefer, (冷藏) □Dangerous, (危险品) □Auto. (裸装车辆) □Liqlid, (液体) □Live Animal, (活动物) □Bulk (散货) □_______	危险品	Glass: Property: IMDG Code Page: UN NO.

图 3.9 集装箱装货单

③ 发到货通知。船公司或其代理应向进口货代或收货人预告货轮抵港日期，并应于船舶到港后发正式到货通知。进口货物集装箱运输流程如图 3.10 所示。

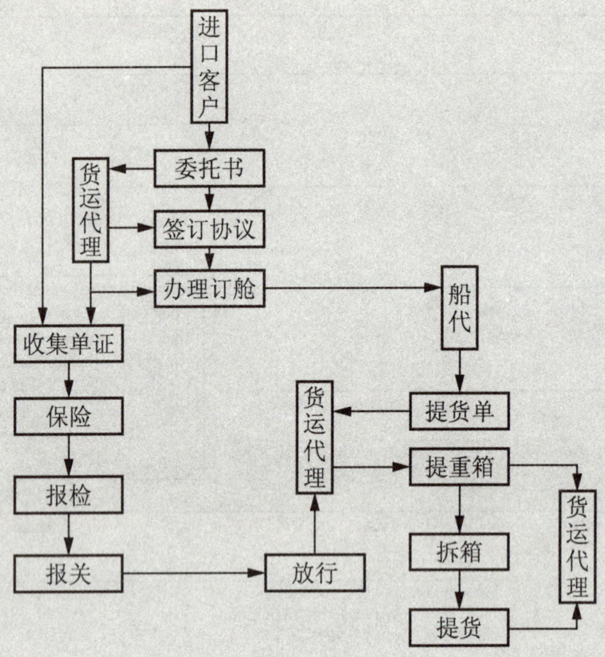

图 3.10　进口货物集装箱运输流程

任务 3.2　全球主要的承运商、航线和港口

目前，在我国经营运输且规模较大的中外船公司较多，下面介绍主要的船公司。表 3-12 为世界主要船运公司(部分)。

表 3-12　世界知名船运公司(部分)

序号	公司	标志	英文简称	总部
1	美国总统轮船私人有限公司		APL	新加坡
2	地中海航运公司		MSC	瑞士日内瓦
3	法国达飞轮船公司		CMA	法国马赛
4	中国远洋集装箱运输有限公司(中远集运)		COSCO	中国北京

续表

序号	公司	标志	英文简称	总部
5	万海航运股份公司		WANHAI	中国台湾
6	长荣海运股份有限公司		EVERGREEN	中国台湾
7	现代商船有限公司		HYUNDAI	韩国汉城
8	高丽海运株式会社		KMTC	韩国首尔
9	马来西亚国际航运有限公司		MISC	马来西亚吉隆坡
10	商船三井有限公司		MOL	日本东京
11	马士基航运公司		MAERSK LINE	丹麦哥本哈根
12	东方海外货柜航运有限公司		OOCL	中国香港
13	太平船务有限公司		PIL	新加坡
14	中国海运集团		CHINA SHIPPING	中国上海
15	赫伯罗特船务有限公司		HAPAG-LLOYD	德国汉堡/不来梅

3.2.1 海运航线

海运航线有以下几种分类。

1. 按船舶营运方式分类

(1) 定期航线，是指使用固定的船舶，按固定的船期和港口航行，并以相对固定的运价经营客货运输业务的航线。定期航线指又称班轮航线，主要装运杂货物。

(2) 不定期航线，是指临时根据货运的需要而选择的航线，船舶、船期、挂靠港口均不固定，是以经营大宗、低价货物运输业务为主的航线。

2. 按航程的远近分

(1) 远洋航线(Ocean-Going Shipping Line)，指航程距离较远，船舶航行跨越大洋的运输航线，如远东至欧洲和美洲的航线。我国习惯上以亚丁港为界，把去往亚丁港以西，包括红海两岸和欧洲及南北美洲广大地区的航线划为远洋航线。我国对外贸易主要远洋航线见表 3-13。

表 3-13　我国对外贸易主要远洋航线

主要远洋航线	
中国—红海航线	中国—西欧航线
中国—东非航线	中国—北欧、波罗的海航线
中国—西非航线	中国—北美航线
中国—地中海航线	中国—中南美航线

(2) 近洋航线(Near-Sea Shipping Line)，指本国各港口至邻近国家港口间的海上运输航线的统称。我国习惯上把航线在亚丁港以东地区的亚洲和大洋洲的航线称为近洋航线。我国对外贸易主要近洋航线见表 3-14。

表 3-14　我国对外贸易主要近洋航线

主要近洋航线	
中国—朝鲜航线	中国—泰国湾航线
中国—日本航线	中国—印度尼西亚航线
中国—越南航线	中国—孟加拉湾航线
中国—独联体远东航线	中国—斯里兰卡航线
中国—菲律宾航线	中国—波斯湾航线
中国—新马航线	中国—澳大利亚、新西兰航线
中国—北加里曼丹航线	

(3) 沿海航线(Coastal Shipping Line)，指本国沿海各港之间的海上运输航线，如上海—广州，青岛—大连等。

3．按航程经过的区域分类

1) 欧洲航线

欧洲有 44 个国家和地区，在地理上习惯分为北欧、中欧、东欧、西欧、南欧 5 个地区。欧洲航线又可分为欧基航线和北欧波罗的海航线，见表 3-15。

表 3-15　欧洲航线的主要港口

航线	欧基航线	北欧波罗的海航线
主要港口	ANTWERP(安特卫普，比利时)、 ZEEBRUGGE(泽布吕赫，比利时)、 FELIXSTOWE(菲利克斯托，英国)、 HAMBURG(汉堡)、LE HAVRE (勒阿弗尔，法国)、 ROTTERDAM(鹿特丹，荷兰)、 SOUTHAMPTON(南安普敦，英国)	COPENHAGEN(哥本哈根，丹麦)、 AARHUS(奥胡斯，丹麦)、 GOTHENBURG(哥德堡，瑞典)、 STOCKHOLM(斯德哥尔摩，瑞典)、 OSLO(奥斯陆，挪威)、 KOTKA(科特卡，芬兰)、 HELSINKI(赫尔辛基，芬兰)

其中 FELIXSTOWE(菲利克斯托)是英国最大的中转港，HAMBURG(汉堡)和ROTTERDAM(鹿特丹)是欧洲最大的两个中转港，很多欧洲内陆货物通过这两个港口中转。尤其HAMBURG(汉堡)是北欧、俄罗斯及波兰等地绝大多数货物的中转港。

作为世界最发达的地区之一，欧基航线的货物量非常大，港口分布也是最多的地区。同样这条航线上的船舶较多，选择性也多。

2) 地中海航线

地中海在交通和战略上均占有重要地位。它西经直布罗陀海峡可通大西洋，东北经土耳其海峡接黑海，东南经苏伊士运河出红海达印度洋，是欧洲、亚洲、非洲之间的重要航道，也是沟通大西洋和印度洋的重要通道。

地中海航线主要分为地东—黑海航线、黑海—爱琴海航线和地西航线，包括了亚德里亚海、黑海和北非区域，见表3-16。

表3-16 地中海航线

航线	地东—黑海航线	黑海—爱琴海航线	地西航线
主要港口	DAMIETTA(达米埃塔，埃及)、ALEXANDRIA(亚历山大，埃及)、PORT SIAD(塞得港，埃及)、BEIRUT(贝鲁特，黎巴嫩)、HAIFA(海法，以色列)、ISTANBUL(伊斯坦布尔，土耳其)等	ODESSA(奥德萨，乌克兰)、ILLICHIVSK(伊利乔夫斯克，乌克兰)、CONSTANZA(康斯坦萨，罗马尼亚)、RIJEKA(里耶卡，克罗地亚)等	BARCELONA(巴塞罗那，西班牙)、VALENCIA(巴伦西亚，西班牙)、ALGECIRAS(阿尔赫西拉斯)、FOS(福斯，法国)、CENOA(热那亚，意大利)、ANCONA(安科纳，意大利)、NAPLES(那不勒斯，意大利)、LA SPEZIA(拉斯佩齐亚，意大利)、LISBON(里斯本，葡萄牙)、TARANTO(塔兰托，意大利)、MALTA(马其他，马耳他)等
挂靠船公司	NCL、MSC(运价较低)，EMC、CSAV(运价中等，速度较快)，COSCO、HANJIN、CMA(运价较高，速度最快)	—	NCL、MSC(运价较低)，EMC、CSAV(运价中等，速度较快)，COSCO、HANJIN、CMA(运价较高，速度最快)
涉及国家	希腊、塞尔维亚和黑山、保加利亚、叙利亚、乌克兰、罗马尼亚、土耳其、以色列及埃及等		意大利、西班牙、法国、马其他、葡萄牙

注：MALAT(马其他)已被CMA收购，因而成为CMA最大中转港。ALGECIRAS(阿尔赫西拉斯)是MARESK(马士基)在欧洲最大的货物中转港。

3) 中东红海航线

中东红海航线港口非常集中，货量也比较大，价格相对透明。红海和苏伊士运河是控制通往地中海和欧洲的咽喉要道，见表3-17。

表3-17 中东红海航线

航线	中东波斯湾地区	亚丁湾红海
主要港口	DUBAI(迪拜，阿联酋)、BANDAR ABBSA(阿巴斯港，伊朗)、	ADEN(亚丁，也门)、JEDDAH(吉达，沙特阿拉伯)、

续表

航线	中东波斯湾地区	亚丁湾红海
主要港口	DAMMAM(达曼，沙特阿拉伯)、 RIYADH(利雅得，沙特阿拉伯)、 KUWAIT CITY(科威特城，科威特)、 DOHA(多哈，卡塔尔)	AQABA(亚喀巴，约旦)、 PORT SUDAN(苏丹港，苏丹)、 SOKHNA(苏赫奈泉，埃及)
挂靠船公司	MSC、CSCL、TSLINE、ESL(运价较低)， HMM、ZIM、OOCL、RCL、NCL(运价中等，速度较快)， COSCO、WANHAI、APL、NYK、YML、PIL(运价较高，速度最快)	EMC、MSC(运价较低)， PIL(运价中等，速度较快)， COSCO、APL(运价较高，速度最快)

注：DUBAI(迪拜)不仅仅是中东最大的港口，也是全球最重要的中转港口之一，同时它还是自由贸易港。另外，JEDDAH(吉达)是红海最大的基本港和中转港。

4) 美加航线

美加航线又称北美航线，涉及美国和加拿大两个国家。这两个国家濒临太平洋和大西洋，所以又分为北美西航线(太平洋)和北美东航线(大西洋)，见表 3-18。

表 3-18　美加航线

航线	北美西航线(太平洋)	北美东航线(大西洋)
主要港口	LOS ANGELES(洛杉矶)、LONGBEACH(长滩)、OAKLAND(奥克兰)、SEATTLE(西雅图)、SAN FRANCISCO(旧金山)、TACOMA(塔科马)；加拿大的港口主要包括 VANCOUVER(温哥华)	NEW YORK(纽约)、 NORFOLK(诺福克)、 SAVANNAH(萨凡纳)、 NEWWARK(纽瓦克)、 CHARLESTON(迈阿密)。 加拿大的港口主要有 TORONTO (多伦多)和 MONTREAL(蒙特利尔)
挂靠船公司	MSC、NCL、NORAISA(运价较低)，PIL、EMC、COSCO、HPL、APL、ZIM(运价中等，速度较快)，CMA、MOSK、MAERSK、HMM、HANJIN、YML(运价较高，速度最快)	MSC、NCL、NORAISA(运价较低)，PIL、EMC、COSCO、HPL、APL、ZIM(运价中等，速度较快)，CMA、MOSK、MAERSK、HMM、HANJIN、YML(运价较高，速度最快)

5) 中美洲航线及加勒比海航线

中美洲及加勒比海航线是由美国以南，哥伦比亚和巴西以北的一些国家组成的。巴拿马运河是连接大西洋和太平洋最近的通道，通常去美国东岸、墨西哥湾及加勒比海的货物都从此通过。该航线的主要港口有 MEXICO(墨西哥城，墨西哥)、MANZANILLO(曼萨尼约，墨西哥)、COLON FREE ZONE(科隆，巴拿马)、LA GUAIRA(拉瓜伊拉，委内瑞拉)、CAUCEDO(考塞多，多米尼加)、PUERTO CABEELLO(卡贝略，委内瑞拉)、KINGSTONG(金斯敦，牙买加)、PUERTO QUETZAL(圣何塞，危地马拉)。

其中 COLON FREE ZONE(科隆)是本航线上最大的港口和自由贸易区，承担中南美洲及部分北美和南美货物的中转。几乎所有加勒比海的货物都是在该港口中转。

加勒比航线主要挂靠的船公司有：EMC、CSCL、CSAV(运价较低)，ZIM、COSCO(运价中等，速度较快)，MOSK、MAERSK、NYK(运价较高，速度最快)。

6) 南美航线

南美航线分为南美东航线及南美西航线，见表 3-19。

表 3-19　南美航线

航线	南美东航线	南美西航线
主要港口	BUENOS AIRES(布宜诺斯艾利斯，阿根廷)、MONTEVIDEO(蒙得维的亚，乌拉圭)、SANTOS(桑托斯 巴西)、PARANAGUA(帕拉那瓜，巴西)、RIO GRANDE(里奥格兰德，巴西)、RIO DE JANEIRO(里约热内卢，巴西)、SOUTH SAN FRANCISCO(南圣弗朗西斯科，巴西)、VITORIA (维多利亚，巴西)、SUAPE(苏阿普，巴西)、ITAJAI(伊塔雅伊 巴西)、ASUNCION(亚松森，巴拉圭)、PECEM(培森，巴西)	BUENAVENTURA (布埃纳文图拉，哥伦比亚)、CALLAO(卡亚俄，秘鲁)、GUAYAQUIL(瓜亚基尔，厄瓜多尔)、IQUIQUE(伊基克，智利)、VAL PARAISO(瓦尔帕莱索，智利)、SAN ANTONIO(圣安东尼奥，智利)
挂靠船公司	EMC(运价较低)，CSAV、CSCL、PIL、MARUBA(运价中等，速度较快)，HAMBURG-SUD、MAERSK、NYK(运价较高，速度最快)	EMC、HPL(运价较低)，CSAV、CSCL、APL、MSC(运价中等，速度较快)，HAMBURG-SUD、MAERSK、NYK(运价较高，速度最快)
涉及国家	巴西、阿根廷和乌拉圭	哥伦比亚、智利、秘鲁、厄瓜多尔

7) 非洲航线

非洲航线可分为南非航线、北非航线、东非航线和西非航线。

(1) 南非航线最主要的国家为南非共和国，在地理位置上也将莫桑比克、津巴布韦、博茨瓦纳、莱索托等几个小国家归入南非线。主要港口包括：DURBAN (德班，南非)、CAPE TOWN (开普敦，南非)、PORT ELIZABETH(伊丽莎白港，南非)。南非是非洲国家相对比较富裕的国家，出口到 DURBAN、CAPE TOWN 两基本港口或转到首都约翰内斯堡的货物很多，因此挂靠南非航线的船东也是很多的。

挂靠南非航线的船公司主要有：MSC、ESL、CSAV(运价较低)，SAF、PIL、MARUBA(运价中等，速度较快)，NYK、MOL、DELMAS、MAERSK(运价较高，速度最快)。

(2) 北非的主要港口包括：ALGIERS (阿尔及尔，阿尔及利亚)、CASABLANCA (卡萨布兰卡，摩洛哥)、ORAN(奥兰，阿尔及利亚)、TUNIS(突尼斯，突尼西亚)、BENGHAZI(班加西，利比亚)、TRIPOLI(的黎波里，利比亚)、ELKHOMS(胡姆斯，利比亚)MISURATA(米苏拉塔，利比亚)。

挂靠北非港口的几大船公司，依次是 CMA、MSK、MSC、IRISL、NCL、EMC 等。CMA 是北非客户指定最多的船东，得益于它的中转点，许多出口到非洲的集装箱免于欧洲联盟(以下简称欧盟)国家的查验与限制，船期也比较稳定，运费固然是相对最高的。

(3) 东非的主要港口包括：MOMBASA (蒙巴萨，肯尼亚)、DAR ES SALAAM(达累斯萨拉姆，坦桑尼亚)、MAPUTO(马普托，莫桑比克)、PORT LOUIS(路易港，毛里求斯)。

其中 MOMBASA (蒙巴萨)、DAR ES SALAAM (达累斯萨拉姆)这两个港口是东非的门户港口，很多内陆国家的货物都是通过它们中转的。

PIL 的东非航线是老牌航线，所以无疑是指定货最青睐的船公司。东非航线主要挂靠的船公司有：MSC、ESL、CSAV(运价较低)，SAFMARINE、PIL、MARUBA(运价中等，速度较快)，DELMAS、MAERSK、NYK(运价较高，速度最快)。

(4) 西非航线途经非洲西部地区，东至乍得湖，西濒大西洋，南濒几内亚湾，北为撒哈拉沙漠。西非航线主要港口包括：ABIDJAN (阿比让，科特迪瓦)、LAGOS(拉各斯，尼日利亚；LAGOS 包括阿帕帕 APAPA 和廷坎 TINCAN 两个码头)、TEMA (特马，加纳)、LOME(洛美，多哥)、COTONOU (科托努，贝宁)。西非航线的基本港口有 5 个，但是加上其他偏港，港口大小有 20 多个。出口量也是占非洲整个航线的多数，挂靠西非航线的船东也是有 10 多家。

西非航线主要挂靠的船公司有：MSC、ESL、CSAV(运价较低)，SAFMARINE、PIL、MARUBA(运价中等，速度较快)，DELMAS、MAERSK、NYK(运价较高，速度最快)。非洲航线的主要港口见表 3-20。

表 3-20　非洲航线的主要港口

航线	南非航线	北非航线	东非航线	西非航线
主要港口	DURBAN (德班，南非) CAPE TOWN (开普敦，南非) PORT ELIZABETH (伊丽莎白港，南非)	ALGIERS (阿尔及尔，阿尔及利亚) ORAN (奥兰，阿尔及利亚) BENGHAZI(班加西，利比亚) TRIPOLI(的黎波里，利比亚) CASABLANCA (卡萨布兰卡，摩洛哥) BENGHAZI (班加西，利比亚)	MOMBASA(蒙巴萨，肯尼亚) DAR ES SALAAM (达累斯萨拉姆，坦桑尼亚) MAPUTO(马普托，莫桑比克) PORT LOUIS (路易港，毛里求斯)	ABIDJAN (阿比让，科特迪瓦) LAGOS (拉各斯，尼日利亚；包括阿帕帕 APAPA 和廷坎 TINCAN 两个码头) TEMA (特马，加纳) LOME (洛美，多哥) COTONOU(科托努，贝宁)

8) 日本、韩国和我国台湾省航线

去往日本、韩国和我国台湾省的航线上可选择的公司很多，通常来说小的船公司价格优势更明显。由于航线距离近、航期多，通常需要电放提单。

(1) 日本航线主要港口。

① 关东(日本东北地区)：YOKOHAMA(横滨)、TOKYO(东京)、NAGOYA(名古屋)。

② 关西(日本西南地区)：OSAKA(大阪)、KOEB(神户)、MOJI(门司)。

去往日本的航线运费的变化是最频繁的，并且基本也是没规律的。

日本关西线的主要挂靠船公司有：SYMS、京汉航运、KMTC、CSCL、SITC、DONGYING、SINOKOR、CHAOYANG、HMM、HANJIN、MOL、NYK、BENLINE 等。

(2) 韩国航线主要港口。韩国航线主要港口包括：BUSAN(釜山)、INCHON(仁川)、SEOUL(首尔)。

韩国航线的主要挂靠船公司有：SYMS、京汉航运、KMTC、CSCL、SITC、DONGYING、SINOKOR、CHAOYANG、HMM、HANJIN 等。

(3) 我国台湾省航线主要港口。台湾省航线主要港口包括：KEELUNG(基隆)、KAOHSIUNG(高雄)、TAICHUNG(台中)。

我国台湾省航线的主要挂靠船公司有：SYMS、京汉航运、KMTC、CSCL、SITC、DONGYING、SINOKOR、CHAOYANG 等。

9) 东南亚航线

东南亚航线涉及的主要国家有菲律宾、泰国、印度尼西亚、越南、马来西亚、缅甸、新加坡等。该航线的主要港口包括：SINGAPORE(新加坡)、PORT KELANG (巴生港，马来西亚)、PENANG(槟城，马来西亚)、BANGKOK(曼谷，泰国)、LAEM CHABANG (林查班、泰国)、YANGON(仰光，缅甸)、MANILA(马尼拉，菲律宾)、JAKARTA(雅加达，印度尼西亚)、HAIPHONG(海防，越南)、SIHANOUKVILLE(西哈努克城，柬埔寨)。

东南亚航线主要挂靠的船公司有：BEN LINE、ESL、ZIM、NORASIA(运价较低)，RCL、OOCL、COSCO、HMM、APL、新亚(运价中等，速度较快)，CSCL、NYK、WANHAI(运价较高，速度最快)。

10) 印巴孟加拉航线

印巴孟加拉航线又称为南亚航线，主要由印度、孟加拉、巴基斯坦和斯里兰卡等国家组成。主要港口如下。

(1) 印度主要港口：NHAVA SHEVA(那瓦西瓦)、NEW DELHI (新德里)、BOMBAY (孟买)、CALCUTTA (加尔各答)、CHENNAI(清奈)、COCHIN (科钦)、HALDIA (霍尔迪亚)。

(2) 孟加拉主要港口：CHITTAGONG(吉大港)、DHAKA(达卡)。

(3) 巴基斯坦主要港口：KARACHI(卡拉奇)。

(4) 斯里兰卡主要港口：COLOMBO(科伦坡)。

由于这条航线距离近、船期短，船公司比较多，因此在价格和服务上，各船公司都有自己的优势。

印巴孟加拉航线主要挂靠的船公司有：NCL、MSC、ESL、SCI(运价较低)，RCL、HMM、COSCO(运价中等，速度较快)，MAERSK、WANHAI、PIL(运价较高，速度最快)。

11) 澳新太平洋航线

澳新太平洋航线所涉及的主要国家有澳大利亚、新西兰及太平洋上的一些岛国，但主要港口以澳大利亚和新西兰的为主。

(1) 澳大利亚主要港口包括：MELBOURNE(墨尔本)、SYDNEY(悉尼)、BRISBANE(布里斯班)、ADELAIDE(阿德莱德)、FREMANTLE(弗里曼特尔)。

(2) 新西兰主要港口包括：AUCKLAND(奥克兰)、LYTTELTON(利特尔顿)、WELLINGTON(惠灵顿)。

澳新太平洋航线主要挂靠的船公司有：OOCL、SYMS、MISC(运价较低)，CSCL、HAMBURG-SUD(运价中等，速度较快)，COSCO、MAERSK、PIL、MSC(运价较高，速度最快)。

3.2.2　主要船公司的优势航线介绍

在业务中，一般货运代理公司总是尽力争取某条或某些航线和船东的优势价格及服务，这既是为客户利益着想，又能增强自身的竞争优势，同时也是揽货员争取货主，创造企业利润的重要筹码。部分国际著名船公司的优势航线见表 3-21。

表 3-21　部分国际著名船公司的优势航线

船公司名称	英文简称	优势航线
美国总统轮船私人有限公司	APL	美加线，中东印巴线，东南亚线，欧地线
法国达飞轮船公司	CMA	欧地黑线，美线
中远集运	COSCO	欧地线，美线，非洲线，中东印巴线，东南亚线，澳新线

续表

船公司名称	英文简称	优势航线
赫伯罗特船务有限公司	HPL	欧地线，美线，中东印巴线，东南亚线，澳新线
商船三井有限公司	MOL	美线，非洲线，中东印巴线，东南亚线，澳新线
马士基航运公司	MSK	欧地线，美线，非洲线，中东印巴线，东南亚线，澳新线
地中海航运公司	MSC	欧地线，美线，非洲线，中东印巴线，东南亚线，澳新线
东方海外货柜航运有限公司	OOCL	欧地线，美线，中东印巴线，东南亚线，澳新线
智利国家航运公司	CCNI	中南美
俄远东海洋轮船运输有限公司	FESCO	东欧，黑海
伊朗伊斯兰共和国航运公司	IRISL	波斯湾
马来西亚国际航运有限公司	MISC	南非，东南亚
太平船务有限公司	PIL	欧洲，非洲，地中海，中东
萨姆达拉船务有限公司	SAMUDERA	东非
德国胜利航运公司	SENATOR	欧洲，地中海
长锦商船有限公司	SINOKOR	东南亚，日本、韩国和我国台湾省远东线
阿拉伯联合国家轮船公司	UASC	中东，红海，欧地，北美
美国轮船有限公司	USL	美西
万海航运股份有限公司	WHL	欧地，美国西岸，中东，印巴，东南亚，澳新线

一般来说，国际货运代理都有比较固定的船东资源，签订了较长期的合作协议。当然，他们也可以通过杂志、网络、推介会等途径了解新的船东资源，寻求新的合作伙伴。

任务 3.3 班轮船期及运价

3.3.1 班轮船期

班轮船期表(Liner Schedule)就是船舶航行靠泊时间表，又称班期表，即船舶出海的时间安排计划。就像火车站会有列车时刻表一样，每个船公司都有自己固定航线对应的船期表，包括航线名称、船名、航次、航程、挂港、挂港顺序、中转港、截关时间、预计到港时间(ETA)、预计离港时间(ETD)、卸货码头等信息。由于大部分的船都是班轮，因此有“四固定”的特点：船期固定、航线固定、费率固定、挂靠港固定。

船期表在船公司有着不可或缺的地位，没有船期，船舶出海就没有计划，货主也无法提前得知班期信息。

1. 班轮船期表的作用

(1) 有利于招揽航线途经港口的货源。既满足货主的需要，又体现班轮公司服务的质量。

(2) 有利于船舶、港口、货物之间的及时衔接。缩短船舶在挂靠港的停留时间，加快货物的送达速度，提高港口作业的效率。

(3) 有利于提高船公司航线经营的计划质量。

随着时代的变化，船期表在当代的作用不仅仅是公司内部用来查阅船期，它更重要的功能在于它是发放给客户的一份宣传单。一份设计精美简洁、船期布局全面的船期表会令客户有耳目一新的感觉。这样的船期表基本上可以作为衡量一个公司的基础实力、形象感染力、整体素质和业务能力水平的标志。

2. 班轮船期表的基本制作要求

(1) 船舶的往返航次时间(班期)应是发船间隔的整倍数，航线发船间隔与航线配船数成反比。

(2) 船舶到达和驶离港口的时间要恰当。

(3) 船期表要有一定的弹性。船期的计算依据包括航线里程、船舶航速、港口装卸效率和在港装卸货物的数量、其他可能发生的耗时因素。

由于远洋班轮运输航线长，挂靠港口多、航区气象海况复杂，船公司难以掌握航线上可能发生的各种情况，因此在编制远洋班轮运输船只的船期表时，应对船舶运行的时间留有余地。

另外，集装箱运输具有速度快、装卸效率高、码头作业基本不受天气影响等优点，所以集装箱班轮公司可以编制较为精确的船期表。

3. 班轮船期表的主要内容

班轮船期表主要内容包括航线、船名、航次、始发港、中途港、终点港、到达与驶离各港的时间，以及有关注意事项。集装箱班轮船期表示例见表3-22和表3-23。

表3-22 ×××外代班轮部3月船期表示例

航线：地中海黑海线 MS3(日截二开) MS3 靠泊码头：北仑四期 联系人：曹×× TEL：××× FAX：×××

船名(VSL)	航次(VOY)	船舶经营人	装期(LDD)	离期(SLD)	南沙(NANSHA CHINA)	新加坡(SINGAPORE)	贝鲁特(BEIRUT)	迪拜(DUBAI)	多哈(DOHA)	瓦尔纳(VARNA)
地中海玛塔 MSCMARTA	T1009R	MSC	3月3日	3月4日	3月4日	3月8日	3月18日	3月22日	3月22日	3月22日
诺斯杰夫琳 NORTHERNJAVELIN	T1010R	MSC	3月12日	3月13日		3月15日	3月25日	3月29日	3月29日	3月29日
地中海毕尔巴鄂 MSCBILBAO	T1011R	MSC	3月18日	3月19日		3月22日	4月1日	4月5日	4月5日	4月5日
地中海玛伊娃 MSCMAEVA	T1013R	MSC	3月30日	3月31日		4月3日	4月13日	4月17日	4月17日	4月17日

表 3-23　×××外代 4 月集装箱班轮船期表示例

<table>
<tr><td colspan="7">美西航线（接转美国、墨西哥内陆点。周一航班，周四 17 时截单、周五 12 时截箱）</td></tr>
<tr><td>VESSEL NAME</td><td>VOY NO.</td><td>LIANYUNGANG</td><td>QINGDAO</td><td>BUSAN</td><td>LOS ANGELES</td><td>OAKLAND</td></tr>
<tr><td>XIANG JIN</td><td>2249E</td><td>4 月 4 日</td><td>4 月 5 日</td><td>4 月 6 日</td><td>4 月 18 日</td><td>4 月 23 日</td></tr>
<tr><td>TBN</td><td></td><td>4 月 11 日</td><td>4 月 12 日</td><td>4 月 13 日</td><td>4 月 25 日</td><td>4 月 30 日</td></tr>
<tr><td>CMA CGM SAPPHIRE</td><td>JA125E</td><td>4 月 18 日</td><td>4 月 19 日</td><td>4 月 20 日</td><td>5 月 2 日</td><td>5 月 7 日</td></tr>
<tr><td>CMA CGM SEAGULL</td><td>JA127E</td><td>4 月 25 日</td><td>4 月 26 日</td><td>4 月 27 日</td><td>5 月 9 日</td><td>5 月 14 日</td></tr>
<tr><td colspan="7">1. 洛杉矶接转如下美国内陆点：ATLANTA GA，BALTIMORE MD，CHARLESTON SC，CHARLOTTE NC，CHICAGO IT，CINCINNATI OH，CLEVELAND OH，COLUMBUS OH，DALLAS TX，DENVER CO，DETROIT MI，ELPASO TX，HOUSTON TX，JACKSONVILLE FL，KANSAS CITY KS，LOUISVILLE，MEMPHIS TN，MIAMI FL，MINNEAPOLIS，MOBILE AL，NASHVILLE TN，NEW YORK NJ，NEWORELEANS LA，NORFOLK VA，OMAHA NE，PHILADELPHIA PA，SALT LAKE CITY UT，SAVANNAH GA，ST LOUIS MO，TAMPA FL，WORCESTER(BOSTON) MA</td></tr>
<tr><td colspan="7">负责人：叶××　TEL：×××</td></tr>
<tr><td colspan="7">釜山航线（接转日本、中国台湾、东南亚港口。周六航班，周五 12 时截单）</td></tr>
<tr><td>VESSEL NAME</td><td>VOY NO.</td><td>LIANYUNGANG</td><td>BUSAN</td><td colspan="3"></td></tr>
<tr><td>BELUGA INDICATION 玫瑰泉</td><td>0514E/W</td><td>4 月 4 日</td><td>4 月 7 日</td><td colspan="3" rowspan="5">釜山接转仁川、日本的新潟、秋田、直江津、清水、高松、松山、今治、德岛、德山、占小牧、石狩等，中国台湾的基隆，东南亚的海防、胡志明、曼谷、林查班、帕西古当、雅加达、泗水、勿拉湾、巴生、槟城，新加坡等各港</td></tr>
<tr><td>CAPE BRETT 蕙兰泉</td><td>0515E/W</td><td>4 月 11 日</td><td>4 月 14 日</td></tr>
<tr><td>SYMS CHANGJIANG 烟海长江</td><td>0516E/W</td><td>4 月 18 日</td><td>4 月 21 日</td></tr>
<tr><td>BELUGA INDICATION 玫瑰泉</td><td>0517E/W</td><td>4 月 25 日</td><td>4 月 28 日</td></tr>
<tr><td>CAPE BRETT 蕙兰泉</td><td>0518E/W</td><td>5 月 2 日</td><td>5 月 5 日</td></tr>
<tr><td colspan="7">负责人：李××　TEL：×××</td></tr>
</table>

案例评析 3-1

甲货运代理公司接受乙外贸公司委托，全权负责一批时令货物的运输。乙外贸公司问询甲货运代理公司货物能否在规定时间内运抵目的港。甲货运代理公司查询丙班轮公司船期表后，认为没有问题，于是向乙外贸公司承诺货物可以按时运抵。货物装船后，因为船员疏忽，导致驾驶船舶过程中触礁搁浅，船舶比原船期表时间晚到目的港 5 天。

思考：(1) 甲货运代理公司是否应当承担货物延迟交付的责任？为什么？

(2) 丙班轮公司是否应当承担货物延迟交付的责任？为什么？

【评析要点】(1) 甲公司应承担货物延迟交付的责任。因为甲公司全权负责货物运输，并对乙公司承诺货物可以按时运抵，现船舶触礁搁浅导致货物延迟交付，甲公司应承担责任。

(2) 丙班轮公司不承担延迟交付责任。因为班轮公司船期表记载的抵/离港时间仅具有参考意义，不作为承运人对货方的交货时间承诺。

3.3.2　班轮运价

1. 运价与运价表

(1) 运价(Rate)。是指承运单位承运货物而付出的运输劳动的价格。影响运价的主要因素有①运输成本；②航运市场的结构与竞争；③承运的货物；④航线及港口条件；⑤运输合同条款。

(2) 运费(Freight)：是承运人根据运输契约完成货物运输而收取的费用。

(3) 运价表(Freight Tariff)：又称费率本或运价本，是船公司承运货物向托运人据以收取运费的费率表的汇总。

2. 班轮运价表

班轮运价表是指按班轮运输条件所制定的不同航线、不同货种或不同货物等级的运费率来计算各种费用的规定，也是划分费用的条款文本。

1) 班轮运价表的种类

(1) 按制定方划分，班轮运价表有班轮公会(Freight Conference)运价表、班轮公司运价表、货方运价表。

① 班轮公会运价表是指参加班轮公会的班轮公司所使用的运价表，这类运价表中规定的运价一般较高。

② 班轮公司运价表是指由班轮公司自己制定的运价表。

③ 货方运价表是指由货方制定、船方接受使用的运价表，制定这种运价的货主一般都是常年有稳定货源的较大的货主。

知识链接

班轮公会是指在国际海上货物运输中，主要海运国家经营班轮运输的航运公司为保护和协调彼此间的权益而组成的超国家的航运垄断组织，又称水脚公会。各班轮公会的具体制度各不相同，但它们的任务基本相同：①规定共同遵守的最低运价；②通过对船舶发航次数、船舶吨位和挂靠港口的限制，控制各会员公司投入运输的船舶吨位，以减少或限制会员公司之间的竞争；③采用折扣、回扣、延期回扣或合同优惠等办法，给货主以一定的优惠，以取得货主的“忠诚”，将全部货物交由公会载运，并借以控制货源，对抗会外竞争，排挤会外航运公司，垄断航线上的班轮业务。

(2) 按费率结构划分，班轮运价表可分为等级费率运价表和单项费率运价表。

① 等级费率运价表由货物等级表和航线费率表两部分组成。先按航线将货物分为若干等级，每一个等级代表一个费率并有相应的计算标准(Basis)，然后再参照航线等级表，就可查出基本费率。大多数运价表都将货物划分为20级，同样航程下1级商品的运价最低，商品级数越高，运价越高。我国广泛使用的外运三号本，中远集运六号运价表，属等级运价本。它把所有货物分成20个等级，由交通部印发，费率均以美元标价。

② 单项费率运价表是指将每项商品及其基本费率都逐个列出，每项商品都有各自的费率。这种运价表计费较合理，也便于查找。

2) 班轮运价表的内容

班轮运价表一般包括以下内容。

(1) 说明及有关规定。主要是该运价表的适用范围、计价货币、计价单位及其他的有关规定。

(2) 港口规定及条款。主要是将一些国家或地区的港口的规定列入运价表内。

(3) 货物分级表。列明各种货物所属的运价等级和计费标准。

(4) 航线费率表。列明不同的航线及不同等级货物的基本运费率。

(5) 附加费率表。列明各种附加费及其计收的标准。

(6) 冷藏货费率表及活牲畜费率表。列明各种冷藏货物和活牲畜的计费标准及费率。

3) 班轮运价的查询方法

每个班轮公司的运价是不一样的，具体运价可到各个班轮公司的官网查询。

班轮公司运输货物所收取的运输费用，是按照班轮运价表的规定计收的。不同的班轮公司或班轮公会各有不同的班轮运价表。目前，我国海洋班轮运输公司使用的是“等级运价表”，即将承运的货物分成若干等级，每个等级的货物有一个基本费率，又称为“等级费率表”。

任务 3.4 班轮运费

3.4.1 班轮运费的构成

班轮运费包括基本运费和附加费两部分。前者是指货物从装运港到卸货港所应收取的基本运费，它是构成全程运费的主要部分，后者是指对一些需要特殊处理的货物、突然发生的事件或因客观情况的变化等原因而另外加收的费用。

1. 基本运费

基本运费分为两大类：一类是传统的件杂货运费，另一类是集装箱班轮运费。

1) 传统的件杂货运费计费标准

(1) 按货物的毛重(Weight)计收，称为重量吨(Weight Ton)，运价表中用“W”表示。重量吨为计费重量(运费吨)。

(2) 货物的体积(Measurement)/容积计收，称为尺码吨(Measurement Ton)，运价表中用“M”表示。尺码吨为计费重量(运费吨)。

(3) 按货物毛重(公吨数)或体积(立方米数)计收，即由船公司选择其中收费较高的一种作为计费标准，运价表中用“W/M”表示。两者任选其一为计费重量(运费吨)。

知识链接

运费吨是重量吨和尺码吨的统称。重量吨是按毛重计算，以每公吨(1 000 千克)、每长吨(1 016 千克)或每短吨(907.2 千克)为计算运费的单位，用“W”表示。尺码吨是按体积计算，以每立方米(约合 35.314 7 立方英尺)或 40 立方英尺为 1 尺码吨，用“M”表示。

运费吨就是在运输中以“吨”作为计量单位来计量运费的一种方式。这里的“吨”只是一个计费标志，这个运费吨有时是重量单位，有时是体积单位。在货物的实际运输过程中要采用运费吨中的哪种计费标准主要取决于质量和体积哪个比较大。

基准运费吨为：1 质量吨=1 立方米=1 运费吨。

若货物 1 质量吨大于 1 立方米，则按照质量来计费；

若货物 1 立方米大于 1 质量吨，则按照立方米来计费。

【例 3-1】我国某公司出口货物一批，计 400 箱，每箱重 5 千克，体积为 60 厘米×40 厘米×30 厘米，由天津装船去伦敦/鹿特丹/汉堡港口。查该货为 8 级，计费标准为 W/M，基本费率为 60 美元/运费吨，另有燃油附加费 20%，该港附加费每运费吨 2 美元，港口附加费 10%。试问：该批货物应采取哪种计费标准？

解：货物体积＝0.6×0.4×0.3＝0.072(立方米)

W＝400×0.05＝20(公吨)＝20(运费吨)

M＝400×0.072＝28.8(运费吨)

因为 W<M，所以按体积作为计算运费的标准。

(4) 按货物的价格计收，又称从价运费。在运价表中以“AV”或“Ad Val”表示。一般按货物 FOB 价值的一定百分比收取。

(5) 按货物的重量、体积或从价运费计收，即在重量吨、尺码吨和从价运费中选择最高的一种标准计收，在运价表中用“W/M”或“A.V.”表示。

(6) 按货物的重量或体积，再加上从价运费计收，即先按货物重量吨或尺码吨中较高者计算，然后加收一定比例的从价运费，在班轮运价表中用“W/M plus Ad．VaJ.”表示。

(7) 按货物的件数(Per Unit)或头数(Per Head)计收，如卡车按辆、活牲畜按头计收。

(8) 按船、货双方议定计收，又称议定运价。大宗低值货物，可由船、货双方议定运价。这种方法通常在承运粮食、矿石、煤炭等农副产品和矿产品时选用。议定运价一般较低，在班轮运价表中用“Open”表示。

2) 集装箱班轮运费计费标准

集装箱班轮运费的计费标准分为两种：

(1) LCL 与传统的件杂货班轮运费计算标准一样。

(2) FCL，按照每一集装箱计算收取运费，同时根据集装箱的箱型、尺寸的不同规定不同的包箱费率(Box Rate)。

常见的集装箱包箱费率有三种方式。

① FAK 包箱费率(Freight for All Kinds)，即对每一集装箱不细分箱内货类，不计货量(在重要限额之内)统一收取的运价。采用这种费率时，一般将货物分为普通货物、半危险货物、危险货物和冷藏货物四类。不同类的货物，不同尺度(20f t/40f t)的集装箱费率不同。它一般适用于短程特定航线的运输和以 CY-CY，CFS-CY 方式交接的货物运输。

② FCS 包箱费率(Freight for Class)，即按不同货物等级制定的包箱费率。在这种费率下，一般将货物分为普通货物、非危险化学品货物、半危险货物、危险货物和冷藏货物几大类。其中，普通货物与件杂费一样分为 1～20 级，各船公司运价本中按货物种类、级别和箱型规定包箱费率，但集装箱货的费率级差要小于件杂货费率级差。一般来讲，等级低的低价货费率要高于传统件杂货费率；等级高的高价货费率要低于传统件杂货费率；同等级的货物按重量吨计费的运价高于按尺码吨计费的运价。使用这种费率计算运费时，首先要根据货名查到等级，然后按货物大类等级、交接方式和集装箱类别查表，即可得到每只集装箱相应的运费。例如，中远集运运价本中，中国—澳大利亚及新西兰航线上采用这种费率形式。

③ FCB 包箱费率(Freight for Class & Basis)，即按不同货物的类别或等级又按计算标准制定的包箱费率。在这种费率下，即使是装有同种货物的 FCL，当用重量吨或尺码吨计算运费时，其包箱费率也是不同的。这是与 FCS 费率的主要区别之处。使用这种费率计算运费时，首先不仅要查清货物的类别、等级，还要查明货物是应按体积还是按重量作为计算单位，然

后按等级、计算标准、交接方式、集装箱类别查询到每只集装箱的运费。例如，中远集运运价本中，中国—卡拉奇航线上采用这种费率形式。

特别提示

集装箱货物的海运费在按集装箱运价本中的费率表计算之前，一定要仔细了解相关事项，以免引起纠纷。

2. 附加费

班轮运费中的附加费是指针对某些特定情况或需作特殊处理的货物，在基本运费之外加收的费用。班轮运费中的附加费名目繁多，主要包括以下几个方面。

1) 燃油附加费

燃油附加费(Bunker Adjustment Factor，BAF；Bunker Surcharge，BS；Fule Adjustment Factor，FAF)，是由于燃油价格上涨，使船舶的燃油费用支出超过原核定的运输成本中的燃油费，承运人在不调整原定运价的前提下，为补偿燃油费的增加而增加的附加费，燃油费回落后取消。

有的承运人在燃油费附加费以外还可能增收应急燃油附加费(Gency Bunker Surcharge，GBS)。

2) 货币贬值附加费

货币贬值附加费(Currency Adjustment Factor，CAF)，是由于国际金融市场汇率发生变动，计收运费的货币贬值，使承运人的实际收入减少，为了弥补货币兑换过程中的汇兑损失而加收的附加费。它是按基本运价的一定百分比加收的附加费。

3) 港口附加费

由于港口装卸效率低或港口使用费过高，或存在特殊的使用费(进出港要过闸门)，因此都会增加承运人的运输经营成本，这时增收的附加费为港口附加费(Port Additional，PA)。

4) 港口拥挤附加费

港口拥挤附加费(Port Congestion Surcharge，PCS)，是指港口拥挤，船舶抵港后需要长时间等泊而产生的额外费用，它是为了补偿船期延误损失而增收的附加费。一旦改善可以调整和取消此附加费。

5) 转船附加费

转船附加费(Transshipment Additional，TA)，是指运输过程中货物需要在某个港口换装另一船舶运输时，承运人增收的附加费，如运输一些偏僻或较小的非基本港的货物的时候要转船，转运一次产生的换装费、仓储费等。

6) 超长附加费

超长附加费(Long Length Additional，LLA)，是指单件货物的外部尺寸超过规定的标准，运输时需要特别操作，从而产生额外费用，承运人为补偿这一费用所计收的附加费。一般长度超过 9 米的件杂货就可能要收取这项费用，长度越长其附加费率越高。

7) 超重附加费

超重附加费(Heavy Lift Additional，HLA)，是指每件商品的毛重超过规定重量时所增收的附加运费。这种商品称为超重货，通常规定超过 5 吨时就要增收超重附加费。超重费是按重量计收的，重量越大其费率越高。如果单件货物既超长又超重，那么两者应分别计算附加费，然后按其中收费高的一项收取附加费。

8) 直航附加费

直航附加费(Direct Additional，DA)，是指托运人要求承运人将其托运的货物从装货港，不经过转船而直接运抵航线上某一非基本港时所增收的附加费。

通常承运人在运价本中会作出规定，当托运人交运的一批货物超过某一数量时，就可以同意托运人提出的直航要求，并按规定增收直航附加费。

9) 选港附加费

选港附加费(Optional Surcharge，OS)，是指货方托运时尚不能确定具体卸货港，要求在预先提出的两个或两个以上港口中选择一港卸货，船方加收的附加费，又称选卸附加费，即选择卸货港所增加的附加费。

10) 洗舱附加费

洗舱附加费(Cozening Fee，CF)，是指船舶装载了被污染的货物，或有些货物外包装破裂、内容物外泄，为了不在被污染以后装载货物进行的清洗所增加的费用。

11) 变更卸货港附加费

由于收货人变更、交货地点变更或清关问题等需要，有些货物在装船后需要变更卸货港，这时就产生了变更卸货港附加费(Alteration of Discharging Port Additional，ADPA)。变更卸货港的运费超过原卸货港的运费时，提出变更要求方，应补交运费差额；反之，退还。

12) 绕航附加费

绕航附加费(Deviation Surcharge，DS)，是指因某一段正常航线受战争、运河关闭或航道阻塞等意外情况的影响迫使绕道，延长运输距离而增收的附加费。它是临时性的。

13) 旺季附加费

旺季附加费(Peak Season Surcharge，PSS)，也称高峰附加费，是目前在集装箱班轮运输中出现的一种附加费，也是根据运输供求状况而加收的附加费。

14) 超额责任附加费

超额责任附加费(Additional for Excess of Liability，AFEOL)，是指当托运人要求承运人承担超过提单上规定的赔偿责任限额时，承运人增收的附加费。

各种附加费见表 3-24。

表 3-24　附加费

缩写	解释
BAF	燃油附加费，大多数航线都有，但标准不一
SPS	上海港口附加费(船挂上港九区、十区)
ORC	本地出口附加费，类似 SPS，一般在华南地区使用
FAF	燃油价调整附加费(日本线、波斯湾、红海、南美)
YAS	日元升值附加费(日本航线专用)
GRI	综合费率上涨附加费，一般是南美航线、美国航线使用
DDC、IAC	直航附加费，美加航线使用
IFA	临时燃油附加费，某些航线临时使用
PTF	巴拿马运河附加费，美国航线、中南美航线使用
EBS、EBA	部分航线燃油附加费的表示方式，EBS 一般是日本、大洋洲航线使用；EBA 一般是非洲航线、中南美航线使用

续表

缩写	解释
PCS	港口拥挤附加费，一般是以色列、印度某些港口及中南美航线使用
PSS	旺季附加费，大多数航线在运输旺季时可能临时使用
CAF	货币贬值附加费，海运费的 5.4%。CAF 也适用于直达运费或含附加费运费
GRR	一般费率修正附加费(General Rate Restoration)，一般是阳明线(阳明公司)于旺季收的
RR	费率恢复，也是船公司涨价的手段之一，类似 GRR
DDC	目的港交货费用(Destination Delivery Charge)
ACC	加拿大安全附加费
SCS	苏伊士运河附加费(Suez Canal Surcharge)
THC	码头操作(吊柜)费(Terminal Handling Charge)
TAR	战争附加费(Temporary Additional Risks)本义为“临时附加费风险”，实指战争附加费
CUC	底盘费，可能指车船直接换装时的吊装吊卸费
ARB	中转费
ACC	走廊附加费，从长滩(Long Beach)、洛杉矶(Los Angeles)中转至加州(California)、亚利桑那州(Arizona)、内华达州(Nevada)的货收
AMS	自动舱单系统(Automatic Manifest System)录入费，用于美加航线
IAP	印度尼西亚港口附加费(Indonesia Additional Premium Surcharges)

3.4.2 班轮运费的计算

1. 传统件杂货运费的计算

传统件杂货运费计算，一般可使用下列计算公式。

(1) 当附加费为绝对值时，计算公式为

班轮运费＝基本费率×计费重量(运费吨)＋附加费

(2) 当附加费是百分比时，计算公式为

班轮运费＝基本费率×计费重量(运费吨)×(1＋附加费百分比)

运费的计算分为以下几个步骤。

① 选择相关的运价表。

② 根据货物名称，在货物分级表中查到运费计算标准和等级。

③ 在等级费率表的基本费率部分，找到相应的航线、起运港、目的港，按等级查询到其基本运价。

④ 从附加费部分查出所有应收(付)的附加费项目和数额(或百分比)及货币种类。

⑤ 根据基本运价和附加费算出实际运价。

⑥ 根据“运费＝运价×运费吨”这一公式计算运费。

【例 3-2】我方出口商品共 100 箱，每箱的体积为 30 厘米×60 厘米×50 厘米，毛重为 40 千克，查运费表得知该货为 9 级，计费标准为 W/M，基本运费为每运费吨 109 港币，另收燃油附加费 20%，港口拥挤费 20%，货币贬值附加费 10%。试计算：该批货物的运费是多少港币？

解：30 厘米 × 60 厘米×50 厘米＝0.09 立方米，因为 0.09＞0.04，且基本运费的计收方法是 W/M，所以应选择 0.09 立方米来计算运费。

代入公式运费＝计费标准×商品数量×基本运费×(1＋各种附加费率)

＝0.09×100×109×(1＋20%＋20%＋10%)

＝1 471.5(港币)

答：该批货物的运费是 1 471.5 港币。

2. 集装箱班轮运费的计算

国际集装箱海运运费的计算办法与普通班轮运费的计算办法一样，也是根据费率本规定的费率和计费办法计算运费，并同样也有基本运费和附加费之分。不过，由于集装箱货物既可以交 CFS 装箱，也可以由货主自行装箱整箱托运，因此在运费计算方式上会有所不同。集装箱海运运费计收也有“最低计费吨”和“最高计费吨”的规定，主要表现在当集装箱货物是整箱托运，并且使用的是承运人的集装箱时。此外，对特种货物运费的计算及附加费的计算也有其规定。

1) LCL 海运基本运费的计算

目前，各船公司对集装箱运输的 LCL 运费的计算，基本上是依据件杂货运费的计算标准，按所托运货物的实际运费吨计费，即尺码大的按尺码吨计费，重量大的按重量吨计费。另外，在 LCL 海运运费中还要加收与集装箱有关的费用，如拼箱服务费等。由于 LCL 涉及不同的收货人，因而 LCL 不能接受货主提出的有关选港或变更目的港的要求，因此，在 LCL 海运运费中没有选港附加费和变更目的港附加费。

2) FCL 海运基本运费的计算

整箱托运的集装箱货物运费的计收有两种方法：一种是同 LCL 一样，按实际运费吨计费；另一种是采用包箱费率，它是目前采用较为普遍的方法。目前包箱费率主要有三种具体形式，即 FAK 包箱费率、FCS 包箱费率、FCB 包箱费率。

在整箱托运集装箱货物且所使用的集装箱为船公司所有的情况下，承运人则按“集装箱最低利用率”(Container Minimum Utilization)和“集装箱最高利用率”(Container Maximum Utilization)的规定支付海运运费。

(1) 按集装箱最低利用率计费(最低运费)。一般说来，班轮公会在收取集装箱海运运费时通常只计算箱内所装货物的吨数，而不对集装箱自身的重量或体积进行收费，但是对集装箱的装载利用率有一个最低要求，即“最低利用率”。不过，对有些承运人或班轮公会来说，只是当采用专用集装箱船运输集装箱时，才不收取集装箱自身的运费，而当采用常规船运输集装箱时则按集装箱的总重(含箱内货物重量)或总体积收取海运运费。

规定集装箱最低利用率的主要目的是，如果所装货物的吨数(重量或体积)没有达到规定的要求，则仍按该最低利用率时相应的计费吨计算运费，以确保承运人的利益。在确定集装箱的最低利用率时，通常要包括货板的重量或体积。最低利用率的大小主要取决于集装箱的类型、尺寸和集装箱班轮公司所遵循的经营策略。当然，在有些班轮公会的费率表中，集装箱的最低利用率通常仅与箱子的尺寸有关，而不考虑集装箱的类型。目前，按集装箱最低利用率计收运费的形式主要有三种，即最低装载吨、最低运费额及上述两种形式的混合形式。

最低装载吨可以是重量吨或体积吨，也可以是占集装箱装载能力(载重或容积)的一个百分比。以重量吨或体积吨表示的最低装载吨数通常是因集装箱的类型和尺寸的不同而不同，但在有些情况下也可以是相同的。而当以集装箱装载能力的一定比例确定最低装载吨时，该比例对于集装箱的载重能力和容积能力通常都是一样的，当然也有不一样的情况。

最低运费额则是指按每吨或每个集装箱规定一个最低运费数额，其中，后者又被称为最低包箱运费。

上述两种形式的混合形式则是根据下列方法确定集装箱最低利用率的。

① 集装箱载重能力或容积能力的一定百分比加上按集装箱单位容积或每集装箱规定的最低运费额。

② 最低重量吨或体积吨加上集装箱容积能力的一定百分比。

③ 亏箱运费(Short Fall Freight)的计算。

当集装箱内所装载的货物总重或体积没能达到规定的最低重量吨或体积吨，而导致集装箱装载能力未被充分利用时，货主将支付亏箱运费。亏箱运费实际上就是对不足计费吨所计收的运费，即所规定的最低计费吨与实际装载货物数量之间的差额。在计算亏箱运费时，通常是以箱内所载货物中费率最高者为计算标准。此外，当集装箱最低利用率是以“最低包箱运费”形式表示时，如果根据箱内所载货物吨数与基本费率相乘所得运费数额，再加上有关附加费计算之后仍低于最低包箱运费，则按后者计收运费。

【例 3-3】 根据远东水脚公会的规定，一个 20 英尺干货集装箱的最低运费吨为 17.5/21.5/21.5 (重量吨/尺码吨/计费吨)，假设一个 20 英尺干货箱内装运电器 10 立方米/5 公吨，五金 7 立方米/8 公吨，费率分别为 USD 25W/M，USD 30W/M。请用箱内加权平均费率和最高费率两种方法计算实装货物全部运费与亏箱费。

解： 按箱内加权平均费率和最高费率两种方法计算的实装货物全部运费与亏箱运费，见表 3-25。

表 3-25　实装货物全部运费与亏箱运费

货种	体积吨	重量吨	计费吨	费率	运费/元
电器	10	5	10	25%	10×25=250
五金	7	8	8	30%	8×30=240
合计	17	13	18		490
最低运费吨	21.5	17.5	21.5		
亏箱费	4.5	4.5	3.5		
按加权平均费率计算亏箱费：3.5×(490÷18)=95.278(元)					
按箱内最高费率计算亏箱费：3.5×30=105(元)					

(2) 按集装箱最高利用率计收运费(最高运费)。集装箱最高利用率的含义是，当集装箱内所载货物的体积吨超过集装箱规定的容积装载能力(集装箱内容积)时，运费按规定的集装箱内容积计收，也就是说超出部分免收运费。至于计收的费率标准，如果箱内货物的费率等级只有一种，则按该费率计收。如果箱内装有不同等级的货物，计收运费时通常采用下列两种做法：一种是箱内所有货物均按箱内最高费率等级货物所适用的费率计算运费；另一种是按费率高低，从高费率起往低费率计算，直至货物的总体积吨与规定的集装箱内容积相等为止。

规定集装箱最高利用率的目的主要是鼓励货主使用集装箱装运货物，并能最大限度地利用集装箱的内容积。为此，在集装箱海运运费的计算中，船公司通常都为各种规格和类型的集装箱规定了一个按集装箱内容积计算的最高利用率。例如，20 英尺集装箱的最高利用率为 31 立方米，而 40 英尺集装箱的最高利用率为 67 立方米。最高利用率之所以用体积吨而不用重量吨为计算单位，是因为每一个集装箱都有其最大载重量，在运输中超重是不允许的。

3) 特殊货物海运基本运费的计算

一些特殊货物，如成组货物、家具、行李及服装等，在使用集装箱进行装运时，对运费的计算有一些特别的规定。

(1) 成组货物。班轮公司通常对符合运价本中有关规定与要求，并按 LCL 托运的成组货物，在运费上给予一定的优惠，在计算运费时，应扣除货板本身的重量或体积，但这种扣除不能超过成组货物(货物加货板)重量或体积的 10%，超出部分仍按货板上货物所适用的费率计收运费。值得注意的是，整箱托运的成组货物，则不能享受优惠运价，并且，FCL 的货板在计算运费时一般不扣除其重量或体积。

(2) 家具和行李。装载在集装箱内的家具或行李，除组装成箱子再装入集装箱外，应按集装箱内容积的 100%计收运费及其他有关费用。该规定一般适用于搬家的物件。

(3) 服装。当服装以挂载方式装载在集装箱内进行运输时，承运人通常仅接受 FCL“堆场—堆场”(CY/CY)运输交接方式，并由货主提供必要的服装装箱物料，如衣架等。运费按集装箱内容积的 85%计算。如果箱内除挂载的服装外，还装有其他货物，服装仍按箱容的 85%计收运费，其他货物则按实际体积计收运费。但当两者的总计费体积超过箱容的 100%时，其超出部分免收运费。在这种情况下，货主应提供经承运人同意的公证机构出具的货物计量证书。

(4) 回运货物。回运货物是指在卸货港或交货地卸货后的一定时间以后由原承运人运回原装货港或发货地的货物。对于这种回运货物，承运人一般给予一定的运费优惠。例如，当货物在卸货港或交货地卸货后 6 个月由原承运人运回原装货港或发货地，对 FCL(原箱)的回程运费按原运费的 85%计收，LCL 则按原运费的 90%计收口程运费。但货物在卸货港或交货地滞留期间发生的一切费用均由申请方负担。

(5) 货物滞期费(Demurrage)。在集装箱运输中，货物运抵目的地后，承运人通常给予箱内货物一定的免费堆存期(Free Time)，但如果货主未在规定的免费堆存期内前往承运人的堆场提取货箱，或到 CFS 提取货物，承运人则对超出的时间向货主收取滞期费。货物的免费堆存期通常从货箱卸下船时算起，其中不包括星期六、星期日和节假日。一旦进入滞期时间，便连续计算，即在滞期时间内若有星期六、星期日或节假日，该星期六、星期日及节假日也应计入滞期时间。免费堆存期的长短及滞期费的计收标准与集装箱箱型、尺寸及港口的条件等有关，同时也依班轮公司而异，有时对于同一港口，不同的船公司有不同的计算方法。

根据班轮公司的规定，当货物超过免费堆存期后，承运人有权将箱货另行处理。对于使用承运人的集装箱装运的货物，承运人有权将货物从箱内卸出，存放于仓储公司仓库，由此产生的转运费、仓储费，以及搬运过程中造成的事故损失费与责任均由货主承担。

(6) 集装箱超期使用费。如货主所使用的集装箱和有关设备为承运人所有，而货主未能在免费使用期届满后将集装箱或有关设备归还给承运人，或送交承运人指定地点，承运人则按规定对超出的时间向货主收取集装箱期使用费。

4) 附加费的计算

国际集装箱海运运费与普通班轮一样，除计收基本运费外，也要加收各种附加费。附加费的标准与项目，根据航线和货种的不同而有不同的规定。集装箱海运附加费通常包括以下几种形式。

(1) 货物附加费(Cargo Additional)。某些货物，如钢管之类的超长货物、超重货物、需洗舱(箱)的液体货等，由于它们的运输难度较大或运输费用较高，因此对此类货物要增收货物附加费。当然，对于集装箱运输来讲，计收对象、方法和标准有所不同。例如，对超长、超重货物加收的超长、超重、超大件附加费(Heavy Lift and Over-length Additional)只对由集装箱货运站装箱的拼箱货收取，其费率标准与计收办法与普通班轮相同。如果采用 CFS/CY 条款，则对超长、超重、超大件附加费减半计收。

(2) 变更目的港附加费。变更目的港仅适用于 FCL，并按箱计收变更目的港附加费。提出变更目的港的全套正本提单持有人，必须在船舶抵达提单上所指定的卸货港 48 小时前以书面形式提出申请，经船方同意之后方可变更。如变更目的港的运费超出原目的港的运费时，申请人应补交运费差额；反之，承运人不予退还。另外，变更目的港所引起的翻舱及其他费用也应由申请人负担。

(3) 选卸港附加费(Optional Additional)。选择卸货港或交货地点仅适用于整箱托运整箱交付的货物，而且一张提单的货物只能选定在一个交货地点交货，并按箱收取选卸港附加费。选港货应在订舱时提出，经承运人同意后，托运人可指定承运人在经营范围内直航的或经转运的 3 个交货地点内选择指定卸货港，其选卸范围必须按照船舶挂靠顺序排列。此外，提单持有人还必须在船舶抵达选卸范围内第一个卸货港 96 小时前向船舶代理人宣布交货地点，否则，船长有权在第一个或任何一个选卸港将选卸货卸下，即应认为承运人已终止其责任。

(4) 服务附加费(Service Additional)。当承运人为货主提供了诸如货物仓储对已清关或转船运输及内陆运输等附加服务时，承运人将加收服务附加费。集装箱货物的转船运输，包括支线运输和转干线运输，都应收取转船附加费(Trans-shipment Additional)。

除上述各项附加费外，其他有关的附加费计收规定与普通班轮运输的附加费计收规定相同。这些附加费包括：①因港口情况复杂或出现特殊情况所产生的港口附加费；②因国际市场上燃油价格上涨而增收燃油附加费；③因货币贬值造成运费收入上的损失而收取货币贬值附加费；④因战争、运河关闭等原因迫使船舶绕道航行而增收绕航附加费；⑤因港口拥挤致使船舶抵港后不能很快靠卸而需长时间待泊所增收的港口拥挤附加费等。此外，对贵重货物，如果托运人要求船方承担超过提单上规定的责任限额时，船方要增收超额责任附加费。

由于世界集装箱船队运力供给大于运量需求的矛盾越来越突出，集装箱航运市场上削价竞争的趋势日益蔓延，因此，目前各船公司大多减少了附加费的种类，将许多附加费并入运价当中，给货主提供一个较低的包干运价。这样一方面达到了吸引货源的目的，另一方面也简化了运费的结算手续。

【例 3-4】一批手动工具需用集装箱从广州运往英国南安普敦，重量为 16.4 吨，尺码为 20.5 米，采用 CY to CY 条款订舱 1 个 20 英尺，采用中国—欧洲航线费率，拼箱运价为 130 美元/运费吨，整箱运价为 2 050 美元/20 英尺，3 900 美元/40 英尺，燃油附加费为 20%。试计算：货主需要为该批货物支付多少运费？

解：运费＝1×2 050×(1＋20%)＝2 460(美元)

职业能力训练

一、案例分析题

某国际货运代理企业经营国际集装箱拼箱业务，此时他是集拼者(CONSOLIDATOR)，由于他签发自己的提单，因此他是无船承运人。2004 年 9 月 15 日，该无船承运人在 KOBE 港自己的 CFS 将分别属于 6 个不同发货人的 LCL 装入一个 20 英尺的集装箱，然后向某班轮公司托运。该集装箱于 2004 年 9 月 18 日装船，班轮公司签发给无船承运人以 CY to CY 方式交接的 FCL 条款下的 MASTER 提单一套。无船承运人然后向不同的发货人分别签发了 CFS to CFS 交接的 LCL 条款下的 HOUSE 提单共 6 套，所有的提单都是清洁提单。2004 年 9 月 23 日载货船舶抵达提单上记载的卸货港。第二天，无船承运人从班轮公司的 CY 提取了外表状况良好和铅封完整的集装箱(货物)，并在卸货港自己的 CFS 拆箱，拆箱时发现两件货物损坏。2004 年 9 月 25 日收货人凭无船承运人签发的提单前来提货，发现货物损坏。

思考：(1) 如果收货人向无船承运人提出货物损坏赔偿的请求，无船承运人是否应承担责任？为什么？

(2) 如果无船承运人向班轮公司提出集装箱货物损坏的赔偿请求，班轮公司是否应承担责任？为什么？

(3) 无船承运人如何防范这种风险？

二、计算题

1．广州某公司向日本出口鸡肉 23 公吨，共需装 1 200 箱，每箱毛重 20 千克，每箱体积为 20 厘米×20 厘米×25 厘米。该货物对应的广州到神户航线的运价为 100 美元/运费吨，计费标准为 W/M，另加收燃油附加费 10 美元/运费吨、港口附加费 12 美元/运费吨。

思考：该批鸡肉的运费应为多少？

2．大连某公司运往肯尼亚蒙巴萨港口门锁(小五金)一批，计 100 箱。每箱体积为 20 厘米×30 厘米×40 厘米。每箱重量为 25 千克。当时燃油附加费为 40%。蒙巴萨港口拥挤附加费为 10%，计收标准都为 W/M。中国—东非航线等级费率见表 3-26。

表 3-26　中国—东非航线等级费率表　　单位：港币

等级	费率	商品类型
1	243.00	
2	254.00	
3	264.00	
4	280.00	
5	299.00	
6	314.00	
7	341.00	
8	367.00	
9	404.00	
10	443.00	小五金
11	477.00	

思考：该批门锁的运费应为多少？

3．某轮从深圳港装载杂货人造纤维运往欧洲某港口。该批货物体积为20立方米，毛重为17.8公吨。托运人要求选择卸货港Rotterdam或Hamburg，Rotterdam和Hamburg都是基本港口，基本运费率为80美元/运费吨，3个以内选卸港的附加费率为每运费吨加收USD 3.0 W/M。

思考：(1) 该托运人应支付多少运费(以美元计)？

(2) 如果改用集装箱运输，海运费的基本费率为1 100/美元/20英尺，货币附加费为10%，燃油附加费为10%。那么，该托运人应支付多少运费(以美元计)？

(3) 若不计杂货运输和集装箱运输两种运输方式的其他费用，托运人从节省海运费考虑是否应选择改用集装箱运输？

4．某货主托运一批票货，该货的积载因数是1.6立方米/吨。如将该票货装于某拼箱公司的国际标箱1CC箱中，已知该集装箱自重为2.5吨，最大总重量为24吨，亏箱后最大总容积为29立方米。

思考：(1) 1个1CC箱中最多可装多少吨该票货物？

(2) 如果货主仅托运3吨该票货物(计费标准按LCL条款，即USD 200W/M)，该发货人应付的运费额是多少？

5．某进出口公司委托一国际货运代理企业代办一小桶货物以海运方式出口国外业务。货物的重量为0.5吨，小桶(圆的)的直径为0.7米，桶高为1米。货运代理最后为货主找到一杂货班轮公司实际承运该货物。货运代理查了船公司的运价本，运价本中对该货物运输航线、港口、运价等的规定为：基本运价是每运费吨支付100美元；燃油附加费按基本运费增收10%；货币贬值附加费按基本运费增收10%；计费标准是“W/M”；起码提单按1运费吨计算。

思考：(1) 货物的计费吨(运费吨)是多少？

(2) 该批货物的基本运费是多少？

(3) 该批货物的附加运费是多少？总的运费是多少？

三、实践操作题

1. 估算装载货物的集装箱数量

已知W公司的货物是130吨钢制配件，总体积约为350立方米，假设集装箱箱容利用率为80%，在客户不允许与其他货物混拼的情况下，假如你是货运代理操作人员，请估算要装多少个40′高箱或多少个20′普箱？

2. 模拟国际货运代理业务员询价和报价

广州A公司和印度B公司签订一份钢材的出口合同，目的港是印度的VISAKHAPATNAM(维沙卡帕特南)，并且开来的信用证要求装运期不能迟于2011年5月10日，A公司是K国际货运代理公司的老客户，现在A公司想委托K国际货运代理公司业务员小张办理这批货物的出运等相关事宜。

假如你是小张，请通过网络查询，了解从广州黄埔港到印度的VISAKHAPATNAM(维沙卡帕特南)的主要三家船公司，即MAERSK、CMA和PIL的运价和船期，然后向A公司报价。

【考核评价】

对本项目内容的考核，分为任课老师考核、学生自评和学生小组互评考核，评分内容见表 3-27。

表 3-27　评分表

姓名	学习态度(10%)	职业素养(10%)	专业知识(30%)	课堂和实训参与程度(30%)	学习纪律(20%)	合计

推荐网络学习资源

◆中国航运网(http://www.cnhangyun.com)。
◆中国港口集装箱网(http://www.portcontainer.cn/index.do)。
◆上海创越集装箱网(http://www.chuangyue88.com)。
◆中国集装箱网(http://www.jizhuangxiang.biz)。
◆MAERSK 船东(http://www.maersk-line.com.cn)。
◆中海国际海运网(http://www.shippingchina.com)。
◆中国海运信息网(http://www.chinashippinginfo.net)。

项目 4　国际海运货运代理合同的磋商与订立

学习目标

知识目标

◆掌握国际货运代理企业揽货的程序与方法。
◆掌握货运代理合同的签订。
◆熟悉揽货的概念及注意事项。
◆熟悉国际货运代理市场营销。
◆了解国际货运代理市场。

能力目标

◆通过讨论和竞争性发言，提高学生的语言表达能力。
◆通过案例评析，提高学生对相关知识的认知能力。
◆通过实践操作题，提高学生的实践应用能力。

引导案例

国际货运代理合同纠纷案

【案情简介】

2010年11月25日，A公司委托B公司办理货物从广州空运至德国汉堡，约定费用于货物到达目的地7天后付清，但没有签订书面委托合同。B公司遂向中国国际航空公司(以下简称国航)办理订舱。

2010年11月26日，该批货物从广州起飞，于2010年11月29日抵达德国汉堡，产生空运费港币×元、杂项费人民币×元。2010年11月29日，B公司出具账单给A公司。但A公司并未按双方约定的时间支付B公司预付的空运费及杂项费。

2010年12月19日，A公司通过电子邮件通知B公司该批货物在目的地发现有损坏，并据此拒绝支付所欠B公司的费用。

【解析】

1. 货损异议应在法定有效期间提出

A公司称其货物损坏是在运输过程中产生的，应由国航承担赔偿责任。在收到A公司的请求后，B公司立即协助A公司向国航主张赔偿货物损失。根据《统一国际航空某些规则的公约》(以下简称《华沙公约》)第二十六条第(2)款规定，空运货物如有损坏，目的地收货人最迟应在收货之日起14天内(就本案货物而言，即在2010年12月13日前)提出，并要求收货人提供目的站/中转站的事故记录、正本提货证明及货损报告，而目的地收货人于12月19日方告知有货损情况，且未能提供目的站/中转站的事故记录、正本提货证明及货损报告，因此国航不予受理此事。

2. 明确法律关系

法律关系是指法律规范所确认和调整的人与人之间的权利和义务的关系。在明确法律关系的基础上，双方才能更加明晰各自所享有的权利、承担的义务及相应的责任。

A公司委托B公司货运，双方虽没有签订书面委托合同，但根据《合同法》的有关规定，B公司与A公司存在代理关系，双方应在该代理法律关系下参与经济活动。

3. 遵循诚实信用的原则

A公司于收货人提取货物20天后方告知发生货损并提出向国航索赔，B公司给予了积极的协助。由于A公司提出货损主张超出《华沙公约》规定的14天货损异议期限，且不能提供目的站/中转站事故记录、正本提货证明及货损报告而导致索赔事宜搁置，但A公司以索赔事宜未决为由不予支付费用。就货损与索赔而言，B公司不存在任何过错，A公司没有任何理由据以拖欠B公司预付的费用。这也正是恪守诚实信用原则精义之所在。

4. 善意履行“后合同义务”

B公司代理订舱完毕后，合同主要义务终止，而后合同义务仍存在，它依合同的性质、目的及交易习惯而定。当B公司收到A公司的索赔请求后，应立即协助其向国航主张货损赔偿，并将有关处理情况及时向A公司汇报，竭诚地为客户的利益付出每一分努力。为提高企业的商誉和赢得客户的信赖，“后合同义务”亦不容忽视。

相关法律依据：《华沙公约》及《合同法》。

任务 4.1 国际货运代理市场

4.1.1 国际货运代理市场概述

1. 国际货运代理市场的产生

国际间的贸易活动涉面广，环节多，情况复杂多变，任何一位贸易商、承运人不可能亲自到世界各地处理每一项业务，业务需要委托他人代为办理。为适应这一需要，从事代理业务的代理人在国际贸易和运输领域就迅速产生了。国际货运代理是从国际贸易和国际运输这两个关系密切的行业里分离出来而独立存在的，这也是国际贸易和国际货物运输业高度社会化和国际化的必然结果，是国际服务贸易不可缺少的重要组成部分。因此，国际货运代理市场也就应运而生了。

2. 国际货运市场的含义

国际货物运输是一项复杂、系统、多环节的工程，货物从出口方运交到进口方手中，形成了以货物运输为中心，以海上运输为主体，包括揽货业、代理业、内陆运输业、金融业、保险业、信息业及劳务业等在内的整体运销系统。

3. 国际货运代理市场的供需特征

在国际货运代理市场，委托人手中的货源构成总需求；总供给即国际货运代理企业所控制的总舱量和所能提供的货代服务。

1) 国际货运代理市场的供给特征

(1) 货运代理服务产品具有非储存性。货运代理服务是无形产品，无形产品的独特之处，在于顾客购买之前产品根本就不存在，因此事先完全无法查看。于是，相比有形产品而言，顾客不得不更多地根据卖方的声明或暗示来进行判断。因此，在对无形产品的声明和暗示进行管理时，要比管理有形产品更加小心。

(2) 总体供给储存具有必要性。客户对货运代理服务的需求有时具有不确定性，因此货运代理应当保存一定的客户服务能力应对业务突然繁忙的或者紧急需求的客户。

(3) 货运代理服务产品使用具有不充分性。货运代理公司可以提供的服务多种多样，但是客户的需求表现为各种的差异性，有些客户需要的服务内容比较广泛，而有的可能比较单一，因此在一定程度上表现为货运代理服务产品没有得到充分使用。

2) 国际货运代理市场的需求特征

(1) 货运代理需求具有派生性。客户对国际物流相关的需求是直接性的，如需要报关、运输、仓储、投保等，而报关行、物流企业、保险公司可以直接提供这些服务；货运代理公司作为中间人，帮助客户办理这些事情。因此，客户对货运代理需求是派生而来的。

(2) 总体需求具有潜在性。随着世界经济的发展，国际市场进出口规模不断扩大，因此客户对货运代理业务的需求量在不断增多，未来货运代理业务的市场前景广阔。

(3) 个别需求的差异性和总体需求具有规律性。客户根据自身业务的情况对货运代理业务的需求存在各种差异，但是在某种程度上表现了一定的规律性。例如，常见的订舱、装箱、报关等服务，很多客户都需要。

4.1.2　国际货运代理服务分析

1. 国际货运代理服务的内容

国际货运代理服务内容众多，主要包括以下几种：

(1) 揽货、订舱(含租船、包机、包舱、托运、仓储和包装)。

(2) 货物的监装、监卸，集装箱拼装拆箱、分拨、中转及相关的短途运输服务。

(3) 报关、报检、报验、保险。

(4) 缮制签发有关单证，交付或收取运费，结算及交付或收取杂费。

(5) 国际展品、私人物品及过境货物运输代理。

(6) 国际多式联运和集运(含集装箱拼箱)。

(7) 国际快递(不含私人信函)。

(8) 咨询及其他国际货运代理业务。

国际货运代理企业提供的服务还包括：①定期对运输相关指令和变更作出反应；②提供容易使用、先进的货运 IT 技术；③为客户印制标签和扫描货物包装上的条码以产生库存、收货清单；④实力强的国际货运代理企业甚至还提供直接上货架(Retail-Ready)的货运方案等。

许多国际货运代理企业整合多类产品提供综合性物流服务，包括对整个供应链系统的协调管理，通过先进的信息交换系统来实现货运资源整合，集跨区域、网络化、信息化、智能化于一体。

2. 国际货运代理服务的质量

国际货运代理企业生存发展靠的是什么？很显然，依靠的是国际货运代理的服务和产品质量，其具体要求有以下几个方面。

(1) 服务态度。亲切、主动、耐心、诚恳、周到、热情是良好服务态度的主要方面。

(2) 服务项目。主营和兼营项目共同构成货运服务的项目。

(3) 服务技术。它由货运代理服务知识和操作技能两个部分构成。二者相辅相成，缺一不可。

(4) 服务设施。只有拥有了先进的设施，才可能为客户提供优质的服务。

(5) 服务时间。做到及时、准时和省时。

4.1.3　国际货运代理市场营销

1. 国际货运代理市场营销的含义

国际货运代理市场营销是指货运代理企业通过与客户相互协调，达成一致的产品策略、价格策略、渠道策略和促销策略，为顾客提供满意的货运代理服务从而实现企业目标的过程。

2. 国际货代市场营销观念的核心内容

1) 目标营销

货运代理企业在市场细分基础上，通过评估分析，选定一个或若干个客户群体作为目标市场，并相应地制定营销策略。这样可以发挥自己的资源优势，满足客户全部或部分的需求。

2) 客户导向

所谓客户导向，是指货运代理企业以满足客户需求、增加客户价值为企业经营的出发点，在经营过程中，特别注意客户的调查分析，重视新服务开发和营销手段的创新，以动态地适应客户需求。

3) 整体营销

货运代理企业营销部如果只限于本部门开展业务，使工作将难以展开。这里主要强调的是货运代理各部门应与营销部门协调配合，使所有员工都重视其在顾客满意方面所起的作用。

4) 赢利能力

赢利能力就是指公司在一定时期内赚取利润的能力，利润率越高，赢利能力就越强。对于经营者来讲，通过对赢利能力的分析，可以发现经营管理环节中出现的问题。

追求更多的利润是货运代理企业的主要目标，但是需要企业努力向客户提供优质的货运代理服务。正如一位企业家所说，企业的产品或服务优质，那么声誉、利润、市场占有率及公司的发展自然就会来临。

3. 国际货运代理市场营销的特点

(1) 国际货运代理市场营销的对象包括“思想”和“货物与劳务”两部分。“思想”就是为委托人准备的货运解决方案，“货物和劳务”就是国际货运代理企业提供的舱位，以及如报关、报检、仓储、拖车等附加货运代理服务。

(2) 国际货运代理市场营销是包含调研、细分、定位、开发、设计、定价、分销、促销，以及售后服务、信息反馈、再销售等活动在内的一系列过程。

(3) 国际货运代理市场营销不等于推销。货运代理企业作为商品交换过程的主动方，必须以营销的思想为指导，认真分析客户的需求，并最大限度地提供比竞争者更能满足客户需求的服务。

特别提示

营销导向并不是说推销已无作用，其实推销是包含在营销之中的，是营销的一个组成部分。如果从商战的角度来比喻，即推销相当于战斗行为，而营销相当于确保全局性胜利的战略规则。

任务 4.2 海运货运代理合同的订立过程

货运代理合同磋商与签订的过程，即是国际货运代理企业揽货的过程，揽货的目的就是要与货主签订货运代理合同，从而履行代理服务，赚取利润。

4.2.1 揽货的概念

揽货，即招揽货源，是指国际货运代理企业通过一定的营销手段争取对货物的承运权，以期获得最好的经营效益的行为，也称为揽载。大部分情况下它是国际货运代理企业的一项职能，有时会因社会分工的需要而独立成一个行业，如航空货运承揽业。

为迎合行业习惯，揽货员(Canvasser)通常被称为业务人员或业务代表(Salesman, Saleswoman, or Sales Representative)，而其所在部门称为业务部。揽货员的收入一般是基本工资加业务提成。

4.2.2 揽货的注意事项

(1) 充分了解合作伙伴和目的国货运法律。国际货运代理企业离不开承运人、仓库、堆场、货运站、码头、机场、车站、保险公司、报关行、拖车行、控箱公司等的协作，对以上各关系企业的操作程序要了然于胸，同时对目的国货运法律也要熟悉，以应对客户提出的各种问题。对合作伙伴的适时价格也要充分了解，以便向客户报出正确的价格。另外，对承运人的货运时刻表如船公司的船期，特别是头程开船时间和次程开船时间等也要熟悉。

(2) 建立服务优势，掌握报价技巧，协助商务人员签约。国际货运代理企业要善于建立小范围垄断，这样就有了别人没有的优势。提供所在地区最优质的服务是公司迈向成功的基石，如运价、路线优势，时间优势，质量优势及地区优势。

(3) 资料收集及时、齐全，准确传递给操作员。

(4) 建立客户档案，协助客服人员做好客户关系管理。

(5) 作好业务报告，协助财务人员保证运杂费回款。

4.2.3 揽货的程序与方法

国际货代企业的揽货程序一般要经历以下六个步骤，如图 4.1 所示。

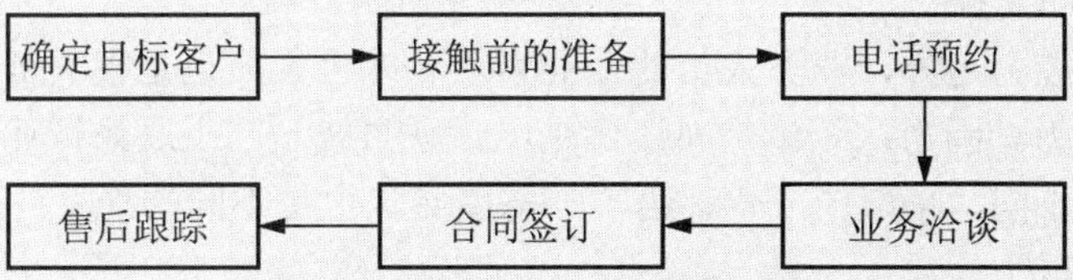

图 4.1 揽货程序

1. 确定目标客户

开发客户就是要抓住货源，这是揽货程序的开始，也是揽货的关键。可开发的客户比较广泛，如同行、外贸工厂、贸易公司等。外贸工厂、贸易公司是直接客户，而同行则是间接客户。货运代理企业在某运输线路上有较大的价格优势，就会吸收同行客户，如 A 货运代理将揽得的货物转给同行 B 货运代理，是因为 B 在某线路上比 A 更具有价格优势。

货源信息收集的渠道很多，在信息时代只要掌握第一手的、含金量高的信息，便在成功的道路上迈出了一步。业务员应该学会在众多的信息中查询到有用的货源资料。收集货源信息的渠道主要有以下几种。

(1) 电话簿。电话簿俗称黄页，对业务员有用的是目标货源的黄页。

(2) 产品。例如，产品包装盒上印有产品生产厂家的地址、网址和联络电话，这些往往是最新、最可靠的。同时通过观察产品，业务员也可以加深对产品形状、体积、重量等方面的认知。

(3) 报纸、电视等各种媒体。业务员要像情报人员一样善于从公开的信息中寻找货源的信息，很多看似无用的信息在有经验的业务员眼中可能是有用的。例如，报纸招聘栏中一则某外贸企业急聘外贸业务员的广告，可能传递出该外贸公司业务处于拓展期或高速增长期的信息，该外贸公司对于国际货运代理企业来说可能是好的货源。

(4) 互联网。充分利用互联网，查找合适的货源企业，特别是一些专业的网页，如香港付货人委员会、中国外经贸企业服务网、中国企业网、中华大黄页等。

(5) 各种会展。展销会、交易会或博览会等各种会展往往商家云集，这些会展不仅是外销员的战场，同样也是揽货员的战场。会展上散发的大量的宣传资料是货源信息最好的载体，揽货员要认真研究、分析资料，因为交易的双方就是潜在的货源客户。一旦发现机会，揽货员要及时出击，主动向他们推荐自己公司的货运代理服务。

(6) 社会关系。社会关系是揽货员重要的货源信息来源，多参加一些社会交际活动，如同学会、同乡会、某企业协会活动等，在这些聚会上可以认识许多合作伙伴。

(7) 业务关系网。货源信息也可以来自老客户的引荐，或者把其竞争者纳入潜在客户。同时相关业务单位，如报关行、拖车行、码头公司、仓储公司、海关、出入境检验检疫局、税务局、外汇管理局等单位的客户也可以成为揽货货源。

知识链接

在实际业务操作中，一些有经验的揽货员通过查询每个进出口公司的定舱单或船公司的舱单来寻找货源，因为这些舱单上会详细记录着相关公司的联系人及联系方式。

2. 接触前的准备

1) 揽货员必备的条件

除了信息收集能力之外，业务人员的专业素质和综合素质也是很关键的，具体来说就是人文素质和公关能力。因为，无论是面谈还是电话联系或是网上联系，业务员所面对的客户不同，业务情况也不同，采取的方式、语气、态度必定也是不同的。

揽货员要具备以下素质：

(1) 乐观。无论成功与否，不可轻言放弃。业务一次谈不成，可以谈两次，甚至更多次，要有乐观的心态和百折不挠的勇气。

(2) 真诚和热情。对客户要热情，进行认真的追踪。这里的追踪是要保持不断的联系和不断的交流，不用刻意追求订单，而是先交朋友。

(3) 运价方面的实力。现在许多货运代理企业和船公司的业务人员都是朋友，即靠朋友获取一些价格低的运价来接业务。

(4) 持之以恒地关心顾客。需要不断地与现有客户和潜在客户进行联系，建立客户群、客户熟悉及服务优势。这就要求每个月或每两个月至少向客户打一次电话，每个月都要访问大客户。虽然没有合同，但相互交流也能够促进今后的合作。

(5) 建立和海关的良好合作关系。这是可以打动外贸公司的一个方面，拥有良好的海关关系可能比获得高运费更重要。

(6) 单证业务能力要强。这是一项基础知识能力，要求能够帮助客户了解、解释单据，甚至能够帮助客户制作单据。

(7) 建立和和船公司的良好关系。有些船公司可以免除洗箱费和修箱费，这是可以帮助进口公司做到的服务，从而产生良好的印象。

(8) 拥有一家外贸合作公司。现在一些从事进出口业务的企业未必有进出口权，如果有外国厂商通过互联网找来的，那么在揽业务的同时，发现这种没有进出口权的企业，就可以予以帮助。这样既揽了业务，又代理了出口。

(9) 建立和保险公司的良好合作关系。一些出口企业有自己找保险公司的，也有委托货运代理企业做的。与保险公司联系的过程中，货运代理要注意与其保持良好的关系。

总之，货运代理要加强业务的学习，多掌握综合的知识，多建立自己的优势服务内容。谈吐举止要优雅、不卑不亢，给客户留下良好的印象。

2) 与客户初次电话沟通

(1) 打电话时要注意的事项如下：

① 要有足够的自信心,相信自己有能力做好这件事，因为销售涉及谈判,有足够的自信心才能做好自己的谈判工作。

② 打电话给客户时要知道自己想做和准备说的内容。

③ 打电话或接电话时首先要调节自己的心态,不能过于紧张。

④ 要把握好语音、语调、语气、热忱度、情绪状态、感染力等。

⑤ 控制电话时间，简化对话内容，保证谈话效果及良好的效益。

其实，在这个过程当中，声音很重要，尤其是声音语调的模仿和控制。自信地想象自己可以掌控整个谈话过程，同时相信自己推广的产品和服务真正的可以帮助到自己的客户。

(2) 做电话拜访的时间。没有定式，没有最恰当，关键是看业务人员的心情，随心即可。

(3) 打电话之前，作为销售人员必须掌握产品知识。了解航线、船公司、市场价格和一些操作流程都需要一定的过程，这就需要业务人员慢慢积累。

(4) 应了解客户资料。需要了解经营项目、生产产品及销往哪些国家等信息。

(5) 应从决策者入手，打好电话找对人。销售人员往往在电话营销中受到前台或不相干的人员阻拦，这时要根据对方的反应而随机应变。电话行销突破接待人员阻拦的几个策略如下：

① 克服内心障碍。不要觉得买方公司是衣食父母，不敢轻易冒犯，而要提醒自己公司的服务质量是一流的、价格是优惠的，是在给客户提供好的、安全的出货渠道和良好的服务。

② 注意语气。语气要亲切、平和。

③ 如果买方不在或是没空，不要把自己的名字和电话号码留给接电话的人。因为接电话的人知道是在推销产品或某种商品时，可能不会告知负责人员。

(6) 如何与负责人交谈。对打电话的目的要说清楚，一般只要用到这方面的客户都会对销售人员的话题感兴趣，此时他们主要关心的就是价位和服务问题。

① 打电话到对方，负责人一口拒绝了怎么办？在确认对方有意向时，过一段时间再打，可能此时负责人的心情不好，也许下一次打电话过去，遇到的不是上次的负责人。不同的两个人其态度就可能完全不同。

② 价格的问题。在了解市场价的情况下，可以自我发挥。

③ 可以选择其他公司，为什么要选择你们公司，你的价格又那么高？遇到这样的问题时，可以介绍自身产品的优势，航线、合作船公司、价格的市场优势。并且要求平时多收集其他同行的一些相关资料。

④ 电话销售中，如何建立信任度。一般中小型企业都担心会上当受骗，缺乏安全感。这就要求销售人员和对方沟通的时候要表现出真诚，特别重要的是要学会倾听。

(7) 作为一名销售人员，要适时地做客户的心理评估和换位思考。站在客户的立场考虑问题，将心比心。

(8) 电话的跟进。拉近与客户的关系，不一定每次电话都要谈业务，先尝试和对方做朋友，要让对方感觉到被关心。

(9) 作为一名销售人员，如何做好工作时间以外的额外工作，具体内容如下：

① 当和客户完成签单工作后，要做好整理记录，并定期电话跟踪，以便于和客户保持良好的售后关系。

② 作为销售人员一定要做好自己的周、月、季、年度总结和周、月、季、年度计划，总结和计划要按照自己的思路去完成，不能求其应付，滥竽充数。

③ 有时间应多看和广告相关的书籍，以巩固自己的专业知识。

3) 客户询价与业务员报价

(1) 客户询价。询价方式众多，如打电话、发 E-mail、QQ、MSN、登陆各国际货代企业网站的在线留言栏或专业国际物流网(如锦程物流网)询价等。

(2) 业务员报价。业务员不但要报价准确，对市场行情要随时了解，还要善于向同行询价。报价按不同的标准分为以下类别：

① 按对象不同，报价可分为直客(直接客户)报价、同行报价和网络报价。通常，同行报价要高于直客报价。

② 按环节不同，报价可分为分项报价与全报价(如多式联运报价)。分项报价对各环节，如海运、空运、驳船、拖车、报关、报检、仓储、保险等分别计费。全包价分为整箱价和散货价。

③ 按公司价格管理层次不同，报价分为底价、对外标准报价和合同客户报价。各种服务的底价管理由业务主管负责，有的公司专设市场价格员来具体负责，特殊价格或同行报价需要由相关负责人来决定，普通业务员无权决定。

报价是从竞争对手手中“抢”客户的重要手段之一。报价内容包括运杂费、船期或航班、运价走势等。报价必须谨慎，同时需要灵活发挥，看情况报价，注意客户的出价并存档。大部分公司都会给不同等级的业务员规定谈价的幅度，第一次报价要留有余地，可以是试探性的，为面谈做好铺垫。

报价的同时也应展现公司的以下服务能力：

① 获取舱位的能力。能不能为客户争取到足够的舱位。

② 放舱的速度。

③ 与船公司的关系。从船公司提取船东单(MB/L)的速度。

④ 文件的出错率。能否为客户提供轻松、愉快的服务。

⑤ 与拖车行的关系。能否在繁忙时间约到拖车、是否准时、司机是否礼貌及价格是否合理等。

知识链接

初入行的揽货员往往根据承运人给定的底价拟定报价单给客户，而客户往往会要求承运人出示更低的价格。这种做法会使自己没有回旋的余地。正确的做法应该是以该线路的行情价及竞争对手的报价为参照基础，再根据客户的货量决定全盘抛出还是留有余地。同时要留意旺季运价上调和爆舱的情况，注意承运人要求的最低运量。

3. 电话预约

询价和报价后，揽货员应试探性地预约有合作意向的客户，如对方同意，就立即主动确定见面时间和地点，约定的时间应该对双方都方便，尽量照顾客户。业务员应尽量在约定的时间前5～10分钟到场。假如客户同意见面，但没有确定具体时间，应保持联系，尽快安排拜访时间。

知识链接

进行电话预约是为了安排面谈，不要在电话中传递太多的信息，应该保留一些关键问题，见面时再进行充分的沟通。

4. 业务洽谈

业务洽谈是整个揽货工作的核心，直接关系到揽货的成败。进行正式的业务洽谈必须具备良好的礼仪及多方面的说服技巧。

1) 洽谈礼仪

(1) 不要与客人隔着办公桌握手，为了表示尊敬，应走到对方面前握手。

(2) 说话音量不宜过高，声调略为低沉，语气坚定，态度平静，这样才容易获得对方好感，给对方留下稳重而自信的印象。

(3) 不可过于自我标榜。

(4) 全身的穿着打扮也很重要，能表现一个人的品质与个性，应以大方、得体的服饰为主。

(5) 避免第一次见面便请对方到高级餐厅吃饭。

(6) 与客户用餐的时候不要谈公事，最好是闲谈家常，即使有没有谈完的问题，也应留在最后喝茶时再谈。

2) 说服技巧

说服技巧也有很多，这里需要强调的有以下两点：

(1) 谈话开始时，要先讨论容易解决的问题，再讨论容易引起争论的问题。

(2) 了解客户关心什么，强调有利于对方的条件，如优势路线、优惠的运价、时间优势、通关能力、良好的服务及公司信用等，这样才能使合同较易签订。

在客户还没与公司签订合同前，业务员要与客户反复接触，进行多次面谈，这就是常说的客户跟踪或业务跟踪。

对第一次面谈要非常重视，要做到以下几个方面：

① 了解客户，进行市场调查，包括调查客户工厂的饱和量、货值、在国内的情况，观察客户的经济状况，探寻客户的主要需求和价值取向(价格、服务、货物运送情况、货物运送速度、国外代理的服务情况)。

② 加强自身的功底。对船公司详细地了解，以便为客户提供最好的航线参考，推荐最适合客户的船公司；对市场行情有清晰的足够的了解，对客户所在行业的情况有足够的认识，以便结合行业和产品的情况提出客户最为满意的方案。

③ 重视第一次。第一次见面、第一次报价、第一次合作都非常的重要。第一次要充分体现出诚意，真心诚意地与客户交流。建立与客户的信任关系，因为不是做一次生意，而是做长期的生意。

④ 每一次对客户的回答，都要经过充分的思考，要在确定能够满足的情况下，才能够给予承诺。

⑤ 要充分考虑客户的利益。在与公司利益不相悖的情况下，从客户的利益出发考虑问题。

拜访客户后还要做好以下工作：

① 做好拜访客户的记录，详细记录客户的情况、需求及要求，及时回答客户提出的当时不能立即回复的相关问题。

② 记下对客户的承诺，在约定的时间内，给予客户准时的回复。

③ 介绍客户与公司内部的合作，以加强客户对公司的了解，建立更进一步的联系。

④ 不断提高自身的专业素质，给予客户更好的服务。

总之，认真、负责、周到、专业，是拜访客户后的工作要求。

5. 合同签订

经过一番磋商洽谈后，在双方意见趋于一致的情况下，双方签订国际货运代理合同。国际货运代理合同格式多种多样，大多是填写一份货物托运单，比较正式的是签订一份委托代理合同(协议)。

1) 国际货运代理合同(协议)样例展示

国际货运代理合同(协议)样例如图 4.2 所示。

国际货运代理协议书

协议编号：

甲方：深圳××国际货运代理有限公司　　(以下简称甲方)

乙方：　　(以下简称乙方)

1. 合作内容及双方权利和责任

(1) 乙方负责提供货源，甲方负责承办乙方所委托之货物的定舱、报关、报验、托运、仓储、签单及文件交接等工作。

(2) 乙方委托甲方订舱时，应及时传真或送交正确之托运单，托运单应标明乙方定舱单位名称、电话、传真及联系人。托运单应注明国际货物运输所需之详细内容及乙方的特别要求条款。乙方要求甲方向第三方收款时，托运单须注明承付人及金额。若第三方拒付，甲方有权向乙方收取。

(3) 乙方委托甲方出运之货物，不得瞒报、夹带危险品和禁运物品，否则因此而造成的风险和后果由乙方自负。

(4) 乙方订舱内容要求更改或取消时，必须在货物进港前以书面形式通知甲方，并与甲方操作人员电话确认以免造成提单签发困难或海关退单困难。若货物已进港或船已离港后乙方要求更改，则由此产生的责任及费用由乙方承担。

(5) 乙方委托甲方报关时，应依货物或贸易性质要求备齐海关规定所需之合法、合格文件，并于海关截关日前一天之前交与甲方，甲方对上述文件签收后有保管责任，不得遗失，海关退回后应当日或隔日退还乙方。

(6) 货物出运后，乙方要求退运、更改目的港、更改中转港或更改运输条款得经双方书面确认有关费用，甲方有责任配合乙方，期间所产生之额外经济损失由乙方自行承担。

(7) 在海运过程中产生的货物损坏、灭失，由甲方协助乙方向保险公司和承运人索赔。

(8) 船公司的原因导致到港时间延迟，乙方不得以此作为理由向甲方强行扣减或扣押运费。

2. 运费与结算

(1) 海运费用：指整箱、拼箱进出口运输费用，以收到乙方托单时确认的价格为准。如果未在托书中注明，则按照甲方所提供的费用确认单支付。甲方开出以美金币值计价的海运费发票，以美金现汇结算，若乙方要求折成人民币结算，当以甲方支付给船公司的汇率标准为准。

图 4.2　国际货运代理合同样例

(2) 人民币费用：指海运进出口的包干费用和空运费用。包括订舱费、单证费、安保费、码头操作费(THC)、报关报检费、拖卡费、内装箱费、文件费及电放费等，以实际托单确认价格为准。

(3) 结算方式：乙方同意在每月10日前将上月发生之运费及相关费用支付给甲方。若逾期支付，甲方有权扣留属于乙方的任何单证，并且每天按所欠运费的3‰收取滞纳金，直至乙方付清。甲方垫付乙方的当月运费金额最大为30 000美金，超过此金额，需将前款结清。

3．其他事宜

(1) 甲、乙双方之间往来传真或复印件，应等同于正本，具有同等法律效力。

(2) 甲方代寄提单给乙方在国外的公司，快件公司的留底面单具有法律效力，等同于乙方已签收提单。

(3) 乙方应提供给甲方企业法人营业执照复印件(盖公章)或个体货主身份证复印件(本人签字)，以供甲方备案。

(4) 本协议一式两份，双方各执一份，自签字之日起有效期为一年。若乙方逾期付款，甲方有权终止本协议。在本协议超过有效期后还未签订新的协议期间，原协议双方仍应承担本协议终止前规定的双方应履行的一切责任与义务。

4．法律仲裁

(1) 本协议所有规定适用于中华人民共和国法律。

(2) 本协议项下发生的任何纠纷或争议，应提交宁波海事法院审理。

甲方公章：	乙方公章：
代表签字：	代表签字：
年 月 日	年 月 日
电话：	电话：
传真：	传真：

图4.2 国际货运代理合同样例(续)

2) 国际货运代理合同实务

(1) 国际货运代理合同的具体操作模式。目前大部分企业由于工作繁忙等原因，并不十分重视订单、往来传真等法律文书，建议国际货运代理合同的具体操作模式为“基本代理合同＋补充协议、数据电文”的合同模式。

首先，应当由国际货运代理企业与委托人签订基本委托合同，在该合同中约定国际货运代理企业的法律地位及其代理事务，委托人及国际货运代理企业的权利义务，补充协议、数据电文的定义及其法律效力，准据法，争议解决等条款，作为日后业务操作中国际货运代理企业主张权利的基本依据。然后，再由缔约各方之间日后达成合意的补充协议、数据电文等作为上述基本委托合同的补充法律文件，共同组成“基本委托合同＋补充协议、数据电文”的合同模式。

(2) 国际货运代理企业的法律地位及其代理事务或独立经营事务条款。针对在发生纠纷后，如何确定国际货运代理企业的法律地位是解决当事人纠纷的关键难点的实务情况，国际货运代理企业应当正视“收取1%～3%的手续费，却要承担100%的风险”这是目前货运代理企业普遍存在的难题。在制作国际货运代理合同时，根据国际货运代理企业获得批准的业务经营范围，在国际货运代理合同中明确约定其作为“进出口货物收货人、发货人的代理人”或者作为“独立经营人”的法律地位及其法律责任的具体范围，从而为在纠纷出现后的争取合法权利奠定基础。

另外，为了使缔约各方明确国际货运代理企业承担法律责任的范围，应当根据《国际货物运输代理业管理规定》第十七条，以及《实施细则》第三十二条的规定，结合国际货运代理合同中，明确约定国际货运代理企业的代理事务内容或独立经营事务内容，对国际货运代理企业承担法律责任的范围进行明确的约定。

6. 售后跟踪

售后跟踪的目的是不断提高自己，了解对手，提高客户满意度，与客户建立更长期的、牢固的合作与沟通关系。可以从以下几个方面做好工作：

(1) 与客户达成交易后，要跟踪客户货物的具体情况(操作、文件、价格、船公司的具体服务等的情况)，目的是达到客户最大的满意度。

(2) 合作完成后，要及时与客户沟通，以发现不足和需要改进的地方。

(3) 了解竞争对手。只有了解竞争对手的长处及弱点，才能够长期地保持同客户的关系。

职业能力训练

一、案例分析题

货运代理合同订立过程中的要约和承诺

原告：某甲国际货运代理有限公司上海分公司。被告：上海某乙国际货运有限公司。

2010 年 9 月 8 日，上海某丙国际货运有限公司(以下简称某丙公司)委托原告代理从上海海运一批货物到日本名古屋，并特别要求装配 2010 年 9 月 14 日船舶。为此，某丙公司向原告出具了订舱单，载明了货物的托运人、收货人、装运港、目的港、件数、毛重及体积等内容。原告接受委托后，向被告传真了一份出口货运委托书，该委托书上的托运人、收货人、装运港、目的港、件数、毛重及体积等均与某丙公司向原告出具的订舱单一致，右上角注明“预计出运日期 2010 年 9 月 14 日”。被告随后向上海某丁国际船舶代理有限公司(以下简称某丁公司)订舱，取得了编号为 SITSHNAGJ17079 的场站收据，其上载明了船名和航次，预配船期为 2010 年 9 月 15 日，托运人、收货人、装运港、目的港、件数、毛重及体积等内容均与上述货运委托书一致，并盖有某丁公司的订舱确认章。之后，被告将该场站收据传真给原告，原告加盖了自己的订舱章后又传真给某丙公司。此后，有关单位代为办理了货物报关手续。之后货物因故在 9 月 20 日仍未能装船出运，某丙公司为此于 9 月 22 日将货物安排空运直达目的地，并承担了空运费人民币 88 000 元。随后，某丙公司要求原告承担违约责任，原告向某丙公司赔付人民币 88 000 元。原告认为，被告行为已构成严重违约，遂向法院诉请被告赔偿原告的损失人民币 88 000 元及其银行利息。上海海事法院依照《中华人民共和国民事诉讼法》第六十四条第一款、第一百四十五条，以及《合同法》第二十二条、第三十一条和第九十一条第(一)项的规定，判决对原告诉讼请求不予支持。一审判决后，原、被告均未提出上诉请求。

思考： (1) 本案例中，所涉及的货运委托书的性质是否为要约？

(2) 本案例中，原告和被告有无签署书面的货运代理合同？被告是否实际履行了货运代理合同义务？

(3) 在此纠纷中，相关当事人应当吸取哪些教训？

二、实践操作题

1. 模拟国际货运代理企业业务员开发新客户，进行揽货

要求：每组同学扮演三个角色：①业务员；②业务部经理；③客户。在课堂上模拟货运代理企业业务员进行揽货的过程。教师和其他小组人员对模拟情形进行考核评分。

评分要点：①是否清楚揽货作业流程；②过程是否演绎清晰、动作到位；③是否清楚各工作岗位的职责，角色扮演是否到位。

2. 制定物流流程方案

业务员小刘接到其老客户 A 公司的一票意向订单，要求在 5 月中旬从厦门港(PORT OF XIAMEN)出运一批共 20×20’GP 磷酸(危险品，UN NO.: 1805，D. G. CLASS: 20’ +DOC(全包价，ALL IN RATE)，同时要求从厦门港到釜山的航行时间不能超过一周。针对以上信息，小刘要求市场部提供可以匹配相应海运服务及运价要求的船东资源，协助小刘拿下此订单。公司对货物的利润要求为(USD 30/20’GP)～(USD50/20’GP)。

假如你是业务员小刘，请在详细了解客户的要求后，将工作任务进行分析，制定出物流流程方案。

【考核评价】

对本项目内容的考核，分为任课老师考核、学生自评和学生小组互评考核，考核评分内容见表 4-1。

表 4-1 评分表

姓名	学习态度(10%)	职业素养(10%)	专业知识(30%)	课堂和实训参与程度(30%)	学习纪律(20%)	合计

推荐网络学习资源

◆中国营销网(http://www.cmscmc.org)。
◆中国营销传播网(http://www.emkt.com.cn)。
◆中国市场营销教育网(http://www.cmat.org.cn)。
◆第一赢销网(http://www.yingxiao360.com.cn)。
◆中国市场营销网(http://www.ecm.com.cn)。
◆航运在线(http://www.sol.com.cn)。

项目5 履行国际海运货运代理合同

学习目标

知识目标

◆掌握出航与做箱操作流程。
◆掌握进出口报关与报检操作流程。
◆掌握海运提单的缮制与签发。
◆了解海运单与提单的区别。

能力目标

◆通过讨论和竞争性发言，提高学生的语言表达能力。
◆通过案例评析，提高学生对相关知识的认知能力。
◆通过实践操作题，提高学生的实践应用能力。

引导案例

海上货运代理合同违约赔偿纠纷案

【案情简介】

5.1 原告(上诉人)：宁波天然国际贸易有限公司(以下简称天然公司)。

被告(被上诉人)：天津泛艺国际货运代理服务有限公司宁波分公司(以下简称泛艺分公司)。

2007年8月18日，天然公司与案外人嘉利国际贸易有限公司(以下简称嘉利公司)签订出口代理合同，双方约定天然公司代理嘉利公司出口商品。同年12月，天然公司委托泛艺分公司出运3个集装箱输美338/339纺织品货物，装货港为宁波，卸货港为美国西雅图。天然公司根据泛艺分公司提供的船期信息，要求泛艺分公司安排于同年12月28日开航的“Tian Rong V.475N”航次出运。泛艺分公司以无船承运人UPS Ocean Freight Serices，Inc.的代理人名义，向实际承运人商船三井有限公司的订舱代理宁波致远国际货运有限公司订舱。后因已订舱的“Tian Rong”轮发生故障，船公司于同年12月29日通知泛艺分公司，但泛艺分公司没有及时转告天然公司。上述3个集装箱于2008年1月5日转至“Mingzhou8 V.476N”航次出运。涉案货物使用了2007年的出口配额进行出口报关，实际未在2007年12月31日之前出运。经货物买受人要求，天然公司又使用了受让的2008年出口配额。天然公司认为泛艺分公司行为构成违约，遂诉请法院判令泛艺分公司赔偿其出口配额损失683 334.60元人民币及逾期付款利息。

【审判结果】

宁波海事法院经审理认为：

(1) 关于天然公司、泛艺分公司之间的法律关系问题。本案中，泛艺分公司对于天然公司具有货运代理人和无船承运人的代理人的双重身份，天然公司有权以货运代理合同关系对泛艺分公司提起诉讼，双方之间的货运代理合同关系应予以确认。天然公司与嘉利公司系外贸代理关系，嘉利公司已声明将该权利转让给天然公司，故天然公司有权向泛艺分公司主张权利。

(2) 关于泛艺分公司是否违约的问题。从本案的实际情况分析，即使泛艺分公司及时向天然公司履行了上述通知义务，天然公司也不能证明其可采取其他措施确保涉案货物于2007年12月31日之前(2007年出口配额失效前)出运，但是泛艺分公司无法证明这种可能性完全不存在，故泛艺分公司作为代理人对货物未能于2007年12月31日之前出运存在一定的过错。

(3) 关于天然公司是否损失及泛艺分公司应否承担赔偿责任的问题。综合考虑本案查明的事实，泛艺分公司作为货运代理人的过错较轻，且造成涉案出口配额损失的原因有一定特殊性，依照《中华人民共和国民事诉讼法》第六十四条第一款及《合同法》第七十条、第四百零六条的规定，判决泛艺分公司赔偿天然公司出口配额损失1万元人民币。

【解析】

诸如此类追诉货运代理过错的纠纷案，货运代理人在合同义务上不尽妥善的行为，常会引发一系列较难解决的过错责任和损失认定问题。本案配额损失争议是其中一例，另外，还有退税损失、市场跌价损失等。此类损失在因果关系和可预见性方面也较值得研究，其中由于与国家相关政策调整有一定关联，更增加了在责任分配及损失认定等方面的难度。

相关法律依据：《中华人民共和国民事诉讼法》及《合同法》。

国际货运代理和货主签订海运货运代理合同后，接下来就要履行货运代理合同了。货运代理业务操作的流程如图 5.1 所示。

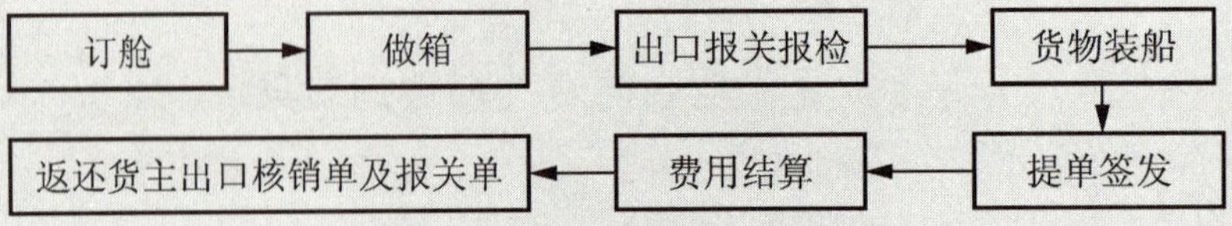

图 5.1　货运代理业务操作流程

任务 5.1　出航订舱与做箱

5.1.1　订舱

1. 订舱的含义

订舱是货物托运人(Shipper)或其代理人根据其具体需要，选定适当的船舶向承运人(即班轮公司或它的营业机构)以口头或订舱函电形式进行预约洽订舱位、装货及申请运输，承运人对这种申请给予承诺的行为。

2. 订舱的种类

(1) 暂时订舱。是托运人或国际货运代理企业向承运人订舱时只是为了预订舱位而没有特定的货物要运载。采取暂时订舱的原因是担心舱位紧张。

(2) 确定订舱。是委托人根据信用证或合同的要求和货物出运的时间，选择合适的船舶，在船期表截单日期前，向承运人或其代理人以口头或书面形式(海运出口托运单)提出的订舱。

3. 订舱的方式

(1) 在线订舱。又称为电子订舱(eBooking)，是指通过 EDI 方式或登录船东、一级货运代理的网上在线订舱平台及 B2B 电子商务网络在线订舱平台进行订舱的方式。

(2) 离线订舱。主要是通过电话、传真或者 E-mail 等途径实现的。网上离线订舱可以使用离线订舱软件来进行，发送 E-mail 给承运人完成订舱工作。

(3) 卸货地订舱。如果货物以 FOB 价成交，则货物运输由进口商安排，此时订舱工作就可能在货物的卸货地或输入地由进口商办理，这就是卸货订舱。进口商通常委托指定出口地有外资背景的大型国际货运代理公司代理订舱业务。

4. 订舱的程序

1) 审单

操作部收到业务部转交的流程卡和客户托运单(Booking)后，审核两者是否一致，如起运港/卸货港/目的港(必须清晰明确)、集装箱型号及数量、预配船期、截关日(船期前两天)、货物品名或货类、价格、毛重、体积，运费是到付(Freight Collect，CC)还是预付(Freight Prepaid，PP)、做箱情况鳄鱼及“门到门”还是内装。若两者一致，则即可发托运单向船公司订舱。

知识链接

内装，就是货主将货物送到集装箱场站，由集装箱场站将货物装入集装箱，送至码头堆场。现在内装的概念已经延伸到整箱，不再局限于拼箱，经营场所也由集装箱场站发展到各色仓库。门到门，是由货代安排集装箱直接到工厂装箱的方式。

2) 订舱

书面订舱(填写订舱单)的格式有订舱代理指定的托运单格式和非指定的订舱格式。订舱还可以通过电子订舱系统来进行：登录承运人网站后，点击“订舱管理”栏目，按提示操作即可。

在旺季，每周的航线都必定爆舱，客服必须与船东或船代等紧密沟通，了解船期的变化和舱位的最新分配情况，及时向业务员提供最新消息，且向船东或货代代理申请配船舱位，确保订舱配船舱位的落实。

3) 放舱

船东或船代在订舱单上确认订舱，客服通过不同的方式收到船东或船代的装货单(Shipping Order，S/O)后，将装货单上相关船东或货代的资料删掉，在装货单上注明客服/单证联系人员的电话、传真及 E-mail，再将装货单传真给客户。若客户要委托拖车、装箱及报关的，应提前1～2天安排落实拖车计划与报关事项。

5. 订舱操作注意事项

(1) 接到市场部转来的委托资料及业务联系单后必须先审核业务单与客户委托单的要求是否一致，资料是否齐全。订舱前务必仔细阅读客户的委托单，审核货物是否危险品，重量及尺码是否适用客户要求的集装箱类型，特别注意客户的特殊要求，如船证、信用证、船期、起运码头、免舱期或装载要求等。如果是特殊货物，应先向客户了解清楚货物的特性(如超重货、食品、冷藏货、危险品等)，致电船公司落实货物托运可否接受，如可行，则填写订舱委托书向船公司订舱，并要注明有关特别事项；如船公司不接受，则注明原因并退回市场部。

(2) 注意船公司是否接受货代单或做电放等，所使用的代理是否经代理操作确认。所有业务单必须由市场部人员签字，否则不给以订舱。对于急单，如果直接电告操作部订舱，须经市场部人员确认允许，但应尽快补上业务单。

(3) 一般订舱原则是在一个工作日内应及时向船公司索要订舱确认书或放柜纸。如遇船公司舱位紧张应及时反馈给市场部，以便与客人协商改做其他安排。例如，在深圳订舱，应考虑到船公司的开舱日期及客人拟定的拖柜时间来催促深圳公司向船公司索要放柜纸，如遇舱位紧张的情况应尽快反馈给市场部做新的安排。

(4) 在收到船公司的装货单后，应将装货单上所预订的船公司、柜型、柜量、目的地、船期等资料与客人的原始订舱单一一核对，在确认完全准确后方可进行后续操作，如发现装货单资料有误，则应马上以书面形式通知船公司更改并要求其提供新的装货单，至完全正确为止。若向同行订舱，将装货单传给客人时注意抹掉同行的电话及传真，以免泄漏。

(5) 客户的任何要求及保证，应有书面文字及盖章，以免日后争议无凭据。

5.1.2　集装箱装箱

装箱又称做箱，在集装箱班轮运输中比较常见，简单地说就是把货物装进集装箱里。但是应对集装箱进行合理的搭配装载，以提高集装箱的装载率。装箱人在装箱前应按规定认真检查箱体，发现集装箱不适合装运货物时，应拒绝装箱，并立即通知集装箱所有人。

1. 集装箱装箱方法

根据集装箱的装货地点，把集装箱装箱分为两种，即拖装和场装。

(1) 拖装。货主委托货运代理或自行委托车队将空箱拖至公司工厂或仓库，自行安排装箱，装箱完毕后由货运代理或车队将箱子送进港区。

(2) 场装。是指用车将货物从工厂运输至集装箱堆场，在堆场装入集装箱。

2. 集装箱装箱作业方式及装卸搬运工具

集装箱货物的现场装箱作业，通常有三种方法：①全部用人力装箱；②用叉式装卸车(铲车)搬进箱内再用人力堆装；③全部用机械装箱，如利用货板(托盘)、货用叉式装卸车在箱内堆装。其中，第三种方法最理想，装卸率最高，发生货损事故最少。但是即使全部采用机械装箱，装载时如果忽视了货物特性和包装状态，或由于操作不当等原因，也往往会发生货损事故。特别是在内陆地区装载的集装箱，由于装箱人不了解海上运输时集装箱的状态，其装载方法通常都不符合海上运输的要求，从而引起货损事故的发生，这种例子很多。图 5.2 和图 5.3 是装箱时常用的机械。

图 5.2　人力叉车

图 5.3　机械叉车

3. 集装箱装箱作业注意事项

货物装箱方法不正确，不仅会影响集装箱运输的经济性，还会导致重大事故的发生，对此装箱人必须高度重视。

(1) 在货物装箱时，任何情况下箱内所装货物的重量不能超过集装箱的最大装载量。集装箱的最大装货重量由集装箱的总重减去集装箱的自重求得。总重和自重一般都标在集装箱的箱门上。

(2) 每个集装箱的单位容重是一定的，因此如箱内只装载一种货物时，只要知道货物的密度，就能断定是重货还是轻货。

(3) 装载时要使箱底上的负荷平衡，箱内负荷不得偏于一端或一侧，特别是要严禁出现负荷重心偏在一端的情况。

(4) 要避免产生集中荷载，如装载机械设备等重货时，箱底应铺上木板等衬垫材料，尽量分散其负荷。标准集装箱底面平均单位面积的安全负荷大致如下：20 英尺集装箱为 1 330×9.8(N/m^2)，40 英尺集装箱为 980×9.8(N/m^2)。

(5) 用人力装货时要注意包装上有无“不可倒置”、“平放”、“竖放”等装卸指示标志。要正确使用装货工具，捆包货禁止使用手钩。箱内所装的货物要装载整齐、紧密堆装。容易散捆和包装脆弱的货物，要使用衬垫或在货物间插入胶合板，防止货物在箱内移动。

(6) 装载货板货时要确切掌握集装箱的内部尺寸和货物包装的外部尺寸，以便计算装载件数，达到尽量减少弃位和多装货物的目的。

(7) 用叉式装卸车装箱时，将受到机械的自由提升高度和门架高度的限制。在条件允许的情况下，叉式装卸车装箱可一次装载两层，但上下应留有一定的间隙。如条件不允许一次装载两层，则在箱内装第二层时，要考虑到叉式装卸车的自由提升高度和门架可能起升的高度(h)。这时门架起升高度应为第一层货高减去自由提升高度，这样第二层货物才能装在第三层货物上层。一般用普通起重量为 2 吨的叉式装卸车，其自由提升高度为 50 厘米左右，但是还有一种是全自由提升高度的叉式装卸车，这种机械只要箱内高度允许，就不受门架起升高度的影响，就能很方便地堆装两层货物。此外，还应注意货物下面应铺有垫木，以便货叉能顺利抽出。

4. 典型的货物的装箱应注意的事项

1) 拼箱货的装箱作业应注意的事项

拼箱货在混装作业时应注意的问题如下：

(1) 轻货要放在重货上面。

(2) 包装强度弱的货物要放在包装强度强的货物上面。

(3) 不同形状和不同包装的货物尽可能不装在一起。

(4) 液体货和清洁货要尽量放在其他货物下面。

(5) 从包装中会渗漏出灰尘、液体、潮气及臭气等的货物，最好不要与其他货物混装在一起。如不得不混装时，就要用帆布、塑料薄膜或其他衬垫材料隔开。

(6) 带有尖角或突出部件的货物，要把尖角或突出部件保护起来，不使它损坏其他货物。

2) 纸箱货的装箱作业应注意的事项

纸箱是集装箱货物中最常见的一种包装，一般用于包装比较精细和质轻的货物。纸箱货的装箱操作应注意的问题如下：

(1) 如集装箱内装的是统一尺寸的大型纸箱，会产生空隙。当空隙为 10 厘米左右时，一般不需要对货物进行固定。但当空隙很大时，就需要按货物具体情况加以固定。

(2) 如果不同尺寸的纸箱混装，应就纸箱大小合理搭配，做到紧密堆装。

(3) 拼箱的纸箱货应进行隔票。隔票时可使用纸、网、胶合板及电货板等材料，也可以用粉笔和带子等做记号。

(4) 纸箱货不足以装满一个集装箱时，应注意纸箱的堆垛高度，以满足使集装箱底面占满的要求。

(5) 装箱时要从箱里往外装或从两侧往中间装。

(6) 在横向产生 250～300 厘米的空隙时，可以利用上层货物的重量把下层货物压住，最上层货物一定要塞满或加以固定。

(7) 如所装的纸箱很重，在集装箱的中间层需要适当地加以衬垫。

(8) 箱门端留有较大的空隙时，需要利用方形木条来固定货物。

(9) 装载小型纸箱货时，为了防止塌货，可采用纵横交叉的堆装法。

图 5.4 为纸箱货的箱内摆放错误与正确示例。

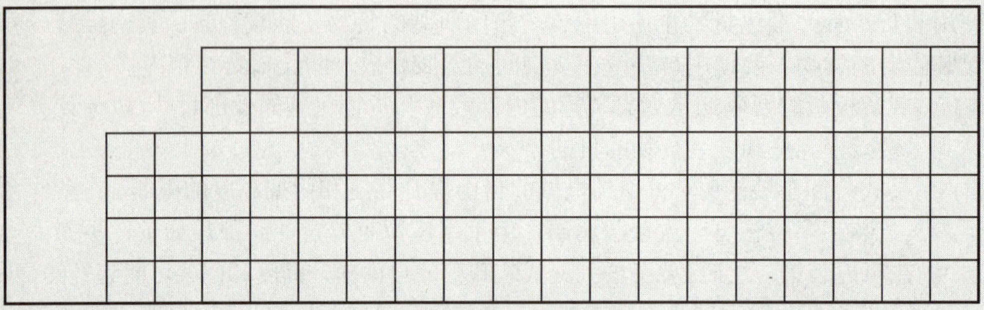

(1) 集装箱门端留有空间(错误)

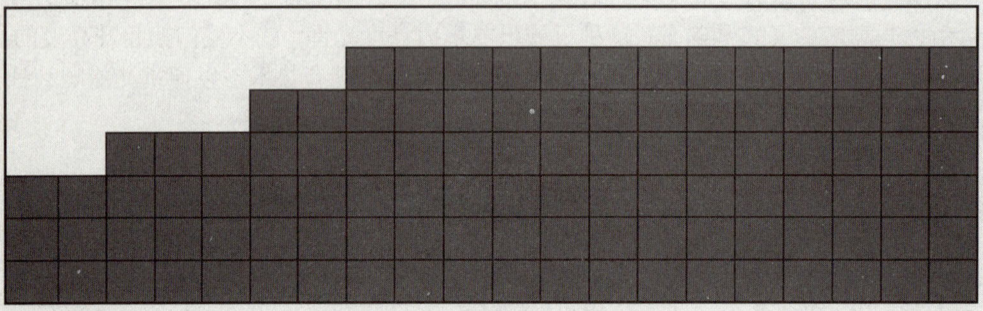

(2) 防止纸箱倒塌对策(正确)

图 5.4 纸箱货的装箱作业示例

3) 木箱货的装箱作业应注意的事项

木箱的种类繁多，尺寸和重量各异，如图 5.5 所示。

图 5.5 木箱货

木箱装载和固定时应注意的问题如下：

(1) 装载比较重的小型木箱时，可采用骑缝装载法，使上层的木箱压在下层两个木箱的接缝上，最上一层必须加以固定或塞紧。

(2) 装载小型木箱时，如箱门端留有较大的空隙，则必须利用木板和木条加以固定或撑紧。

(3) 重心较低的重、大木箱只能装一层且不能充分利用箱底面积时，应装在集装箱的中央，底部必须用方形木条加以横向固定。

(4) 对于重心高的木箱，仅靠底部固定是不够的，还必须在上面用木条撑紧。

(5) 装载特别重的大型木箱时，经常会形成集中负荷或偏心负荷，必须有专用的固定设施，不让货物与集装箱前后端壁接触。

(6) 装载框箱时，通常是使用钢带拉紧，或用具有弹性的尼龙带或布带来代替钢带。

4) 货板货的装箱作业应注意事项

货板通常装载纸箱货和袋装货。纸箱货上下层可用粘贴法固定。袋装货装板后要求袋子的尺寸与货板的尺寸一致，对于比较滑的袋装货也要用粘贴法固定。货板在装载和固定时应注意的问题如下：

(1) 货板如在集装箱内横向只能装一块时，则货物必须放在集装箱的中央，并用纵向垫木等加以固定。

(2) 装载两层以上的货物时，无论空隙在横向或纵向，底部都应用档木固定，而上层货板货还需要用跨档木条塞紧。

(3) 如货板数为奇数，则应把最后一块货板放在中央，并用绳索通过系环拉紧。

(4) 货板货装载框架集装箱时，必须使集装箱前后左右的重量平衡。装货后应用带子把货物拉紧，货物装完后集装箱上应加罩帆布或塑料薄膜。

(5) 袋装的货板货应根据袋包的尺寸，将不同尺寸的货板搭配起来，以充分利用集装箱的容积。

5) 捆包货的装箱作业应注意的事项

捆包货包括纸浆、板纸、羊毛、棉花、面布、其他棉织品、纺织品、纤维制品及废旧物料等。其平均每件重量和容积常比纸箱货和小型木箱货大。一般捆包货都用干货集装箱装载。捆包货在装载和固定时应注意的问题如下：

(1) 捆包货一般可横向装载或竖向装载，可充分利用集装箱箱容。

(2) 捆包货装载时一般都要用厚木板等进行衬垫。

(3) 用粗布包装的捆包货一般比较稳定而不需要加以固定。

6) 袋装货的装箱作业应注意的事项

袋包装的种类有麻袋、布袋、塑料袋等，主要装载的货物有粮食、咖啡、可可、废料、水泥及粉状化学药品等。通常袋包装材料的抗潮和抗水湿能力较弱，故装箱完毕后，最好在货物顶部铺设塑料等防水遮盖物。

袋装货在装载和固定时应注意的问题如下：

(1) 袋装货一般容易倒塌和滑动，可用粘贴剂粘固，或在袋装货中间插入衬垫板和防滑粗纸。

(2) 袋包一般在中间呈凸形，常用堆装方法有砌墙法和交叉法。

(3) 为防止袋装货堆装过高而有塌货的危险，需要用系绑用具加以固定。

7) 鼓桶类货物的装箱作业应注意的事项

桶装货一般包括各种油类、液体和粉末类的化学制品，酒精和糖浆等，其包装形式有铁桶、木桶、塑料桶、胶合板桶和纸板桶五种。除桶口在腰部的传统鼓形木桶外，桶装货在集装箱内均以桶口向上的竖立方式堆装。由于桶体呈圆柱形，因此在箱内堆装和加固的方法均由一定的具体尺寸决定，使其与箱形尺寸相协调。集装箱运输中以 0.25 立方米(55 加仑)的铁桶最为常见。这种铁桶在集装箱内可堆装两层，每一个 20 英尺集装箱内一般可装 80 桶。

(1) 铁质桶的装载和固定操作。装载时要求桶与桶要靠近，对于桶上有凸缘的铁桶，为了使桶与桶之间的凸缘错开，每隔一行要垫一块垫高板，装载第二层时同样要垫上垫高板，而不垫垫高板的这一行也要垫上胶合板，使上层的桶装载稳定。

(2) 纸板桶的装载和固定操作。纸板桶的装载方法与铁桶相似，但其强度较弱，故在装箱时应注意不能使其翻倒而产生破损。装载时必须竖装，装载层数要根据桶的强度而定，有时要有一定的限制，上下层之间一定要插入胶合板做衬垫，以便使其负荷分散。桶类货物如图5.6所示。

图 5.6 桶类货物

8) 长件货的装箱作业应注意的事项

长件货(如钢管类)在长度方向上容易滑动，因此，对端壁和箱门要特别注意防护，集装箱两端一定要加衬垫，货物与集装箱有空隙必须支撑和塞紧。

9) 超高货物的装载作业应注意的事项

超高货物是指货物的高度超过集装箱的箱门的高度的货物。超高货物只能用开顶式集装箱或框架集装箱装载。

超高货物装载集装箱时，应充分考虑运输全程中给内陆运输(铁、公路)车站、码头、装卸机械及船舶装载带来的问题。内陆运输线对通过高度都有一定的限制(各国规定不甚一致)，运输时集装箱连同运输车辆的总高度一般不能超过这一限制。

10) 超宽货物的装箱作业应注意的事项

宽度超过集装箱宽度的货物，除受到集装箱结构的限制外，还受到装卸作业条件和集装箱船装载条件的限制。

车站和码头的超宽限制是根据所使用的机械设备的种类而定的。超宽货物一般应采用框架集装箱和平台集装箱运输。集装箱运输允许货物横向突出(箱子)的尺度受到集装箱船舶结构(箱格)、陆上运输线路(特别是铁路)允许宽度限制，受到使用装卸机械种类的限制(如跨运车对每边超宽量大于10厘米以上的集装箱无法作业)，超宽货物装载时应予以充分考虑。

11) 超长货物的装箱作业应注意的事项

超长货物，一般只能用框架集装箱装载。装载时，需将集装箱两端的插板取下，并铺放在货物下部。超长货物的超长量有一定的限制，最大不得超过306毫米(1英尺左右)。

12) 危险货物的装箱作业应注意的事项

(1) 货物装箱前应调查清楚该类危险货物的特性、防灾措施和发生危险后的处理方法，作业场所要选在避免日光照射、隔离热源和火源及通风良好的地点。

(2) 作业场所要有足够的面积和必要的设备，以便发生事故时，能进行有效地处置。

(3) 作业人员操作时应穿防护工作衣，戴防护面具和橡皮手套。

(4) 装货前应检查所用集装箱的强度和结构，防止使用不符合装货要求的集装箱。

(5) 装载爆炸品、氧化性物质的危险货物时，装货前对箱内要仔细清扫，防止箱内因残存灰尘、垃圾等杂物而产生着火、爆炸的危险。

(6) 要检查危险货物的容器、包装、标志是否完整，与运输文件上所载明的内容是否一致。禁止包装有损伤、容器有泄漏的危险货物装入箱内。

(7) 使用固定危险货物的材料时，应注意防火要求和具有足够的安全系数和强度。

(8) 危险货物的任何部分都不允许凸出于集装箱外，装货后箱门要能正常地关闭。

(9) 有些用纸袋、纤维板和纤维桶包装的危险货物，遇水后会引起化学反应，如自燃、发热或产生有毒气体，故应严格进行防水检查。

(10) 对危险货物的混载问题各国有不同的规定。例如，日本和美国规定，禁止在同一区域内装载的危险货物或不能进行混合包装的危险货物，不能混载在同一集装箱内。英国规定，不能把属于不同等级的危险货物混载在同一集装箱内。在实际装载作业中，应尽量避免把不同的危险货物混装在一个集装箱内。

(11) 危险货物与其他货物混载时，应尽量把危险货物装在箱门附近。

(12) 严禁危险货物与仪器类货物混载。

(13) 在装载时不能采用抛扔、坠落、翻倒及拖曳等方法，避免货物间的冲击和磨擦。危险品标志如图5.7所示。

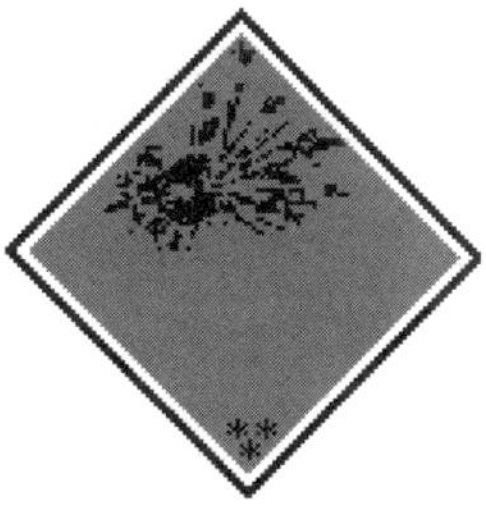

(1) 爆炸品

(2) 不产生重大危害的爆炸品

(3) 具有大规模爆炸性，但极不敏感的物品

(4) 不燃气体

(5) 易燃气体

(6) 有毒物品

(7) 易燃气体或者易燃液体

(8) 易燃固体

(9) 易自燃物品

(10) 遇水释放出易燃气体的物品

(11) 氧化剂和有机过氧化物

(12) 感染性物品

图5.7　危险品标志

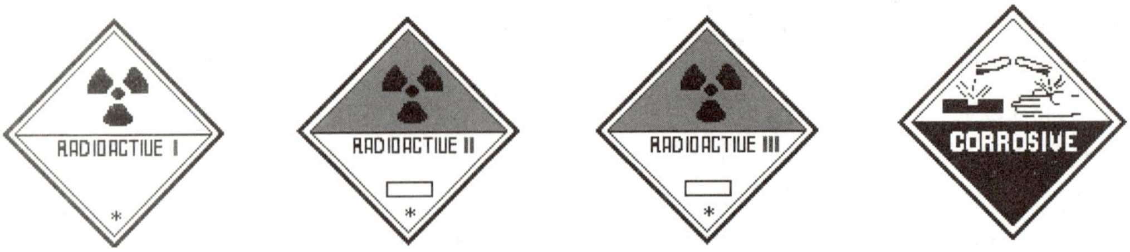

(13) 放射性物品(第 I 级) (14) 放射性物品(第 II 级) (15) 放射性物品(第 III 级) (16) 腐蚀性物品

图 5.7　危险品标志(续)

13) 冷藏货的装箱作业应注意事项

(1) 冷藏集装箱在装货过程中，冷冻机要停止运转。

(2) 在装货前，冷藏集装箱内使用的垫木和其他衬垫材料要预冷。要选用清洁卫生的衬垫材料，使它不污染货物。

(3) 不要使用纸、板等材料做衬垫，以免堵塞通风管和通风口。

(4) 装货后箱顶与货物顶部一定要留出空隙，使冷气能有效地流通。

(5) 必须注意到冷藏货要比普通杂货更容易滑动和破损，因此对货物要加以固定，固定货物时可以用网等做衬垫材料，这样不会影响冷气的循环和流通。

(6) 严格禁止已降低鲜度或已变质发臭的货物装进箱内，以免损坏其他正常货物。

14) 检疫货物的装箱作业应注意的事项

动物检疫对象通常指马、牛、羊、猪等家畜及其制品(皮、毛、肉、腊肉等)；植物检疫对象通常是指各类水果、蔬菜、木材和草制品等。

家畜运输一般采用动物集装箱，装载时应注意以下事项：

(1) 在船上应安放在甲板上遮风避浪的地方。为便于航行中清扫和喂料，箱的周围应留出适当空间。

(2) 一般在甲板上仅堆装一层。对畜产品，一般采用兽皮集装箱或通风集装箱装载。运输途中应注意防止日晒和受潮，宜装在受外界气温影响小的地方。

对于需经植物检疫的植物，可采用干货集装箱和通风集装箱等装载。

总之，由于动、植物检疫货可能会带来某种病虫害，因此在进口时必须进行检疫，经检疫合格，方准许进口；否则，应进行熏蒸和消毒，甚至就地处理烧毁或杀死。

任务 5.2　出航货物报检流程

5.2.1　报检

1. 报检概述

报检是指向出入境检验检疫机构申请办理进出口货物的检验检疫业务的行为。报检单位一般是专门的报检公司或者国际货运代理。在国际货物买卖中，对卖方所交付货物的质量、数量和包装进行检验和鉴定，以确定其是否符合合同规定。有时还对装载技术条件，卫生状况，疫情，运输途中发生的残损、短损及安全等方面进行检验和鉴定，以明确事故起因及责任归属。商检还包括根据一国的法律或行政法规对某些进出口货物进行质量、数量、包装、卫生及安全等方面的强制性检验或检疫。

2. 报检的单位及要求

报检单位分为自理报检单位和代理报检单位两种。

1) 报检单位

(1) 自理报检单位。根据中华人民共和国国家质量监督检验检疫总局(以下简称国家质检总局)的有关规定，从事出入境检验检疫报检工作的自理报检单位在首次报检时须先办理备案登记手续，取得报检单位备案登记号，方可办理相关检验检疫报检手续。

从2004年11月1日起，自理报检单位的备案登记须在中国检验检疫电子业务网提出申请。

(2) 代理报检单位。根据国家质检总局的有关规定，从事出入境检验检疫代理报检工作的单位必须依法经国家质检总局注册登记，方可办理代理报检业务。未依法取得检验检疫注册登记的企业，不得从事代理报检业务。已获得检验检疫注册登记的企业，不得超出检验检疫机构批准的地域范围和业务范围从事代理报检业务。

2) 报检员资格证书

报检员资格全国统一考试是测试应试者从事报检工作必备业务知识水平和能力的专业资格考试。考试合格人员取得报检员资格证书，可注册为代理报检单位报检员或自理报检单位报检员。

知识链接

报检员考试是由国家质检总局组织进行的，该考试每年举办一次，考试时间为11月，考试报名一般提前两个月。该考试自2004年开始实行全国统一考试。报检员考试分为两种：自理报检员和代理报检员。其中代理报检员也可自理报检，故考试难度要大些。报检员资格全国统一考试的合格分数线为90分(满分150分)。报考资格除具备其他必须条件外，还应具有高中毕业或中等专业学校毕业及以上学历。

3) 报检员注册

根据国家质检总局的规定，自2007年5月1日起全面实施凭证报检。从事出入境检验检疫报检工作的人员在报检时必须先办理报检员注册手续，取得报检员证，持证报检。

5.2.2 进出口货物报检业务流程

目前我国进出口货物的报检业务程序主要包括申请报检、抽样、检验检疫，以及领取证书及证单四个环节，如图5.8所示。

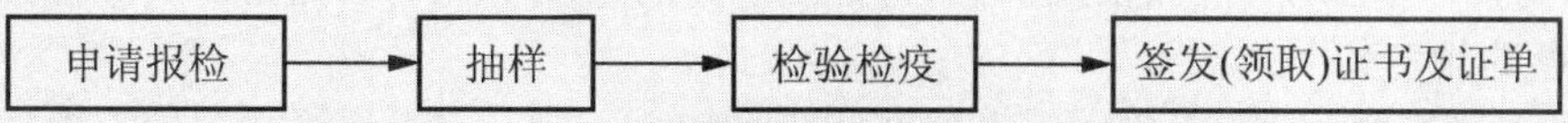

图5.8　进出口报检业务流程

1. 申请报检

进出口报验是指进出口货主向检疫机构申请检验。凡属法定检验检疫商品或合同规定需要检疫机构进行检验并出具检验证书的商品，进出口货主均应及时提请检疫机构检验，货主也可以委托代理报检。

进出口货主需要代理报检服务时，应向检验检疫局出具报检委托书。委托书应载明委托人和被委托人双方的企业名称、海关注册登记编码、地址、法定代理人的姓名，以及代理事项、权限、期限及双方责任等内容，并加盖双方单位公章。报检委托书样例如图 5.9 所示。

报 检 委 托 书

__________出入境检验检疫局：

本委托人郑重声明，保证遵守出入境检验检疫法律、法规的规定。如有违法行为，自愿接受检验检疫机构的处罚并负法律责任。

本委托人委托受委托人向检验检疫机构提交“报检申请单”和各种随附单据。具体委托情况如下：

本单位将于______年______月间进口/出口如下货物：

品名		HS 编码	
数(重)量		合同号	
信用证号		审批文号	
其他特殊要求			

特委托________________________(单位/注册登记号)，代表本公司办理下列出入境检验检疫事宜：

□1. 办理代理报检手续；

□2. 代缴检验检疫费；

□3. 负责与检验检疫机构联系和验货；

□4. 领取检验检疫证单；

□5. 其他与报检有关的相关事宜。

请贵局按有关法律法规规定予以办理。

委托人(公章)　　　　　　　　受委托人(公章)

年　月　日　　　　　　　　　年　月　日

本委托书有效期至______年______月______日

图 5.9　报检委托书样例

1) 报检时限和地点规定

根据国家质检总局《检验检疫报检管理规定》，对出入境货物、交通工具等检验检疫报检时限和地点的规定如下：

(1) 对入境货物，应在入境前或入境时向入境口岸、指定的或到达站的检验检疫机构办理报检手续。入境的运输工具及人员应在入境前或入境时申报。

(2) 入境货物需对外索赔出证的，应在索赔有效期前不少于 20 天内向到货口岸或货物到达地的检验检疫机构报检。

(3) 输入微生物、人体组织、生物制品、血液及其制品或种畜、禽及其精液、胚胎、受精卵的，应当在入境前 30 天报检。

(4) 输入其他动物的，应当在入境前 15 天报检。

(5) 输入植物、种子、种苗及其他繁殖材料的，应当在入境前 7 天报检。

(6) 出境货物最迟应于报关或装运前 7 天报检，对于个别检验检疫周期较长的货物，应留有相应的检验检疫时间。

(7) 出境的运输工具和人员应在出境前向口岸检验检疫机构报检或申报。

(8) 需隔离检疫的出境动物在出境前 60 天预报，隔离前 7 天报检。

(9) 报检人对检验检疫证单有特殊要求的，应在报检单上注明并交付相关文件。

2) 报检要求

(1) 按要求提供与网上电子报检发送信息完全一致、内容准确合法及栏目填写齐全的报检单，加盖单位公章。

(2) 申请报检时须按规定缴纳检验检疫费。

(3) 超过缴费期限未交纳检验检疫费的，以每天加收检验检疫费的一定比例作为滞纳金。

(4) 报检人申请撤销报检时，应书面说明原因，经批准后方可办理撤销手续。

(5) 有下列情况之一的应重新报检：

① 输入或前往国家(地区)更改检验检疫要求的；

② 货物更换包装或拼装的；

③ 超过检验检疫有效期或证书(单)报运出口期限的；

④ 在口岸查验过程中，发现货证不符，批次混乱，需重新整理的。

(6) 报检人申请更改证单时，应填写更改申请单，交附有关函电等证明单据，并交还原证单，经审核同意后方可办理更改手续。品名、数量、检验检疫结果、包装、发货人、收货人等重要项目更改后与合同、信用证不相符的，或者更改后与输出、输入国家或地区法律法规不相符的，均不能更改。

2. 抽样及检验检疫

1) 抽样

检验检疫机构接受报验后，须及时派人到存货堆存地点进行现场检验鉴定。其内容包括货物的数量、重量、包装、外观等项目。现场检验一般采取国际贸易中普遍使用的抽样法(个别特殊商品除外)。抽样时须按规定的抽样方法和一定的比例随机抽样，以便样品能代表整批商品的质量。进出口商品种类繁多，情况复杂，有时一批商品的数量很大甚至达几万吨，有的为了充分利用仓库而采用密集堆垛，有的散装商品采取露天存放等，这些都给抽样工作带来困难。为了切实保证抽样工作的质量，同时又要利于对外贸易，必须针对不同商品的不同情况，灵活地采用不同的抽样方式。

常用的抽样方式见表 5-1。

表 5-1　常用的抽样方式

抽样方式	抽样货物
登轮抽样	进口大宗商品，如散装粮谷、铁矿砂等，采取在卸货过程中登轮抽样的办法，可随卸货进度，按一定的比例，抽到各个部位的代表性样品，然后取得代表性的检验样品
甩包抽样	如进口橡胶，数量很大，按规定以 10%抽样，在卸货过程中，每卸 10 包甩留 1 包，供抽样用，既可使抽样工作便利，又能保证样品的代表性
翻垛抽样	出口商品在仓库中密集堆垛，难于在不同部位抽样时，如有条件应进行适当翻垛，然后进行抽样，这种方式要多花一定的劳力
出厂、进仓时抽样	在仓容紧张、翻垛困难的情况下，对出口商品可事先联系安排在出厂时或进仓时进行抽样，同时加强批次管理工作

续表

抽样方式	抽样货物
包装前抽样	为了避免出口商品抽样时的拆包损失，特别是对用机器打包的商品，在批次分清的前提下，采取在包装前进行抽样的方法
生产过程中抽样	有些出口商品，如冰蛋、罐头等，可在生产加工过程中，根据生产批次，按照规定要求，随生产抽样，以保证代表性，检验合格后进行包装
装货时抽样	出口大宗散装商品，有条件的可在装船时进行抽样。例如，输送原油，可在用管道装货时定时在管道中抽取样品；出口食盐，可在装船时每隔一小时抽样一次，样品代表性都很好。但采取这种方式时必须事先进行研究，出口商品的品质必须能符合出口合同的要求，或是按检验机构的实际检验结果出证进行结算的才适用，否则，在装船后发生检验不合格，就难以处理
开沟抽样	出口散装矿产品，如碲石、煤炭等，都是露天大垛堆存，抽样困难且品质又不够均匀，一般视垛位大小，挖掘 2 条或 3 条深 1 米的沟，以抽取代表性样品
流动间隔抽样	大宗矿产品抽样困难，可结合装卸环节，在输送带上定时抽取有足够代表性的样品

2) 检验检疫

检疫机构根据抽样和现场检验记录，仔细核对合同及信用证对品质、规格和包装的规定，弄清检验的依据、标准，采用合理的方法实施检验。商品检验的方法很多，通常分为感官检验法、理化检验法及生物学检验法等。

3. 签发(领取)证书及证单

1) 签发(领取)商检证书

(1) 商检证书的含义。检验检疫机构对进出口商品检验检疫或鉴定后，根据不同的检验结果或鉴定项目签发的各种检验证书、鉴定证书和其他证明书，统称为检验证书(Inspection Certificate)。在国际贸易中，检验证书起着公证证明的作用，作为买卖双方交接货物、结算货款和进行索赔和理赔的依据之一，也是通关、征收关税和优惠减免关税、结算运费等的有效凭证。

(2) 商检证书的种类。出口商品经检验部门检验合格后，报检员可以领取出境货物通关单或在出口货物报关单上加盖检验印章，并凭其进行通关。如合同、信用证规定由检疫部门检验出证，或国外要求签发检验证书的，应根据规定签发所需证书。

检验机构在对出口商品检验后，对检验合格的商品，按照对外合同、信用证、有关国际规定或者报检人员的需求，可出具各类商检证书，证书种类主要有以下九种。

① 品质证书(Inspection Certificate of Quality)；

② 数量或重量证书(Inspection Certificate of Weight/Quantity)；

③ 卫生证书或健康证书(Inspection Certificate of Sanitization/Inspection Certificate of Health)；

④ 消毒证书(Inspection Certificate of Disinfection)；

⑤ 货载衡量检验证书(Inspection Certificate of On cargo Weight and Measurement)；

⑥ 熏蒸证书(Inspection Certificate of Fumigation)；

⑦ 价值证书(Certificate of Value)；

⑧ 测温证书(Inspection Certificate of Temperature)；

⑨ 兽医证书(Inspection Certificate of Veterinary)。

对于进口商品，经检验合格后签发入境货物通关单进行通关，凡由收货单位自行验货的进口商品，如发现问题，应及时向检验检疫局申请复验。如复验不合格，检疫机构即签发检验证书，以供对外索赔。

2) 签发(领取)商检证单

检验机构签发的有关商检证单有利于出口商品在国内有关部门办理手续或检验机构之间沟通情况，简化检验程序，这些商检证单主要有以下几种。

(1) 预验结果单，是出口商品经检验机构预先检验合格后对内签发的，用于商品出口时向当地检验机构换证。

(2) 出口商品检验换证凭单，是出口商品经发运地的检验机构检验合格后对内签发的，用于申请人凭此单向口岸检验机构申请出口检验换证。

(3) 出口商品放行单，是法定检验商品经检验合格后对内签发的，海关凭此对法定检验商品验放出口。

(4) 不合格通知单，是出口商品经检验机构检验不合格时对内签发的，发此单后出口商品不能被放行出口。

(5) 海运出口危险货物包装容器使用签订结果单，是海运危险货物的包装容器经检验机构进行使用鉴定合格后对外签发的，供外贸经营单位装运出口危险货物和办理出口装运等手续用。

(6) 委托检验结果单，是检验机构接受有关单位的委托申请，对商品进行检验后对内签发的，供申请人了解委托样品情况用。

任务5.3 出航货物报关

5.3.1 报关概述

1. 报关的含义

报关是指货物、行李和邮递物品、运输工具等在进出关境或国境时由所有人或其代理人向海关申报，交验规定的单据和证件，请求海关办理进出口的有关手续。报关是履行海关进出境手续的必要环节之一。

2. 报关的范围

按照法律规定，所有进出境运输工具、货物、物品都需要办理报关手续。报关的具体范围如下。

1) 进出境运输工具

进出境运输工具是指用以载用人员、货物及物品进出境，并在国际运营的各种境内或境外船舶、车辆、航空器和驮畜等。

2) 进出境货物

进出境货物是指一般进出口货物，保税货物，暂准进出境货物，特定减免税货物，过境、转运和通用货物及其他进出境货物。

3) 进出境物品

进出境物品是指进出境的行李物品、邮递物品和其他物品。以进出境人员携带、托运等方式进出境的物品为行李物品；以邮递方式进出境的物品为邮递物品；其他物品主要包括享有外交特权和豁免的外国机构或者人员的公务用品和自用物品等。

3. 报关期限

根据《海关法》的规定，进口货物的报关期限为从运输工具申报进境之日起 14 天内(申报期限的最后一天是法定节假日或休息日的，顺延至法定节假日或休息日后的第一个工作日)。由收货人或其代理人向海关报关，超过这个期限报关，由海关征收滞报金。滞报金日征金额为进口货物到岸价格(CIF 价格)的 0.5‰，起征点为人民币 50 元，不足者不征。

特别提示

这里指的进口货物的到岸价格是由海关审定的正常的到岸价格，它是以外币计价的。海关按应征收滞报金之日起国家外汇牌价的买卖中间价折合人民币。

进口货物滞报金的起收日期为运输工具申报进境的第 15 天，而邮运进境的货物滞报金为收件人接到邮局通知之日起的第 15 天。此外，转关运输进境货物滞报金起算期有两个：一是运输工具申报进境之日起第 15 天，二是货物运抵指运地之日起第 15 天。两个条件只要满足一个，即征收滞报金。如果两个条件均满足，则要征收两次滞报金。

进口货物的收货人自运输工具申报进境之日起超过 3 个月未向海关申报的，其进口货物由海关提取变卖处理。所得价款在扣除运输、装卸、储存等费用和税款后，尚有余款的，自货物变卖之日起 1 年内，经收货人申请，予以发还；逾期无人申请的，上缴国库。

出口货物应在货物装入运输工具的 24 小时之前向海关报关。即应先报关，后装货。报关 24 小时之后，才能将货物装入运输工具。

经海关核准可以适用集中申报通关方式的收发货人应当在载运进口货物的运输工具申报进境之日起 14 日内，在出口货物运抵海关监管区后，即装货的 24 小时前填制集中申报清单向海关申报。超过这一期限申报的，应当以报关单方式申报；构成滞报的，还应当按照有关规定缴纳滞报金。

知识链接

通关时效要求高的鲜活商品、书报杂志及公路口岸频繁进出的保税货物可以适用集中申报方式办理通关手续。另外，中国境内其他地区进出海关特殊监管区域和保税监管场所的货物，除海关另有规定外，也按照本办法办理。

5.3.2 报关单位

报关单位是指在海关注册登记或经海关批准，向海关办理进出口货物报关纳税等海关事务的境内法人或其他组织。《海关法》规定："进出口货物收发货人、报关企业办理报关手续，必须依法经海关注册登记。报关人员必须依法取得报关资格。未依法经海关注册登记的企业和未依法取得报关从业资格的人员，不得从事报关业务。"

报关企业的类型如下。

(1) 专业报关企业，是指经海关批准设立，办理注册登记手续，专门从事进出口货物代理报关业务，具有境内法人地位独立核算的经济实体。专业报关企业必须在名称中冠以“报关行“或“报关服务公司”字样。

(2) 代理报关企业，是指经营国际货物运输代理、国际运输工具代理等业务，并接受委托代办进出口货物的报关纳税等事宜的境内法人。

(3) 自理报关企业，是指有进出口经营权的国有、集体和外商投资企业。自理报关企业只能办理本企业进出口货物的报关手续，不能代理其他企业报关。

5.3.3　报关员

报关员是指通过全国报关员资格考试，依法取得报关从业资格，并在海关注册登记，代表所属企业(单位)向海关办理进出口货物报关纳税等通关手续，并以此为职业的人员。报关员不是自由职业者，只能受雇于一个依法向海关注册登记的进出口货物收发货人或者企业，并代表该企业向海关办理业务。我国海关法律规定禁止报关员非法接受他人委托业务。

报关员必须取得从业资格证书，《海关法》第十一条规定：“未依法经海关注册登记的企业或未依法取得报关从业资格的人员，不得从事报关业务。”

知识链接

报关员考试是由海关总署组织的全国性考试，该考试每年举行一次。报名大约在每年 5 月，分网上报名和现场报名，考试为 11 月。报考资格除具备其他必须条件外，还应具有大专及以上学历(应届毕业生可参考)。考试共包含以下三大部分内容：

(1) 报关专业知识，包括报关概述、报关与海关管理及报关与贸易管制等。

(2) 报关专业技能，包括报关程序、进出口商品归类、进出口税费的计算与缴纳、报关单证填制等。

(3) 报关相关知识，包括国际贸易知识、英语知识、报关工作相关法律法规等。

5.3.4　进出口货物报关业务流程

接受申报、查验、征税和放行制度是海关监管进出境管理阶段的基本制度。海关对进出口货物监管的业务程序包括接受申报、查验货物、征收税费、结关放行。作为进出境货物的收、发货人，其相应的报关手续包括提出申报、接受查验、缴纳税费、凭单取货或装船出运。图 5.10 为进出口货物报关的基本程序。

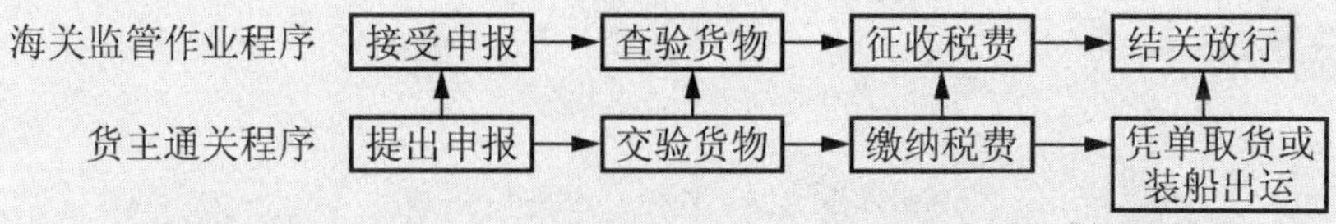

图 5.10　进出口货物报关业务流程

1. 申报

进出口货主需要代理报关业务服务时，应向报关企业出具报关委托书，应载明委托人和被委托人双方的企业名称、海关注册登记编码、地址、法定代理人姓名，以及代理事项、权限、期限，双方责任等内容，并加盖双方单位公章。报关委托书样例如图 5.11 所示。

代理报关委托书

编号：

我单位现　　(A 逐票、B 长期)委托贵公司代理　　　　等通关事宜。(A. 填单申报 B. 辅助汇验 C. 垫缴汇款 D. 办理海关证明联 E. 审批手册 F. 核销手册 G. 申办减免税手续 H. 其他)详见《委托报关协议》。

我单位保证遵守《海关法》和国家有关法规，保证所提供的情况真实、完整、单货相符。否则，愿承担相关法律责任。

本委托书有效期自签字之日起至　　年　　月　　日止。

委托方(盖章)

法定代表人或其授权签署《代理报关委托书》的人(签字)

年　月　日

委托报关协议

为明确委托报关具体事项和各自责任，双方经平等协商签订协议如下：

委托方		被委托方		
主要货物名称		报关单编码	No.	
HS 编码	□□□□□□□□□□	收到单证日期	年　月　日	
货物总价		收到单证情况	合同□	发票□
进出口日期	年　月　日		装箱清单□	提(运)单□
提单号			加工贸易手册□	许可证件□
贸易方式			其他	
原产地/货源地		报关收费	人民币：　　元	

其他要求：	承诺说明
背面所列通用条款是本协议不可分割的一部分，对本协议的签署构成了对背面通用条款的同意。	背面所列通用条款是本协议不可分割的一部分，对本协议的签署构成了对背面通用条款的同意。
委托方业务签章： 经办人签章： 联系电话：　　年　月　日	被委托方业务签章： 经办报关员签章： 联系电话：　　年　月　日

(白联，海关留存；黄联，被委托方留存；红联，委托方留存)　　中国报关协会监制

图 5.11　报关委托书样例

1) 申报的单证

进出口货物的收、发货人或其代理人，在货物进出口时，应在海关规定的期限内，按海

关规定的格式填制进出口货物报关单，随附有关的货运、商业单据，同时提供批准货物进出口的证件，向海关申报。报关的主要单证有以下几种。

(1) 进(出)口货物报关单。一般填制一式两份(有的海关要求报关单份数为三份)。报关单填报项目要准确、齐全且字迹清楚，不能用铅笔填制；报关单内各栏目，凡海关规定有统计代号的，以及税则号列及税率一项，由报关员用红笔填制；每份报关单限填报四项货物；如发现情况有误或其他情况需变更填报内容的，应主动、及时向海关递交更改单。

出口货物报关单。一般填制一式两份(有的海关要求三份)。填单要求与进口货物报关单基本相同。如果因填报有误或需变更填报内容而未主动、及时更改，出口报关后发生退关情况，报关单位应在三天内向海关办理更正手续。

进口货物报关单样单如图5.12所示，出口货物报关单样单如图5.13所示。

中华人民共和国海关进口货物报关单				
预录入编号：			海关编号：	
进口口岸 广州海关	备案号(1) C51066000019	进口日期 2011年8月15日	申报日期 2011年8月15日	
经营单位(440193×××) 广州电梯有限公司	运输方式(2) 江海运输	运输工具名称(3) SUI DONG FANG/ 510100607150	提运单号(4) 11XF02014	
收货单位(440193×××) 广州电梯有限公司	贸易方式(5) 一般贸易	征免性质(6) 一般征税	征税比例 T/T	
许可证号	起运国(地区)(7) 香港	装货港 香港	境内目的地广州	
批准文号	成交方式(8) EXW	运费	保费	杂费
合同协议号 BTNU0945-46	件数(9) 13	包装种类(10) CASE	毛重(千克)(11) 7 640	净重(千克)(12) 7 073
集装箱号	随附单据(13) 商业发票、装箱单		用途(14) 销售	
标记唛码及备注 All business， whether involving transport or not， is handled subject to our general conditions.				
项号(15) 商品编号 商品名称、规格型号(16) 数量及单位(17) 原产国(18) 单价 总价(19) 币制(20) 征免				
1．--------6005343　ESCALATOR MACHINE　13 CASES　中国　3706.22　51887.08　EUR 照章征税 2．--------6005344　14.000 UNITS OF ECH3 3．--------6004843　11.0 kW-380/415V-50Hz 4．--------6005273				
税费征收情况				
录入员 录入单位	兹声明以上申报无讹并承担法律责任		海关审单批注及放行日期(签章) 审单　审价	
报关员 单位地址	申报单位(签章)		征税　统计	
电话 邮编	填制日期		查验　放行	

图5.12　进口货物报关单样单

中华人民共和国海关出口货物报关单			
预录入编号：		海关编号：	
出口口岸 大连海关	备案号	出口日期 2010 年 6 月 11 日	申报日期(1) 2010 年 5 月 31 日
经营单位(2)(210291×××) 大连石凯化工贸易公司	运输方式 江海运输	运输工具名称 CSCL YANTIAN 0042S	提运单号(3)
发货单位(4)(21291××××) 大连石凯化工贸易公司	贸易方式 一般贸易	征免性质(5) 一般征税	结汇方式(6) T/T
许可证号(7)	运抵国(地区)(8) 新加坡	指运港(9) 新加坡	境内货源地
批准文号	成交方式(10)FOB	运费(11)	保费(12)　杂费(13)
合同协议号 XM2004NA266	件数 680	包装种类 DRUM	毛重(千克)(14) 294.00　净重(千克) 270.00
集装箱号	随附单据(15)商业发票、装箱单		生产厂家
标记唛码及备注 SINGAPORE 183.6 MT CHLOROPICRIN 99.5% MIN.			

项号	商品编号	商品名称、规格型号	数量及单位(16)	最终目的国(17)	单价(18)	总价(19)	币制	征免(20)
1	02/3314	CHITTANGONG BANGLADESH ACIDITY:TOPPM MAX WATER:150PPM MAX DENSITY:1.654-1.663 TOXOCITY:HIGH POISONOUS	680 DRUMS	新加坡	459.00	265 302.00	USD	照章征税

税费征收情况		
录入员 录入单位	兹声明以上申报无讹并承担法律责任	海关审单批注及放行日期(签章) 审单　审价
报关员 单位地址	申报单位(签章) 大连万凯化工贸易公司	征税　统计
电话 邮编	填制日期	查验　放行

图 5.13　出口货物报关单样单

(2) 随报关单交验的主要单证见表 5-2。

表 5-2　随报关单报关的主要单证

类别	内容
基本单证	货运单据和商业单据(进口提货单据、出口装货单据、商业发票及装箱单)
特殊单证	进出口许可证件、国家外经贸主管部门的批准文件、加工贸易登记手册、减免税证明、外汇收付核销单证及担保文件等
预备单证	贸易合同、原产地证明书及进出口企业的有关证明文件等

2) 申报的方式

(1) 电子报关。是指进出口货物收、发货人或其代理人通过计算机或其终端，利用现代通信和网络技术，向海关传送规定格式的报关单电子数据，并根据海关计算机系统反馈的审核及处理结果办理海关手续的申报方式，如H第二代(海关H2000通关系统)。电子报关的申报方法有：①终端申报，速度快，但只能安装在海关报关场所附近；②EDI申报，有利于远程报关项目的推广，但易受海关参数调整的影响，也易受网络稳定性的影响；③网上申报，进出口货物收、发货人或其代理人在网上基本能办理与报关有关的一切业务。

(2) 书面申报。进出口货物收、发货人或其代理人应当自接到海关“现场交单”或“放行交单”通知之日起10日内，持打印的纸质报关单及随附单证并签名盖章，到货物所在地海关提交书面单证并办理相关手续。

3) 申报日期

申报日期指申报数据被海关接受的日期。无论以电子数据报关单方式申报，还是以纸质报关单方式申报，海关接受申报数据的日期即为申报日期。

2. 查验

1) 查检的含义

海关查验是指海关在接受报关单位的申报后，依法为确定进出境货物的性质、原产地、货物状况、数量和价格是否与货物申报单上已填报的详细内容相符，对货物进行实际检查的行政执法行为。查验是国家赋予海关的一种依法行政的权力，也是通关过程中必不可少的重要环节。

2) 查验的目的

海关查验的目的：一是通过核对实际进出口货物与报关单证来验证申报环节所申报的内容与查验的单、货是否一致，通过实际的查验发现申报审单环节所不能发现的有无瞒报、伪报和申报不实等走私违规情况或其他进出口问题；二是通过查验可以验证申报审单环节提出的疑点，为征税、统计和后续管理提供可靠的监管依据。

3) 海关查验的地点

一般在海关监管区内的进出口口岸码头、车站、机场、邮局或海关的其他监管场所进行查验。对进出口大宗散货、危险品、鲜活商品、落驳运输的货物，经进出口收发货人的申请，海关也可在作业现场予以查验放行。在特殊情况下，经进出口收发货人或其代理人申请，海关审核同意，也可派员到规定的时间和场所以外的工厂、仓库或施工工地查验货物。申请人应提供往返交通工具和住宿并支付费用。

4) 查验方式

海关查验分彻底查验、抽查、外形查验三种方式。

(1) 彻底查验：对货物逐件开箱、开包查验(4小时以内)。

(2) 抽查：按一定比例有选择地开箱、开包查验(2小时以内)。

(3) 外形查验(1小时以内)。

海关查验货物时，要求货物的收、发货人或其代理人必须到场，并按海关的要求负责办理货物的搬移、拆装箱和查验货物的包装等工作。海关认为必要时，可以径行开验、复验或者提取货样，货物保管人应当到场作为见证人。

5) 优先查验、复验和径行开验

(1) 优先查验。因特殊情况需要紧急验放的货物，经收发货人或其代理人申请，海关可以优先安排查验。

(2) 复验。海关认为必要时，可以依法对已经完成查验的货物进行复验。

有下列情况之一的可以复验：

① 经初次查验未能查明货物的真实属性，需要对已查验货物的某些性状进行进一步确认的；

② 货物涉嫌走私违规，需要重新查验的；

③ 进出口货物收发货人对海关查验结论有异议，提出复验要求并经海关同意的；

④ 其他海关认为必要的情形。

(3) 径行开验。指海关在收发货人或其代理人不在场的情况下，自行开拆货物进行查验开箱。

6) 查验费用

海关在监管区内实施查验不收取费用。在海关监管区外查验货物，进出口货物收发货人或其代理人应当按照规定向海关缴纳费用。

7) 配合查验

收发货人或其代理人应做的工作：

(1) 负责搬移货物，开拆和重封包装。

(2) 回答海关关员的提问，以及提供查验货物时所需的单证或其他资料。

8) 确认查验结果

查验结束后，认真阅读查验人员填写的海关进出境货物查验记录单，注意以下情况的记录是否符合实际：

(1) 开箱的具体情况。

(2) 货物残损情况及造成残损的原因。

(3) 提取货样的情况。

(4) 查验结论。

9) 货物损坏赔偿

查验货物时，由于海关关员的责任造成被查货物损坏的，海关应按规定赔偿当事人的直接经济损失。赔偿办法：由海关关员如实填制《中华人民共和国海关查验货物、物品损坏报告书》一式两份，查验关员和当事人双方签字，各留一份；双方共同商定货物的受损程度或修理费用(必要时，可凭公证机构出具的鉴定证明确定)，以海关审定的完税价格为基数，确定赔偿金额；赔偿金额确定后，由海关填发《中华人民共和国海关损坏货物、物品赔偿通知单》，当事人自收到通知单之日起 3 个月内凭单向海关领取赔款或将银行账号通知海关划拨，逾期海关不再赔偿；赔款一律用人民币支付。表 5-3 为海关货物损坏赔偿范围。

表 5-3　海关货物损坏赔偿范围

海关赔偿范围	不属于海关赔偿范围
在实施查验过程中，由于海关关员的责任造成被查验货物损坏的直接经济损失	进出口货物的收发货人或其代理人搬移、开拆、重封包装或保管不善造成的损失
	易腐、易失效货物在海关正常工作程序所需时间内(含扣留或代管期间)所发生的变质或失效
	海关正常查验时产生的不可避免的磨损
	在海关查验之前已发生的损坏和海关查验之后发生的损坏
	由于不可抗拒的原因造成货物的损坏和损失
	当时未提出异议，事后发现货物损坏海关不赔偿

3. 征税

征税是指海关根据国家的有关政策、法规对进出口货物征收关税及进口环节的税费。进出口货物的收发货人或代理人接到海关发出的税费缴纳通知书后，向海关指定的银行办理税费款项的缴纳手续，由银行将税费款项缴入海关专门账户的工作环节。具体程序如图 5.14 所示。

图 5.14　缴纳税费

图 5.14 说明了以下两个流程环节。

(1) 经海关审核报关单，并查验货物无误后，海关根据申报的货物计算税费打印纳税缴款书和收费票据。

(2) 凭海关签发的缴税通知书和收费单据在限定的时间内(收到缴款书后 15 日内)向指定银行缴纳税费或在网上进行电子支付。征税的内容包括进出口关税和进出口环节税(主要含增值税、消费税和船舶吨税等)。征收税费的内容如图 5.15 所示。除此之外，海关针对进口减税、免税和保税货物实施监督和管理而征收海关监管手续费。如果应纳关税的单位或个人因在规定期限内未向海关缴纳税款，海关将依法征收滞纳金，并且海关对收货人未在法定期限内向海关申报进口货物而依法加收滞报金。

知识链接

保税货物，是指经海关批准未办理纳税手续进境，在境内储存、加工及装配后复运出境的货物。

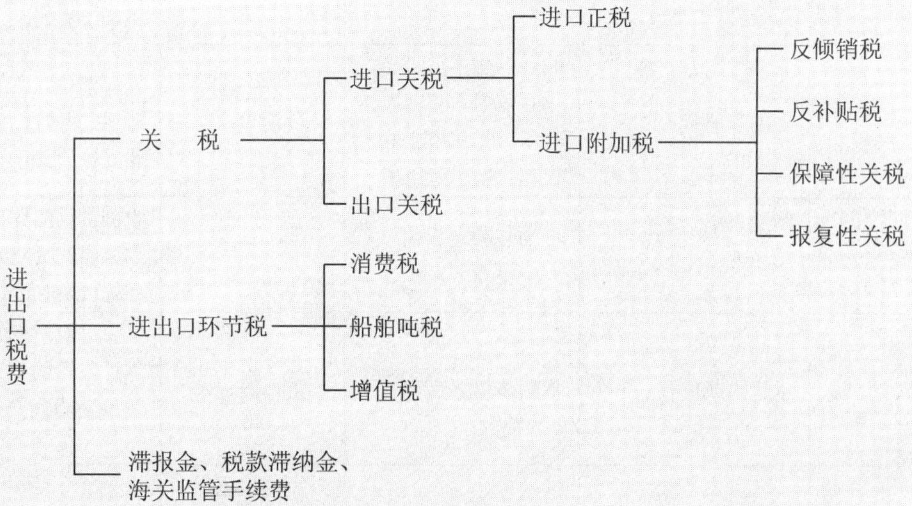

图 5.15　征收税费内容

4. 放行

海关对进出口货物的报关，经过审核报关单据、查验实际货物，并依法办理了征收货物税费手续或减免税手续后，在有关单据上签盖放行章，货物的所有人或其代理人才能凭进口提货凭单出口装货凭证提取或装运货物。此时，对进出口货物作出结束海关现场监管决定的工作程序。另外，进出口货物因各种原因需海关特殊处理的，可向海关申请担保放行。海关对担保的范围和方式均有明确的规定。

任务 5.4　海运货运单证

在海运货运从办理货物托运、装船，直到卸货和交货的整个环节，需要编制各种货运单证。

货运单证主要起着货方与船方办理货物交接的证明作用。同时，在货物装卸过程中，这些单证既是货方和船方与港方联系工作的凭证，又是划分货、船、港三方责任的依据。

海运货运单证可分为在装货港编制的单证和在卸货港编制的单证两大类，见表 5-4。

表 5-4　海运货运单证

单证名称	制作人	制作时间	制作依据	用途
托运单	托运人或货代	托运货物之前	合同条款或信用证条款	订舱委载
装货单	托运人或货代制作，承运人或船代签发	装船之前	托运单和船舶的配载情况	确定承运：用以报关、通知装船的命令
装货清单	承运人或船代	装船之前	装货单留底	供大副编制积载图，供理货员理货，供港口安排驳运和货物进出库场，供承运人掌握备装情况
积载图	大副和船代	船到港前先由船代绘制草图，船到港装货后再由大副与船代正式制出积载图	装货清单	安排泊位、出仓、下驳、搬运、保管、装船和卸船必须查阅的资料
收货单	托运人	货物装船之后由大副签发	根据收货的实际情况	收到货物的凭证，用以划分船、货双方的责任并凭以换取正式提单
载货清单	承运人或船代	货物装船之后	收货单或提单	供海关对货船进出境进行监管的单证，也是卸货港船代安排泊位、卸货的依据
溢短单、残损单	理货组长与大副共同签署	货物卸船之后	溢短单根据舱单、货运单据、理货单及理货日报单，残损单根据理货员现场记录	处理溢、短、残纠纷时划分船、货双方之间责任的依据

5.4.1　在装货港编制的单证

1. 在装货港编制的单证简介

在装货港编制的单证主要有海运出口货物代运委托书、托运单、装货单、收货单(Mate's Receipt，M/R)、装货清单(Loading List，L/L)、载货清单(Manifest，M/F)、载货运费清单(Freight Manifest，F/M)、货物积载图(Stowage Plan)及危险货物清单等。

1) 海运出口货物代运委托书

委托书应由委托单位盖章，使之成为有效的法律文件，要详列托运各项资料和委托办理的事项及工作要求。

2) 托运单

托运单就是订舱委托书，它是托运人(发货人)根据贸易合同条款和信用证条款内容填制的，向承运人(船公司，一般为装货港的船方代理人)办理货物托运的单证。

托运单的填制必须清楚、具体，内容必须真实、可靠，与货物实体、信用证规定相一致。

海运出口托运单的填制要求如下：

(1) 目的港的名称须明确具体，并与信用证的描述一致。如有同名港时，须在港口名称后注明国家、地区或州、城市。如信用证规定目的港为选择港(Optional Ports)，则应是同一航线上的、同一航次挂靠的基本港。

(2) 运输编号，即委托书的编号。每个拥有进出口权的托运人都有一个托运代号(通常也是商业发票号)，以便查核和财务结算。

(3) 货物名称应根据货物的实际名称，用中英文两种文字填制，更重要的是要与信用证所列货名相符。

(4) 标记及号码，又称唛头，是为了便于识别货物，防止错发货的记号。它通常由型号、图形或收货单位简称、目的港及货物件数或批号等组成。

(5) 重量尺码。重量的单位为千克，尺码的单位为立方米。

(6) 托盘货要分别注明盘的重量、尺码和货物本身的重量、尺码，对超长、超重、超高货物，应提供每一件货物详细的体积(长、宽、高)及每一件的重量，以便货运公司考虑货物积载因素，安排特殊的装货设备。

(7) 运费付款方式一般有运费预付和运费到付。有的转运货物，一程运费预付，二程运费到付，要分别注明。

(8) 可否转船、分批及装期、有效期等均应按信用证或合同要求一一注明。

(9) 通知人和收货人按需要决定是否填制。

(10) 有关的运输条款、订舱、配载或客户有特殊要求的也要一一列明。

3) 装货单与收货单

装货单俗称下货纸，由于装货单是海关对出口货物进行监管的单证，因此又被称为关单。装货单是接受了托运人装运申请的船公司签发给托运人，凭以命令船长将承运的货物装船的单据。货物装船后，经大副签字的收货单由承运船舶退还给托运人。在装船时最好能得到一张“表面状况良好”的大副收据。

收货单又称大副收据，是船舶收到货物的收据及货物已经装船的凭证。

同装货单一样，收货单也是远洋运输中的主要货运单证之一。

因上述 3 份单据的主要项目基本一致，故在我国一些主要港口的做法是，将它们制成联单。一次制单既可减少工作量，又可减少差错。

4) 装货清单和载货清单

装货清单是承运人根据装货单留底，将全船待装货物按目的港和货物性质归类，依航次、靠港顺序编制的装货单汇总清单，是船上大副编制配载计划的主要依据，又是供现场理货人员进行理货、港方安排驳运、进出库场及供承运人掌握情况的业务单据。

载货清单又称“舱单”，是在货物装船完毕后，根据大副收据或提单编制的一份按卸货港顺序逐票列明全船实际载运货物的汇总清单。其内容包括船名及国籍、开航日期、装货港及卸货港，同时逐票列明所载货物的详细情况。载货清单是办理船舶出(进)口报关手续的单证，又是船舶载运所列货物的证明。

5) 载货运费清单

载货运费清单也称“运费清单”或“运费舱单”，是指由装货港的船公司或其代理人按照卸货港的顺序及提单号逐票列明的某航次承运货物应收运费的汇总清单。载货运费清单是船舶代理人向船公司结算代收运费明细情况的单证，是船舶营运的主要业务资料之一。

6) 货物积载图

货物积载图用图形的形式表示货物在船舱内的装载情况，使每一票货物都能形象具体地显示在其船舱内位置。货物装船以前，大副根据载货清单上积载的货物资料制订货物积载计划。

7) 危险货物清单

危险货物清单是专门列出船舶载运的全部危险货物的明细表。在装货港装船完毕后由监装部门签发给船方一份危险货物安全装载书。这是船舶载运危险货物时必备的单证之一。

2. *在装货港编制的单证的流转*

在装货港编制的货运单证的流转如图 5.16 所示。

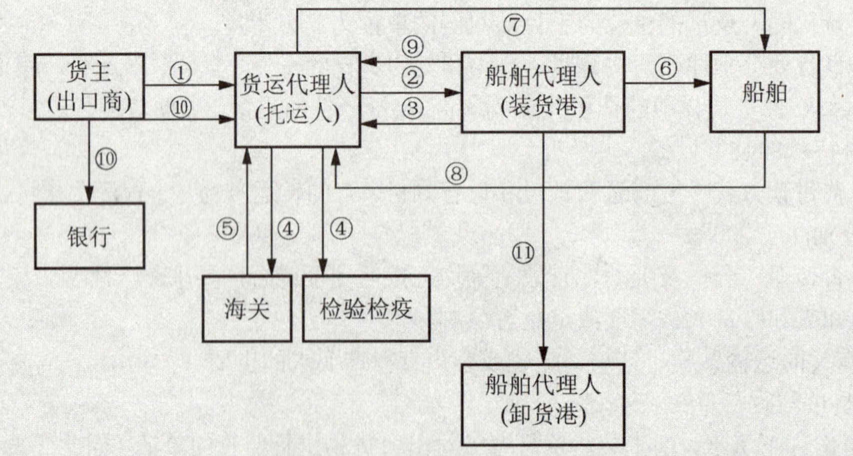

图 5.16　在装货港编制的货运单证的流转

在装货港编制的单证流转的步骤如下：

第一步，货主(出口商)填制海运出口货物代运委托单，随附商业发票和装箱单等必要单据，委托货运代理人订舱、代理报检、报关及货物储运等事宜。

第二步，货运代理人根据代运委托单，向船公司或其在装货港的代理人提出货物装运申请，缮制并递交托运单，随同商业发票和装箱单等单据一同向船公司或其代理人办理订舱手续。

第三步，船公司或其代理人同意承运后，在托运单上编号(该号将来即为提单号)，填上船名、航次并签署。同时把配舱回单、装货单等与托运人有关的单据退还给货运代理人。

第四步，货运代理人持装货单及报检、报关所需的全套必要文件，向检验检疫机构和海关办理货物出口报检、报关手续。

第五步，海关同意放行，则在装货单上盖放行章，并将装货单退还给货运代理人。

第六步，船公司或其代理人根据留底联编制装货清单，送船舶及理货公司和装卸公司。大副根据装货清单编制货物积载计划交代理人分送理货、装卸公司等按计划装船。

第七步，货运代理人将经过检验的货物送至指定的码头仓库准备装船。

第八步，货物装船后，理货长将装货单交大副，大副核实无误后留下装货单并签发收货单，大副在收货单上注明所收货物的实际情况(大副批注)。如果货物外部没问题，则注明“表面状况良好”；如果货物包装有破损或数量有问题，则如实注明。理货长将大副签发的收货单即大副收据转交给货运代理人。

第九步，货运代理人持大副收据到船公司在装货港的代理人处付清运费(预付运费的情况下)换取正本已装船提单。船公司在装货港的代理人审核大副收据无误后，留下大副收据，签发提单给货运代理人。

第十步，货主向货运代理人支付运费，取得全套已装船提单，凭以结汇。

第十一步，货物装船完毕，船公司或其代理人编制出口载货清单送船长签字后向海关办理船舶出口手续，并将出口载货清单交船随带，船舶起航。船公司或其代理人根据提单副本(或大副收据)编制出口载货运费清单，连同提单副本和大副收据送交船公司结算代收运费，并将卸货港需要的单证寄给船公司在卸货港的代理人。

5.4.2 在卸货港编制的单证

在卸货港编制使用的货运单证主要有：提货单(Delivery Order，D/O)、过驳清单(Boat Note)、货物溢短单(Over Landed & Short Landed Cargo List)、货物残损单(Broken & Damaged List)等。

1. 在卸货港编制的单证简介

1) 提货单

提货单又称小提单，是收货人凭正本提单或副本提单随同有效的担保向承运人或其代理人换取的，可向港口装卸部门提取货物的凭证。提货单不具备流通功能，一般标有“禁止流通”(Non-Negotiable)字样。

2) 过驳清单

过驳清单是采用驳船作业时，作为证明货物交接和表明所交货物实际情况的单证。

过驳清单、货物溢短单和货物残损单通常是收货人向船公司提出损害赔偿需求的证明材料，也是船公司处理收货人索赔需求的原始材料和依据。

2. 在卸货港编制的单证的流转

在卸货港编制使用的货运单证的流转如图5.17所示。

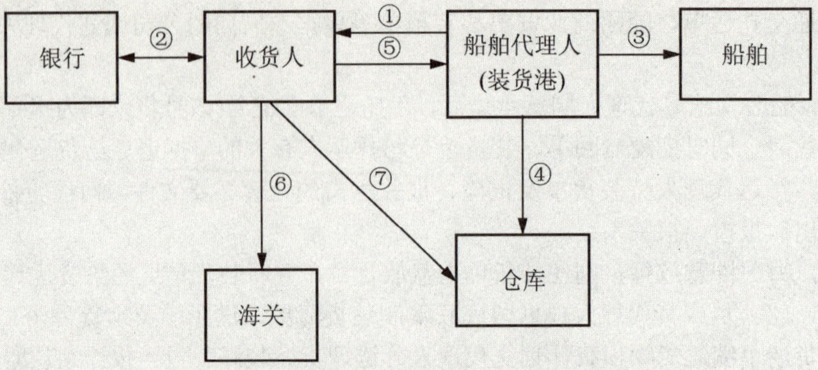

图 5.17 在卸货港编制的货运单证的流转程序

在卸货港编制的货运单证流转的步骤如下：

第一步，船公司或其装货港代理人接到船舶抵港电报后，通知收货人船舶到港日期，使收货人做好提货准备工作。

第二步，收货人到开证银行付清货款赎取提单等单据，准备到港口提取货物。

第三步，卸货港船公司的代理人根据装货港船公司的代理寄来的货运单证，编制进口载货清单及有关船舶进口报关和卸货所需的单证，约定装卸公司、理货公司，联系安排泊位，做好接船及卸货准备工作。

第四步，船舶抵港后，船公司在卸货港的代理人随即办理船舶进口手续，船舶靠泊后即开始卸货。

第五步，收货人持正本提单向船公司在卸货港的代理处办理提货手续，付清应付的费用后，换取代理人签发的提货单。

第六步，收货人办理货物进口手续，支付进口关税。

第七步，收货人持提货单到港区码头仓库或船边提取货物。

结汇提货阶段的货运及其他单证的流转如图 5.18 所示。

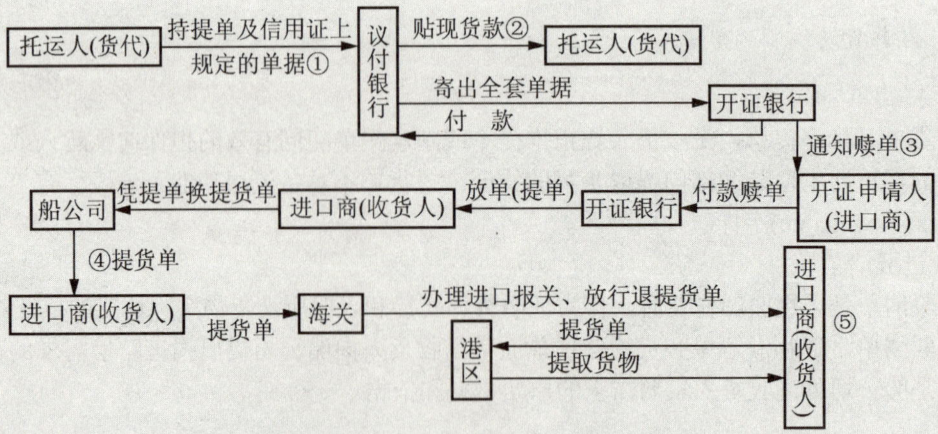

图 5.18 结汇提货阶段的货运及其他单证的流转

任务 5.5　海运提单的缮制与签发

5.5.1　海运提单的概述

1. 海运提单的基础知识

1) 海运提单的含义

海运提单(Marine Bill of Lading，Ocean Bill of Lading)，简称提单，是国际结算中的一种最重要的单据。它是用以证明海上货物运输合同和货物已由承运人接收或装船，以及承运人保证据以交付货物的单证。根据提单中载明的向记名人交付货物，或者按照指示人的指示交付货物，或者向提单持有人交付货物的条款，构成承运人据以交付货物的保证。

在国际货物运输中，提单是最具特色、最完整的运输单据。在国际贸易中，提单是一种有价证券，同时代表物权和债权。在各国有关运输法律中，提单都被认定是一份非常重要的法律文件，提单上权利的实现必须以交还提单为要件。图 5.19 为海运提单样本。

<table>
<tr><td colspan="2">Shipper(托运人)
SHANGHAI TOY IMPORT & EXPORT CORPORATION
530 ROAD ZHONGSHAN SHANGHAI CHINA</td><td colspan="2" rowspan="6">中国对外贸易运输总公司

直运或转船提单</td></tr>
<tr><td colspan="2">Consignee or order(收货人)
TO ORDER OF SHIPPER</td></tr>
<tr><td colspan="2">Notify party (被通知人)
YAMADA TRADE CO.，LTD
310-224 SKURAMAJI OSAKA JAPAN</td></tr>
<tr><td>Pre-carriage by(前段运输)</td><td>Port of loading(装运港)
SHANGHAI</td></tr>
<tr><td>Vessel(海运船只、航次)
NANGXING V.086</td><td>Port of transhipment(转运港)</td></tr>
<tr><td>Port of discharge(卸货港)
OSAKA</td><td>Final destination(最终目的地)
OSAKA</td></tr>
<tr><td>Container Seal No. or marks and Nos.(只填封箱号或者唛头两者之一)</td><td>Number and kind of packages designation of goods(指定商品的数量和包装类型)</td><td>Gross weight(kgs)
[总重量(千克)]</td><td>Measurement(m^3)
[尺码(立方米)]</td></tr>
<tr><td>T.C
WJ060988
OSAKA
C/NO.1-3300</td><td>PULASH TOY
SAY THREE THOUSAND
AND THREE HUNDRED
(3 300) CARTONS ONLY
FREIGHT PREPAID</td><td>33 960 kgs</td><td>660 m^3</td></tr>
<tr><td colspan="2">REGARDING TRANSSHIPMENT
INFORMATION PLEASE CONTACT</td><td colspan="2">Freight and charge(运费缴付方式)
FRIGHT PREPAID</td></tr>
<tr><td>Prepaid at</td><td>Freight payable at (运费支付地点)
SHANGHAI</td><td colspan="2">Place and date of issue(签发地点和时间)
SHANGHAI OCT.26，2007</td></tr>
<tr><td>Total Prepaid</td><td>Number of original B(s)/L(正本提单的份数)
THREE</td><td colspan="2">Signed for or on behalf of the Master(船长或代理人签字)
as Agent</td></tr>
</table>

图 5.19　海运提单样本

2) 海运提单的作用

(1) 从法律规定看，提单的基本作用在于：

① 提单是海上货物运输合同的证明(Evidence of the Contract Carriage)，是托运人与承运人的运输契约证明。

② 提单是证明货物已由承运人接收或装船的货物收据(Evidence of Receipt for the Cargos)。它是承运人签发给托运人的收据，确认承运人已收到提单所列货物并已装船，或者承运人已接管了货物，已代装船。

③ 提单是承运人保证凭以交付货物的物权凭证(Documents of Title)。谁持有提单，谁就有权要求承运人交付货物，并且享有占有和处理货物的权利，提单代表了其所载明的货物。

(2) 从外贸业务和运输业角度看，提单的作用如下：

① 提单是承运人有条件地为托运人运输货物的书面确认。托运人签发托运单与承运人签发提单，相互构成运输契约，共同成为托运人与承运人之间关于责任、费用、风险的划分依据。

② 提单是银行结汇文件中最重要的文件。买卖双方的交货收款和收货付款，必须借助于能同时代表物权和债权的提单，借助于有资金信誉的银行机构来实现操作。

③ 提单是货主与货运代理之间、货代与承运人之间或货主与承运人之间的支付或收取运费的凭证，也是其在经济上互相制约的有效文件。付款交单就是利用提单实现经济制约的一种手段。

3) 海运提单的流通性

提单作为物权凭证，只要具备一定的条件就可以转让，转让的方式有两种：空白背书和记名背书。但提单的流通性小于汇票的流通性。其主要表现为，提单的受让人不像汇票的正当持票人那样享有优于前手背书人的权利。具体来说，如果一个人用欺诈手段取得一份可转让的提单，并把它背书转让给一个善意的、支付了价金的受让人，则该受让人不能因此而取得货物的所有权，不能以此对抗真正的所有人。相反，如果在汇票流通过程中发生这种情况，则汇票的善意受让人的权利仍将受到保障，他仍有权享受汇票上的一切权利。

4) 海运提单的签发

有权签发提单的人有承运人及其代理、船长及其代理、船主及其代理。代理人签署时必须注明其代理身份和被代理方的名称及身份。签署提单的凭证是大副收据，签发提单的日期应该是货物被装船后大副签发收据的日期。提单有正本和副本之分。正本提单一般签发一式两份或三份，这是为了防止提单流通过程中万一遗失时，可以应用另一份正本。各份正本具有同等效力，但其中一份提货后，其余各份均告失效。副本提单承运人不签署，份数根据托运人和船方的实际需要而定。副本提单只用于日常业务，不具备法律效力。

5) 有关海运提单的国际公约

由于提单的利害关系人常分属于不同国籍，提单的签发地或起运港和目的港又分处于不同的国家，而提单又是由各船公司根据本国有关法律规定自行制定的，其格式、内容和词句并不完全相同，一旦发生争议或涉及诉讼，就会产生提单的法律效力和适用法规的问题。因此，统一各国有关提单的法规，一直是各国追求的目标。当前已经生效，在统一各国有关提单的法规方面起着重要作用的国际公约有以下三个。

(1) 海牙规则(Hague Rules)，全称是《统一提单的若干法律规定的国际公约》(International Convention for the Unification of Certain Rules of Law Relating to Bill of Lading)，公约草案是 1924 年在海牙通过的，因此定名为海牙规则。包括欧美许多国家在内的 50 多个国家都先后加入了这个公约。

1936 年，美国政府以这一公约作为国内立法的基础制定了 1936 年《海上货物运输法》。海牙规则使海上货物运输中有关提单的法律得以统一，在促进海运事业发展，推动国际贸易发展方面发挥了积极作用，是最重要的和目前仍被普遍使用的国际公约。我国于 1981 年承认该公约。

海牙规则的特点是较多地维护了承运人的利益，在风险分担上很不均衡，因而引起了作为主要货主国的第三世界国家的不满，他们纷纷要求修改海牙规则，建立航运新秩序。

(2) 维斯比规则(Visby Rule)。在第三世界国家的强烈要求下，修改海牙规则的意见已为北欧国家和英国等航运发达国家所接受，但它们认为不能急于求成，以免引起混乱，主张折中处理各方意见，只对海牙规则中明显不合理或不明确的条款作局部的修订和补充，维斯比规则就是在此基础上产生的。所以维斯比规则也称为海牙-维斯比规则。

(3) 汉堡规则(Hamburg Rules)，全称是《1978 年联合国海上货物运输公约》(United Nations Convention of the Carriage of Goods by Sea，1978)，1976 年由联合国贸易法律委员会草拟，1978 年经联合国在汉堡主持召开的有 71 个国家参加的全权代表会议审议通过。汉堡规则可以说是在第三世界国家的反复斗争下，经过各国代表多次磋商，并在某些方面作出妥协后通过的。全面修改了海牙规则，内容在较大程度上加重了承运人的责任，保护了货方的利益，代表了第三世界发展中国家的意愿，这个公约已于 1992 年生效。但因签字国为埃及和尼日利亚等非主要航运货运国，因此目前汉堡规则对国际海运业影响不是很大。

2. 海运提单的种类

按不同的分类标准，提单可以划分为许多种类。最常见的提单种类见表 5-5。

表 5-5 提单种类

分类方法	提单种类	英文名称
按表现形式分	纸质提单	Papery Bill of Lading
	电子报文提单	Electronics Bill of Lading
按提单收货人有无抬头分	记名提单	Straight B/L
	不记名提单	Bearer B/L;Open B/L；Blank B/L
	指示提单	Order B/L
按货物是否已装船分	已装船提单	Shipped B/L;On Board B/L
	收货待运提单	Received for Shipment B/L
按对货物外包装状况有无承运人批注分	清洁提单	Clean B/L
	不清洁提单	Unclean B/L;Foul B/L
按运输方式分	直达提单	Direct B/L
	转船提单	Transhipment B/L
	联运提单	Through B/L
	多式联运提单	Combined Transport B/L
按提单的内容繁简分	全式提单	Long Form B/L
	简式提单	Short Form B/L；Simple B/L
按提单签发的时间分	倒签提单	Anti-date B/L
	顺签提单	Post-date. B/L
	预借提单	Advanced B/L
	过期提单	Stale B/L

续表

分类方法	提单种类	英文名称
按收费方式分	运费预付提单	Freight Prepaid B/L
	运费到付提单	Freihgt to Collect B/L
	最低运费提单	Minimum B/L
按提单签发人分	船公司提单	Master B/L
	无船承运人提单	NVOCC B/L
	货代提单	House B/L
其他各种特殊提单	合并提单	Omnibus B/L
	并装提单	Combined B/L
	分提单	Separte B/L
	交换提单	Switch B/L
	舱面货提单	On Deck B/L
	集装箱提单	Container B/L

1) 按提单收货人有无抬头划分

(1) 记名提单，又称收货人抬头提单，是指提单上的“收货人”栏中已具体填写收货人名称的提单。提单所记载的货物只能由提单上特定的收货人提取，或者说承运人在卸货港只能把货物交给提单上所指定的收货人。如果承运人将货物交给提单指定的以外的人，即使该人占有提单，承运人也应负责。这种提单失去了代表货物可转让流通的便利，但同时也可以避免在转让过程中可能带来的风险。

使用记名提单，如果货物的交付不涉及贸易合同下的义务，则可不通过银行而由托运人将其邮寄收货人，或由船长随船带交。这样，提单就可以及时送达收货人，而不致延误。因此，记名提单一般只适用于运输展览品或贵重物品，特别是在短途运输中使用较有优势，而在国际贸易中较少使用。

(2) 不记名提单，是指提单上“收货人”一栏内没有指明任何收货人，而注明“提单持有人(Bearer)”字样或将这一栏空白，不填写任何人的名称的提单。这种提单不需要任何背书手续即可转让或提取货物，极为简便。承运人应将货物交给提单持有人，交付货物只凭单，不凭人。这种提单丢失或被窃风险极大，若转入非善意的第三者手中时，极易引起纠纷，故国际上较少使用这种提单。另外，根据有些班轮公会的规定，凡使用不记名提单的，在给大副的提单的副本中必须注明卸货港通知人的名称和地址。

(3) 指示提单，是指在提单正面“收货人”一栏内填写“凭指示(To order)”或“凭某人指示(To Order of ××)”字样的提单。这种提单按照表示指示人的方法不同，又分为托运人指示提单、记名指示人提单和选择指示人提单。如果在“收货人”栏内只填记“指示”字样，则称为托运人指示提单，这种提单在托运人未指定收货人或受让人之前，货物所有权仍属于卖方，在跟单信用证支付方式下，托运人就是以议付银行或收货人为受让人，通过转让提单而取得议付货款；如果“收货人”栏内填记“××指示”，则称为记名指示提单；如果在“收货人”栏内填记“××或指示”，则称为选择指示人提单。记名指示提单或选择指示人提单中指名的“××”既可以是银行的名称，也可以是托运人。

指示提单是一种可转让提单。提单的持有人可以通过背书的方式把它转让给第三者，而不须经过承运人认可，所以这种提单为买方所欢迎。而不记名指示(托运人指示)提单与记名指示提单不同，它没有经提单指定的人背书才能转让的限制，所以其流通性更大。指示提单在国际海运业务中使用较广泛。

2) 按货物是否已装船划分

(1) 已装船提单，是指货物装船后由承运人或其授权代理人根据大副收据签发给托运人的提单。如果承运人签发了已装船提单，就是确认他已将货物装在船上。这种提单除载明一般事项外，通常还必须注明装载货物的船舶名称和装船日期(提单项下货物的装船日期)。

(2) 收货待运提单，又称备运提单、待装提单或待运提单。它是承运人在收到托运人交来的货物但还没有装船时，应托运人的要求而签发的提单。签发这种提单时，说明承运人确认货物已交由承运人保管并存在其所控制的仓库或场地，但还未装船。所以，这种提单未载明所装船名和装船时间，在跟单信用证支付方式下，银行一般都不肯接受这种提单。但当货物装船，承运人在这种提单上加注装运船名和装船日期并签字盖章后，待运提单即成为已装船提单。同样，托运人也可以用待运提单向承运人换取已装船提单。

随着集装箱运输的发展，承运人在内陆收货越来越多，而货运站不能签发已装船提单，货物装入集装箱后没有特殊情况，一般货物质量不会受到影响。港口收到集装箱货物后，向托运人签发场站收据，托运人可持场站收据向海上承运人换取待运提单，这里的待运提单实质上是收货待运提单。由于在集装箱运输中，承运人的责任期间已向两端延伸，所以根据《联合国国际货物多式联运公约》和《跟单信用证统一惯例》(UCP600)的规定，在集装箱运输中银行还是可以接受以这种提单办理货款的结汇的。

3) 按对货物外包装状况有无承运人批注划分

(1) 清洁提单。在装船时，货物外表状况良好，承运人在签发提单时，未在提单上加注任何有关货物残损、包装不良、件数、重量和体积，以及其他妨碍结汇的批注的提单，称为清洁提单。

清洁提单在国际贸易实践中非常重要，买方要想收到完好无损的货物，首先必须要求卖方在装船时保持货物外观良好，并要求卖方提供清洁提单。

《海商法》第七十六条规定："承运人或者代其签发提单的人未在提单上批注货物表面状况的，视为货物的表面状况良好。"

由此可见，承运人一旦签发了清洁提单，货物在卸货港卸下后，如发现有残损，除非是由于承运人可以免责的原因所致，承运人必须负责赔偿。

(2) 不清洁提单。在货物装船时，承运人若发现货物包装不牢、破残、渗漏、玷污及标志不清等现象时，大副将在收货单上对此加以批注，并将此批注转移到提单上，这种提单称为不清洁提单。

实践中承运人接受货物时，如果货物外表状况不良，一般先在大副收据上作出记载，在正式签发提单时，再把这种记载转移到提单上。在国际贸易的实践中，银行是拒绝出口商以不清洁提单办理结汇的。为此，托运人应把损坏或外表状况有缺陷的货物进行修补或更换。习惯上的变通办法是由托运人出具保函，要求承运人不要将大副收据上所作的有关货物外表状况不良的批注转批到提单上，而根据保函签发清洁提单，以使出口商能顺利完成结汇。但是，承运人因未将大副收据上的批注转移到提单上，可能承担对收货人的赔偿责任，因此遭受的损失，应由托运人赔偿。那么，托运人是否能够赔偿，承运人在向托运人追偿时，往往难以得到法律的保护，而承担很大的风险。

由于利用保函换取提单的做法有时确实能起到变通的作用，因此在实践中难以杜绝，我国最高人民法院在《关于保函是否具有法律效力问题的批复》中指出："海上货物运输的托运人为换取清洁提单而向承运人出具的保函，对收货人不具有约束力。不论保函如何约定，都不影响收货人向承运人或托运人索赔。对托运人和承运人出于善意而由一方出具另一方接受的保函，双方均有履行之义务。"承运人应当清楚自己在接受保函后所处的地位，切不可掉以轻心。

4) 按运输方式划分

(1) 直达提单，又称直运提单，是指货物从装货港装船后，中途不经转船，直接运至目的港卸船交与收货人的提单。直达提单上不得有"转船"或"在×港转船"的批注。凡信用证规定不准转船者，必须使用这种直达提单。如果提单背面条款印有承运人有权转船的"自由转船"条款者，则不影响该提单成为直达提单的性质。

使用直达提单，货物由同一船舶直运目的港，对买方来说比中途转船有利得多，它既可以节省费用、减少风险，又可以节省时间，及早到货。因此，通常买方只有在无直达船时才同意转船。在贸易实务中，如信用证规定不准转船，则买方必须取得直达提单才能结汇。

(2) 转船提单，是指货物从起运港装载的船舶不直接驶往目的港，需要在中途港口换装其他船舶转运至目的港卸货，承运人签发这种提单称为转船提单。在提单上注明"转运"或"在××港转船"字样，转船提单往往由第一程船的承运人签发。由于货物中途转船，增加了转船费用和风险，并影响到货时间，因此一般信用证内均规定不允许转船，但直达船少或没有直达船的港口，买方也只好同意可以转船。

按照海牙规则，如船舶不能直达货物目的港，非中转不可，一定要事先征得托运人同意。船舶承运转船货物，主要是为了扩大营业、获取运费。转运的货物，一般均属零星杂货，如果是大宗货物，托运人可以租船直航目的港，也就不发生转船问题。转运货物船方的责任可分为以下三种情况：

① 第一航程与第二航程的承运人对货物的责任各自负责，互不牵连；

② 第一航程的承运人在货物转运后承担费用，但不负责任；

③ 第一航程的承运人对货物负责到底；

上述三项不同责任，需根据转运的过程和措施不同而定。

(3) 联运提单，是指货物运输需经两段或两段以上的运输方式来完成，如海陆、海空或船船(海海)等联合运输所使用的提单。船船(海海)联运在航运界也称为转运，包括海船将货物送到一个港口后再由驳船从港口经内河运往内河目的港。

联运的范围超过了海上运输界限，货物由船舶运送经水域运到一个港口，再经其他运输工具将货物送至目的港，先海运后陆运或空运，或者先空运、陆运后海运。当船舶承运由陆路或飞机运来的货物继续运至目的港时，货方一般选择使用船方所签发的联运提单。

(4) 多式联运提单。这种提单主要用于集装箱运输，是指一批货物需要经过两种以上不同运输方式，其中一种是海上运输方式，由一个承运人负责全程运输，负责将货物从接收地运至目的地交付收货人，并收取全程运费所签发的提单。提单内的项目不仅包括起运港和目的港，而且列明一程二程等运输路线，以及收货地和交货地。

5) 按提单内容的繁简划分

(1) 全式提单，是指提单除正面印就的提单格式所记载的事项外，背面还列有关于承运人与托运人及收货人之间权利、义务等详细条款的提单。由于条款繁多，因此又称繁式提单。在海运的实际业务中大量使用的大都是这种全式提单。

(2) 简式提单，又称短式提单、略式提单，是相对于全式提单而言的，是指提单背面没有关于承运人与托运人及收货人之间的权利和义务等详细条款的提单。这种提单一般在正面印有“简式(Short Form)”字样，以示区别。

6) 按提单签发的时间划分

(1) 倒签提单，是指承运人或其代理人应托运人的要求，在货物装船完毕后，以早于货物实际装船日期为签发日期的提单。当货物实际装船日期晚于信用证规定的装船日期，若仍按实际装船日期签发提单，托运人就无法结汇。为了使签发提单的日期与信用证规定的装运日期相符，以利结汇，承运人应托运人的要求，在提单上仍以信用证的装运日期填写签发日期，以免违约。

签发这种提单，尤其当倒签时间过长时，有可能推断承运人没有使船舶尽快速遣，因而由其承担货物运输延误的责任。特别是市场上货价下跌时，收货人可以以伪造提单为借口拒绝收货，并向法院起诉要求赔偿。承运人签发这种提单要承担一定的风险。但是为了贸易需要，在一定条件下，如在该票货物已装船完毕，但所签日期是船舶已抵港并开始装货日期，而所签提单的这票货尚未装船，是尚未装船的某一天；签单的货物是零星货物而不是数量很大的大宗货物；倒签的时间与实际装船完毕的时间的间隔不长等情况下，取得了托运人保证承担一切责任的保函后，才可以考虑签发。

案例评析 5-1

现有一份 CIF 合同，内容为买卖一批化工原料。合同规定“6 月装运”，“凭不可撤销即期信用证支付”。卖方向银行提交议付的单据中，包括 6 月 30 日装船提单。经议付银行和开证银行审核，单据在表面上与信用证内容相符，银行已接受单据并支付货款。但是买方收到单据后，发现货物是在 7 月 10 日装船，提单的日期是倒签的，因此买方拒绝收货，并要求卖方退回货款。

思考：在上述情况下，买方有无拒收货物并要求退回货款的权利？为什么？

【评析要点】本案例卖方提交的提单中装运日期是倒签的，买方虽已付款，但仍有拒收货物和要求卖方退回货款的权利。理由如下：①倒签提单日期，是伪造单据的违法行为。买方一旦有证据证明提单的装船日期是伪造的，就有权拒绝接受单据和拒收货物，并有权要求卖方退回他已支付的货款。倒签提单属于托运人和船公司合谋以欺骗收货人的欺诈行为。受害人不仅可以追究卖方的责任，而且可以追究船公司的责任。②议付银行和开证银行审核单据时，以单据表面上与信用证相符为根据议付了货款，这种议付也是正当的，尽管买方事后发现提单是伪造的，买方却不能要求银行负责，他只能根据贸易合同和提单的有关规定，依法向卖方或船公司主张权利。

(2) 顺签提单，是指在货物装船完毕后，应托运人的要求，由承运人或其代理人签发的提单。但是该提单上记载的签发日期晚于货物实际装船完毕的日期，即托运人从承运人处得到的以晚于货物实际装船完毕的日期作为提单签发日期的提单。由于是顺填日期签发的提单，因此称为顺签提单。

(3) 预借提单，是指在货物尚未装船或尚未装船完毕的情况下，信用证规定的结汇期(即信用证的有效期)即将届满，托运人为了能及时结汇，而要求承运人或其代理人提前签发的已装船清洁提单。

这种提单往往是当托运人未能及时备妥货物或船期延误，船舶不能按时到港接受货载，估计货物装船完毕的时间可能超过信用证规定的结汇期时，托运人采用从承运人那里借出提单用以结汇，但必须出具保函。签发这种提单，承运人要承担更大的风险，可能构成承、托双方合谋对善意的第三者即收货人的欺诈。

比较而言，签发预借提单比签发倒签提单对承运人的风险更大，因为预借提单是承运人在货物尚未装船或装船还未完毕时签发的。参考我国法院对承运人签发预借提单的判例，承运人不但承担了由此而引起的一切后果，包括赔偿货款损失和利息损失，而且还赔偿了包括收货人向第三人赔付的其他各项损失。

(4) 过期提单有两种含义，一是指出口商在装船后延滞过久才交到银行议付的提单。《UCP600》规定："如信用证无特殊规定，银行将拒受在运输单据签发日期后超过 21 天才提交的单据。在任何情况下，交单不得晚于信用证到期日。"二是指提单晚于货物到达目的港，这种提单也称为过期提单。因此，近洋国家的贸易合同一般都规定有"过期提单也可接受(Stale B/L is acceptance)"的条款。

7) 按收费方式划分

按收费方式划分的提单种类见表 5-6。

表 5-6 按收费方式划分提单

提单种类	特点
运费预付提单	成交 CIF、CFR 价格条件为运费预付，按规定货物托运时，必须预付运费。在运费预付情况下出具的提单称为运费预付提单。这种提单正面载明"运费预付"字样，运费付后才能取得提单。付费后，若货物灭失，运费不退
运费到付提单	以 FOB 条件成交的货物，无论是买方订舱还是买方委托卖方订舱，运费均为到付(Freight Payable at Destination)，并在提单上载明"运费到付"字样，这种提单称为运费到付提单。货物运到目的港后，只有付清运费，收货人才能提货
最低运费提单	对每一提单上的货物按起码收费标准收取运费所签发的提单。如果托运人托运的货物批量过少，按其数量计算的运费额低于运价表规定的起码收费标准时，承运人均按起码收费标准收取运费，为这批货物所签发的提单就是最低运费提单，也可称为起码收费提单

8) 按提单签发人划分

按提单签发人划分的提单种类见表 5-7。

表 5-7 按提单签发人划分提单

提单种类	特点
船公司提单	又称总提单，通常为 FCL 签发提单。一般是由船公司或其指定代理签发的提单，是真正的物权凭证，目的地海关只认船东单放货。如果卖方查实船是国际班轮(可以在网站查到)而且确实是固定于我国港口挂靠的，这样的提单对卖方而言相对就比较安全。
无船承运人提单	货代公司或者物流公司以自己作为承运人，与发货人签订货物运输合同而签发的提单，是物权凭证
货代提单	又称分提单，是指由货运代理公司签发的提单。它不是物权凭证，属于一种结汇单据。只凭货代提单是无法提货的，一般是由买家凭借货代提单到目的港当地换取海运提单，然后进行清关提货。不过这种逻辑关系也不是必然的，因为在某些情况下也可以直接签发海运提单，而不签发货代提单

在航运实践中，为了节省费用、简化手续，有时货运代理公司将不同托运人发运的零星货物集中在一套提单上托运，而由承运人签发给货运代理公司成组提单。由于提单只有一套，

各个托运人不能分别取得提单，只好由货运代理公司向各托运人签发货代提单。由于集装箱运输的发展，货运代理公司组织的 LCL 使用这种提单有利于提高效率，因此这种提单的使用正在扩展。

当然，货运代理通常是通过赚运费差价来取得利润。有的时候，货运代理为了不让船东把自己的货主抢走，会进行“套单”，即船东提单上的发货人和收货人都是货运代理(或其到港代理)，将这个提单交付代理，而向货主签发货代提单，货代提单上的“收/发货人”就是正常的收发货人了。

案例评析 5-2

某年，国内 C 银行为申请人开出了 200 余万美元的即期跟单信用证，进口一套纺织设备。此证由英国 S 银行通知并议付。当 C 银行收到 S 银行邮寄来的全套单据后，意外地发现海运提单上的承运船只是我国 A 船公司的船名，但提单签发人却是比利时某运输行，而且具名自己就是承运人。

为谨慎从事，C 银行立即与 A 船公司总部联系，得知凡是 A 船公司船名的提单必须是 A 船公司自己的提单。之后，又与目的港的船代联系，得知该套提单是货代提单，是无效的，在货物抵港后只能凭 A 船公司的正本提单提货。

考虑到信用证并未规定货代提单不能接受，C 银行就以提单上没有注明集装箱数量和保险单上没有按发票金额的 110%投保为由向 S 银行发出拒付通知。C 银行同时要求申请人告知受益人因提单是货代提单届时不能提货，所以请他们速邮寄 A 船公司的全套正本提单，否则，坚持拒付。

期间，S 银行在我国的办事机构多次与 C 银行联系请求付款，但 C 银行始终婉言谢绝。后来，经申请人与受益人的多次联络，最终全套正本的 A 船公司提单通过 S 银行邮寄给了 C 银行，在得到船代的认可后，C 银行在迟付了一个月后将全额货款电汇给了 S 银行。

【评析要点】货运代理提单不是物权凭证，不能用于提货。在实践中，进口方要谨防货运代理提单的陷阱，避免陷入无法提取货物的困境。

案例评析 5-3

2008 年 2 月 2 日，卖家将货物交给中国 A 货运代理公司，A 货代公司作为代理签发了承运人为韩国 P 船务公司的提单，提单上记载收货人为凭指示。随后，卖家持提单及信用证规定的其他文件申请银行议付，但开证银行以卖家提交的客户检验人员签字与开证银行预留签字不符予以拒付并退回单证。卖家急忙查货物去向，得知该批货物由 COSCO 公司实际承运，货物已被韩国 P 公司凭 COSCO 公司签发的海运单提走。卖家于是持提单找到签发提单的 A 货运代理公司，但该公司称其是代理韩国 P 公司签发的提单，在签发提单时就已作了说明，故卖家应该向韩国 P 公司索赔。而此时无论是韩国 P 船务公司还是韩国买家都联系不，卖家方知遭遇了欺诈，索赔无望，无奈找到律师寻求通过法律途径挽回部分损失。

根据卖家提供的提单等材料，律师认为，本案实际存在两个海上货物运输合同法律关系：一个是卖家持有的中国 A 货运代理公司签发的货代提单，另外一个是韩国 P 船务公司持有的 COSCO 公司签发的海运提单。真正完成运输的 COSCO 公司签发的海运提单与卖方没有任何关系，其所记载的收货人是韩国 P 船务公司，故 COSCO 公司见海运提单交货没有任何过错，不应向卖家承担责任。

关于与卖家存在海上运输合同法律关系的韩国 P 船务公司和签发提单的 A 货运代理公司的责任承担问题，韩国 P 船务公司提走货物，而后下落不明，明显构成欺诈，理当承担责任，这一点毋庸置疑。但向失去联系的境外公司主张权利，即使胜诉也很难获得实际赔偿。因此， A 货运代理公司在本案中是否应承担责任，直接关系到卖家索赔的损失能否最终实现。

律师认为，韩国 P 船务公司系违规在中国境内经营无船承运业务，而且 A 货运代理公司签发的提单亦未在商务部登记备案，以上违反了《中华人民共和国国际海运条例》第七条“经营无船承运业务，应当向国务院交通主管部门办理提单登记，并交纳保证金”的规定，同时违反了《实施细则》第三十七条“在我国境内签发的货代提单应报经登记、编号”的规定。A货运代理公司明知其签发的提单未登记备案，属违法性质，却仍然签发提单，使得韩国P船务公司骗取货物的目的得以顺利实现。A货运代理公司应赔偿由此给卖家造成的损失。

卖家根据律师提供的法律意见与A货运代理公司进一步的沟通，最终，A货运代理公司同意支付卖家一定金额的款项以弥补损失，双方达成和解。

【评析要点】案例中卖家最终通过法律途径挽回了大部分损失，已经是不幸中的万幸，而很多遇到类似情况的外贸公司却是忍气吞声。所以提高风险防范意识才是最为重要的，需要对提单有更清楚的认识。

特别提示

国际贸易卖家接受提单时应尽可能自己选择订舱，应选择具有良好资质的船公司出具的海运提单且慎重接受货代提单。

9) 其他各种特殊提单

(1) 合并提单，是指根据托运人的要求，将同一船舶装运的同一装货港、卸货港和收货人的两批或两批以上相同或不同的货物合并签发一份的提单。托运人或收货人为了节省运费，常要求承运人将本应属于最低运费提单的货物与其他另行签发提单的货物合并在一起只签发一份提单。

(2) 并装提单，是指将两批或两批以上品种、质量、装货港和卸货港相同，但分属于不同收货人的液体散装货物并装于同一液体货舱内，而分别为每批货物的收货人签发一份提单时，其上加盖有“并装条款”印章的提单。在签发并装提单的情况下，应在几个收货人中确定一个主要收货人(通常是其中批量最大的收货人)，并由这个主要收货人负责分摊各个收货人应分担的货物自然损耗和底脚损耗。

(3) 分提单，是指承运人依照托运人的要求，将本来属于同一装货单上其标志、货种及等级均相同的同一批货物，分开签多份提单，分属于几个收货人的提单。只有标志、货种及等级均相同的同一批货物才能签发分提单，否则，会因在卸货港理货，增加承运人理货和分标志费用的负担。分提单一般除散装油类最多不超过五套外，其他货物并无限制。

(4) 交换提单，是指在直达运输的条件下，应托运人的要求，承运人承诺，在某一约定的中途港凭在启运港签发的提单另换发一套以该中途港为启运港，但仍以原来的托运人为托运人的提单。此提单上注明“在中途港收回本提单，另换发以该中途港为启运港的提单”或“Switch B/L”字样。

当贸易合同规定以某一特定港口为装货港，而作为托运人的卖方因备货原因，不得不在这一特定港口以外的其他港口装货时，为了符合贸易合同和信用证关于装货港的要求，常采用这种变通的办法，要求承运人签发交换提单。

(5) 舱面货提单，又称甲板货提单，是指货物装于露天甲板上承运时，并于提单上注明“装于舱面(On Deck)”字样的提单。

在贸易实践中，有些体积庞大的货物及某些有毒货物和危险物品不宜装于舱内，只能装在船舶甲板上。货物积载于甲板承运，遭受灭失或损坏的可能性很大，除商业习惯允许装于舱面的货物(如木材)、法律或有关法规规定必须装于舱面的货物、承运人和托运人协商同意装于舱面的货物外，承运人或船长不得随意将其他任何货物积载于舱面承运。如果承运人擅自将货物装于舱面，一旦灭失或损坏，承运人不但要承担赔偿责任，而且还将失去享有的赔偿责任限制的权利。但是，如果签发的是表明承、托双方协商同意的，注有“装于舱面”字样的舱面提单，实际上也是将货物积载于舱面，那么，只要货物的灭失或损坏不是承运人的故意行为造成的，承运人仍可免责。否则，即使货物装在甲板上而没有批注，承运人对此要像装舱内货一样负责。

(6) 集装箱提单，是集装箱货物运输下主要的货运单据，负责集装箱运输的经营人或其代理人，在收到集装箱货物后而签发给托运人的提单。它与普通货物提单的作用和法律效力基本相同，但也有其特点：

① 由于集装箱货物的交接地点不同，一般情况下，由 CY 或 CFS 在收到集装箱货物后签发场站收据，托运人以此换取集装箱提单结汇；

② 集装箱提单的承运人责任有两种：一是在运输的全过程中，各段承运人仅对自己承担的运输区间所发生的货损负责，二是多式联运经营人对整个运输承担责任；

③ 集装箱内所装货物，必须在条款中说明。因为有时由发货人装箱，承运人不可能知道内装何物，一般都有“Said to Contain”条款，否则损坏或灭失时整个集装箱按一件赔偿。

④ 在提单内说明箱内货物数量、件数。铅封是由托运人来完成的，承运人对箱内所载货物的灭失或损坏不予负责，以保护承运人的利益。

⑤ 在提单上不出现“On Deck”字样。

⑥ 集装箱提单上没有“装船”字样，它们都是收讫待运提单，而提单上却没有“收讫待运”字样。

3. 海运提单的内容

1) 提单的正面内容

通常，提单正面都记载了有关货物和货物运输的事项。这些事项有的是有关提单的国内立法或国际公约规定的，作为运输合同必须记载的事项，如果漏记或错记，就可能影响提单的证明效力；有的则属于为了满足运输业务需要而由承运代自行决定，或经承运人与托运人协议，认定应该在提单正面记载的事项。前者称为必要记载事项，后者称为任意记载事项。

2) 提单的背面条款

提单的背面印有各种条款，一般分为两类：①强制性条款，其内容不能违背有关国家的海商法规、国际公约或港口惯例的规定，违反或不符合这些规定的条款是无效的；②任意性条款，即上述法规、公约和惯例没有明确规定，允许承运人自行拟定的条款。所有这些条款都是表明承运人与托运人以及其他关系人之间承运货物的权利、义务、责任与免责的条款，是解决他们之间争议的依据。各船公司的提单背面条款繁简不一，有些竟达三四十条，但内容大同小异。

5.5.2 海运提单的缮制

每家船公司的海运提单格式各不相同，但各项栏目和内容基本一致。出口商缮制提单和银行审核提单的基本要求是“单证相符”。下面介绍海运提单的缮制内容。

1. 托运人

托运人(Shipper)也称发货人(Consignor)，是指委托运输的当事人，与托运单相应栏目填法相同。如信用证无特殊规定，应以受益人为托运人；如果受益人是中间商，货物是从产地直接装运的，这时也可以以实际卖方为发货人。

2. 收货人

收货人(Consignee)与托运单相应栏目填法相同，具体要求如下：

(1) 如果来证要求“Full set of B/L Consigned to ABC Co.”，则提单“收货人”一栏中填“Consigned to ABC Co.”。

(2) 如果来证要求“B/L issued to order of Applicant”，查开证银行名称为 Big A Co.，则提单“收货人”一栏中填“to order of Big A Co.”。

(3) 如果来证要求“Full set of B/L made out to our order”，查开证银行名称为 Small B Bank，则提单“收货人”一栏中填“to order of Small B Bank”或填“to Small B Bank’s order”。

“收货人”栏的填写必须与信用证要求完全一致。任何粗心大意和贪图省事的填法都可能是单证不符点。例如，提单开成凭 ABC 公司指定人指示，而信用证要求凭 ABC 公司指示。抬头为特定的公司与这一公司的指定人是完全不同的，前者只有这一特定的公司可以提货，提单不能转让；后者提单经此公司背书便可以转让。例如，假设信用证上规定的地名是简称，而提单上写的是全称，这也是不符点。

如果是托收方式中的提单，本栏填“To order”或“To order of shipper”均可，然后由发货人背书。不能做成收货人指示式，因为这样的话代收行和发货人均无法控制货权。未经代收行同意，也不能做成代收行指示式。

3. 被通知人

被通知人(Notify Party)即买方的代理人，货到目的港时由承运人通知其办理报关提货等手续。

(1) 如果信用证中有规定，应严格按信用证规定填写，如详细地址、电话、电传、传真号码等，以使通知顺利。

(2) 如果来证中没有具体说明被通知人，那么就应将开证申请人名称和地址填入提单副本的这一栏中，而正本的这一栏保持空白或填写买方亦可。副本提单必须填写被通知人，是为了方便目的港代理人通知收货人提货。

(3) 如果来证中规定“Notify…only”，意指仅通知××，则“Only”一词不能漏掉。

(4) 如果信用证没有规定被通知人地址，而托运人在提单“被通知人”栏后面加注了详细地址，银行可以接受，但无须审核。

4. 前段运输和转运港

如果货物需转运，则在“前段运输(Pre-carriage by)”一栏填写第一程船的船名，在“转运港(Port of Transhipment)”一栏填写中转港口名称。只有货物在海运途中进行转运时才填写此栏。

5. 收货地

“收货地”(Place of Receipt)一栏填报实际收货地点，如工厂、仓库等。在一般海运提单中没有此栏目，但是在多式联运提单中就有此栏目。如果提单注明的收货地与装货港不同，如：收货地为“Nanjing”，装货港为“Shanghai”，则无论是已装船提单还是收妥备运提单都必须加注已装船批注、装船日期及实际装船的船名和装货港名称。

6. 装运港

装运港 (Port of Loading)与海运托运单相应栏目填法相同，具体要求如下：

(1) 应严格按信用证规定填写，装运港之前或之后有行政区的，如 Xingang/Tianjin，应照加。

(2) 一些国外开来的信用证笼统规定装运港名称的，如仅规定为“中国港口”(Chinese ports， Shipment from China to…)，这种规定对受益人来说比较灵活，如果需要由附近其他港口装运时，可以由受益人自行选择。制单时应根据实际情况填写具体港口名称。若信用证规定“Your port”，则受益人只能在本市港口装运；若本市没有港口，则事先须为开证人改证。

(3) 如信用证同时列明几个装运港(地)，提单只填写实际装运的那一个港口名称。

(4) 托收方式中的提单，本栏可按合同的买方名称填写。

7. 船名

如果货物需转运，则在“船名(Name of the Vessel)”栏填写第二程船的船名；如果货物不需转运，则在此栏填写第一程船的船名。是否填写第二程船船名，主要是根据信用证的要求，如果信用证并无要求，即使需转船，也不必填写第二程船船名。例如，来证要求“In case transshipment is effected. Name and sailing date of 2ND ocean vessel calling Rotterdam must be shown on B/L(如果转船，至鹿特丹的第二程船船名、日期必须在提单上表示)”，只有在这种条款或类似的明确表示注明第二程船船名的条款下，才应填写第二程船船名。

8. 卸货港

卸货港(Port of Discharge)与海运托运单相应栏目填法相同，必须与信用证规定的卸货港一致。例如，信用证规定卸货港为“Hamburg”，应把“Hamburg”显示在“卸货港(Port of Discharge)”处，不能将其显示在“目的地(Place of Delivery)”处，而把卸货港写成另一个港口名。又如，当信用证规定“From Shanghai to Hamburg via Singapore”时，则应将“Hamburg”显示在“卸货港”处，不能将“Singapore”写在“卸货港”处，而把“Hamburg”标注在“目的地”处，同时应填写实际港口的名称；信用证规定“To European main port”，则提单上的“卸货港”栏应显示具体港口的名称，如“Hamburg port”。

9. 交付地

交付地(Place of Delivery)即最终目的地。可根据实际情况填写具体的交货地名称。如果货物的目的地就是目的港，则空白这一栏。在此，如果“收货人”与“交付地”栏都空白，就是普通的海运提单，而不是多式联运提单了。例如，信用证规定海运提单，货从上海运到丹麦 AARHUS，我国出口公司在提单上有关装卸各栏填制为“Port of Lading：SHANGHAI；Port of Discharge：(空白)；Final Destination：AARFUS.”单据寄到国外银行，开证银行拒付，理由是 AARFUS 应为“卸货港”，而不是“目的地”。信用证规定的是海运，属于港至港运输，AARFUS 是一个港口而不是内陆城市，因此，它只能是卸货港，而不是最后目的地。如果运输方式是多式联运，从上海装船到欧洲某一港口，再通过陆运到 AARFUS，那么 AARFUS 可作为最后目的地，而卸货港则为欧洲港口。

10. 签发的提单份数

正本提单的份数(Number of Original B/L)与海运托运单相应栏目填法相同，但必须显示签发了几份正本。只有正本提单可流通、交单和议付，副本则不行。UCP600 第 20 条规定，提单可以是一套单独一份的正本单据，但如果签发给发货人的正本超过一份，则应该包括全套正本。出口商应按信用证规定来要求承运人签发正副本提单份数。并在交单议付时，应提交信用证要求的份数。单据上忘记打上正本份数或某份提单没有“正本”字样，都是不符点。信用证中对份数的各种表示法如下：

(1) Full set of B/L，是指全套提单，按习惯作两份正本解释。

(2) Full set (3/3) plus 2 N/N copies of original forwarded through bills of lading，本证要求提交全部制作的三份正本。(3/3)：分子的数字指交银行的份数，分母的数字指应制作的份数。N/N (Non-Negotiation)意为不可议付，即副本。如果提单上标注有“Duplicate”和“Triplicate”，其效力等同于“Second Original”、“Third Original”，可以被接受。

(3) Full set less one copy on board marine bills of lading，指应向议付银行提交已装船海运提单，是全套正本(至少一份正本)。

(4) 2/3 original clean on board ocean bills of lading，指制作三份正本提单，其中两份向议付行提交。

11. 提单编号

提单一般按装货单上的编号(关单号)填写，由代表船公司名称的四位字母和代表该航次、该序号的八位数字组成。提单号是查询、操作、核查及归档必不可少的一项重要内容。

12. 集装箱号和铅封号

集装箱装运，提单上应注明装载货物的集装箱号，通常在集装箱号之后还加注海关查验后作为封箱的铅制关封号(Container NO.)。如果是 FCL，运到进口国后整箱交给收货人，在提单的集装箱号与铅封号之后加注“FCL/FCL”；如果是 LCL，则应加注“LCL/LCL”。

13. 标记与封志号

标记与封志号(Marks & Nos，Container/Seal No)俗称唛头，即为了装卸、运输及存储过程中便于识别而刷在外包装上的装运标记。它是提单的一项重要内容，是提单与货物的主要联系要素，也是收货人提货的重要依据。提单上的唛头应与发票等其他单据及实际货物保持一致，否则会给提货和结算带来困难。唛头与海运托运单相应栏目填法相同。

(1) 如信用证上有具体规定，缮制唛头应以信用证规定的唛头为准。如果信用证上没有具体规定，则以合同为准。如果合同上也没有规定，可按买卖双方私下商订的方案或受益人自定。

(2) 唛头内的每一个字母、数字、图形、排列位置等应与信用证规定完全一致，保持原形状，不得随便错位、增减等。

(3) 散装货物没有唛头，可以表示为“No mark”或“N/M”。裸装货物常以不同的颜色加以区别，如在钢材和钢条等刷上红色标志，提单上可以“Red stripe”表示。托运时，一般还没有箱封号，可以不填，但是提单上必须填报每一个集装箱的箱封号。

(4) 如同一发票项下须分制几套提单，而且发票上显示的是综合性大唛头，提单可分解为不同的小唛头。例如，发票唛头如下：

ROSEMAC

STYLENO.0208/0556/0517

C/NO.1-250

251-700

701-1000

则提单可以分制三套，唛头如下：

①ROSEMAC	②ROSEMAC	③ROSEMAC
STYLENO.0208	STYLENO.0556	STYLENO.0517
C/NO.1-250	C/NO.251-700	C/NO.701-1000

如果同一提单项下分制几套发票，每套发票显示一个不同的唛头，提单亦可将这些不同的唛头综合在一起。不过，提单与发票之间唛头的综合与分解应在唛头结构基本一致的情况下进行，结构完全不同的唛头无法做上述改变。

14. 件数和包装种类

件数和包装种类(Number and Kind of Packages)与托运单相应栏目填法相同。本栏填写包装数量和包装单位。如果散装货物无件数时，可表示为“In bulk(散装)”。包装种类一定要与信用证一致。

案例评析 5-4

A公司出口一批大豆，合同规定“以旧、修补麻袋包装”。信用证对包装条件却规定“Packed in gunny bags(麻袋包装)”。A公司按合同规定，货物以旧、修补麻袋包装，提单按信用证规定“麻袋包装”缮制。承运人在签发提单时发现货物包装是旧袋且有修补，要求在提单上加注。A公司考虑提单加添批注造成不清洁提单则无法议付，以为合同即规定允许货物以旧、修补麻袋包装，买方不会有异议，所以改制单据为“货物以旧、修补麻袋包装”。单据交议付银行议付时，议付银行也未发现问题，但到开证银行却被拒付，其理由是，信用证规定为“Packed in gunny bags(麻袋包装)”，而发票与提单却表示为“Packed in used and repaired gunny bags (旧、修补麻袋包装)”，故单证不符。A公司几经交涉无果，最终以削价处理结案。

【评析要点】发票与提单的包装种类一定要与信用证一致，否则会遭拒付。

15. 商品名称

商品名称(Description of Goods)与托运单相应栏目填法相同，应按信用证规定的品名及其他单据如发票品名来填写，应注意避免不必要的描述，更不能擅自增加内容。例如，信用证上品名为“Shoes(鞋子)”，绝不能擅自详细描述成“Men's Canvas Shoes (男式帆布鞋)”或“Ladies' Casual Shoes (女式轻便鞋)”等。如果品名繁多、复杂，则银行接受品名描述用统称表示，但不得与信用证中货物的描述有抵触。如果信用证规定以法语或其他语种表示品名时，亦应按其语种表示。

例如，出口杯、壶、座碟、搪缸等，总称应为咖啡具而不是茶具。再者，总称应全面概括货物种类，如出口青霉素、阿司匹林、葡萄糖注射液及注射器等，总称不能只写“药品”，应写“药品和医疗器械”。另外，货名不能用“等等(etc.)”字样。

16. 毛重

毛重(Gross Weight)与托运单相应栏目填法相同，应与发票或包装单相符。如裸装货物没有毛重只有净重，应先写“Net weight”或“N.W.”，再注具体的净重数量。

17. 尺码

尺码(Measurement)即货物的体积与托运单相应栏目填法相同，以立方米为计量单位，小数点以后保留三位。FOB 价格条件下可免填尺码。

18. 总箱数/货物总件数

用英文大写字母来填写集装箱的总箱数或货物的总件数(Total Number of Container and/or Packages in Words)。在件数前面须加上“Say”字样，在件数结尾后加上“Only”字样。例如，35 CTNS，应填写为“SAY THIRTY FIVE CARTONS ONLY”。

19. 运费的支付

运费的支付(Payment of Freight)与托运单相应栏目填法相同。运费条款应按信用证规定注明。如信用证未明确，可根据价格条件是否包含运费决定如何批注。主要有以下几种情况：

(1) 如果是 CIF、CFR 等价格条件，运费在提单签发之前支付者，提单应注明“Freight paid (运费已付)”或“Freight prepaid (运费预付)”。

(2) 如果是 FOB、FAS 等价格条件，运费在目的港支付者，提单应注明“Freight collect”、“Freight to collect”、“Freight to be collected”(运费到付或运费待收)，或注明“Freight payable at destination (运费目的港支付)”。

(3) 如信用证规定“Charter party B/L acceptable (租船契约提单可以接受)”，提单内可注明“Freight as per charter party”，表示运费按租船契约支付。

(4) 卖方知道运费金额或船公司不愿意暴露运费费率的情况下，提单可注明“Freight paid as arranged (运费已照约定付讫)，或者运费按照约定的时间或办法支付，提单可注明“Freight as arranged”或“Freight payable as per arrangement”。

(5) 对于货物的装船费和装卸费等负担问题，船方经常要求在提单上注明有关条款，如“F.I.(Free In)”即“船方不负担装船费”，“F.O.”(Free Out)即“船方不负担卸船费”，“F.I. O. (Free In and Out)”即“船方不负担装船费和卸船费”，“F.I. O.S.(Free In , Out and Stowed)”即“船方不负担装卸费和理舱费”，“F.I. O.S.T.(Free In , Out, Stowed and Trimmed)”即“船方不负担装卸费和理舱费”

20. 特殊条款

特殊条款(Special condition in B/L)的举例如下：

Issuing company's certificate confirming that the vessel named in B/L is a vessel of a conference line. This document is only to be presented in case of shipment be sea freight. 这是一个限制托运人必须把货物交给班轮公会承运的条款。托运人在收到来证时就应根据实际情况决定是否能做到。从制作提单的具体方式看有两种处理办法：一是由船公司出具一张船籍证，证明装载船是某班轮公会的；二是由船公司在签发提单时务必在提单上加注证明该船是某班轮公会的。

21. 已装船批注

有些提单正面没有预先印就的类似已装上船的条款，这种提单便称为备运提单。备运提单转化为已装船提单的方式有以下两种。

(1) 在提单的空白处加“已装船”批注(Laden on Board the Vessel)或加盖类似内容的图章，如“Shipped on Board”。有的只加“On Board”，然后加装船日期并加提单签发的签字或简签。所谓简签，是指签字人以最简单的签字形式，通常只签本人姓名中的一个单词或一个字母来代替正式签字。

(2) 在备运提单下端印有专供填写装船条款的栏目，即已装船标注。有人称之为“装船备忘录”。装船后，在此栏加注必要内容，如船名等，填写装船日并由签字人签字或简签。

22. 签发的提单日期和地点

签发的提单日期和地点(Place and Date of Issue)与托运单相应栏目填法相同。签单地址通常是承运人收受货物或装船的地址，但有时也不一致。例如，收受或装运货物在新港(Xingang)而签单在天津。也有的甚至不在同一国家。提单签发的日期不得晚于信用证规定的装运期，这对出口商能否安全收汇很重要。本提单正面条款中已有装上船条款(Shipped on board the vessel named above…)，在这种情况下签单日期即被视为装船日期。每张提单必须有签发日期。

23. 承运人或承运人代理人签字、盖章

提单必须由承运人、船长或代替及代表他们的具名代理人签发或证实。

具体表示方法见表5-8。

表5-8 签发人的表示方法

签发人	表示方法	备注
承运人或具名代理人	As carrier	承运人和船长或其代理人的任何签字必须标明其身份 代理人签字必须标明其是代表承运人是船长签字
	As agent for or on behalf of carrier	
船长或具名代理人	AS master	
	As agent for or on behalf of master	

5.5.3 海运提单的操作流程

卖方(出口商)将货物交给承运人(班轮运输公司)后，承运人向卖方开具一套提单。一套提单可能有一份以上的正本，常见有1～3份正本。任何一份正本都可以作为提货凭证。因此买方应向卖方索要全套正本提单。

卖方发货后，可通过银行(跟单信用证或托收结汇)将提单交给买方，或者直接邮递或通过他人转交买方。

买方应注意提单上的通知方。提单所列货物到港后，船方会通知通知方，再由通知方通知买方持提单去港口提货。交货人收钱的时间根据双方商定的结汇方式而定。如果是不可撤销即期信用证，将提单及其他议付单据交付银行，银行审核无误就可以将货款议付给卖方；如采用远期信用证或其他结汇方式则要具体分析。海运提单的操作流程如图5.20所示。

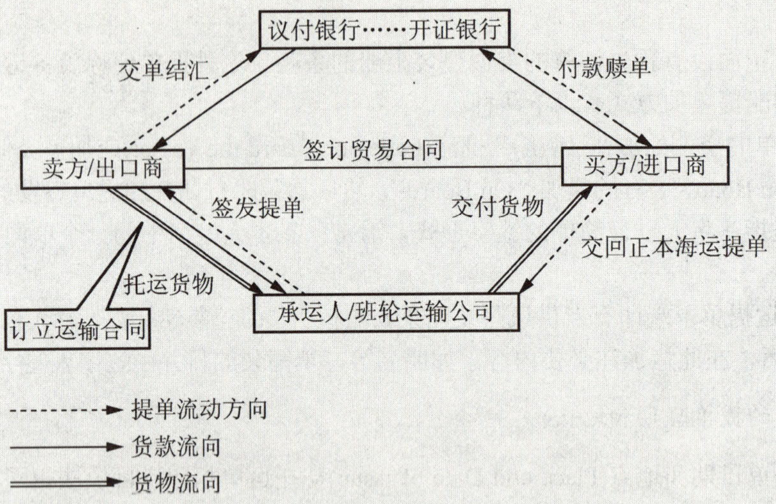

图 5.20　海运提单的操作流程

5.5.4　海运提单的更正和补发

1. 海运提单的更正

1) 提单签署前的更正

在实际业务中，提单通常是在托运人办妥托运手续后和货物装船前，在缮制有关货运单证的同时缮制的。在货物装船后，这种事先缮制的提单有下列原因需要更正。

(1) 事先缮制的提单与实际装载情况不符，需要更正。

(2) 货物装船后，可能发现托运人申报材料的错误而需要更正。

(3) 信用证要求的条件有所变更。

(4) 由于其他原因，托运人提出更正提单内容的要求。

在上述情况下，承运人或代理人通常都会同意托运人提出的更正要求。

2) 提单签署后的更正

货物已装船，提单已签署，托运人提出提单更正的要求，这时，承运人或其代理人要考虑各方面的关系，在不妨碍其他提单利害关系人的利益、不影响承运人的交货条件的前提下，征得有关方面同意，更改并收回原签提单。因更改提单内容而引起的损失和费用，则应由提出更改要求的托运人负担。如果提出提单更改时船舶已开航，应立即电告船长进行相应的更改。

3) 提单更正注意要点

(1) 提单在缮制过程中出现的个别字母的差错，可以加盖代理更正章予以更正，但该字母的差错必须是不影响该词或该语句的含义的。

(2) 每一份提单的更正不得超过三处，否则必须重新签发提单。

(3) 对手签提单的更正应从严掌握。

(4) 提单流转过程中的提单持有人提出的更正提单的要求不予接受。

(5) 如在正本提单签发后(即船舶开航后)发生的变更，修改后的提单必须及时通知公司和所有其他与该提单项下货物装卸、转运及收发货有关的分公司或代理。

(6) 具体可否更正及实际更正程序的确定必须符合当地法律法规的规定，尤其是海关的规定。更正规定与当地法律法规相冲突的，以当地法律法规为准。

(7) 因提单的更正而需要重新签发提单的，必须要求托运人交还原来已签发的全套正本提单。

2. 海运提单的补发

如果提单遗失，托运人要求补发，应分别不同情况予以处理。

(1) 正本提单结汇后，在寄送途中遗失。这种情况一旦发生，收货人可在目的港凭副本提单和具有信用的银行出具保证书提取货物，并依照一定的法定程序声明提单作废，而无须另行补发提单。

(2) 提单在结汇前遗失。这时应由托运人提供书面担保，经承运人或其代理人同意后补签新提单并另行编号。同时，把有关情况转告承运人在目的港的代理人，并声明原提单作废，以免发生意外纠纷。

5.5.5　海运提单的背书转让

所谓背书转让是转让人在提单的背面写明受让人，并签名的转让手续。按照背书的方法划分，背书分为记名背书、指示背书、选择不记名背书和空白背书(不记名背书)四种。

1. 记名背书

记名背书也称完全背书，是背书人(转让人)在提单背面写明被背书人(受让人)的姓名，并由背书人签名的背书形式。

2. 指示背书

指示背书是背书人在提单背面写明“指示”或“××指示”字样，并不写明特定受让人，由背书人签名的背书形式。

3. 选择不记名背书

选择不记名背书是背书人在提单背面既特指某一受让人，同时又指明可以以提单持有人作为受让人，即以“××或持有人”形式表示受让人，并由背书人签名的背书形式。

4. 空白背书

空白背书指在提单背书中不记载任何受让人，只由背书人签名的背书形式。

在承运人签发的提单是指示提单的条件下，只要经过背书都可以转让。如果所签发的提单是托运人指示提单，则应以托运人为第一背书人；如果是记名指示提单或选择指示提单，则第一背书人应是提单中指名的指示人，即“××指示”或“××或指示”中的“××”应为第一背书人。

空白背书不需背书即可转让。转让时，背书人不需要在提单上写明受让人，只要在提单背面签字即可。采用完全背书的背书形式，必须连续背书才能连续转让，而采用空白背书形式，则不需要连续背书即可转让。

5.5.6 海运提单放货

1. 提单放货的原则

(1) 如收货人不出具某公司正本提单，原则上不放货。

(2) 在收货人未付清运费或其他相关费用的情况下不放货。

(3) 如对收货人出具的正本提单有异议，则应核对确认无误后放货。

(4) 如提单为指示提单，“收货人”一栏内有“TO ORDER”或“TO ORDER OF A SHIPPER / OR A BANK”字样，则提单背面必须有托运人背书或“收货人”一栏内容相对应的那一方或银行的背书。

2. 特殊的提单放货形式

1) 电报放货

(1) 电报放货(Telex Release)简称电放，是指正本提单未到收货人手中，或根据托运人要求在装船港收回正本提单，或不签发正本提单，以电传、传真的形式通知卸货港代理将货交给提单收货人或托运人指定的收货人。它通常是指船公司或其代理人签发的注有“Surrendered”或“Telex Release”的提单副本、复印件或传真件。其基本作用有三方面：一是承运人收到其照管的货物收据，二是运输合同的证明，三是用来换取提货单的依据。

(2) 电报放货的条件：

① 实行电放的装卸港代理需要事先按照航线，就电放业务经办人、通知方式及电放格式等签订备忘录。

② 办理电放需要托运人提交保函，如已签发正本提单，则全套正本提单必须收回。

③ 如托运人不能交回全套正本提单，则应至少交回一份经正确背书的正本提单，同时应签署保函。

鉴于目前代理之间通过 E-mail 进行联系的越来越多，经公司航线批准，可以在部分代理之间采用 E-mail 方式作为进行电放。

(3) 实际情况下电放提单运行的程序如下：

① 由托运人向货运代理提交一份电放保函，表明电放操作产生的一切责任及后果由托运人承担；

② 货运代理向船公司提出电放申请并提交作用相同的电放保函一份；

③ 船公司接受申请及保函后给目的港船公司代理发一份电放通知，允许该票货物可以用盖章后的电放提单换取提货单；

④ 装船后，船公司向货代签发 Master 电放提单(Master 电放提单是指在 Master 单的正本复印件或副本上注有“Surrendered”或“Telex Release”字样的单据，Master 单是指由船公司签发的提单，亦称 Master Bill of Lading)；

⑤ 货运代理向托运人签发 House 电放提单(House 电放提单是指在 House 单的正本复印件或副本上注有“Surrendered”或“Telex Release”字样的单据，House 单是指由货运代理签发的提单，亦称 House bill of lading)；

⑥ 装运港货代向目的港的货运代理传真 Master 电放提单。

⑦ 托运人向收货人传真 House 电放提单。

⑧ 目的港船代理人凭此 Master 电放提单签发提货单。

⑨ 收货人将盖其公司章的 House 电放提单交给目的港货代处。

⑩ 目的港货代凭此 House 电放提单交与收货人提货单，船抵港后，收货人凭此提货单即可提货。此种形式是电放操作中最常用的，其模式为船公司电放或目的港货运代理电放。

2) 异地放货

异地放货是指由第三地代理接受申请方的申请，收取正本提单并由该代理通知卸港代理将货物放给申请方指定的收货人的放货形式。在这种情况下申请方通常为托运人、中间商或正本提单合法持有人，收货人常为原提单收货人、通知方或货物的最终买家。异地放货实际上是一种变相的电报放货，操作方法可以参照电放。

3) 副本提单放货

副本提单放货应注意以下事项：

(1) 必须得到公司或部门领导书面确认。

(2) 通知承运该批或该票货的船公司代理。

(3) 提货人出具保函，并由出具单位盖章。

(4) 由提货人提供 150%的货价担保。

4) 无正本提单放货

(1) 无正本提单放货大体上有如下几种情况：

① 记名提单的收货人凭副本提单或提单复印件加担保提货，或不提供任何担保提取货物。

② 指示提单的通知人凭副本提单或提单复印件加担保提货，或仅凭副本提单提货。

③ 其他人凭副本提单或提单复印件加担保提货。

④ 提货人伪造或变造提单提货。

(2) 无正本提单放货应做到：

① 必须得到公司或部门领导书面确认。

② 通知承运该批或该票货的船公司代理。

③ 提货人出具保函，并由出具单位盖章。

④ 由提货人提供 150%的货价担保。

⑤ 凭银行保函放货。

5.5.7　海运提单在跟单信用证机制中的有关问题

当前提单在跟单信用证机制中主要存在以下问题。

(1) 伪造提单。货物未装运，出口商伪造提单向银行议付货款，银行照惯例只从各种单据表面情况确定是否与信用证条款相符，银行对于提单是否伪造一般不承担任何责任。在国际贸易中，国际商会所规定的三种基本贸易单证，即卖方发票(Shipper’s Invoice)、装船提单和保险单(Police)均极容易作伪。其中卖方发票最容易作伪。而伪制装船提单亦不难，只要取得船公司空白提单，填好后加假签名即可获得。保险单方面，只要付出很少的保险费即可获得，保险公司方面在收取保险费时无论是否有货装上船，只凭着这一套单证，可根据信用证到银行结汇，进行商业欺诈。利用假提单运空箱骗取退税的案例在我国已有发生。

打击伪造提单可以向伪造者追究刑事责任。但伪造者往往在作案后逃之夭夭，难以归案。

(2) 倒签提单。承运人接受托运人的保函倒签提单日期，使出口商能够在信用证规定期限内顺利结汇而获得货款。如果贸易市场稳定，货物迟到时间不长，往往影响不大，但如果是货物跌价或应节商品货物迟到，则可能会给进口商造成极大的损害。进口商只要向装货港当局了解一下就很容易查出。银行虽在港口，只核对单证是否符合信用证条款，可照例不需作任何调查顺利结汇。

特别提示

倒签提单是承运人与托运人合伙对收货人的瞒骗行为，不受法律保护。货运代理人不应出具保函，协助出口商弄虚作假，而应积极同各方联系，保证装船期或使信用证上的装船期展期。

(3) 银行担保提货。目前的国际贸易中，有些出口商为了急于销售商品在货物发运后要求进口商的开证银行签发远期信用证，出口商凭此寄送提单。在这种交易下，往往货物到港而收货人没有提货单，只好凭银行担保提货。此时，如果因货物质量、价款纠纷导致进口商拖延签发信用证，出口商就可以凭手里的提单向承运人要货。值得注意的是，尽量不让进口商凭银行担保提货。

随着海上运输速度的提高，提单往往比货物迟抵目的港，特别是一些近洋货运，很多货物抵港时收货人仍未收到提单，所以凭银行担保提货的现象时有发生，应引起足够的重视。

任务5.6 海　运　单

5.6.1 海运单的定义、性质和作用

海运单又称运单(Waybill，W/B)，是指证明海上货物运输合同和承运人接收货物或者已将货物装船的不可转让的单证。海运单的正面内容与提单的基本一致，但是印有“不可转让”的字样。它是一张流通的单据，但不是货物的物权凭证，故不得转让。

海运单具有以下三个基本作用。

(1) 是承运人收到由其照管的货物的收据。

(2) 是运输契约的证明。

(3) 解决经济纠纷时，可作为货物担保的基础。

5.6.2 海运单的适用范围

海运单适用于无船承运人、母子公司之间的或其他可以不用海运提单的海上货物运输，签发海运单必须由托运人事先申请。公司/代理在收到此类申请之后，应审核托运人的资信、货量等有关情况，决定是否签发。公司海运单仅在经公司确认的代理之间使用。

5.6.3 海运单与海运提单的区别

(1) 海运单不能背书或转让，而海运提单可以背书或转让。

(2) 海运单上必须详尽标明收货人。一般情况下，除收货人以外，他人不得提货(如有提货人指示亦可提货)，而海运提单上不必标明确切的收货人名称。

(3) 海运单背面没有印上运输合同的条款(但它与提单是相一致的)，而海运提单背面印有运输合同的条款。

5.6.4 海运单的缮制

海运单的缮制参照提单的缮制，“收货人”一栏必须填写收货人的全称和地址，而不可以以“TO ORDER”或“TO ORDER OF×××”代替。

5.6.5 海运单的程序

(1) 船公司签发海运单给托运人。

(2) 船公司在船舶到卸货港前向收货人发出到货通知。

(3) 收货人签署到货通知并退还给船代理人。

(4) 船代理人据以签发提货单给收货人。

(5) 船抵港后，收货人凭提货单提货，船方查明收货人已将运费付清，办理结关手续，船方即可放货。

5.6.6 海运单与电放提单的异同

1. 相同点

(1) 作用基本相同。海运单与电放提单都是承运人签发的货物收据，都是运输合约的证明，都是为解决“货等单”的问题而产生的，为收货人安全、及时提货提供了便利。

(2) 抬头相同。由于海运单与电放提单都不能流通转让，因此对收货人必须详尽标明。

(3) 都不是收货人据以提货的凭证。两种方式下收货人都是凭提货单提货。

(4) 都可不必与其他单据同时运行。

(5) 托运人所承担的风险相同，都要承担货，款两空的风险。所以，托运人一般在预付方式下，或收货人是信誉好的老客户或跨国公司内部贸易中才能使用。

(6) 对银行债权都无保障。银行不愿接受海运单与电放提单，因为这对卖方用信用证支付带来困难，除非买方向银行提供担保或提交押金。所以，海运单和电子提单一般用于托收、预付和电汇等支付方式。

2. 不同点

二者的不同点在于承运人错交货物的后果方面。海运单方式下，承运人对错交货物必须承担责任；而电放提单方式下，承运人对错交不负责任，当然承运人也必须做到尽职尽责。

海运单与电放提单的特点与作用基本相同，但海运单比电放提单更具科学性、规范性和推广性。

职业能力训练

一、案例分析题

1. 2010年，山东省某外贸公司与美国公司“AMERICAN PLAYTIME CORP”签订了“XI MAS LIGHTS”的货物出口合同。5—6月，该公司以信用证结算方式出口了两批货物，交单议付后顺利结汇。10月，又陆续出口6批货物，因考虑到前几次有过良好合作情况，选择了付款交单的托收方式结算，金额合计约26万美元。但代收银行多次催促，国外客商也不付款赎单。2011年3月，该公司得知货物已被客户凭副本提单提领，于是要求银行退回单据。

4 月，该公司凭已退回的正本提单向船公司 APL 交涉时，遭到拒绝，理由是该提单为记名提单，按照当地惯例，收货人可以不凭正本提单提货。至此，公司款货两空，蒙受了巨大的经济损失。

思考：(1) 什么叫记名提单？其性质如何？

(2) 从本案中应吸取哪些教训？

2. 我国某出口公司先后与伦敦 B 公司和瑞士 S 公司签订两个出售农产品合同，共计 3500 公吨，价值 8.275 万英镑。装运期为当年 12 月至次年 1 月。但由于原定的装货船舶出故障，只能改装另一艘外轮，致使货物到次年 2 月 11 日才装船完毕。在该出口公司的请求下，外轮代理公司将提单的日期改为次年 1 月 31 日。货物到达鹿特丹后，买方对装货日期提出异议，要求该出口公司提供 1 月份装船证明。该出口公司坚持提单是正常的，无须提供证明。结果买方聘请律师登上货船查阅船长的船行日志，证明提单日期是伪造的，立即凭律师拍摄的证据，向当地法院控告并由法院发出通知扣留该船，经过 4 个月的协商，最后，我方赔款 2.09 万英镑，才以买方撤回上诉而结案。

思考：(1) 该纠纷属于什么类型的提单引起的？

(2) 应从本案中吸取什么教训？

二、实践操作题

1. 根据所给资料缮制海运出口托运单

(1) 信用证资料

L/C NO: GDM2010/0888

APPLICANT: K-MART JAPAN LIMITED

BENFICIARY: GUANGDONG MACHINERY IMP.AND EXP.CORP

TERM OF PAYMENT: CIF TOKYO

SHIPMENT FROM: ANY CHINESE PORT

TRANSPORT TO: TOKYO，JAPAN

EXPIRY DATE: 15th DEC，2010

LATEST SHIPMENT: ON OR BEFORE 30th NOV，2010

DESCRIPTION

PARTIAL SHIPMENT: NOT ALLOWED

TRANSSHIPMENT: NOT ALLOWED

DOCUMENTS REQUIRED: BILL OF LADING 2ORIGNALS AN 3COPIES MADE OUT TO ORDER OF APPLICANT AND NOTIFY.FREIGHT PREPAID

SHIPPING MARK:

KMART

L/C NO.0888

TOKYO

CTN NO.1-UP

(2) 相关资料

托运日期：20th AUG，2010

托运单编号：GDM2010/0888

合同号：GDM2010/123456

装运港：GUANGZHOU

装箱情况：120 CARTONS，净重：10 800 KGS，
出口公司总经理：张家诚

广东省机械进出口公司
GUANGDONG MACHINERY IMP.AND EXP.CORP
出口货物托运单
SHIPPING ORDER

托运日期：
托运单编号：

合同号：
装运港：
目的地：
托运人(Exporter)________________
收货人(Consignee)________________
通知人(Notify Party)________________

标记及号码	件数	货名	净重/kg	毛重/kg	体积(cbm)
合计(Total):					
特约事项					
可否分批					
可否转船			需要提单正本 份 副本 份		
货物存放地点		装船期限		信用证有效期	
运费缴付方式					
信用证号码		货价			
装船日期		运费			
特别条款：					

2. 审核托运单

根据所提供的国际货物买卖合同主要条款，对托运单的内容进行审核，将错误的项目划掉，并填写正确的内容。

SALES CONTRACT

CONTRACT NO.: CH2010501
DATE: FEBRUARY 15，2010
THE SELLERS: SHANGHAI AAA IMPORT AND EXPORT CO.， LTD.
THE BUYERS: SINGAPORE BBB TRADING CO.， LTD.
GOODS: 100% COTTON SHIRT
QUANTITY: 200 CARTONS OF 40 PCS EACH， TOTAL WEIGHT 20 000 KGS， TOTAL MEASUREMENT 28 CBM
PRICE TERMS: CIF SINGAPORE USD 2 000 EACH CARTON
AMOUNT: USD 400 000.
TIME OF SHIPMENT: TO BE SHIPPED ON OR ABOUT APRIL 10，2010
LOADING AND DISCHARGE PORTS: FROM SHANGHAI， CHINA TO SINGAPORE

PARTIAL SHIPMENT AND TRANSSHIPMENT: NOT ALLOWED

INSURANCE: TOBE EFFECTED BY THE SELLER FOR 110 PCT OF CIF VALUE AGINST ALL RISKS AND WAR RISK AS PER CIC OF THE PICC DATED JANVARY 1, 1981

TERMS OF PAYMENT: THE BUYER SHALL OPEN THROUGH A BANK ACCEPTALE TO THE SELLER AN IRREVOCABLE SIGHT LETTER OF CREDIT TO REACH THE SELLER 30 DAYS BEFORE THE SHIPMENT AND TO REMAIN VALID FOR NEGOTIATION IN CHINA UNTIL THE 15TH DAY AFTER THE FORESAID TIME OF SHIPMENT

(1) Shipper
SINGAPORE BBB TRADING CO., LTD

(2) Consignee
TO ORDER OF APPLICANT

(3) Notify Party
SHANGHAI AAA IMPORT AND EXPORT CO., LTD

集装箱货物托运单
货主留底

Pre-carriage by Place of Receipt

(4) Ocean Vessel Voy. No. Port of Receipt
BIG RIVER 009E SHANGHAI

Port of Discharge Place of Delivery (5) Final Destination for Merchant's Reference
SINGAPORE

(6) Container No.	Seal No. Marks & Nos	(7) No. of Containers Or Packages	(8) Kind of Packages: Description of Goods	(9) Gross Weight	(10) Measurement
COSU8661215		200 CARTONS	100% COTTON SHIRT AS PER S/C No. CH2004	2 000 KGS	20 CBM

Total Number of Containers or Packages(in words)

FREIGHT & CHARGES	Revenue Tons	Rate	Per	Prepaid	Collect FREIGHT COLLECT
	Prepaid at	Payable at		Place and Date of Issue	
	Total Prepaid	(11) No. of Original B(s)/L TWO			

Service Type on Receiving □-CY □-CFS □-DOOR	Service Type on Delivery □-CY □-CFS □-DOOR	Reefer Temperature Required
□Ordinary, □Reefer, □Dangerous, □Auto □Liquid □ Live Animal □ Bulk □ ______		危险品
(12) 可否转船：NOT ALLOWED	(13) 可否分批： NOT ALLOWED	
(14) 装期：ON OR ABOUT APRIL 10, 2010	(15) 有效期：APRIL10, 2010	
(16) 金额：USD 40 000		
(17) 制单日期：APRIL 1, 2005		

3. 根据所给资料审核并修改已填制错误的提单

资料：

BENEFICIARY: ABC LEATHER GOODS CO.， LTD.

123 HUANGHE ROAD， TIANJIN CHINA APPLICANT:

XYZ TRADING COMPANY

456 SPAGNOLI ROAD， NEW YORK 11747 USA

……

DRAFTS TO BE DRAWN AT 30 DAYS AFTER SIGHT ON ISSUING BANK FOR 90% OF INVOICE VALUE

……

YOU ARE AUTHORIZED TO DRAWN ON ROYAL BANK OF NEW YORK FOR DOCUMENTARY IRREVOCABLE CREDIT NO. 98765 DATED APRIL.15, 2011. EXPRITY DATED MAY 31, 2011 FOR NEGOTIATION BENEFICIARY.

AVAILABLE WITH ANY BANK IN CHINA BY NEGOTIATION

……

FULL SET OF CLEAN ON BOARD OCEAN BILLS OF LADING， MADE OUT TO ORDER， BLANK ENDORSED AND MARKED FREIGHT PREPAID NOTIFY APPLICANT.

……

INSURANCE POLICY/CERTIFICATE IN DUPLICATE FOR 110 PCT OF INVOICE VALUE COVERING ALL RISKS AND WAR RISK OF THE PICC DATED JANUARY 1, 1981

……

GOODS: 5 000 PCS OF LEATHER BAGS PACKED IN 10 PCS/CARTON

合同号：ABC234

信用证号：DT905012

发票号：1234567

发票日期：2011 年 5 月 5 日

发票金额：USD 108 000 CIF NEW YORK

装运港：TIANJIN CHINA

目的港：NEW YORK USA

装船日期：2011 年 5 月 15 日

开船日期：2011 年 5 月 15 日

发票签发人：ABC LEATHER GOODS CO.， LTD.

Amy

G.W: 2 408 KGS

N.W: 2 326 KGS

MEASUREMENT:21.70CBM

NO OF PACKAGES: 500 CARTONS

船名、航次号：SUN v.126

提单号码：CNS010108895

集装箱号/封号：YMU259654/56789

运输标记：XYZ

1234567

NEW YORK

NOS.1-500

保险单号码：HMOP09319089

<table>
<tr><td colspan="2">Shipper Insert Name，Address and Phone
ABC LEATHER GOODS CO.，LTD.
123 HUANGHE ROAD，TIANJIN CHINA</td><td colspan="3">B/L No. CNS010108895</td></tr>
<tr><td colspan="2">Consignee Insert Name，Address and Phone
XYZ TRADING COMPANY
456 SPAGNOLI ROAD，NEW YORK
11747 USA</td><td rowspan="3"></td><td colspan="2" rowspan="3">中远集装箱运输有限公司
COSCO CONTAINER LINES

TLX: 33057 COSCO CN FAX:
+86(021) 6545
8984
ORIGINAL</td></tr>
<tr><td colspan="2">Notify Party Insert Name，Address and Phone
XYZ TRADING COMPANY
456 SPAGNOLI ROAD，NEW YORK
11747 USA</td></tr>
<tr><td>Ocean Vessel Voy. No.</td><td>Port of Loading</td></tr>
<tr><td>SUN V.126</td><td>SHANGHAI</td><td colspan="3" rowspan="3">Port-to-Port
BILL OF LADING
Shipped on board and condition except as other-……</td></tr>
<tr><td>Port of Discharge</td><td>Port of Destination</td></tr>
<tr><td>LONG BEACH</td><td></td></tr>
<tr><td>Marks & Nos.
Container / Seal No.</td><td>No. of
Containers</td><td>Description of Goods</td><td>Gross Weight
Kgs</td><td>Measurement</td></tr>
<tr><td>XYZ
1234567
LONG BEACH
NOS.1-500

YMU259654/56789</td><td>5 000 PCS</td><td>LEATHER GOODS

FREIGHT PREPAID</td><td>2 400 KGS</td><td>20.70 CBM</td></tr>
<tr><td></td><td></td><td colspan="3">Description of Contents for Shipper's Use Only (Not part of This B/L Contract)</td></tr>
<tr><td colspan="5">Total Number of containers and/or packages (in words) SAYFIVE THOUSAND PCS ONLY</td></tr>
<tr><td>Ex. Rate:</td><td>Prepaid at</td><td>Payable at</td><td colspan="2">Place and Date of Issue</td></tr>
<tr><td rowspan="4"></td><td></td><td>LONG BEACH</td><td colspan="2">TIANJIN MAY 30，2011</td></tr>
<tr><td>Total Prepaid</td><td>No. of Original B(s)/L</td><td colspan="2">Signed for the Carrier</td></tr>
<tr><td></td><td>THREE (3)</td><td colspan="2">COSCO CONTAINER LINES
+++</td></tr>
<tr><td colspan="5">LADEN ON BOARD THE VESSEL
DATE: MAY 30, 2011 BY: COSCO CONTAINER LINES
+++</td></tr>
</table>

【考核评价】

对本项目内容的考核，分为任课老师考核、学生自评和学生小组互评考核，考核评分内容见表5-9。

表5-9　评分表

姓名	学习态度(10%)	职业素养(10%)	专业知识(30%)	课堂和实训参与程度(30%)	学习纪律(20%)	合计

推荐网络学习资源

◆中国海关网(www.customs.gov.cn/pu)。
◆锦程物流网(http://www.jctrans.com)。
◆世贸人才网(http://class.wtojob.com)。
◆110法律咨询网(http://www.110.com)。
◆报关员培训网(http://www.bgyedu.com)。
◆航运在线(http://www.sol.com.cn)。
◆易舱网(http://www.yicang.com)。
◆中国通关网(http://www.e-to-china.com.cn)。

项目6 海运货物跟踪与保险

学习目标

知识目标

- ◆掌握网上货物跟踪及投保的方法。
- ◆熟悉海运货物保险的险别。
- ◆熟悉保险单的填写要求。
- ◆掌握保险金额的确定和保险费的计算。
- ◆了解海运货物保险的单据形式。
- ◆熟悉海运货物保险索赔及理赔。

能力目标

- ◆通过讨论和竞争性发言，提高学生的语言表达能力。
- ◆通过案例评析，提高学生对相关知识的认知能力。
- ◆通过实践操作题，提高学生的实践应用能力。

引导案例

繁忙的宋小姐

宋小姐是某国际货运代理公司操作部的员工，平时工作的内容有订舱、做箱及提单缮制等工作；对货物的全过程进行紧密跟踪，以便及时了解货物所处的状态和位置；进行货物运输的风险防范。最近公司和一家贸易公司签订了货运代理合同，为了使客户对服务更加满意，宋小姐决定要把货物的跟踪和风险防范工作做好。要完成上面两项工作，宋小姐的具体工作如下：

(1) 根据订舱号、提单号或集装箱号在实际承运人网站上对货物的运输状态进行跟踪。

(2) 判断风险，既有货主的风险也有自己公司的风险。

(3) 买好保险，做好风险预防和转嫁工作，使货主和本企业的利益得到保护

【解析】

国际货运代理工作是项繁忙而又有些风险的工作。要求员工抱有高度责任心和奉献精神，时刻关心公司和客户的利益，采取购买保险等风险规避手段，努力确保利益无损或少损。

任务6.1　海运货物跟踪

6.1.1　海运货物运输跟踪及其作用

海运货物跟踪通常是货物交实际承运人后，相关当事人利用承运人网站上的跟踪功能模块，通过输入提单号或集装箱号及利用EDI技术及时获取有关货物运输状态的信息。货物跟踪系统是指物流运输企业利用物流条形码和EDI技术及时获取有关货物运输状态的信息，如货物品种、数量、货物在途情况、交货期间、发货地和到达地，以及货物的货主、送货责任车辆和人员等，提高物流运输服务的方法。货物跟踪系统提高了物流企业的服务水平，其具体作用表现在以下四个方面。

(1) 当顾客需要对货物的状态进行查询时，只要输入货物的发票号码，即可了解有磁货物状态的信息。查询作业简便迅速，信息及时准确。

(2) 通过货物信息可以确认货物是否将在规定的时间内送到顾客手中，能及时发现没有在规定的时间内把货物交付给顾客的情况，便于立即查明原因并及时改正，从而提高运送货物的准确性和及时性，提高顾客服务水平。

(3) 货物跟踪作为获得竞争优势的手段，可以提高物流运输效率，提供差别化物流服务。

(4) 通过货物跟踪系统所得到的有关货物运送状态的信息，丰富了供应链的信息分享源，有利于顾客预告做好接货及后续工作的准备。

建立货物跟踪系统需要较大的投资，如购买设备、标准化工作及系统运行费用等，只有有实力的大型物流运输企业才能够应用货物跟踪系统。但是，随着信息产品和通信费用的低价格化及互联网的普及，许多中小物流运输企业也开始应用货物跟踪系统。

6.1.2　货物跟踪系统组成

1. 网上服务平台

物流企业在整合所有的信息后，可以建立一个基于WEB数据库的物流监控管理系统，任

意一位客户都可以在取得一定授权后登录公司的网站，只需要输入货物的唯一甄别号码(如货号、提单号等)，即可进行相关服务的查询(如货物所在位置、冷藏温度、行驶路线等)，以便做好接货准备。同时，对物流企业也可进行监控，及时提出不同的意见和建议。

2. 用户端

用户端只需一台可以与互联网连接的普通计算机。点击进入企业网站后即可进行相关信息的查询。

3. 终端设备

终端设备主要用来实现监控中心对货物的跟踪定位与通信。例如，根据中远集运集装箱号 CBHU3202603，对货物进行有效跟踪，其步骤如下：

第一步，登录中远集团网站(www.cosco.com/cn/index.jsp)或中远集运网站(www. coscon. com /home.screen)。

第二步，进入货物跟踪界面，选择跟踪方式中远集运提供以下三种跟踪方式。

(1) 根据订舱号、提单号、箱号跟踪。

(2) 根据电子邮件跟踪。可以通过发邮件至 cargotracking@coscon.com 跟踪货物动态。操作方法具体如下：

① 集装箱动态跟踪。在“邮件标题”栏输入集装箱号，并发送邮件至 cargotracking@coscon. com，每次最多 6 个，各箱号以逗号分隔，如“CBHU3202603，CBHU123456，CBHU3202537”，几分钟后即可收到集装箱最新动态的邮件。

② 提单动态跟踪。在“邮件标题”栏输入提单号，并发送邮件至 cargotracking@coscon. com，每次一个提单号，如“COSU12345678”，几分钟后即可收到该提单相关货物最新动态的邮件。

③ 短信跟踪(限中国大陆用户)。

(3) 在“箱号”栏内输入“CBHU3202603”，点击“查询”按钮，即可显示该箱动态，如图 6.1 所示。

货物跟踪

箱号(最多 6 个箱号，各箱号间以逗号分隔。)

CBHU3202603 查询

最新集装箱信息

箱号	地点	时间	运输方式
CBHU3202603	United Container Terminals, Rotterdam, Zuid-Holland, Netherlands	Feb 04, 2010 23:00	Truck

图 6.1 中远集运集装箱箱号查询界面

历史集装箱状态信息

CBHU3202603

状态	地点	时间	运输方式
Empty Equipment Returned	United Container Terminals, Rotterdam, Zuid- Holland, Netherlands	Feb 04, 2010 23:00	Truck
Gate-out from Final Hub	Euromax Terminal, Rotterdam, Zuid-Holland, Netherlands	Feb 03, 2010 13:26	Truck
Discharged at Last POD	Euromax Terminal, Rotterdam, Zuid-Holland, Netherlands	Jan 31, 2010 09:04	
Loaded at First POL	Tianjin Port Container Terminal Co,Xingang, Tianjin, China	Jan 02, 2010 23:30	Vessel
Cargo Received	Tianjin Port Container Terminal Co,Xingang, Tianjin, China	Jan 02, 2010 21:00	Truck
Gate-In at First POL	Tianjin Port Container Terminal Co, Xingang, Tianjin, China	Jan 02, 2010 21:00	Truck
Empty Equipment Despatched	Shan Xi Tai Yuan Depot, Taiyuan, Shanxi, China	Dec 31, 2009 23:30	Truck

图 6.1　中远集运集装箱箱号查询界面(续)

任务 6.2　海运货物保险

国际海洋运输保险(Ocean Marine Cargo Insurance)是指以海上运输的货物作为保险标的的保险，国际海洋运输保险的承保范围包括承保的风险、损失和费用三个方面。

6.2.1　国际海洋运输保险承保的风险、损失及费用

海运保险承保的风险、损失及费用如图 6.2 所示。

1. *承保的海运风险*

海洋运输货物承保的风险可以归结为海上风险和外来风险(Extraneous Risks)两大类。

1) 海上风险

海上风险在保险界称为海难，包括海上发生的自然灾害(Natural Calamities)和意外事故(Accidents)。

(1) 自然灾害，是指由于自然界的变异引起破坏力量所造成的灾害。海运保险中，自然灾

害仅指恶劣气候，雷电、海啸、地震、洪水和火山爆发等人力不可抗拒的灾害。

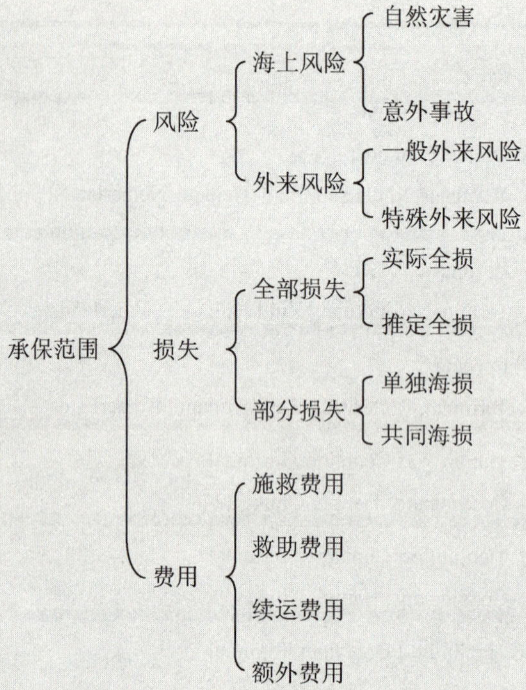

图 6.2　海运保险承保范围

(2) 意外事故，是指由于意料不到的原因所造成的事故。海运保险中，意外事故仅指搁浅、触礁、沉没、碰撞、火灾、爆炸和失踪等。

2) 外来风险

外来风险一般是指由于外来原因引起的风险。它可分为一般外来风险和特殊外来风险。

(1) 一般外来风险是指货物在运输途中由于偷窃、短量、破碎、雨淋、受潮、受热、发霉、串味、玷污、渗漏、钩损和锈损等原因所导致的风险。

(2) 特殊外来风险是指由于战争、罢工和拒绝交付货物等政治、军事、国家禁令及管制措施等所造成的风险与损失。

2. 承保的海上损失

海上货物运输保险承保的是海上损失(Maritime Loss)。海上损失是指被保险货物(保险标的物)在海洋运输中由于发生海上风险所造成的损坏或灭失，又称为海损(Average)。按货物损失的程度，海损可分为全部损失(Total Loss)与部分损失(Partial Loss)；按货物损失的性质，海损又可分为共同海损(General Average，GA)和单独海损(Particular Average，PA)，二者在保险业务中均属于部分损失的范畴。

1) 全部损失

全部损失简称“全损”，是指运输中的整批货物或不可分割的一批货物的全部损失。全部损失又可分为实际全损(Actual Total Loss)和推定全损(Constructive Total Loss)两种。

(1) 实际全损，是指被保险货物全部灭失或货物毁损后不能复原或完全丧失原有用途，已不具有任何使用价值，或货物无法挽回地全部被海盗劫走等，如货物沉没海底无法打捞或水泥被水浸泡后变质及完全丧失原有用途等。

(2) 推定全损，是指被保险货物受损后，完全灭失已不可避免或修复、恢复受损货物的费用将超过货物的价值，或被保险货物遭受严重损失后，继续运抵目的地的运费将超过残损货物的价值。

2) 部分损失

部分损失是指被保险货物的一部分毁损或灭失。部分损失可以分为共同海损和单独海损。

(1) 共同海损，是指载货船舶在航行途中遇到威胁船货共同安全的自然灾害和意外事故，船长为了维护船货的共同安全或使航程得以继续完成，有意识地、合理地采取措施而造成的特殊损失或支出的额外费用。

构成共同海损必须具备以下条件。

第一，载货船舶必须确实遭遇危及货、船等共同安全的风险，载货船舶处在危难之中。

第二，共同海损牺牲必须是自愿的和有意识的行动所造成的。

第三，共同海损牺牲和费用的支出必须是合理的。

第四，共同海损牺牲和费用支出的目的仅限于保护船、货等各方面的共同安全。

第五，损失必须是共同海损行为的直接结果。

案例评析 6-1

某海轮的舱面上装有 1 000 台拖拉机，航行中遇到大风浪袭击，450 台拖拉机被卷入海中，海轮严重倾斜，如不立即采取措施，则有翻船的危险，船长下令将余下的 550 台拖拉机全部抛入海中。

思考：这 550 台拖拉机的损失属于何种性质?

【评析要点】因为面临翻船的危险，船长是为了解除共同风险而将 550 台拖拉机抛入海中，所以应属于共同损失。

(2) 单独海损，是指货物由于遭受承保范围内的风险而造成的非属共同海损的部分损失，它是针对共同海损而言的。

共同海损和单独海损均属部分损失，但二者的性质、起因和补偿方法有较大的区别：共同海损是人为有意识造成的，而单独海损是承保风险直接导致的损失；共同海损要由受益方按照受益大小的比例共同分摊，而单独海损由受损方自行承担损失。

知识链接

共同海损的牺牲和费用均为使船舶、货物和运费免于遭受损失而支出的，因而，无论损失与费用的多少，都应由船方、货主和付运费方按最后获救价值共同按比例分摊。这种分摊称为共同海损的分摊(GA Contribution)。

3. 承保的海上费用

承保的海上费用是指保险人(保险公司)在保险标的物因遭遇保险责任范围内的事故而产生的费用方面的损失给予的赔偿。

承保费用主要包括以下 3 种。

1) 施救费用

施救费用(Sue and Labor Expenses)是指被保险人在船舶发生承保范围内的危险时，采取一切防止或减少保险标的损失的有效措施而产生的费用，此项费用由保险人补偿。

2) 救助费用

救助费用(Salvage Charge)是指被保险标的遭遇保险责任范围内的灾害事故时，依靠本轮的力量无法摆脱困境，而由第三方采取救助措施，获救成功后，为此支付给第三方的费用。这部分费用由保险人负责，保险人在赔付时，必须要求救助成功，国际上，一般称为“无效果—无报酬”原则。

3) 合理费用

合理费用主要包括合理的法律抗辩费用和船舱搁浅后检验舱底的费用。法律费用指由于碰撞事故或第三方过失使保险船舶受损，被保险人向第三方索赔、起诉或仲裁所引起的法律和仲裁费用。船舶搁浅后检验船底如未发现船底损坏，则保险人仍应赔付这笔检验费用。

6.2.2 国际海洋运输保险险别

保险公司对承保货物遭受损失时的责任范围所作的规定，一般称为保险险别。保险险别是保险人对风险和损失的承保责任范围，是保险人与被保险人履行权利与义务的基础，也是保险人承保责任大小和被保险人缴付保险费多少的依据。

世界上主要国家都有自己的保险条款，其中影响最大的是英国伦敦保险协会制定的《协会货物条款》(Institute Cargo Claus，ICC)，目前世界上约有 2/3 的国家在海运货物保险方面直接采用了该条款。

为了适应国际货物海运保险的需要，中国人民财产保险股份有限公司(Peoples Insurance Company of China，PICC)根据我国保险实际情况并参照国际保险市场的习惯做法，分别制定了各种条款，总称为《中国保险条款》(China Insurance Clauses，CIC)，此条款自 1982 年起开始实施。其中包括《海洋运输货物保险条款》、《海洋运输货物战争险条款》及其他专门条款。在这些条款里列明了保险公司承保责任范围、除外责任、责任起讫、被保险人的义务和索赔期限。投保人可根据货物特点、航线与港口实际情况自行选择投保适当的险别。

1. CIC 的基本险别

根据我国现行的《海洋运输货物保险条款》的规定，在基本险别中包括平安险(Free from Particular Average，FPA)、水渍险(With Particular Average，WPA)和一切险(All Risks，AR)3 种。

1) 平安险

当前平安险的责任范围包括以下方面：

(1) 在运输过程中，由于自然灾害和运输工具发生意外事故，造成被保险货物的实际全损或推定全损。

(2) 由于运输工具遭遇搁浅、触礁、沉没、互撞、与流冰或其他物体碰撞及其失火和爆炸等意外事故造成被保险货物的全部或部分损失。

(3) 只要运输工具曾发生搁浅、触礁、沉没、禁毁等意外事故，无论意外事故发生之前还是以后曾在海上遭遇恶劣气候、雷电、海啸等自然灾害造成的被保险货物的部分损失。

(4) 在装卸转船过程中，被保险货物一件或数件落海所造成的全部损失或部分损失。

(5) 被保险人对遭受承保责任内危险的货物采取抢救，防止或减少货损措施支付的合理费用，但以不超过该批被救货物的保险金额为限。

(6) 运输工具遭遇自然灾害或者意外事故，需要在中途的港口或在避难港口停靠，因而引起的卸货、装货、存仓及运送货物所产生的特别费用。

(7) 发生共同海损所引起的牺牲、分摊费和救助费用。

(8) 运输契约订有“船舶互撞责任条款，按该条款规定应由货方偿还船方的损失。

2) 水渍险

水渍险的责任范围，除包括上列平安险的各项责任外，还负责被保险货物由于恶劣气候、雷电、海啸、地震及洪水等自然灾害所造成的部分损失。

3) 一切险

一切险的责任范围除包括平安险和水渍险的所有责任外，还包括货物在运输过程中，因一般外来原因所造成的被保险货物的全部或部分损失。

上述3种基本险别，被保险人可以从中选择一种投保。

2. CIC的附加险别

海洋运输货物保险的附加险种类繁多，归纳起来，可分为一般附加险(General Additional Risks)和特别附加险(Special Additional Risks)两类。

1) 一般附加险

一般附加险包括偷窃、提货不着险(Theft， Pilferage and Non-delivery，FPND)、淡水雨淋险(Fresh Water and Rain Damage)、短量险(Risk of Shortage)、混杂、玷污险(Risk of Intermixture and Contamination)、渗漏险(Risk of Leakage)、碰损破碎险(Risk of Clash and breakage)、串味险(Risk of Odor)、受潮受热险(Damage Caused by Sweating and Heating)、钩损险(Hook Damage)、包装破裂险(Loss for Damage Caused by Breakage of Packing)及锈损险(Risk of Rust)等。上述11种附加险不能独立投保，只能在投保平安险或水渍险的基础上加保。但投保一切险时，因上述险别均包括在内，故无须加保。

2) 特别附加险

特别附加险是指承保由于军事、政治、国家政策法令及行政措施等特殊外来原因所引起的风险与损失的险别。中国人民财产保险股份有限公司承保的特别附加险，除包括战争险(War Risk)和罢工险(Strikes Risk)以外，还有有交货不到险(Failure to Delivery Risk)、进口关税险(Import Duty Risk)、舱面险(On Deck Risk)、拒收险(Rejection Risk)、黄曲霉素险(Aflatoxin Risk)，以及出口货物到中国香港(包括九龙在内)或中国澳门存仓火险责任扩展条款(Fire Risk Extension Clause for Storage of Cargo at Destination Hong Kong，Including Kowloon，Macao，FREC)和卖方利益险(Contingency Insurance“Cover Seller’s Interest Only”)等。

除上述保险险别外，针对海运货物的某些特性，保险公司保险业务中还有承保其特性的专门险别，这些专门险也具有基本险的性质，可以单独投保。我国的两种海运货物专门险是海洋运输冷藏货物保险(Ocean Marine Insurance for Frozen Products)和海洋运输散装桐油保险(Ocean Marine Insurance for Wood Oil Bulk)。

3. CIC 的除外责任

除外责任(Exclusion)是由保险公司明确规定不予承保的损失和费用。除外责任中所列的各项致损原因，一般都是非意外的、非偶然性的，或者是比较特殊的风险，由保险公司明确作为一种免责规定。除外责任还起到划清保险人、被保险人和发货人各自应负责任的作用。

除外责任一般有以下规定：

(1) 被保险人的故意行为或过失所造成的损失。

(2) 属于发货人责任所引起的损失。

(3) 在保险责任开始前，被保险货物已存在的品质不良或数量短差所造成的损失。

(4) 被保险货物的自然损耗、本质缺陷、特性，以及市价跌落和运输延迟所引起的损失或费用。

(5) 海洋运输货物战争险条款和货物运输罢工险条款规定的责任范围和除外责任。

4. CIC 的保险险别有关责任起讫规定

1) 基本险的责任起讫期限

平安险、水渍险和一切险的承保责任的起讫期限是采用国际保险业中惯用的“仓至仓”条款(Warehouse to Warehouse Clause，W/W)的规定方法。它规定“保险责任自被保险货物运离保险单所载明的启运地发货人仓库开始时生效，包括正常运输过程中的海上运输和陆上运输，直至该项货物到达保险单所载明的目的地收货人仓库为止”。该条款中的“运离”，是指货物一经离开发货人仓库，保险责任即为开始。“到达”是指货物一经进入收货人最后仓库，保险责任即告终止，对在仓库中发生的损失概不负责。如果被保险货物从海轮卸下后放在码头仓库、露天或海关仓库，而没有运到收货人仓库，保险责任继续有效，但最长负责期限为至卸离海轮 60 天为限。如在上述 60 天内被保险货物需转运到非保险单所载明的目的地时，则以该项货物开始转运时终止。另外，被保险货物在运至保险单所载明的目的地或目的地以前的某一个仓库而发生分配、分派的情况，则该仓库就作为被保险人的最后仓库，保险责任也以自货物运抵该仓库时终止。

此外，被保险人可以要求扩展保险期限。例如，对某些内陆国家的出口业务，如在港口卸货转运内陆，无法按保险条款规定的保险期限在卸货后 60 天内到达目的地时，即可申请扩展，经保险公司出具凭证予以延长，但需加收一定的保险费。在办理扩展责任时，必须注意以下事项：在买卖合同的保险条款中对扩展期限和扩展地点应作出具体明确的规定；对于没有铁路、公路和内河等正常运输路线的地区，除非事先征得保险公司同意，一般不能规定扩展保险责任；对于散装货物一般也不办理扩展责任。

2) 海运战争险的责任起讫期限

海运战争险的责任起讫是自保险单所载明的启运港装上海轮或驳船时开始生效，直至到达保险单所载明的目的港离海轮或驳船时为止。如果货物不卸离海轮或驳船，则保险责任最长延至货物到达目的港当日午夜起满 15 天为止；如果在中途转船，则不论货物在当地卸载与否，保险责任以海轮到达港口或卸货地点的当日午夜起满 15 天为止，等到再装上续运海轮时责任恢复有效。

5. 基本险中被保险人的义务

被保险人应按照以下应尽义务办理有关事项，如因未履行规定的义务而影响保险人利益时，保险公司对有关损失，有权拒绝赔偿。

(1) 当被保险货物运抵保险单所载明的目的港(地)以后，被保险人应及时提货，当发现被保险货物遭受任何损失，应即向保险单上所载明的检验、理赔代理人申请检验，如发现被保险货物整件短少或有明显残损痕迹应即向承运人、受托人或有关当局(海关、港务当局等)索取货损货差证明。如果货损货差是由于承运人、受托人或其他有关方面的责任所造成，应以书面方式向他们提出索赔，必要时还须取得延长时效的认证。

(2) 对遭受承保责任内危险的货物，被保险人和本公司都可迅速采取合理的抢救措施，防止或减少货物的损失。被保险人采取此项措施，不应视为放弃委付的表示，保险公司采取此项措施，也不得视为接受委付的表示。

(3) 如遇航程变更或发现保险单所载明的货物、船名或航程有遗漏或错误时，被保险人应在获悉后立即通知保险人并在必要时加缴保险费，保险才继续有效。

(4) 在向保险人索赔时，必须提供下列单证： 保险单正本、提单、发票、装箱单、磅码单、货损货差证明、检验报告及索赔清单。如涉及第三者责任，还须提供向责任方追偿的有关函电及其他必要单证或文件。

(5) 在获悉有关运输契约中“船舶互撞责任”条款的实际责任后，应及时通知保险人。

任务6.3 海运货物保险的投保

6.3.1 投保的策略

在海上货物运输中不可能不发生风险，发生风险就有可能造成货物损失。国际货物运输风险防范的一个重要环节就是投保，投保范围越大越好，但是投保的范围越大相对的费率也就越高。在投保时不知道货物会不会遭到风险和损失，风险具有两面性。如果在运输途中没有发生风险，人们总是希望自己投保的费用越少越好，如果在运输途中货物受损，则希望当时投保范围越大越好，得到的赔偿越多越好。如何在保险范围和保险费之间寻找平衡点，首先要对自己所面临的风险作出评估，甄别哪种风险最大、最可能发生，并结合不同险种的保险费率加以权衡。

1. 投保险别的考虑因素

投保险别时，通常要对以下几个因素进行综合考虑。

(1) 货物的种类、性质和特点。货物特性不同，选择的险种也不同。有的货物易碎，有的货物易自燃、受潮和霉变，所以投保要选择适合的险种。

(2) 货物的包装情况。

(3) 货物的运输情况(包括运输方式、运输工具及运输路线)。

(4) 运输季节。

(5) 发生在港口和装卸过程中的损耗情况等。

(6) 目的地的政治局势。综合考虑所出货物的各种情况非常重要，这样既可节省保费，又能较全面地提高风险保障程度。

主险的选择见表6-1。

表 6-1 主险的选择

主险	费率(参考)	所保货物的特性	举例
平安险	平安险费率	低值、裸装的大宗货物	矿砂、矿石、煤炭、钢材、铸铁制品
水渍险	2 倍平安险费率	发生碰损、破碎或容易生锈的可能性小但不影响使用的货物	铁钉、铁丝、螺丝等小五金类商品，以及旧汽车、旧机床等二手货
一切险	3 倍平安险费率	遭受损失的可能性最大	玷污、钩损、偷窃、短量、雨淋等，以及毛、棉、麻、丝、绸、服装类和化学纤维类商品

有的货物投保了主险可能还不够，还需投保附加险。附加险的选择要针对易出险因素加以考虑。例如，玻璃制品、陶瓷类的日用品或工艺品等产品，会因破碎造成损失，投保时可在平安险或水渍险的基础上加保破碎险。麻类商品受潮后会因发热、霉变或自燃等带来损失，应在平安险或水渍险的基础上加保受热受潮险。石棉瓦(板)、水泥板、大理石等建筑材料类商品，主要损失因破碎导致，应该在平安险的基础上加保破碎险。某些含有黄曲霉素的食物，如花生、油菜籽、大米等食品，往往含有这种物质，会因超过进口国对该物质的限制标准而被拒绝进口、没收或强制改变用途，从而造成损失，那么，在出口这类货物的时候，就应将黄曲霉素险作为特别附加险予以承保。

2. 投保的注意事项

在纷繁复杂的险种中，货主应该根据实际情况挑选适合自己的附加险。需要注意的问题有以下几个方面。

(1) 在我国的货物运输保险险别中，基本险是可以单独投保的，而附加险则不能单独投保。也就是说，只有在投保某一基本险的基础上才能加保附加险。同时，货主也不必对货物投保太多的险种，以免“过度投保”，从而造成不必要的经济损失。

(2) 在选好险种后，货主应适时对货物的出运情况进行跟踪，以便及时地做好货物的投保工作。例如，以 CIF 条件成交的货物，应该由货主也就是卖方进行投保。在实际工作中，尤其是散货，卖方往往是在装船后才根据实际的装船数量进行投保的。而自装船到投保存在着一定的时间差，期间也有可能发生承保范围内的损失，即通常说的损失在前，投保在后。这样货物投保了，却得不到赔偿。货主在和保险公司签订保险合同的同时，应该在合同中明确保险人的保险责任及注意一些除外责任。例如，以 FOB 和 CFR 条件成交货物，只能在装货港越过船舷后方可获得赔偿。如果损失发生在仓库和运输途中，则买卖双方都不能获得赔偿。

(3) 投保一定要及时，尽量避免倒签提单的问题。一般在中国香港、澳门和台湾地区、日本、韩国、朝鲜等地区和国家船开之后 3 天之内必须投保。在新加坡、菲律宾，5～7 天之内必须投保，其他地区 15 天之内必须投保，否则影响出单、索赔。

(4) 投保时要诚实，投保的信息一定要真实，否则将难以办理。

(5) 了解保险公司对一些特殊货物、特殊险种的态度。例如，对陶瓷，保险公司一般都有绝对免赔条款，可是如果客户开信用证时要求不计免赔，就难以办理。一些特殊险种，如轮胎的产品责任险，美国和加拿大的保险公司是不予以承保的。

3. 选择合适的保险公司(保险人)

选择保险公司(保险人)要考虑以下因素：

(1) 保险公司的经济实力和经营的稳定性。

(2) 保险商品的价格是否合理。

(3) 保险公司的理赔情况。

(4) 保险公司提供的服务。

在我国，许多保险公司开展了货物商业保险业务，如中国人民财产保险股份有限公司、中国太平洋保险股份有限公司和中国平安保险股份有限公司等。

4. 投保方式

货物运输险投保的方式有以下几种：

(1) 凡是带保险价格条件的成交合同或按信用证规定装运的出口货物，贸易公司或其他卖方需逐笔填制投保单，办理货物运输险投保。

(2) 投保人因时间紧迫，可口头或以函电向保险公司提出申请，如获允准，保险也生效，但事后要补交投保单。

(3) 对业务量较大的贸易公司，为简化手续，节省时间，投保也可以发票、出口货物明细单或货物出运分析单及报关单的副本代替。

(4) 专业从事出口业务的贸易公司或长期出口货物的单位，可与保险公司签订预约保险合同(简称预保合同，是一种定期统保契约)。凡在预保合同约定范围以内的货物，一经起运，保险公司即自动承保，即凡签订预保合同的单位，每批保险标的出运前，由投保人填制起运通知，一式三份，均交保险公司。

5. 投保途径

无论投保哪种保险，投保人都可以采用人工投保或网上投保两种途径。

1) 人工投保

人工投保一般是在货物装运前几天(一般提前1～2天)把投保单的草本通过电子邮件或传真等方式传给保险公司预录入系统，等到货物装船出运后，再要求保险公司打印正本保单。其操作步骤如下：

(1) 填写投保单(由保险公司提供样板)，填好后传真或通过网络传至保险公司。

(2) 保险公司根据投保单做一份保险单草稿(电子版或传真版)，发给客户核对。

(3) 客户核对无误，确认回传，保险公司打印正本保险单。

(4) 送(寄)出保险单和保险费发票。

(5) 客户付保险费，可以用现金或转账支付。

2) 网上投保

网上投保是利用搜索引擎登录保险公司网址，直接进入在线保险的页面，按流程填好表格提交即可。

6.3.2 投保单的填制

1. 投保单的定义

投保单是进出口企业向保险公司对运输货物进行投保的申请书，也是保险公司据以出立保险单的凭证，保险公司在收到投保单后即缮制保险单。因此，投保单的填写必须真实、准确。

2. 填制投保单的要求

填制投保单时，应按照以下原则填写。

(1) 保险人，即承保人，一般为保险公司或保险商或其代理人，但不能为保险经纪人。

(2) 被保险人。此项为受保险合同保障的一方，一般是投保人为被保险人。如果以 CIF 条件成交，由卖方办理保险，一般以卖方本人为被保险人；如果以 FOB 或 CFR 条件成交，由买方自行投保，直接以其本人为被保险人。若信用证要求以进口商为被保险人或指明要过户给某一银行或第三者，应在投保单上填明。

(3) 保单号次。此项确定保险保障的贸易货物的具体批号，以便发生索赔时进行核对。出口货物填写该批货物的发票号码；进口货物则填写贸易合同号码。

(4) 标记。此项应填写商品的运输标志，或写明“按发票规定(As Invoice)”。

(5) 包装及数量。此项写明包装方式及包装数量，并填写最大包装的件数。如果一次投保有数种不同包装时，可以以件(Packages)为单位。散装货应填写散装重量。如果采用集装箱运输，应予注明(In Container)。

(6) 保险货物项目。此项应填写保险货物的名称，按发票或信用证填写，如果货名过多，可只写统称，不必过于具体。

(7) 保险金额与货币。此项填写按照贸易合同或信用证规定的加成计算得出的保险金额数值。计算时一般按发票的金额加成。保险金额货币名称要与发票一致。

(8) 运输工具。海运时应写明具体的船名。如果中途需转船，已知第二程船时应打上船名；如果第二程船船名未知，则只需注明“转船”字样。集装箱运输应注明“用集装箱”。

(9) 开航日期。一般应注明“按照提单”或注明船舶的大致开航日期。

(10) 装运港和目的港。此项填写起始地和目的地名称。中途如需转船，则应注明转船地。若到目的地后，需转运内陆，应注明内陆地名称。如果到达目的地路线不止一条，要填写经过的中途港(地)的名称。

(11) 承保险别。具体写明险别及保险条款执行条件。

(12) 偿付地点。通常在目的地支付赔款。如果被保险人要求在目的地以外的地方赔款，应予注明。

(13) 投保人签章。此项应如实填写投保公司名称、电话和地址。

(14) 投保日期。投保日期应在船舶开航日期或货物起运日期前。

在出口投保时，有时为简化手续，投保人不单独填写投保单，而以现成的公司发票副本代替投保单，并将下列内容在发票上逐一列明：承保险别、投保金额、运输工具、开航日期、赔款地点、保单份数、投保日期、其他要求等。

办理投保手续后，投保人如果发现填写内容有错误、遗漏或实际情况发生变化，应及时通知保险人，申请变更有关内容，以免因重要事实陈述不实而导致保险人解除保险合同或拒付保险赔款。货物运输投保单样单如图 6.3 所示。

进 出 口 货 物 运 输 保 险 投 保 单

APPLICATION FORM FOR CARGO TRANSPORTATION INSURANCE

发票号 Invoice No.	26YX-CVG029	合同号 Contract No.		信用证号 L/C No.	
被保险人 Insured	ZHEJIANG YAXIN TEXTILE DECORATION CO.，LTD				
标记 Marks & Numbers		包装及数量 Quantity	保险货物项目 Description of Goods	发票金额 Invoice Value	保险金额 Insured Amount
ARTICLE NO.: COLOUR NO.: QUANTITY: AMSTERDAM:		42 ROLLS	CURTAIN FABRIC WIDTH:150 CM	$4 557.49	$5 013.24
装载 运输工具 Conveyance	KOTA KAMIL V.KMI007	起运日期 Date of Commencement	AS PER B/L	赔款偿付地点 Loss If Any Payable at	ROTTERDAM IN USD
运输路线 Voyage	自 From SHANGHAI		到 To ROTTERDAM，	转载地点 Port of Transshipment	
投保险别 Insurance Cover Aged Required:				投保人(签名盖章) Application'sSignature& Stamp:	
COVERING ALL POSSIBLE RISKS					
申请保险单正本份数：3 Issued in 3 Original(s) Only.		□保险单(Insurance Policy) □保险凭证(Insurance Certificate)		投保日期 Date	2006.11.03

图 6.3　货物运输投保单样单

任务 6.4　保险金额和保险费的确定

6.4.1　保险金额和保险费的含义

1. 保险金额

保险金额是指保险人(保险公司)承担赔偿或者给付保险金责任的最高限额，即投保人对保险标的的实际投保金额，同时又是保险公司收取保险费的计算基础。

2. 保险费

保险费是指被保险人参加保险时，根据其投保时所定的保险费率，向保险人交付的费用。

6.4.2 保险金额的确定与保险费的计算

保险金额原则上应该是被保险货物的实际价值，但在国际贸易实践中，准确地核定进出口货物的实际价值是比较困难的。所以进出口货物运输保险金额一般是以发票价值为基础的，如按 CIF 条件成交，以买方的进口成本看，除进口货物的货价外，还须包括运费和保险费，即 CIF 价。以 CIF 价格作为保险金额，在货物发生损失时，被保险人已支付的经营费用和本来可以获得的预期利润仍无法从保险公司获得补偿。因此，各国保险法及国际贸易惯例都允许进出口贸易运输保险的保险金额可在 CIF 价格基础上适当加成，一般投保加成是 110%，即投保加成率为 10%。当然，保险公司与被保险人可以根据不同货物、不同地区、不同的经营费用和预期利润水平，约定不同的加成率。但过高的加成率，一般不会被认为是正常的。是否承保，由保险公司决定。

1. 出口货物保险金额的确定和保险费的计算

1) 保险金额的计算公式

保险金额的计算公式为

$$保险金额=CIF货价\times(1+投保加成率)$$

以 CIF 货价为计算保险金额的基础，表明不仅货物本身而且包括运费和保险费都作为保险标的而投保，在发生损失时应该获得赔偿。因此，对 CFR 合同项下货物进行投保，需先把 CFR 货价变成 CIF 货价，再加成计算保险金额。以 CFR 货价为基础换算 CIF 货价时，可用下列计算公式。

$$CIF=CFR/(1-投保加成\times保险费率)$$

$$投保加成=(1+投保加成率)$$

2) 保险费的计算公式

保险费的计算公式为

$$保险费=保险金额\times保险费率$$

即

$$保险费=CIF货价\times(1+投保加成率)\times保险费率$$

【例 6-1】某公司出口一批商品到美国某港口，原报 CFR 美国东海岸某港口价格，总金额为 20 000 美元，现进口商来电要求改报 CIF 价格，目的地不变，并按 CIF 价格加成 10%，投保海运一切险及战争险。假设运至美国东海岸的该项货物海运一切险的保险费率为 0.8%，战争险的保险费率为 0.05%，试计算保险金额。

解：改报 CIF 价格：

$CIF=20\,000/[1-(0.8\%+0.05\%)\times(1+10\%)]\approx 20\,188.76$(美元)

保险金额$=20\,188.76\times(1+10\%)\approx 22\,207.64$(美元)

2. 进口货物保险金额的确定和保险费的计算

按FOB、CFR和CIP条件成交的进口货物，均由买方办理保险。为了简化投保手续和防止出现漏保或来不及办理投保等情况，我国进口货物一般采取预约保险的做法。按照预约保险合同的规定，各外贸公司对每批进口货物，无须填制投保单，而仅以国外的装运通知代替投保单，作为办理保险的手续，保险公司则对该批货物负自动承保责任。

例如，中国人民财产保险股份有限公司承保我国进口货物，根据双方签订的预约保险合同，以进口货物的CIF货价作为保险金额，一般不再加成。

1) 保险金额的计算公式

(1) 如果按CFR货价进口，则按平均保险费率直接计算保险金额，计算公式为

保险金额＝CFR货价×(1＋平均保险费率)

(2) 如果按FOB货价进口，则按平均运费率和平均保险费率直接计算保险金额，计算公式为

保险金额＝FOB货价×(1＋平均保险费率＋平均运费率)

2) 保险费的计算公式

保险费的计算公式为

保险费＝保险金额×平均保险费率

(1) 如果以CFR货价成交，保险费的计算公式为

保险金额＝CFR货价×(1＋平均保险费率)

保险费＝保险金额×平均保险费率

(2) 如果以FOB货价成交，保险费的计算公式为

保险费＝FOB货价×(1＋平均保险费率＋平均运费率)×平均保险费率

任务6.5 海运货物保险单据

保险单据是一份法律文件。它是保险人与被保险人之间有关权利与义务关系的书面证明，也是保险人的承保证明。一旦发生保险责任范围内的损失，它就是被保险人要求赔偿的依据。海运货物保险单据的形式主要有以下四种。

6.5.1 保险单

保险单(Insurance Policy)，俗称大保险单或正式保险单，它是使用最多的普通保险单，用于承保一个指定的航区内某一批货物发生的损失。凡是指明航程或指明一批货物都可出示这种保险单。世界各地保险公司签发的海上货物运输保险单，格式互有差异，但其内容基本一致。中国人民财产保险股份有限公司的保险单的内容有以下几个方面。

1. 保险单正面的内容

(1) 证明双方当事人建立保险关系的文字，说明保险人根据被保险人的要求，由被保险人缴付约定的保险费，按照该保险单条件承保货物运输险。

(2) 载明被保险货物的情况，包括货物品名、标记、数量、包装、保险金额，以及载货船名、启运港和目的港、开航日期等。

(3) 承保险别和理赔地点及保险人声明所保货物如遇危险，凭该保险单及有关证件给付赔款。

2. 保险单背面的内容

保险单背面所列保险条款，是确立保险人与被保险人之间权利与义务关系的依据。主要包括承保责任范围、除外责任、责任起讫、被保险人的义务、索赔期限等。

6.5.2 保险凭证

保险凭证(Insurance Certificate)，俗称小保单，它是简化的保险合同，也是保险公司表示接受承保的一种证明文件。保险凭证仅载明被保险人名称，被保险货物名称、数量、标记、运输工具种类和名称、承保险别及起讫地点和保险金额等，而对保险公司和被保险人的权利和义务等方面的详细条款则不予载明，通常按保险公司的保险单所载条款办理。保险凭证具有与保险单同等的效力。但是，如果信用证规定提供的是保险单时，受益人一般不能以保险凭证代替。

6.5.3 联合凭证

联合凭证(Combined Certificate)，是指保险公司将承保险别、保险金额和保险编号加列在外贸公司开具的出口货物商业发票上，作为已经承保的证据。至于其他项目，均以发票上所列明的为准。它是发票与保险单相结合的一种凭证，是最简单的保险单据。这种单据目前只适用于对中国香港和中国澳门部分华商和少数新加坡、马来西亚的出口业务，对其他地区，除双方有约定外，一般均不使用。

6.5.4 预约保险单

预约保险单(Open Policy)是保险公司承保被保险人在一定时期内发运的以 CIF 条件成交的大批量的出口货物或以 FOB 和 CFR 条件成交的进口货物使用的保险单。这种保险单载明预约保险货物的范围、险别和保险费率，以及每批货物的最高保险金额、保险费结算办法等。凡属于预约保险范围内的进出口货物，一经启运，即自动按预约保险单所列条件承保。通常是被保险人以启动通知书或其他书面形式将预约保险的货物名称、数量、保险金额、运输工具的种类和名称、航程起讫地点、开航日期等情况通知保险公司。

6.5.5 保险单据的填写要求

(1) 正本份数(Number of Original Policy)。当信用证没有特别说明保险单份数时，出口公司一般提交一套完整的保险单(一份正本，一份复联本)。当来证要求提供的保险单“IN DUPLICATE/IN TWO FOLDS/IN 2 COPIES”时，出口商提交给议付银行的是由正本保险单(ORIGINAL)和复联保险单)DUPLICATE)构成的全套保险单，其中的正本保险单可经背书转让。根据 UCP600 的规定，正本必须有“正本”(ORIGINAL)字样。在实务中，可根据信用证或合同规定使用一份、两份或三份正本保险单，每份正本上分别印有“第一正本(THE FIRST

ORIGINAL)”、“第二正本(THE SECOND ORIGINAL)”及“第三正本(THE THIRD ORIGINAL)”字样以示区别。

(2) 发票号码(Invoice Number)，此栏填写发票号码。

(3) 保险单号码(Policy Number)，此栏填写保险公司指定号码。

(4) 被保险人(Insured)。如果信用证无特别规定，保险单的被保险人应是信用证的受益人。例如，信用证规定保险单为“TO ORDER OF×××BANK”或“IN FAVOUR OF×××BANK”，即应在“被保险人”栏填写“×××出口公司＋HELD TO ORDER OF×××BANK”或“IN FAVOUR OF×××BANK”。

在 CIF 或 CIP 价格条件下，被保险人即为卖方(出口商)，信用证方式下指的是受益人，托收方式下为委托人。但是实际发生货损时，索赔的权益是买方(进口商)，所以保险单以卖方为保险人时，卖方要在保险单的背面进行背书，以示索赔权益转让给保险单的持有人，同时受让人则负担被保险人的义务。

如信用证有特殊要求，所有单据以×××为抬头人，那么应在“被保险人”栏填写以×××为被保险人，这种保险单就不要背书了。

如果信用证规定，保险单为第三者名称即中性名义，可打成“被保险利益人”即填写“TO WHOM IT MAY CONCERN”。

如果信用证规定，保险单为空白抬头(TO ORDER)，“被保险人名称”栏应填写“TO APPLICANT＋出口商 FOR THE ACCOUNT OF WHOM IT MAY CONCERN”。

如信用证规定以某公司或某银行为被保险人，可以直接在本栏上填写所规定的名称，无须背书。

(5) 保险货物项目(Description of Goods)，此栏填写货物名称，允许填写货物总称。

(6) 唛头(Marls and Nos)。保险单唛头应与发票、提单等一致，也可只填写“AS PER INVOICE NO. ×××”。

(7) 包装及数量(Quantity)。如以包装件数计价，则将最大包装的总件数填入；如以毛重或净重计价；可填件数及毛重或净重；如果是裸装货物，则表示其件数即可；如果是散装货物则表示其重量，并在其后注明“IN BULK”字样。

(8) 保险金额(Amount Insured)，一般按照发票总金额的 110%投保。信用证项下的保险单必须按信用证规定办理，此栏使用的货币应与信用证使用的货币相一致，大小写保持一致。

(9) 保险金额(Total Amount Insured)，即保险金额的大写数字，以英文表示，末尾应加“ONLY”字样，以防涂改。

(10) 保费(Premium)，一般已由保险公司印就“AS ARRANGED(如约定)”字样。除非信用证另有规定，每笔保费及费率可以不具体表示。

(11) 开航日期(Date of Commencement)，一般填写提单的签发日期，也可填写提单签发日前后各 5 天之内任何一天的日期，或填写“AS PER B/L DATE”。

(12) 装载工具(Per Conveyance)，此栏填写装载船的船名。当运输由两程运输完成时，应分别填写第一程船船名和第二程船船名。如再转运到内陆，则填写“OTHER CONVEYANCE”；空运，则填写“BY AIR”或“BY AEROPLANCE”；陆运，则填写“BY TRAIN”或“BY WAGON NO. ×××；如以邮包寄送，则填写“BY PARCEL POST”；若采用海陆联运方式，则填写“BY S.S×××AND THENCE BY OVERLAND TRANSPORTATION TO×××”。

(13) 起运地和目的地(From…to…)，此栏填写起运地和目的地名称。当货物经转船到达目的港时，可填写“FROM 装运港 TO 目的港 W/T AT 转运港(WITH TRANSIPMENT AT×××)”，也可打成“VIA 转运港 AND THENCE TO 投保最终目的地”。例如，货物由上海运达纽约港后转运到芝加哥，提单可打成“FROM SHANHGAI TO NEW YORK AND THENCE TO CHICAGO”或“FROM SHANGHAI TO NEW YORK IN TRANSIT TO CHICAGO”。

(14) 承保险别(Conditions)，本栏系保险单的核心内容，填写时应注意保险险别及文句与信用证严格一致，即使信用证中有重复语句，为了避免混乱和误解，最好按信用证规定的顺序填写。如信用证没有规定具体险别，或只规定“MARINE RISK”、“USUAL RISK”或“TRANSPORT RISK”等，则可投保一切险、水渍险和平安险 3 种基本险中的任何一种。如信用证中规定使用伦敦学会条款，包括修订前后或修订后的，可以按信用证规定承保，保险单应按要求填制。投保的险别除注明险别名称外，还应注明险别适用的文本及日期。

(15) 货损检验及理赔代理人(Surveying and Claim Settling Agents)，一般选择目的港或目的港附近的有关机构为货损检验或理赔代理人，并详细注明代理人的地址。

如果保险单上注明保险责任终止是在内地而非港口，则应填写内地代理人名称；如当地无中国人民财产保险股份有限公司的代理机构，可以注明由当地法定检验机构代为检验；如果信用证自行指定买方选择的代理人，则不应接受。

(16) 赔付地点(Claim Payable at)，此栏按合同或信用证要求填写。如果信用证中并未列明确，一般将目的港作为赔付地点。例如，买方指定理赔代理人，理赔代理人必须在货物到达目的港的所在国内，便于到货后检验。赔款货币一般为投保额相同的货币。

(17) 日期(Date)，指保险单的签发日期。由于保险公司提供仓至仓服务，因此要求保险手续在货物离开出口方仓库前办理。保险单的日期也应是货物离开出口方仓库前的日期。

(18) 投保地点(Place)，一般为装运港(地)的名称。

(19) 签章(Authorized Singapore)，由保险公司签字或盖章以示保险单正式生效。

(20) 背书(Endorsed)，其分为以下几种背书方式。

① 空白背书(Blank Endorsed)，只注明被保险人(包括出口商和经办人)名称。当来证没有规定使用哪一种背书时，也使用空白背书方式。

② 记名背书。当来证要求“DELIVERY TO(THE ORDER OF)×××COMPANY(BANK)”或“ENDORSED IN THE NAME OF×××”，即规定使用记名方式背书。具体做法：在保险单背面注明被保险人的名称和经办人的名字后，打上“DELIVERY TO×××COMPANY(BANK)”或“IN THE NAME OF×××”的字样。记名背书在出口业务中较少使用。

③ 记名指示背书。当来证保险单条款规定“INSURANCE POLICY OR CERTIFICATE IN NEGOTIABLE FORM ISSUED TO THE ORDER OF×××”时，具体做法：只要在保险单背面打上“TO ORDEROF×××”，之后签署被保险人的名称即可。货物运输保险单样例如图 6.4 所示。

PICC　　中国人民保险公司

The People's Insurance Company of China

总公司设于北京　一九四九年创立

Head Office Beijing　　Established in 1949

货物运输保险单

CARGO TRANSPORTATION INSURANCE POLICY

发票号(INVOICE NO.)：SD537　　　　保单号次(POLICY NO.)：

合同号(CONTRACT NO.)：

信用证号(L/C NO.)：25DF/05

被保险人(INSURED)：TO ORDER

中国人民保险公司(以下简称本公司)根据被保险人的要求，由被保险人向本公司缴付约定的保险费，按照本保险单承保险别和背面所载条款与下列特款承保下述货物运输保险，特立本保险单。

THIS POLICY OF INSURANCE WITNESSES THAT THE PEOPLE'S INSURANCE COMPANY OF CHINA (HEREINAFTER CALLED "THE COMPANY") AT THE REQUEST OF THE INSURED AND IN CONSIDERATION OF THE AGREED PREMIUM PAID TO THE COMPANY BY THE INSURED, UNDERTAKES TO INSURE THE UNDERMENTIONED GOODS IN TRANSPORTATION SUBJECT TO THE CONDITIONS OF THIS OF THIS POLICY AS PER THE CLAUSES PRINTED OVERLEAF AND OTHER SPECIAL CLAUSES ATTACHED HEREON.

标记 MARKS&NOS	包装及数量 QUANTITY	保险货物项目 DESCRIPTION OF GOODS	保险金额 AMOUNT INSURED
AS per Invoice NO.SD537	100 CTNS	Sport Shoes	GBP 15，120

总保险金额
TOTAL AMOUNT INSURED:　GREAT BRITIAN PONDS FIFTEEN THOUSAND ONE HUNDRED & TWEENTY.

保费 PERMIUM: AS ARRANGED	启运日期 DATE OF COMMENCEMENT: 15th, SEPT, 2005	装载运输工具 PER CONVEYANCE:

自 FROM: QINGDAO	经 VIA	至 TO LONDON

承保险别

CONDITIONS:

所保货物，如发生保险单项下可能引起索赔的损失或损坏，应立即通知本公司下述代理人查勘。如有索赔，应向本公司提交保险单正本(本保险单共有　份正本)及有关文件，如 1 份正本已用于索赔，其余正本自动失效。

IN THE EVENT OF LOSS OR DAMAGE WITCH MAY RESULT IN A CLAIM UNDER THIS POLICY, IMMEDIATE NOTICE MUST BE GIVEN TO THE COMPANY'S AGENT AS MENTIONED HEREUNDER. CLAIMS, IF ANY, ONE OF THE ORIGINAL POLICY WHICH HAS BEEN ISSUED IN (　) ORIGINAL(S) TOGETHER WITH THE RELEVANT DOCUMENTS SHALL BE SURRENDERED TO THE COMPANY. IF ONE OF THE ORIGINAL POLICY HAS BEEN ACCOMPLISHED. THE OTHERS TO BE VOID.

赔款偿付地点 CLAIM PAYABLE AT：　LONDON IN GBP.

出单日期

ISSUING DATE：　10th，SEPT，2005

中国人民保险公司

The People's Insurance Company of China

签章

AUTHORIZED SIGNATURE:

图 6.4　货物运输保险单样例

任务 6.6 海运货物保险索赔及理赔

保险索赔(Claim)，又称提赔，是指当被保险货物遭受承保范围内的风险损失时，被保险人依据保险合同向保险人要求赔偿的行为。被保险人发现货损必须依据索赔的要求和程序处理提赔事宜。

6.6.1 索赔程序

1. 投保的货物发生损失后的处理

在所投保的货物发生损失后，被保险人应立即向保险公司发出损失通知，并申请残损检验。

1) 海上运输货物的检验方式

(1) 法定检验，是指以法令的形式对某些指定的商品按程序进行检验。我国法律规定对部分进出口商品必须实施法定检验，包括：①列入现行实施检验商品种类的；②国有企业对外贸易合同规定应由中国国家出入境检验检疫局检验的；③需检验动植物及其产品有无害虫和病菌的。

我国法律规定必须实施法定检验的出口商品有 103 种，仅占 366 种主要出口商品的 28%。进口商品实施法定检验的有 15 种。

(2) 公证检验。应申请人的要求，凭申请办理检验。公证检验是以第三者的身份，对申请检验的项目进行检验，出具检验报告书。

(3) 联合检验包括以下两种。

① 港口联合检验。进口货物运抵目的港发现残损时，收货人应立即通知保险人和有关方面，如商检部门，进行联合检验。

② 异地联合检验。进口货物大部分是转运到内地的。只要发现有保险责任范围内的短缺残损，收货人都应通知当地保险公司进行联合检验，并编制联合检验报告。

2) 海上运输货物的检验程序

(1) 检查货物的外包装。

(2) 检查货物内包装。

(3) 判断损失原因。

(4) 确定损失程度：

① 确定损失数量。

② 确定贬值率。

贬值率的计算公式为

贬值率＝(货物的完好价值－货物受损后的价值)/货物的完好价值×100%

③ 确定责任归属。

④ 确定费用损失。

(5) 审阅有关单证。

(6) 出具检验报告。

3) 海上运输货物检验中的其他问题

(1) 确定应向谁申请检验。需注意的问题如下：

① 出口货物检验人是保单载明目的地的检验和理赔代理人。

② 进口货物的检验人是保险单上载明的检验代理人。

(2) 不必申请检验的情况。损失金额很小的货物损失案件，由于检验费用可能超过损失本身的金额，保险人不要求被保险人申请检验。

(3) 申请检验期限的要求

① 偷窃损失，申请检验期限不迟于发现损失后 10 天内提出。

② 破碎、钩损、污染等损失。被保险人在货物运到保险单载明的目的地或目的港后，立即向调查机构或理赔代理人申请调查。

③ 海水损失。因延迟申请检验而扩大的损失，应酌情扣除。

(4) 检验费用的支付。货物的检验费用一般由被保险人垫付。如果损失属于保险责任，这笔检验费用就由保险人赔付给被保险人；如果不属于保险责任，检验费用就由被保险人自负。

2. 索取证明

索取证明指向承运人或其他有关责任方索取货损货差证明，以作为向保险人索取赔款的证明。

3. 采取措施

采取必要的施救措施，防止损失的扩大。

4. 索赔

被保险人向保险人或其代理人索赔，除以书面提出索赔申请、开列索赔清单外，还须提供下列文件，以证明被保险货物损失程度和保险人应负的赔偿责任。

(1) 货物残损检验报告。

(2) 保险单或保险凭证。

(3) 发票、提单、装箱单和重量单。

(4) 海事报告。

(5) 被保险人为保全被保险货物支付的合理损害防止费用，以及货物残损检验费用的开支清算。根据保险条款规定，这些费用均可从保险人处获得补偿。

(6) 向承运人或其他第三者索赔的有关文件和来往函电。

5. 等候结案

被保险人在办妥有关索赔手续后，即可等待保险人最后审定责任，领取赔款。

6.6.2　索赔应注意的问题

1. 海运货物运输保险的定值保险

海运货物运输保险一般是定值保险，当货物发生全损时，应赔偿全部保险金额。如为部分损失，则需合理确定赔偿比例。对于部分损失，其赔额应正确计算，计算时要看是数量损失还是质量损失。

数量损失的计算公式为

赔额＝(保险金额/承保数量)×损失数量

质量损失计算比数量损失计算要复杂些。质量损失首先要确定货物完好的价值和受损后的价值。

其计算公式为

赔额＝［(货物完好价值－受损后价值)/货物完好价值］×保险金额

但是，对于易碎和易短量货物的赔偿，保险业有两种规定方法。一种是当货物发生破碎和短量时，保险人可以免赔一定的百分数，即通常所说的免赔率。免赔率可分为相对免赔率(Franchise)和绝对免赔率(Deductible)。若货物损失超过免赔率，前者不扣除免赔率全部赔偿，后者则扣除免赔率，只赔偿超过部分的损失。中国人民财产保险股份有限公司采用绝对免赔率的做法。另一种规定是无论损失程度如何，保险公司均予以赔偿，即不计免赔率，但保险公司要加收保险费。

2. 被保险货物遭受严重损失的情况

被保险人要求按推定全损赔偿时，必须将货物及其一切权利委托(Abandonment)给保险人。保险人一经接受委付就只能按推定全损赔偿，并取得处理残余货物的权利。如果被保险人不提出委付通知，则认为被保险人要保留残余货物的权益，保险人只给予部分损失的赔偿。被保险人向保险人发出委付通知，保险人可以接受，也可以不接受。

3. 代位权追偿

代位权追偿是指保险人向被保险人支付赔款后，取代被保险人向第三者索赔的权利。当货物遭受承保范围内的损失，但损失应由第三者负责时，被保险人在取得保险赔偿后，应将向第三者追偿的权益转让给保险人，以使其取得代位权。代位权包括货物代位权和权利代位权。

4. 索赔时效

保险索赔必须在规定时间内提出方为有效，否则保险公司不予受理。

我国保险公司的索赔提出时效为两年。但如向保险人发出货损通知，即表明索赔行为已经开始，可不再受索赔时效的限制。

6.6.3 海上运输货物保险的理赔

理赔是保险公司执行保险合同，履行保险义务，承担保险责任的具体体现。海上保险进行的赔偿不是一种违约赔偿，而是一种履约赔偿。

1. 保险赔偿的原则

(1) 重合同、守信用的原则。按照合同的规定赔偿被保险人的经济损失，以赢得被保险人的信任，提高保险人声誉。

(2) 主动迅速原则。

(3) 先赔偿、后追偿原则。

(4) 赔偿适当原则。保险人在赔偿损失时，应合情合理，恰到好处。贯彻赔偿适当原则的途径有以下三种。

① 补偿原则。以保险标的的实际损失为限制标准。

② 比例分摊原则。重复保险，两家保险公司共同承担责任。

③ 主要保险制适用原则。保险赔偿是弥补被保险人由于保险标的遭受损失而失去的经济

利益，被保险人不能因保险赔偿而获得额外的利益。

(5) 遵守国际惯例原则。严格按照国际法规和惯例处理赔案，是保险赔偿工作中必须遵守的重要原则。

2. 保险赔偿的程序

1) 立案登记。

保险人在接到出险通知后，应当立即派人进行现场查验，了解损失情况及原因，查对保险单，登记立案。

2) 查勘检验。

保险人对投保单位发生灾害损失后到现场查勘，了解受损原因、情况和程度，并对受损标的进行检验、盘点和估算。查勘检验是理赔工作的重要内容之一，对于正确理赔有着重要作用。此外，通过查勘检验，视必要采取相应的抢救和保护措施，以防止损失继续扩大。

3) 核赔定损

核赔定损包括以下两个方面。

(1) 审定保险责任。审定保险责任是理赔过程中一项十分谨慎的工作，关系到被保险人的切身利益和保险人的信誉。所以在审定保险责任时，业务人员应根据现场查勘记录、事故证明等有关材料；结合保险条款及其解释等有关文件，全面分析事故的主客观原因。对于确定无异议属于保险责任的理赔案件，应立即开展定损和计算赔款工作。

(2) 审定保险期限。主要是查清损失是否发生在保险有效期限内，特别需要注意保险有效期同保险利益的关系。

4) 赔款计算

(1) 全部损失赔偿金额的计算。无论是实际全损还是推定全损，其赔偿金额都是该被保险货物的全部保险金额。

① 在发生部分全损的情况下，该损失的赔偿金额应是全损部分的保险金额，而不是全部的保险金额。

② 在货物尚未全部装运的情况下，其全损的赔偿金额不是全部保险金额，而是已装运部分的保险金额。

③ 如果发生全损时，构成保险金额的部分费用尚未支出，以致无须支出时，其赔偿金额也非全部保险金额。在这种情况下，计算赔偿金额时应将无须支出的费用予以扣除。

(2) 部分损失赔偿金额的计算。

① 货物数量损失的计算方法。其计算公式如下：

赔偿金额＝保险金额×已损货物件数(或重量)/承保货物的总件数(或总重量)

② 货物质量损失的计算方法。在货物呈现损坏状态运抵目的地的情况下，可通过检验人与保险人联合审定受损货物的原因与程度，并与被保险人商定货物的损害率。

假如货主在中途处理受损货物，通常的做法是将损坏货物拍卖，完好价值与受损价值则以拍卖地市价为准。其计算公式为

赔偿金额＝保险金额×(货物的完好价值－货物受损后价值)/货物完好价值

③ 扣除免赔率的计算方法。免赔率有相对免赔率和绝对免赔率两种，但是对易于发生破碎、短量和渗漏等损失的货物，根据其性质在指明货物费率表中列有免赔率；对易碎的玻璃制品和陶瓷制品等，规定破碎免赔金额的计算公式为

免赔重量＝已损货物件数×每件货物原装重量×免赔率

赔偿重量＝损失重量－免赔重量

赔偿金额＝保险金额×赔偿重量/保险重量

散装货物通常会发生一定比例的正常损耗，因此保险人会规定免赔率。我国保险条款规定，凡指明货物加费费率表上规定有免赔率的，若被保险人要求降低免赔率，每降低1%免赔率，保险费率增加0.5%。不扣除免赔率的计算公式为

赔偿金额＝保险金额×损失重量/保险重量

④ 加成投保的计算方法。为了保证国际贸易的预期利润收入，出口货物保险一般按货物发票价值另加一定的成数投保。加成投保货物发生损失时，其赔偿金额计算公式为

赔偿金额＝保险金额×按发票价值计算的损失额/发票金额

【例6-2】某公司出口工艺品20箱，发票金额为20 000美元，保险金额为2 200美元，运输途中损失5箱，按发票价值计算的损失金额为5 000美元。问赔偿金额是多少？

解：赔偿金额＝2 200×5 000/20 000

＝5 500(美元)

(3) 费用损失赔偿金额的计算。

① 施救费用。是被保险人或其他代理人实际支出的金额。保险人对施救费用和货物损失的赔偿各按一个保险金额来计算。如果保险金额低于保险价值，保险人按比例赔偿施救费用。

② 特别费用。是由被保险人和代理人实际支出的金额，但其受以下两种限制：

一是已经损失的特别费用必须是保险单承保危险而产生的从属费用，赔偿时是与作为货物自身损失的单独海损一起计算的。

二是特别费用损失的金额与货物损失的金额合计超过保险金额时，保险人赔偿金额以保险金额为限。

③ 救助费用。是被保险人支付给第三者的报酬。如救助行为不涉及他人财物时，其赔偿金额以被救助的货物价值或保险金额为限；如果救助行为涉及他人财物，货物与载货船舶一同被救时，其赔偿金额则按各关系方的被救助的财物价值比例计算。

④ 额外费用。是被保险人在索赔中实际支出的金额。只要索赔成立，保险人支付赔偿的同时就应负担赔偿与索赔有关额外的费用。

(4) 受损货物残值的确定。

受损货物的残值的确定方式如下：

① 由保险人与被保险人协商确定。

② 由保险人指定的检验代理人根据残值处理当地和当时的市场价格确定。

③ 必要时还可委请公估人确定受损货物的残值。

职业能力训练

一、案例分析题

1. 我国某进出口公司向挪威出口一批货物，装于××号货轮上。同一货轮上还有日本和韩国的货物，3家货物的价值分别为60万元、75万元和80万元。船在航行途中触礁，船身

底部发现一处裂口，涌入大量海水，致使舱内部分货物遭水浸泡。船长命令将船驶向浅滩进行修补，而后为了起浮又将部分笨重货物抛入海中。

思考：在这些损失中，哪些属于共同海损？哪些又是单独海损？

2．某船在航行途中发生共同海损，船体损失 20 万美元，货物牺牲 25 万美元，救助费 4.5 万美元，运费损失 0.5 万美元，共计 50 万美元。已知船舶、货物和运费方分摊价值分别为船舶 700 万美元、货主甲 120 万美元、货主乙 100 万美元、货主丙 70 万美元和运费 10 万美元。

思考：各方应分摊多少？

3．货主 D 将一批货物委托大连一家国际货运代理公司 E 运输。E 公司接受该批货物后，向货主 D 签发了清洁的无船承运人提单，并收取了全程运费，然后自行将货物装入 3 个集装箱，并以整箱委托船公司从大连运至新加坡。E 公司在向船公司支付约定的运费后，船公司向其签发了清洁提单。途中遇到大雨，货物运抵目的港后，收货人发现第一个集装外壳完好，铅封完好，但箱内却短少 20%的货物；第二个集装箱外表严重损坏，箱内短少 25%的货物；第三个集装箱内货物有明显的雨水浸渍，损失达 70%。

思考：(1) 货物损失情况如何？

(2) E 公司应如何从保险方面降低风险？

(3) 如果 E 公司代货主 D 按 CIF 价格向保险公司投保了一切险，E 公司应如何处理此次事故？

4．一批货物已投保了平安险，分装两艘货轮驶往目的港。一艘货轮在航行中遇暴风雨袭击，船身颠簸，货物相互碰撞而发生部分损失；另一艘货轮在航行中则与流冰碰撞，货物也发生了部分损失。

思考：保险公司对于这两次的损失是否都应给予赔偿？

5．上海某单位以 CIF 条件从国外进口某货物一批，卖方已代办了一切险。该批货物在上海卸货后，当晚在码头被偷窃。

思考：买方能否向保险公司要求赔偿？

6．一批货物已经按发票总值的 110%投保了平安险。货轮于 5 月 3 日要航行途中遇暴风雨袭击，该批货物受到部分水滞，损失货值 1 000 元人民币。该轮在继续航行中又于 5 月 8 日触礁，货物再次发生部分损失，损失额亦为 1 000 元人民币。

思考：在这种情况下，保险公司应赔偿多少钱？为什么？

7．某货物在运输过程中起火，大火蔓延到机舱，船长下令往舱内灌水灭火，火虽被扑灭，但由于主机受损，无法继续航行。于是，船长决定雇用拖轮将货船拖到附近港口修理。事后调查发现造成的损失有：①1 000 箱货物被火烧毁；②600 箱货物由于灌水灭火受到损失；③主机和部分甲板被烧毁；④额外增加的燃油和船长及船员的工资。

思考：试分析以上各种损失的性质，并指出至少应投保何种险别，保险公司才负责赔偿。

8．我某公司按 CIF 条件出口大豆 1 000 公吨，计 10 000 包。合同规定投保一切险加战争险和罢工险。货物卸目的港码头后，当地码头工人便开始罢工。在工人与政府的武装力量进行对抗中，该批大豆有的被撒在地面，有的被当作掩体，有的丢失，总共损失近半。

思考：这种损失保险公司是否负责赔偿？

9．有一被保货物——精密仪器一台，货价为 15 000 美元，运载该货的海轮在航行中同另一海轮发生互撞事故，由于船身的激烈震动而使该台仪器受到损坏。事后经专家鉴定，认为该台仪器如果修复成原状，则需修理费用 16 000 美元；如果拆卸为零件出售，尚可收回 5 000 美元。

思考：在上述情况下，这台受损仪器应属何种损失？保险公司又应如何处理这一损失案件？

10．某公司以 CIF 条件出口精密仪器 10 箱，卖方已投保一切险，买方向银行付款后取得清洁提单、保险单及其他有关单据。在目的港卸货时船方只卸下 9 箱货物，买方遂向船公司提出索赔，但船方称缺 1 箱货物原因不明，是否由于承运人过失待查，也可能仍在船舱内，到下一个口岸待全部货物卸完后再作处理。

思考：(1) 什么是已装船清洁提单？提单的性质和作用是什么？本案中承运人所述理由是否成立？买方公司应怎么办？

(2) 本案如果向保险公司索赔，应提供哪些单证？

(3) 保险公司是否应该赔偿？

11．2011 年 5 月 12 日，原告(我国某出口公司)与法国某公司签订了 20 000 箱芦笋罐头出口合同，价格条件为 FOB，总值为 310 000 美元。5 月 28 日，买方来电要求卖方代其在中国人民财产保险股份有限公司按发票金额的 110%购买至马赛的一切险。原告按买方委托于 6 月 5 日办理了保险事宜，被保险人为法国买方。保险单载明的启运地为供货地龙岩市，目的地为法国马赛。6 月 10 日，原告安排将货物从龙岩市运往厦门港。运输途中，发生意外，使 10%货物受损。事后，原告以保险单中含有“仓至仓”条款为由，要求保险人赔偿，保险人以原告非保险单载明的被保险人为由拒绝赔偿。原告又请买方向保险人索赔，也遭保险人拒赔。于是，原告将保险人告上法庭。

思考：如果你是法官，应如何处理该案？

二、计算题

1．上海某贸易公司以 CFR 价格出口一批货物到日本神户，重量为 10 公吨，货物的价值(成本)为 99 580 美元，上海—神户班轮条款运价为 200 美元/公吨。国外买方要求卖方代为办理保险，加成 10%，将 CFR 价格变更为 CIF 价格，但未说明投保何种险别。卖方向中国人民财产保险股份有限公司投保了平安险，保险费率为 0.2%。

思考：(1) 该批货物的运费总额为多少？

(2) 该批货物的 CFR 价格总额为多少？

(3) 该批货物的 CIF 价总额为多少？

(4) 该批货物的保险金额为多少？

(5) 该批货物的保险费为多少？

2．一批出口货物 CFR 价格为 9 890 美元，买方要求卖方代为在中国投保，卖方委托 A 货运代理公司按 CIF 价格加一成投保，保险费率为 1%。

思考：(1) A 该批货物的保险金额是多少？

(2) 应交纳的保险费是多少？

3．某货主在货物装船前，按发票金额的 110%办理了货物投保手续，投保一切险加战争险。该批货物以 CIF 条件成交的总价值为 20.75 万美元，一切险和战争险的保险费率合计为 0.6%。

思考：(1) 该货主应交的保险费是多少？

(2) 若发生了保险公司承保范围内的风险，导致该批货物全部灭失，则保险公司的最高赔偿额是多少？

三、实践操作题

1. 模拟货物追踪

考核要求：根据马士基航运公司集装箱号 MAEU6252223 或提单号 856669558 对货物进行有效跟踪。

任务分解：

(1) 登录马士基航运公司网站(www.maerskline.com/appmanager)。

(2) 进入货物跟踪界面。马士基提供三种在线跟踪方式：①根据集装箱号跟踪查询；②根据提单号跟踪查询；③根据订舱号跟踪查询。

(3) 选择按集装箱号方式查询，并在相应栏内输入“MAEU6252223”，点击“跟踪查询”按钮；或选择按提单号方式查询，并在相应栏内输入“856669558”，点击“跟踪查询”按钮，即可显示该集装箱动态，如图6.5所示。

MAERSK LINE

简体中文 Espanol English　　Log in | Register | Help

Home　Services　Tools　News & Media　Help & Contact　Local　offices　About　us　Search

Tracking - Result overview unregistered

Result (1- 1 of 1 items)

Booking no.	Document number	Container number	Latest move	Latest move location	Last discharge port	Place of delivery	Current ETA	Alert
		» **MAEU6252223**	Load Full	Hesse Noordnatie Quay702-730, Antwerp, Belgium	Navegantes Port, Navegantes, Santa Catarina, Brazil	Navegantes Port, Navegantes, Santa Catarina, Brazil	31-一月-2012	

Note! Dates for arrivals and departures are local date and time and estimates are given without guarantee and subject to change without prior notice.

图6.5　马士基航运公司集装箱动态查询界面

2. 模拟网上投保

网上投保一切险、平安险和水渍险。

考核要求：登录锦程物流网货运险投保平台(bx.jctrans.com)，也可以登录其他网站进行投保。

任务分解：

(1) 登录锦程物流网货运险在线投保平台(http://bx.jctrans.com)。

(2) 进入投保流程界面。

(3) 进入“登录/注册”界面。

(4) 进入“填写投保单”界面，选择保险公司和阅读投保条款后，进入“投保单填写”界面，认真、如实地填写保险资料。

(5) 投保资料填写完成后，登录“我的办公室”/“投保单管理”查看投保单状态。

(6) 进入缴纳保险费界面，点击查看需要缴纳的保险金额，点击“保费支付指南”按钮缴费。

(7) 等待保险单。

3. 填写保险单

根据下列所提供的信用证条款的主要内容及有关信息，填写海运货物保险单有关项目。

Irrevocable documentary credit

Number: LC666-12345678

Date: March 5，2008

Date and place of expiry: April 30，2008 Shanghai，China

Advising bank: Bank of China

Beneficiary: China AAA Import and Export Corp.

Applicant: U. K. BBB Corp.

Shipment from Shanghai to London, on or about April 5, 2008

Partial shipments: Not allowed

Transshipment: Not allowed

Description of goods: 100% Cotton Towel as per S/C No. CH2008

Total amount: USD 10 000(SAY US DOLLARS TEN THOUSANDS ONLY)

Total quantity: 200 Cartons

Total gross weight: 17 300 KGS

Total measurement: 26 CBM

Price term: CIF London, U.K.

Following documents required:

＋Signed commercial invoice in triplicate

＋Packing list in triplicate

＋Full set of three clean on board ocean bills of lading made out to order of shipper and en-dorse in blank and marked “freight prepaid” and notify applicant＋Insurance Policy in duplicate for full CIF value plus 10% covering All Risks as per Ocean Marine Cargo Clauses of the PICC dated January 1,1981 and stating claims in London, U.K.，in the currency of the credit

Information:

Ocean Vessel: “CCC” Voy. No.: 005E

Invoice No.: AAA2008 -0218

B/L No.: 0688

Container No.: CBHU0180286

中保财产保险有限公司

The people's insurance (Property) Company of China, Ltd.

发票号码(1)　　保险单号次

Invoice NO.　　Policy NO.

海洋货物运输保险单

MARINE CARGO TRANSPORTATION INSURANCE POLICY

被保险人 (2)

Insured: ____________________

中保财产保险有限公司(以下简称本公司)根据被保险人的要求，以及其所缴付约定的保险费，按照本保险单承担险别和背面所载条款与下列特别条款承保下列货物运输保险，特签发本保险单。

This policy of Insurance witnesses that the People's Insurance (Property) Company of China, Ltd. (hereinafter Called "the Company") , at the request of the Insured and in consideration of the agreed premium paid by the Insured, undertakes to insure the under mentioned goods in transportation subject to the condition of this Policy as per the Clauses printed overleaf and other special clauses attached hereon.

保险货物项目 Description of Goods	包装 单位 数量 Packing Unit Quantity	保险金额 Amount Insured
(3)	(4)	(5)

承保险别　　货物标记

Conditions　　Marks of Goods

(6)

总保险金额

Total Amount Insured: ……………………………………………………………..

保费　as agreed　　载运工具　　开航日期

Premium………..Per conveyance S.S…………..Slg. On or Abt……………

起运港　　目的港

From…… (7)……………………To…………..(8)…………………

所保货物，如发生本保险单项下可能引起索赔的损失或损坏，应立即通知本公司下述代理人查勘。如有索赔，应向本公司提交保险单正本(本保险单共有(9)份正本)及有关文件。如一份已用于索赔，其余正本则自动失效。

In the event of loss or damage which may result in a claim under this Policy, immediate notice must be given to the Company's agent as mentioned hereunder. Claims, if any, one of the Original Policy which has been issued in 2 Original (s) together with the relevant documents shall be surrendered to the Company, if one of the Original Policy has been accomplished, the others to be void.

中保财产保险有限公司

THE PEOPLE'S INSURANCE (PROPERTY) COMPANY OF CHINA, LTD.

赔偿地点

Claim payable at: ……………………………………………………………..

日期　　在

Date…(10)……………at……………………………………………………..

地址

Address:

考核评价

对本项目内容的考核，分为任课老师考核、学生自评和学生小组互评考核，考核评分内容见表6-2。

表6-2 评分表

姓名	学习态度(10%)	职业素养(10%)	专业知识(30%)	课堂和实训参与程度(30%)	学习纪律(20%)	合计

推荐网络学习资源

◆海运集装箱货物跟踪查询(http://www.china-pro.eu)。
◆外贸物流导航(http://www.hao5256.com)。
◆船公司导航(http://www.chuangongsi.com)。
◆保运通(http://www.baoyuntong.com)。
◆团购货险(http://bx.shippingchina.com)。
◆货运中国网(http://www.cargoinchina.com)。
◆中保网(http://www.sinoins.com)。
◆中顾法律网(http://www.9ask.cn)。

项目 7　国际航空货运代理业务

学习目标

知识目标

◆掌握国际航空出口货运代理程序及主要单证。

◆掌握国际航空进口货运代理程序及主要单证。

◆掌握航空运费的计算。

◆熟悉国际航空货运单及其填写。

◆熟悉国际空运航线。

◆了解国内外主要机场名称及代码。

能力目标

◆通过讨论和竞争性发言，提高学生的语言表达能力。

◆通过案例评析，提高学生对相关知识的认知能力。

◆通过实践操作题，提高学生的实践应用能力。

引导案例

UPS 从小企业身上找商机

在 UPS(美国联合包裹运送服务公司)看来，大客户固然重要，但中小企业的价值同样不可小视，这一点在中国尤其明显。中国市场的一个显著特点就是存在约 4 000 万中小型企业，这些中小企业对于供应链的认识还不是非常成熟。对 UPS 来说，通过为中小企业提供专业的物流服务，为他们营造公平的竞争环境，是服务中小企业的最大机会点所在。

1. 完善的网络

面对全球的市场，中小企所面临的挑战是从一个地方采购商品，然后在另一个地方销售，这就意味着他们迫切地需要一个全球的网络。UPS 分别于 2008 年、2010 年建立了上海国际转运中心和深圳亚太转运中心。这个举措也使 UPS 成为唯一一家在中国境内同时拥有两大转运中心的物流服务供应商。

除了对沿海一线城市的不断拓展，UPS 还在积极布局内地二、三线城市，保证自己更靠近客户，这样才能为他们提供更加便利的服务。2010 年 1 月，UPS 宣布新增 101 个现场库存点(FSL)，以大幅提升在中国的服务备件物流网络。同年 10 月，UPS 在亚太地区最大的服务共享基地在安徽合肥落成。

2. 多样化产品

中小企业对每一票货物的递送时间需求不同，为了满足不同类型的中小企业客户对于货物运输的不同需求，UPS 在努力提供灵活多样的服务选择。根据客户不同的需求，UPS 会同他们推荐不同的服务产品。例如，选用 UPS 全球快捷服务，快件一般 3～4 天到达，而选用 UPS 全球特快加急服务，快件在第二天上午 9 点前即可到达。但在服务费率上，前者只有后者的一半。对于时间要求没有那么严格的货物，用户可选择 UPS 全球快捷服务、UPS 海运或 UPS 空运服务，以降低成本。

3. 在线新平台

围绕着客户发展的特点，UPS 还作出了许多有针对性的举措。例如，从 2010 年开始，UPS 开始尝试整合普通货物和快递货物在同一运输科技平台进行操作，帮助客户通过实时信息和清晰的货物状态可视性同时掌控空运货物和小包裹货件，提高运营效率。2010 年 5 月，UPS 与阿里巴巴旗下全新的在线批发电子商务平台“全球速卖通”结成战略联盟，并作为“首选物流供应商”。据悉，UPS 将其在线工具与该电子商务平台的交易系统进行整合，使打印 UPS 货运标签、要求 UPS 上门取件等所有这些都可以在网络平台上面实现。

【解析】

UPS 在中国的未来发展，会持续关注中小企业，并将一直视其为重要战略客户。UPS 一直根据中国市场的情况不断变化，不是为了变而变，而是为了满足中国市场、满足不同客户的需求而变化。UPS 与其他快递公司的最大不同之处，在于它提供的并不是简单的包裹递送服务,而是全面和专业的供应链解决方案,以帮助客户实现运营效率和成本有效性的最大化。

任务 7.1 国际航空货运代理概述

7.1.1 国际航空货物运输组织及相关法规

1. 国际航空运输组织

国际航空货物运输组织负责制定国际航空运输活动的行为规范，协调国际航空运输业务，以保障国际航空运输的航行安全和航空运输业的有序发展。目前世界上具有较大影响力的国际性民航组织有以下两个。

1) 国际航空运输协会

国际航空运输协会(International Air Transport Association，IATA)简称国际航协，是世界航空运输企业自愿联合组织的非政府性的国际组织，也是由世界上有定期航班业务的航空公司(空运承运人)组成的国际民间组织。其宗旨是“为了世界人民的利益，促进安全、正常而经济的航空运输”，“对于直接或间接从事国际航空运输工作的各空运企业提供合作的途径”，“与国际民航组织及其他国际组织通力合作”。其会员必须是有国际民用航空组织的成员国颁发的定期航班运输许可证的航空公司。

协会总部设在加拿大的蒙特利尔，在蒙特利尔和瑞士的日内瓦设有总办事处。在纽约、巴黎、新加坡、曼谷、内罗毕、北京设有分支机构或办事处，在瑞士的日内瓦还设有清算所。协会的最高权力机构为全体会议，另有四个常务委员会分管法律、业务、财务和技术。

协会的主要活动如下：

(1) 协商制定国际航空客货运价。

(2) 统一国际航空运输规章制度。

(3) 通过清算所，统一结算各会员间及会员与非会员间联运业务账目。

(4) 开展业务代理。

(5) 进行技术合作。

(6) 协助各会员公司改善机场布局和程序、标准，以提高机场运营效率等。

目前，中国大陆共有中国国际航空公司、中国东方航空公司和中国南方航空公司等10多家航空公司成为国际航协会员。

2) 国际民用航空组织

国际民用航空组织(International Civil Aviation Organization，ICAO)简称“国际民航”成立于1947年4月4日，是联合国所属的专门机构之一，是各国政府之间组成的国际航空运输机构，也是政府间的国际航空机构。

国际民用航空组织的总部设在加拿大的蒙特利尔。现有成员150多个，它的大会是最高权力机关，常设机构是理事会，由大会选出的承运国组成。该组织还在墨西哥、开罗等地设有四个现场办事处，作为国际民航组织和其各成员之间的联络机关。

(1) 国际民航的任务：

① 根据国际民用航空运输中航行的原则和技术，促进国际航空运输的规划和发展；

② 保证国际民用航空安全和有秩序的发展；

③ 鼓励发展用于和平目的的飞机设计和飞机操作技术；

④ 鼓励发展国际民航的航路、航空站和航空设施，满足世界各国人民对于安全、按期、有效和经济的航空运输的需要；

⑤ 防止因不正当竞争而造成的经济上的浪费；

⑥ 保证缔约国的权利得到充分尊重，并保证每一缔约国均有经营国际航空的充分机会。

(2) 国际民航的具体工作：

① 建立各国和平交换空中通过权；

② 简化飞机进出海关、移民局和检疫所的手续；

③ 规定各机场的导航、通信、气象、情报等设备及空中交通管制系统；

④ 编印15种国际民航语汇；

⑤ 鼓励各国改进飞机的性能；

⑥ 在联运、票价、表格和单据统一等方面做一些工作。

3) 国际航空电信公司

国际航空电信公司(Societe International De Telecommunications，SITA)是一个专门承担国际航空公司通信和信息服务的合资性组织，是国际民航认可的一个非营利性组织，是航空运输业世界领先的电信和信息技术解决方案的集成供应商。

国际航协经营着世界上最大的专用电信网络，国际航协系统主要有机场系统、行李查询系统、货运系统和国际票价系统等。

中国民航于1980年5月加入国际航协，中国国际航空公司、中国东方航空公司、中国南方航空公司都是国际航协的会员。

2. 相关法规

(1)《华沙公约》(1929年10月)。

(2)《修订1929年10月12日在华沙签订的〈统一国际航空运输某些规则的公约〉的议定书》及《海牙议定书》，我国分别于1958年和1975年参加这两个公约。

(3)《中华人民共和国民用航空法》，1996年3月1日起实施。

7.1.2 国际航空货物运输的当事人

国际航空货物运输的当事人主要有发货人、收货人、承运人、代理人及地面运输公司。承运人一般指航空公司，代理人一般指国际航空货运公司。航空货运公司可以是货主代理，也可以是航空公司的代理，也可身兼二职。

1. 航空公司

航空公司自身拥有航空飞行器并借以从事航空运输活动，它的主要业务是把货物和旅客从某地机场用飞机运到另一地机场。多数航空公司有定期航班，有些则无定期航班。

2. 国际航空货运公司

国际航空货运公司又称国际空运代理，它们从事航空货物在始发站交给航空公司之前的揽货、接受、报关、订舱及在目的地从航空公司手中接货、报关、交付或送货上门等业务。航空货运公司从业人员必须具备广泛的商品知识，了解复杂的法律、法规、规章、制度及所需的文件、单证，以及货物在集中托运时的尺码、比重、各种超限数字、飞机机舱的可用容积及有关质量限制，还有各种附加费用、货损处理、保险、进出口许可证等方面的知识。

1) 国际航空货运公司的优点

(1) 使国际航空公司能更加集中精力搞好空中运输业务而不必担心货源。

(2) 方便货主，货主可以及时托运、查询、跟踪货物。

(3) 将零散货物集中拼装托运，简便手续，降低成本。

(4) 国际航空货运公司在经营进出口货运业务时，可以向货主提供服务。

2) 国际航空货运公司提供的服务

(1) 国际航空货运公司经营出口货运所提供的服务如下：

① 提供交通工具，上门把货物从发货人那里接受和收集起来，向海关报关，按时将货物交到机场；

② 按空运委托书要求缮制航空运单，并计算好运单上列明的各项费用，保证商业发票及其他单证符合航空运输及目的地海关的要求；

③ 代发货人办理保险、结汇等有关业务及查询服务。

(2) 国际航空货运公司经营进口货运所提供的服务如下：

① 从航空公司接收到货单证及货物，并缮制进口报关单，代收货人报关；

② 垫付到付运费及其他有关费用，办理进口货物转运业务；

③ 提供送货上门服务和信息查询及货物跟踪服务。

7.1.3　国际航空货运代理存在的必然性

国际航空代理的存在对航空货物的运输有着非常重要的作用。

(1) 从航空公司的角度看，国际航空货运代理的存在使航空公司能更好地致力于自身主业，无须负责处理航运前和航运后繁杂的服务项目。

(2) 从货主的角度看，可使货主不必花费大量的精力去熟悉繁复的空运操作流程。

(3) 国际航空货运代理在办理航空托运方面具有无可比拟的优势。

7.1.4　国际航空货运当事人的责任划分

图 7.1 为国际航空货运当事人的责任划分。

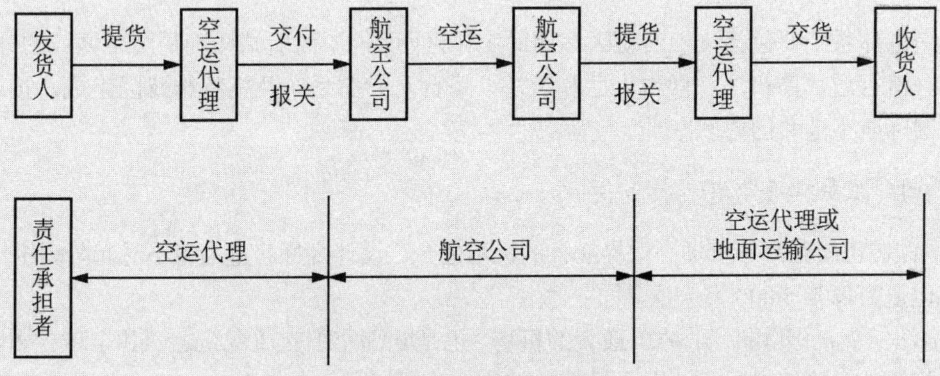

图 7.1　国际航空货运当事人的责任划分

7.1.5　国际航空货运代理的种类

1. 普通国际航空货运代理

这类代理仅作为进出口发货人、收货人的代理人，严禁从航空公司处收取佣金。

2. 国际航空运输销售代理

这类代理作为航空公司的代理人，代为处理国际航空客货运输销售及其相关业务。根据我国《民用航空运输销售代理业管理规定》，空运销售代理分类如下。

(1) 一类销售代理：经营国际航线或者中国香港、澳门和台湾地区航线的民用航空销售代理业务。

(2) 二类销售代理：经营国内航线的民用航空运输销售代理业务。

知识链接

在我国，申请设立国际航空货物销售代理的前提之一是必须首先成为国际货运代理。这表明，这类代理人一方面可以为货方提供代理服务，从中收取代理费。另一方面也可以为承运方(航空公司)服务，收取佣金。

任务 7.2　航空运输基础知识

7.2.1　我国及国际主要的航空港

1. 航空港的定义

航空港习惯称机场，是供飞机起飞、降落或停放及组织保障航空客货业务，保养维修飞机的场所。航空港是航空运输的重要设施，包括在民用航空运输交通网络中使用的飞机场及其附属设施。与一般飞机场比较，航空港的规模更大，设施更为完善。

2. 航空港的组成

航空港体系主要包括飞机活动区和地面工作区两部分，而航站楼则是两个区域的分界线，由跑道、滑行道、停机坪、候机大厅和货坪、塔台及导航系统及机务维修区组成，按业务范围分为国际航空港和国内航空港。

3. 国外主要机场介绍

(1) 法国巴黎戴高乐机场：世界最大的机场之一，设计高峰容量为每小时起降班机 150 架次，客运量为每年 5 000 万人次。

(2) 法兰克福国际机场：德国最大的机场，也是欧洲空中交通枢纽之一和全球各国际航班的重要集散地，连接世界 110 多个国际的航线，货物运量在 200 万吨。

(3) 美国肯尼迪国际机场：位于纽约皇后区(昆斯区)牙买加湾之滨，是美国的主要国际机场，也是全世界最大机场之一。

(4) 美国芝加哥机场：国际上最繁忙的机场之一，平均不到 3 分钟就有一班航班起降。这里是美国联合航空公司的总部。

(5) 伦敦希思罗机场：英国最大空港和世界大型航空港之一，建有 3 条跑道，可供大型飞机起降，年起降飞机超过 27 万架次。

(6) 新加坡樟宜机场：新加坡航空公司的基地，每周提供 3 972 次航班，是亚洲主要航运枢纽。

(7) 东京羽田机场：又称东京国际航空港，亚洲主要航运枢纽，每天有 230 次航班出港。

4. 国外主要机场名称及代码

机场代码一般是由三个英语字母组成的三字代码，国外主要机场代码(部分)见表 7-1。

表 7-1 国外主要机场代码(部分)

国家	城市	机场代码(IATA)
阿联酋	迪拜	DXB
澳大利亚	悉尼	SYD
丹麦	哥本哈根(首都)	CPH
德国	法兰克福	FRA
法国	巴黎(首都)	PAR/CDG
韩国	釜山	PUS
荷兰	鹿特丹	RTM
加拿大	多伦多	YTO/YYZ
美国	休斯敦国际机场	IAH
美国	肯尼迪机场	JFK
美国	洛杉矶	LAX
美国	纽约	NYC/JFK
南非	开普敦	CPT
日本	名古屋	NGO
日本	东京(首都)	TYONRT
日本	横滨	YOK
沙特阿拉伯	吉达	JED
西班牙	马德里(首都)	MAD
希腊	雅典(首都)	ATH
新加坡	新加坡/樟宜	SIN
意大利	罗马(首都)	ROM
英国	伦敦(首都)	LON/LHR

5. 我国的主要机场

(1) 北京首都国际机场：不但是我国首都北京的空中门户和对外交往的窗口，而且是中国民用航空网络的辐射中心。已成为拥有三座航站楼、两条 4E 级跑道、一条 4F 级跑道的大型机场。

(2) 浦东国际机场：共有两条 4 000 米长、60 米宽的 4F 级跑道，一条 4E 级跑道，两个航站楼，机场货运区年货运吞吐量 420 万吨，成为上海空港的重要组成部分。

(3) 香港国际机场：世界重要国际机场之一，是国泰航空有限公司、港龙航空有限公司、香港航空有限公司、香港快运航空公司、香港华民航空有限公司及甘泉香港航空有限公司的基地机场。

(4) 天津滨海国际机场：北京首都国际机场的固定备降机场和分流机场，也是中国主要的航空货运中心之一。

(5) 广州白云国际机场：国内三大航空枢纽机场之一，已开通航线 110 多条，通达国内外 100 多个城市。

(6) 大连周水子机场：国家一级民用国际机场，是国内主要干线。

(7) 沈阳桃仙国际机场：国家一级干线机场，东北地区航空运输枢纽。国际航线包括通往日本、韩国、德国、法国等国的航线。

(8) 昆明巫家坝国际机场：位于昆明东南部，中国最重要的国际口岸机场之一，中国西南地区门户枢纽机场。

(9) 乌鲁木齐地窝铺国际机场：中国五大门户机场之一，我国西部重要的枢纽机场，国外航线有 14 条，与北京、上海、广州、中国香港、伊斯兰堡、莫斯科等 60 个大中城市通航。

(10) 桃园国际机场：又称中正国际航空站，位于中国台湾桃园县大园乡，是台湾地区最大、最繁忙的机场，也是北台湾主要的货运吞吐及旅客出入的国际机场。

6. 我国主要机场名称及代码

我国主要国际机场名称及 IATA 代码(部分)见表 7-2。

表 7-2 我国主要机场名称及代码(部分)

省份	城市	机场代码	机场名称	省份	城市	机场代码	机场名称
广东省	广州	CAN	白云国际机场	北京市	北京	PEK	北京首都机场
	深圳	SZX	黄田机场	上海市	上海	PVG	浦东国际机场
四川省	成都	CTU	双流国际机场			SHA	虹桥机场
湖南省	长沙	CSX	黄花国际机场	云南省	昆明	KMG	巫家坝机场
新疆	乌鲁木齐	URC	地窝铺国际机场	辽宁省	沈阳	SHE	桃仙国际机场
天津市	天津	TSN	滨海国际机场		大连	DLC	周水子机场
香港	香港	HKIA	香港国际机场	台湾省	桃园县	TPE	桃园国际机场

7.2.2 国家(地区)代码

部分国家(地区)代码见表 7-3。

表 7-3 部分国家(地区)代码

英文名称	国家或地区	二字代码
Argentina	阿根廷	AR
Australia	澳大利亚	AU
Belgium	比利时	BE
Brazil	巴西	BR
Canada	加拿大	CA
China	中国	CN
Denmark	丹麦	DK
Egypt	埃及	EG
Finland	芬兰	FI
France	法国	FR
Germany	德国	DE
Hongkong	中国香港	HK

续表

英文名称	国家或地区	二字代码
Iran	伊朗	IR
Israel	以色列	IL
Italy	意大利	IT
Japan	日本	JP
Korea	韩国	KR
Kuwait	科威特	KW
Macao	中国澳门	MO
Mexico	墨西哥	MX
Netherlands	荷兰	NL
New Zealand	新西兰	NZ
Pakistan	巴基斯坦	PK
Portugal	葡萄牙	PT
Singapore	新加坡	SG
South Africa	南非	ZA
Spain	西班牙	ES
Sweden	瑞典	SE
Switzerland	瑞士	CH
Taiwan	中国台湾省	TW
United Arab Emirates	阿拉伯联合酋长国	AE
United Kingdom	英国	GB
United States of America	美国	US
South Africa	南非	ZA

7.2.3　国际空运航线

飞机的空中航行路线称为航空交通线，简称航线。航线不仅确定了飞机飞行的具体方向、起讫与经停点，而且还根据空中交通管制的需要，规定了宽度和飞行高度，以维护空中交通秩序，保证飞行安全。所以，航线是以空中走廊形式划定的飞行管制区。航线按飞越区域分国际航线和国内航线。

目前，世界航空货运已形成一个全球性的运输网和若干运输枢纽。

1. 各大洲重要的航空站

(1) 亚洲：北京、上海、东京、中国香港、马尼拉、曼谷、新加坡、雅加达、仰光、加尔各答、孟买、新德里、卡拉奇、德黑兰、贝鲁特、吉达。

(2) 欧洲：伦敦、巴黎、法兰克福、苏黎世、罗马、维也纳、柏林、哥本哈根、华沙、莫斯科、布加勒斯特、雅典、里斯本。

(3) 北美：纽约、华盛顿、芝加哥、蒙特利尔、亚特兰大、洛杉矶、旧金山、西雅图、温哥华、火奴鲁鲁。

(4) 非洲：开罗、内罗布、约翰内斯堡、布拉柴维尔、拉各斯、阿尔及尔。

(5) 拉美：墨西哥城、加拉加斯、里约热内卢、圣地亚哥、利马。

(6) 大洋洲：悉尼、奥克兰、帕皮提。

2. 国际航空运输主要航线

(1) 西欧—北美间的北大西洋航空线：该航线主要连接巴黎、伦敦、法兰克福、纽约、芝加哥、蒙特利亚等航空枢纽。

(2) 西欧—中东—远东航空线：该航线连接西欧各主要机场至中国香港、上海、北京、东京、首尔等机场，并途经雅典、开罗、德黑兰、卡拉奇、新德里、曼谷、新加坡等航空站。

(3) 远东—北美间的北太平洋航线：这是经北京、上海、中国香港、广州、东京等机场经北太平洋上空至北美西海岸的温哥华、西雅图、旧金山、洛杉矶等机场的航空线。并可延伸至北美东海岸的机场。太平洋中部的火奴鲁鲁是该航线的主要中继加油站。

此外，还有北美—南美，西欧—南美，西欧—非洲，西欧—东南亚—澳新，远东—澳新，北美—澳新等重要国际航空线。

7.2.4 航空运输区划和时差计算

1. 航空运输区划

为了制定国际航空运输中运价的计算规则，在充分考虑了世界上各个不同国家、地区的社会经济、贸易发展水平后，国际航协把全球分成三个区域，简称为航协区(IATA Traffic Conference Areas)，每个航协区内又分成几个次区。由于航协区的划分主要从航空运输业务的角度考虑，依据的是不同地区不同的经济、社会及商业条件，因此和我们熟悉的地理上通常所说的区域并不完全一致，因此要特别注意。航空运输区划见表 7-4。

表 7-4 航空运输区划

Hemisphere	Area	Sub Area
西半球 (Western Hemisphere)	业务一区(Area1，TC1)	北美洲(North America)
		中美洲(Central America)
		南美洲(South America)
		加勒比海地区(Caribbean Islands)
东半球 (Eastern Hemisphere)	业务二区(Area2，TC2)	欧洲(Europe)
		非洲(Africa)
		中东(Middle East)
	业务三区(Area3，TC3)	东南亚(South East Asia)
		东北亚(North East Asia)
		南亚次大陆(South Asian Subcontinent)
		西南太平洋(South West Pacific)

2. 时差计算

两个地区地方时之间的差别称作时差。

1) 地方时

随地球自转，一天中太阳东升西落，太阳经过某地天空的最高点时为此地的地方时 12 点，因此，不同经线上具有不同的地方时。同一时区内所用的同一时间是区时(本区中央经线上的地方时)，全世界所用的同一时间是世界时(0 度经线的地方时)。经度每隔 15 度，区时差 1 小时，经度每隔 1 度，地方时差 4 分钟。

各地的标准时间为格林尼治时间即世界标准时(GMT)加上(＋)或减去(－)时区中所标的小时和分钟数时差。许多国家还采用夏令时(DST)，如美国每年 4—9 月实行夏令时，时间提前 1 个小时。

2) 时差的计算方法

两个时区标准时间(即时区数)相减就是时差，时区的数值大的时间早。例如，中国是东八区(＋8)，美国东部是西五区(－5)，两地的时差是 13 小时，北京比纽约要早 13 个小时。如果是美国实行夏令时的时期，相差 12 个小时。

例如，某旅客 3 月 30 日乘班机从北京飞往华盛顿，启程时间为北京时间 9:44，到达华盛顿当地的时间为 3 月 30 日 15:30。该旅客飞行时间应这样推算。

第一步：从 International Time Calculator(国际时间换算表)中找出始发站和目的站的标准时间。

PEK＝GMT－0800(Standard Time)

WAS＝GMT＋0500(Standard Time)

第二步：将起飞和到达的当地时间换算成世界标准时。

PEK9:44－0800(GMT)＝GMT 1:44

WAS15:30＋0500(GMT)＝GMT 20:30

第三步：用到达时间减去起飞时间，就是飞行时间。

20:30－1:44＝18:46(18 小时 46 分钟)

7.2.5 国际航空货物运输方式

1. 班机运输

班机运输(Scheduled Air Line)方式是指在固定的开航时间，固定的航线，固定的始发站、目的港和途经站的飞机运输方式。一般航空公司都使用客货混合型飞机(Combination Carrier)，一方面搭载旅客，一方面又运送少量货物。但一些较大的航空公司在一些航线上开辟定期的货运航班，使用全货机运输(All Cargo Carrier)。

1) 班机运输的特点

(1) 班机由于固定航线、固定停靠港和定期开飞航，因此国际货物流通多使用班机运输方式，能安全迅速地到达世界上各通航天地点。

(2) 便利收、发货人可确切掌握货物起运和到达的时间，这对市场上急需的商品、鲜活易腐货物以及贵重商品的运送是非常有利的。

(3) 班机运输一般是客货混载，因此，舱位有限，不能使大批量的货物及时出运，往往需要分期分批运输。这是班机运输不足之处。

由于班机运输有固定的航线、挂靠港、固定的航期，并在一定时间内有相对固定的收费标准，对进出口商来讲可以在贸易合同签署之前预期货物的起运和到达时间，核算运费成本，合同的履行也较有保障，因此成为多数贸易商的首选航空货运形式。特别是近年来，货运业竞争加剧，航空公司为体现航空货运的快速、准确的特点，不断加强航班的准班率(航班按时到达的比率)，强调快捷的地面服务，在吸引传统的鲜活、易腐货物、贵重货物、急需货物的基础上，又提出为企业特别是跨国企业提供后勤服务的观点，正努力成为跨国公司分拨产品、半成品的得力助手。

2) 包舱/箱/板运输

包舱/箱/板运输(Cabin/Pallet/Container Chartering)是班机运输下的一种销售方式。它指托运人根据所运输的货物在一定时间内需要单独占用飞机部分或全部货舱、集装箱、集装板，而承运人需要采取专门措施予以保证。

知识链接

(1) 包舱运输。包舱人可以在一定时期内或一次性包用承运人在某条航线上或某个航班上的全部或部分货舱。

(2) 包集装器(板、箱)运输。由有固定货源且批量较大、数量相对稳定的托运人在一定时期内、一定航线或航班上包用承运人一定数量的集装板或者集装箱运输货物，称为集装器(板、箱)运输，以下简称包板运输。包板人可以在一定时期内或一次性包用承运人在某条航线或某个航班上的全部或部分集装器。

(1) 包舱/箱/板运输的种类。

根据具体的双方协议和业务操作，包舱/箱/板运输可分为以下两种。

① 固定包舱：托运人在承运人的航线上通过包舱/箱/板的方式运输时，托运人无论是否向承运人交付货物，都必须支付协议上规定的运费。

② 非固定包舱：托运人在承运人的航线上通过包舱/箱/板的方式运输时，托运人在航班起飞前 72 小时如果没有确定舱位，承运人则可以自由销售舱位，但承运人对代理人的包板(舱)的总量有一个控制。

(2) 包舱/箱/板运输的意义。

① 减少承运人的运营风险，使其有稳定的收入。

② 能充分调动包板人的积极性和主观能动性，最大限度地挖掘市场潜力。尤其对那些有固定货源且批量较大、数量相对稳定的托运人来说，可节省不少运费。

③ 有利于一些新开辟的航线、冷航线的市场开发。因而，采用包舱/箱/板运输，无论对于航空公司还是代理人来说都是一个双赢的策略。

④ 对承运人营销力量比较薄弱的回程和中间站航线比较有利。

(3) 包舱/箱/板运输注意事项：

① 包舱人按约定时间将货物送到指定机场，自行办理检验检疫等手续后办理托运手续。

② 包舱货物的实际重量和体积不得超过包舱运输合同中规定的最大可用吨位和体积。

③ 航班在起飞前或到达后，由于包舱人或其受雇人的原因而造成的飞机延误，由此对承运人造成的损失，包舱人应承担赔偿责任。

④ 包舱人在飞机起飞前取消、变更包舱计划，造成承运人损失的，应承担赔偿责任。

(4) 包舱/箱/板运输存在的问题：

① 打乱了航空货运的市场价格，使得代理人掌握着舱位价格的制定权。

② 不利于承运人的收益最大化。在旺季，由于将舱位承包出去而错过了提高运价的机会。

③ 助长不正之风的蔓延。例如，代理人都想承包热门航线，导致竞争激烈，容易出现暗箱操作。

2. 包机运输

1) 包机运输的概念

包机运输(Chartered Carrier)是指托运人包用承运人整架飞机运输货物或邮件的一种形式。包机费用包括飞机及货物在仓库与飞机之间的地面运输、装机、卸机等地面服务费用，但始发地和目的地的地面运输，货物装卸集装器，以及海关检查和税收等其他费用由包机人自行办理，并承担费用，且此项费用不计入包机费中。包机人至少应提前 20 日向航空公司提出书面包机申请，也可以在包机航班执行前 24 小时以书面形式通知承运人取消航班，但应按一定比例向承运人付退包费。包机合同至少一式四份。

2) 包机运输的分类

(1) 整机包机。即包租整架飞机，指航空公司按照与租机人事先约定的条件及费用，将整架飞机租给包机人，从一个或几个航空港装运货物至目的地，适合大批量货物的运输。

包机人一般要在货物装运前一个月与航空公司联系，以便航空公司安排运载和向起降机场及有关政府部门申请、办理过境或入境的有关手续。

整机包机的费用采用一次一议，随国际市场供求情况变化。原则上包机运费是按每飞行一千米固定费率核收费用，并按每飞行一千米费用的 80%收取空放费。因此，大批量货物使用包机时，均要争取来回程都有货载，这样费用比较低；只使用单程，运费就比较高。

(2) 部分包机。由几家航空货运公司或发货人联合包租一架飞机或者由航空公司把一架飞机的舱位分别卖给几家航空货运公司装载货物，就是部分包机。适用于托运不足一架整飞机舱位，但货量又较重(通常为 1 吨以上)的货物运输。

3) 包机运输的优缺点

包机运输的优点如下：

(1) 解决班机舱位不足。

(2) 节省时间。

(3) 弥补没有直达航班的需求。

(4) 减少货损货差现象。

(5) 缓解空运旺季航班紧张状况。

(6) 解决活动物和海鲜等运输问题。

包机运输的缺点是包机运输是按往返路程计收费用，存在着回程空放的风险。与班机运输相比，包机运输可以由承租飞机的双方议定航程的起止点和中途停靠的空港，因此更具灵活性。但由于各国政府出于安全的需要，也为了维护本国航空公司的利益，对他国航空公司的飞机通过本国领空或降落本国领土往往大加限制，复杂烦琐的审批手续大大增加了包机运输的营运成本，因此目前使用包机业务的地区并不多。

3. 集中托运

1) 集中托运的含义

集中托运(Consolidation)指集中托运人将若干批单独发运的货物组成一整批，向航空公司办理托运，采用一份航空总运单集中发运到同一目的站，由集中托运人在目的地指定的代理收货，再根据集中托运人签发的航空分运单分拨给各实际收货人的运输方式。

航空代理公司承担货物的全程运输责任，是航空货运代理的主要业务之一。航空运费的费率随托运货物数量增加而降低，故集中托运可争取到比较低廉的运价，是航空货物运输中开展最为普遍的一种运输方式。

2) 集中托运的业务流程与单证

第一步，集中托运人收到每一票货物后，分别制定航空运输分运单交给各托运人，即出具货运代理的运单(House Air Way Bill，HAWB)。

第二步，将所有货物区分方向，按照其目的地相同的同一国家、同一城市来集中起来一起向航空运输公司办理托运，航空运输公司向集中托运人出具航空公司的主运单(Master Air Way Bill，MAWB)。

第三步，集中托运人向目的地的分部或有代理关系的货运代理公司等寄送主运单和分运单。

第四步，货物到达目的地站机场后，当地的货运代理公司作为总运单的收货人负责接货、分拨。按不同的分运单制定各自的报关单据并代理报关，为实际收货人办理有关接货、送货事宜。

第五步，实际收货人，在分运单上签收以后，目的地站货运代理公司，以此向发货的货运代理公司反馈到货信息。

图 7.2 为集中托运流程。

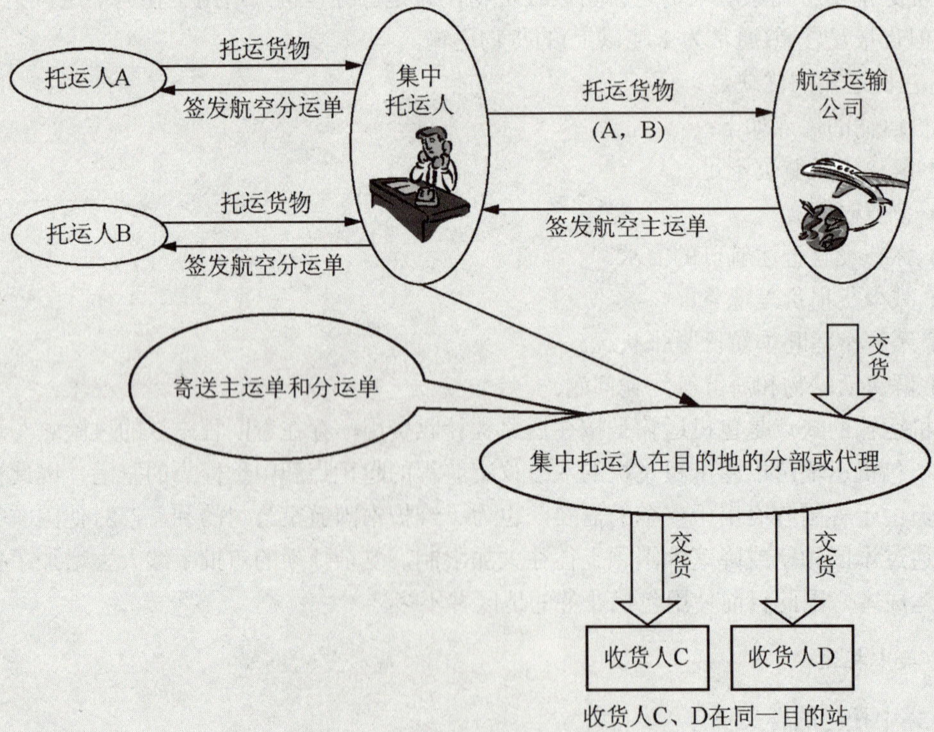

图 7.2　集中托运流程

特别提示

启运地货物由集中托运人将货物交付航空运输公司；

目的地货物由集中托运人的分部或代理从航空公司提取,再转给收货人。

货主与航空公司没有直接的契约关系。

3) 集中托运的优点

(1) 节省运费。航空货运公司的集中托运运价一般都低于国际航协的运价。发货人可得到低于航空公司的运价，从而节省费用。

(2) 提货方便。将货物集中托运，可使货物到达航空公司到达地点以外的地方，延伸了航空公司的服务，方便了货主。

(3) 提早结汇。发货人将货物交与航空货运代理后，即可取得货物分运单，可持分运单到银行尽早办理结汇。

集中托运方式已在世界范围内普遍开展，形成了较完善、有效的服务系统，为促进国际贸易发展和国际科技文化交流起到了良好的作用。集中托运成为我国进出口货物的主要运输方式之一。

4) 集中托运的局限性

(1) 贵重物品、活动物、尸体、骨灰、危险品、外交信袋等根据航空公司的规定不得采用集中托运的形式。

(2) 由于在集中托运的情况下，货物的出运时间不能确定，因此不适合易腐烂变质的货物、紧急货物或其他对时间要求高的货物的运输。

(3) 对书本等可以享受航空公司优惠运价的货物来讲，使用集中托运的形式可能不仅不能享受到运费的节约，反而使托运人的运费负担加重。

5) 集中托运所需的单据和标志

(1) 航空货运单。

① 主运单。代理人在收取货物之后，进行集中托运，需要把来自不同托运人的货物集中到一起，交给航空公司，代理人和航空公司之间的凭证就是主运单。在主运单中，“托运人”栏和“收货人”栏都是代理人。

② 分运单。代理人在进行集中托运货物时，首先从各个托运人处收取货物，在收取货物时，需要给托运人一份凭证，这份凭证就是分运单。在分运单中，“托运人”栏和“收货人”栏都是真正的托运人和收货人。

在集中托运业务中，一票集中托运货物的所有分运单都要装在结实的信封内附在主运单后。

(2) 集中托运货物舱单。由于在主运单中没有列出具体的货物品名，货物的品名是通过在“品名”栏中注明的“集中托运货物的相关信息附在随带的舱单中”查询到的，因此需要查询集中托运货物舱单(Manifest)，才能了解在主运单中有哪些分运单和货物。集中托运货物舱单如图 7.3 所示。

(3) 识别标签。对集中托运货物，要在每一件货物上贴上识别标签，在识别标签上要特别注明主单号和分单号。识别标签如图 7.4 所示。

ATU CONXOLIDA TOR

Langer Kornweg D-6092 Kelsterbach Germany

CONSOLIDATION MANIFEST

MWB:131-1234 5675

AIRLINE	:JAPANAIRLINES		FLIGHT:JL678/23
POINT OF LOADING	:FRANKFURT		
POINT OF UNLOADING	:TOKYO		DATE:20JAN

HWB NR	DEST	NUMBER OF PACKAGES		GROSS	TOTAL CC	
ACCORDING						
			NATURE OF GOODS	WEIGHT		
77846117	TYO	7	CLOTH	160.0KG	DEM	1 460.74
77846118	TYO	4	AIRCRAFT PARTS	10.0KG	DEM	122.95
77847005	FUK	4	MUSICAL INTRU	235.0KG	DEM	1 838.60
77847123	TYO	1	SPAREPART POR CUTTING MACH	8.8KG	DEM	173.40
77847124	TYO	30	PLASTIC SHEBTS	360.0KG	DEM	5 939.30
77847125	TYO	1	ADVEMAT	45.0KG	PREPAID	
77847126	TYO	4	HELICO PARTS	11.7KG	DEM	252.40
77847127	OSA	6	SHOES	139.0KG	DEM	1 173.69
77847128	TYO	49	PARTS POR SHOES	692.0KG	DEM	5 746.66
		106		1662.0KG	DEM	16 721.74

图 7.3 集中托运货物舱单

AIR WAY BILL NO. 131-12345675	
DESTINATION TYO	
TOTAL NO.OF PIESES 106	WEIGHT THIS PIESES 11.7K
TOTAL WEIGHT THIS CONSIGNMENT 1662K	
TRANSFER STATION(S)	
OTHER HANDLING INFORMATION	
HAWB NO. 77847126	
JAPAN AIRLINES	

MASTER AIR WAY BILL NUMBER(MAWB)

HOUSE AIR WAY BILL NUMBER(HAWB)

图 7.4 识别标签

4. 陆空联运

陆空联运(TAT Combined Transport)是火车、飞机和卡车的联合运输方式，可分为3种：一是TAT，即Train-Air-Truck联运；二是TA，即Truck-Air的联运；三是TA，即Train-Air的联运。通过运用这几种复合一贯制运输的方式，可以真正地实现“门到门”的运输服务模式，从而能够更好地适应现代物流对及时性和准确性的要求。目前，接受这种联运方式的国家遍及欧洲、美洲，在澳大利亚也很普遍。我国空运的出口货物，也通常采用陆空联运方式。

(1) 我国长江以南的外运分公司目前办理陆空联运的具体做法是用火车、卡车或船将货物运至我国香港，然后利用香港航班多、到欧美国家运价低的条件(普遍货物)，把货物从香港运到目的地，或运到中转地。然后，再通过当地代理，用卡车送到目的地。

陆空联运货物在香港的收转人为香港合力空运有限公司。发运前，要事前与其联系，满足其对单证的要求，便于提前订舱。各地发货时，可使用外运公司的航空分运单，也可使用承运货物收据。有关单据上要注明是转口货，要加盖“陆空联运”字样的标记，以利于快速周转和避免香港税务部门征税。

其运作程序如下：

① 货主在签署贸易合同，制作发票和货物明细单时应注意联运方式。

② 货主向陆空联运经营人办理委托，并提供有关单证资料，包括为安排货物在香港转运业务的运输委托书或出口货物报关单。

③ 货物在内地装上火车后，陆空联运经营人签署航空货运分运单或承运货物收据交付货主，以便货主结汇。

④ 陆空联运经营人向在香港的收转人提供货物装上火车离站的信息，以便转运人办理货物在香港的中转事宜。

⑤ 陆空联运经营人委托在中转地的代理人，负责从航空公司接收货物，并安排汽车转运至目的地，交付收货人。

(2) 长江以北的外运分公司多采用火车或卡车将货物送至北京、上海等地的航空口岸出运。

5. 航空快递

航空快递(Air Express)是指由专门经营航空快递业务的企业与航空公司合作，向货主提供快速投递服务的运输方式。

1) 航空快递的收件范围

航空快递的收件范围主要有文件和包裹两大类。其中文件主要是指商业文件和各种印刷品，对于包裹一般要求毛重不超过32千克(含32千克)或外包装单边不超过102厘米，三边相加不超过175厘米。近年来，随着航空运输行业竞争更加激烈，快递公司为吸引更多的客户，对包裹大小的要求趋于放松。

2) 航空快递的特点

(1) 速度更快。航空快递自诞生之日起就强调快速的服务，速度又被称为整个行业生存之本。一般洲际快件运送在1～5天完成。地区内部只要1～3天。这样的传送速度无论是传统的航空货运业还是邮政运输都是很难达到的。

(2) 更加安全、可靠。因为在航空快递形式下，快件运送自始至终是在同一公司内部完成，各分公司操作规程相同，服务标准也基本相同，而且同一公司内部信息交流更加方便，对客户的高价值、易破损货物的保护也会更加妥帖，所以运输的安全性和可靠性也更好。

(3) 更方便。确切地说航空快递不止涉及航空运输一种运输形式，它更像是陆空联运，通过将服务由机场延伸至客户的仓库、办公桌，航空快递真正实现了门(桌)到门(桌)服务，方便了客户。此外，航空快递公司对一般包裹代为清关，针对不断发展的电子网络技术又率先采用了 EDI 报关系统，为客户提供了更为便捷的网上服务。快递公司特有的全球性计算机跟踪查询系统也为有特殊需求的客户带来了极大的便利。

(4) 航空快递同样有自己的局限性。例如，快递服务所覆盖的范围就不如邮政运输广泛，航空快递毕竟是靠某个跨国公司的一己之力，所以各快递公司的运送网络只能包括那些商业发达和对外交流多的地区。

3) 航空快递的主要业务形式

(1) 门/桌到门/桌，是航空快递公司最常用的一种服务形式。首先由发件人在需要时电话通知快递公司，快递公司接到通知后派人上门取件，然后将所有收到的快件集中到一起，根据其目的地分拣、整理、制单、报关、发往世界各地，到达目的地后，再由当地的分公司办理清关和提货手续，并送至收件人手中。在这期间，客户还可依靠快递公司的计算机网络随时对快件(主要指包裹)的位置进行查询，快件送达之后，也可以及时通过计算机网络将消息回馈给发件人。

(2) 门/桌到机场。与前一种服务方式相比，门/桌到机场的服务指快件到达目的地机场后不是由快递公司去办理清关和提货手续并送达收件人的手中，而是由快递公司通知收件人自己去办理相关手续。采用这种方式的多是海关当局有特殊规定的货物或物品。

(3) 专人派送。是指由快递公司指派专人携带快件在最短时间内将快件直接送到收件人手中的一种服务形式，一般很少被采用。

以上 3 种服务形式相比，门/桌到机场形式对客户来讲比较麻烦，专人派送最可靠、最安全，同时费用也最高。而门/桌到门/桌的服务介于二者之间，适合绝大多数快件的运送。

4) 世界主要快递公司介绍

(1) 中外运-敦豪国际航空快件有限公司，由全球快递和物流业的领导者 Adrian Dalsey，Larry Hillblom and Robert Lynn(DHL)与中国对外贸易运输集团总公司各注资 50%于 1986 年成立。服务遍及全国 318 个主要城市，覆盖中国 95%的人口和经济中心。

(2) DHL(敦豪，德国邮政全球网络持有)。作为德国邮政全球网络旗下的知名品牌，DHL 的服务网络覆盖全球 220 多个国家和地区，在全球拥有 285 000 名员工，在此基础上结合空中和地面的运输方式以达到最优化的递送效率，为客户提供快捷和可靠的专业化服务。

(3) FEDEX(美国联邦快递公司)。1995 年，FEDEX 购买了中国和美国之间的航线权，开始由 FEDEX 飞行员驾驶的专用货机负责中美间的快递运输服务。1996 年 3 月，FEDEX 成为唯一享有直航中国权利的美国快递运输公司。截至 2012 年 8 月，FEDEX 每周有 12 个货运航班往返于中美之间。

(4) UPS。UPS 在经历一段时间发展之后，已成为全球的配送专家。1994 年 5 月，UPS 在中国北京、广州和上海开设了办事处，后又在浦东国际机场设立亚太地区分拨中心。

(5) TNT(荷兰邮政快递公司)。它是全球领先的物流、快递和邮政服务供应商，为其客户提供包括直邮方案、门到门快递服务和供应链管理在内的整个商务解决方案。TNT 拥有欧洲首屈一指的航空和陆路递送系统，为全世界 200 多个国家的客户提供最快捷可靠的门到门快递服务。

7.2.6 航空运价手册

1975 年前，一些航空公司各自出版其运价手册，其中的内容大致相同，但格式却相差甚远。为了避免浪费，并使运价手册更加具有实用性，国际航空运输协会决定共同出版一本通用的运价手册 TACT(The Air Cargo Tariff) 。

TACT 主要分为 3 个部分：TACT Rules(规则手册)，TACT Rates-North America(北美运价手册)，TACT Rates-Worldwide(除北美外世界运价手册)。

TACT Rules 每年出版两期，4 月和 12 月出版，内容非常全面，包括了国际航空运输协会在国际运输中的所有规则。

TACT Rates-North America 包含从北美出发或到北美的运价。

TACT Rates-Worldwide 包含除北美的全世界的运价。

TACT Rates 每两个月出版一期，即 2 月、4 月、6 月、8 月、10 月和 12 月出版。

任务 7.3　国际航空货运代理流程与货物保险

7.3.1　国际航空出口货运代理流程

国际航空出口货运代理流程是指航空货运代理公司从发货人手中接货直到将货物交给机场货运站这一过程所需通过的环节、所需办理的手续及必备的单证。出口程序的起点是从发货人手中接货，终点是货交航空公司或代航空公司在机场进行地面操作业务的机场货运站。空运出口业务大致包括以下几个环节：销售—订舱—接单接货—制单—检验、报关—交接—发运—费用结算—信息传递。空运出口流程简图如图 7.5 所示。

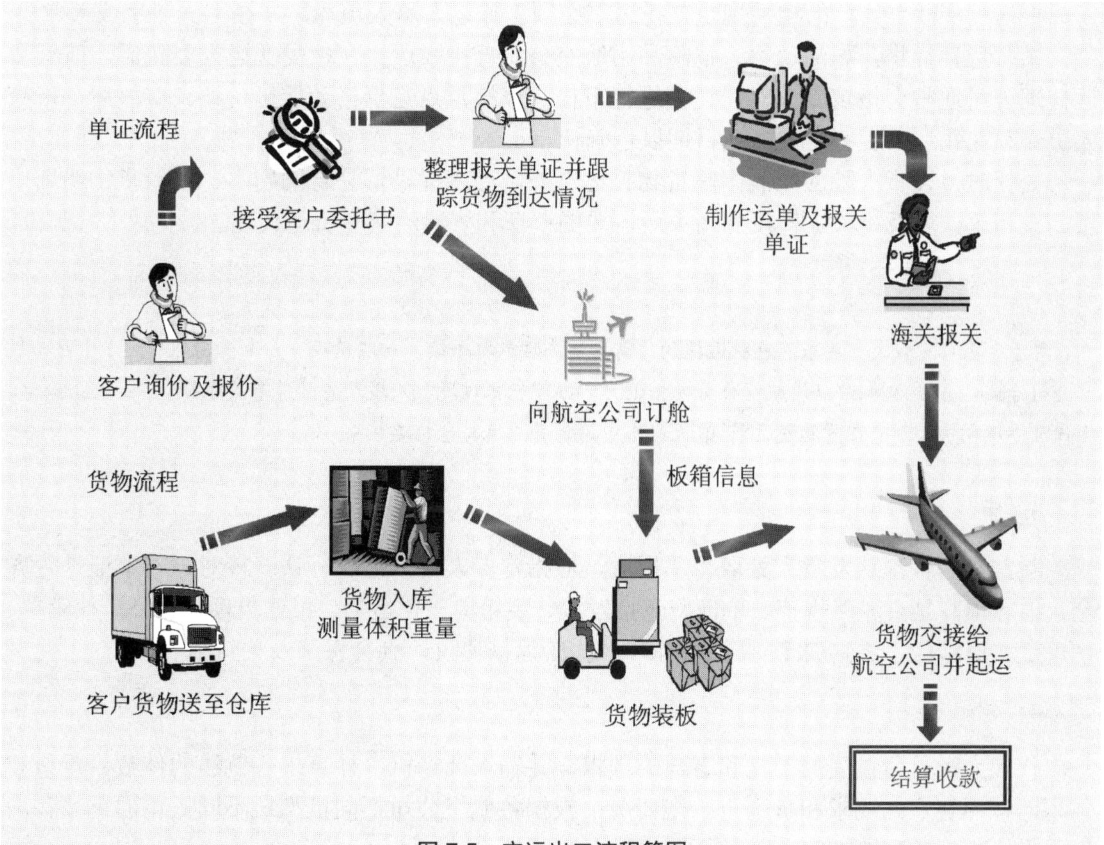

图 7.5　空运出口流程简图

1. 揽货

揽货是航空货运代理业务的核心。在具体操作时，需及时向出口单位介绍本公司的业务范围、服务项目和各项收费标准，特别是向出口单位介绍优惠运价及本公司的服务优势等。从货主的角度看，委托航空货运代理办理航空运输要比自己亲自办理更为便利，更有效率。因而，发货人一般也更愿意委托航空货运代理办理货物托运。

货运代理向货主进行询价，必须了解以下方面的情况。

(1) 品名(是否危险品)。

(2) 重量(涉及收费)和体积(尺寸大小及是否泡货)。

(3) 包装(是否木箱，有无托盘)。

(4) 目的机场(是否基本点)。

(5) 要求时间(直非或转飞)。

(6) 要求航班(各航班服务及价格差异)。

(7) 提单类别(主单及分单)。

(8) 所需运输服务(报关方式，代办单证，是否清关派送等)。

2. 委托运输

在双方就航空货运代理事宜达成意向后，航空货运代理就可以向发货人提供一份自己所代理的航空公司的空白国际货物托运书，让发货人填写。

根据《华沙公约》的相关规定，托运书必须由托运人本人填写，并在上面签字或盖章。

某些特种货物，如活动物、危险品由航空公司直接收运。在接受托运人委托后，航空货运代理公司通常会指定专人对托运书进行审核。审核重点是价格和航班日期。审核后，审核人员必须在托运书上签名并注明日期以示确认。

委托时，发货人除应填制国际货物托运书外，还应提供贸易合同副本、出口货物明细发票、装箱单，以及检验、检疫和通关所需要的单证和资料给航空货运代理。

知识链接

对于一次批量较大，要采用包机运输的，需提前办理包机手续。一般情况下，至少需在发运1个月与航空公司洽谈，并签订协议(以便航空公司安排运力，办理包机过境、入境及着陆等有关手续)。如货主委托空运代理办理包机，则应在货物发运前40天提出申请，并应填写包机委托书。

3. 审核单证

航空货运代理从发货人处取得单据后，应指定专人对单证进行认真核对，看单证是否齐全，内容填写是否完整规范。单证应包括发票、装箱单、托运书、报送单项式、外汇核销单、许可证、商检证、进料/来料加工核销本、索赔/返修协议、到会保函及关封。

4. 预配舱

代理人汇总所接受的委托和客户的预报，并输入计算机，计算出各航线的件数、重量和体积，按照客户的要求和货物重、泡情况，根据各航空公司不同机型对不同板箱的重量和高度要求，制定预配舱方案，并对每票货配上运单号。

5. 预订舱

代理人根据所指定的预配舱方案，按航班和日期打印出总运单号、件数、重量和体积，向航空公司预订舱。

知识链接

货物订舱需根据发货人的要求和货物标志的特点而定。一般来说，运送大宗货物、紧急物资、鲜活易腐物品、危险品及贵重物品等，必须预订舱位。运送非紧急的零散货物，可以不预订舱位。

运送下列货物时通常应当预订航班舱位，否则承运人可以不予受理：

① 中转时需要特殊对待的货物；

② 不规则形状或者尺寸超限的货物；

③ 批量较大的货物；

④ 特种货物，如危险品、活动物等；

⑤ 需要两家及其以上承运人运输的联运货物；

⑥ 声明价值超过10万美元或者其等价货币的货物。

6. 接受单证

货运代理接受托运人或其代理人送交的已经审核确认的托运书及报关单证和收货凭证，将计算机中的收货记录与收货凭证核对。将制作好的交接单、配好的总运单或分运单及报关单证移交制单。如此时货物未到或未全到，可以按照托运书上的数据填入交接单并注明，货物到齐后再进行修改。

7. 填制货运单

对直接运输的货物，填开航空公司运单即可，并将收货人提供的货物随机单据附在运单后面。如果是集中托运的货物，必须先为每票货物填开航空货运代理公司的分运单，然后再填开航空公司的总运单，还需要制作集中托运货物舱单，并将舱单、所有分运单及随行单据装入一个信袋，附在运单之后。最后制作空运出口业务日报表，供制作标签用。

8. 接受货物

货物一般是运送到货运代理仓库或直接送机场货站。接收货物一般与接单同时进行。接货时，双方应办理货物的交接、验收，并进行过磅称重和丈量，根据发票、装箱单或送货单清点货物，并核对货物的数量、品名、合同号或唛头等是否与货运单上所列一致。检查货物的外包装是否符合运输的要求。

9. 标记和标签

(1) 标记：托运人写在货物外包装上的有关事项和记号，包括托运人、收货人的姓名、地址、联系电话、传真、合同号，以及操作(运输)注意事项等。

(2) 标签：是承运货物的标志，挂在或贴在每件货物上。航空公司标签上前3位阿拉伯数字代表所承运航空公司的代号，后8位数字是总运单号码。分标签是代理公司对出具分标签的标志，分标签上应有分运单号码和货物到达城市或机场的三字代码。一件货物贴一张航空公司标签，有分运单的货物，再贴一张分标签。

10. 配舱

配舱时，需运出的货物都已入库。这时需要核对货物的实际件数、重量、体积与托运书上预报数量的差别。应注意对预订舱位、板箱的有效领用、合理搭配，按照各航班机型，板箱型号、高度及数量进行配载。同时，对于货物晚到、未到情况及未能顺利通关放行的货物作出调整处理，为制作配舱单做准备。实际上，这一过程一直延续到单、货交接给航空公司后才完毕。此时货运代理需要缮制集装货物组装记录单。

11. 订舱

接到发货人的发货预报后，向航空公司吨控部门领取并填写订舱单，同时提供相应的信息，如货物的名称、体积、重量、件数、目的地及要求出运的时间等。航空公司根据实际情况安排舱位和航班。货运代理订舱时，可依照发货人的要求选择最佳的航线和承运人，同时为发货人争取最低、最合理的运价。这就要求航空货运代理必须掌握每家航空公司、每条航线、每个航班甚至每个目的港的运价和航班日期的信息。订舱后，航空公司签发舱位确认书(舱单)，同时给予装货集装器领取凭证，以表示舱位订妥。

知识链接

货运代理要优先选择本国、本洲或是本地区的航空公司，优先选择全程均可承运的承运人。如最后一程或两程航班为新的承运人，须先征得一程承运人的确认。

在订舱过程中，货运代理要与货主保持密切联系。订舱前，就航班选择和运价情况要先征求货主同意。订舱后，要及时向客户确认航班及相关信息(即将订舱情况通知委托人)，以便及时备单和备货。货运代理需要缮制国际货物订舱单(Cargo Booking Advance，CBA)及空运货运舱单。

12. 出口报检报关

报检完后，首先将发货人提供的出口货物报关单的各项内容输入计算机，即计算机预录入。在通过计算机填制的报关单上加盖报关单位的报关专用章。然后将报关单与有关的发票、装箱单和货运单综合在一起，并根据需要随附有关的证明文件。以上报关单证齐全后，由持有报关证的报关员正式向海关申报。海关审核无误后，海关官员即在用于发运的运单正本上加盖放行章，同时在出口收汇核销单和出口报关单上加盖放行章，在发货人用于产品退税的单证上加盖验讫章，粘贴防伪标志，完成出口报关手续。

13. 编制出仓单

配舱方案制定后就可着手编制出仓单，包括出仓单的日期、承运航班的日期、装载板箱形式及数量、货物进仓顺序编号、总运单号、件数、重量、体积及目的地三字代码和备注。此时货运代理需要缮制出仓单及国际货物交接清单。

14. 提板箱

航空货运代理公司向航空公司申领板、箱并办理相应的手续。提取板、箱时，应领取相应的塑料薄膜和网。对所使用的板、箱要登记、消号。

15. 货物装箱、装板

注意事项：不要用错集装箱、集装板，不要用错板型、箱型。不要超装箱板尺寸。要垫衬，封盖好塑料纸，防潮、防雨淋。集装箱、集装板内货物尽可能配装整齐，结构稳定，并接紧网索，防止运输途中倒塌。对于大宗货物和集中托运货物，应尽可能将整票货物装一个或几个板、箱内运输。

16. 签单

在货运单上盖好海关放行章后还需要到航空公司签单，只有签单确认后才允许将单、货交给航空公司。

17. 交接发运

交接是向航空公司交单交货。交单就是将随机单据和应有承运人留存的单据交给航空公司。

交货即把与单据相符的货物交给航空公司。交货之前必须粘贴或拴挂货物标签，交货时根据标签清点和核对货物，填制国际货物交接清单。对大宗货物和集中托运货物，以整板、整箱称重交接。对零散小货按票称重，计件交接。航空公司审单验货后，在交接签单上验收，将货物存入出口仓库，单据交吨控部门，以备配舱。

18. 航班跟踪

需要联程中转的货物，在货物运出后，要求航空公司提供二程及三程航班中转信息，确认中转情况。及时将上述信息反馈给库房，以便遇到异常情况时能够及时处理。

知识链接

国内几大航空公司都使用了货物追踪查询系统，如中国国际航空股份有限公司、中国东方航空股份有限公司、中国南方航空股份有限公司、上航，都可以使用网络查询，进行货物追踪。要进行货物追踪，首先要确认货物是通过哪家航空公司来承运的，并得到其相应的提单号码。通过相应航空公司的对应网站的货物在线追踪系统即可得知货物信息。一些航空公司未使用在线追踪系统的，可以通过相关的查询电话进行追踪。

19. 信息服务

航空货运代理公司须在多个方面为客户做好信息服务：订舱信息、审单及报关信息、仓库收货信息、交运称重信息、一程及二程航班信息、集中托运信息和单证信息。总之，航空货运代理应为委托人进行全程信息服务。

20. 费用结算

费用结算主要涉及与航空公司、机场地面代理、发货人和国外代理人四方面的结算。

1) 与航空公司结算费用

向航空公司支付航空运费及代理费，同时收取代理佣金。

2) 机场地面代理结算费用

向机场地面代理支付各种地面杂费。

3) 与发货人结算费用

向发货人收取费用如下：

(1) 航空运费(在运费预付的情况下)。

(2) 地面杂费。

(3) 各种服务费和手续费。

4) 与国外代理人结算

与国外代理结算主要涉及付运费和利润分成。由于到付运费实际上是由发货方的航空货运代理公司为收货人所垫付的，因此收货方的航空货运代理在将货物移交收货人时，应收回到付运费并退还发货方的代理人。同时发货方的航空货运代理公司应向目的地的货运代理公司支付一定的手续费及产生的其他相关费用。由于航空货运代理公司之间存在长期的互为代理协议，因此与国外代理结算不采取一票一结的办法，而采取抵消账单、一月一结的办法。

特别提示

目前中国民用航空的各航空公司暂不办理运费到付业务。

7.3.2 航空货物出口业务主要单证

航空货物出口业务主要单证包括出口货物报关单、国际货物托运书、装箱单及发票、航空运单、商检证明、出口许可证、出口收汇核销单、配额许可证及登记手册。

7.3.3 国际航空进口货运代理流程

国际航空货运代理进口业务是指代理公司对于货物从入境到提取或转运整个流程的各个环节所需办理的手续及准备相关单证的过程。空运进口流程简图如图 7.6 所示。

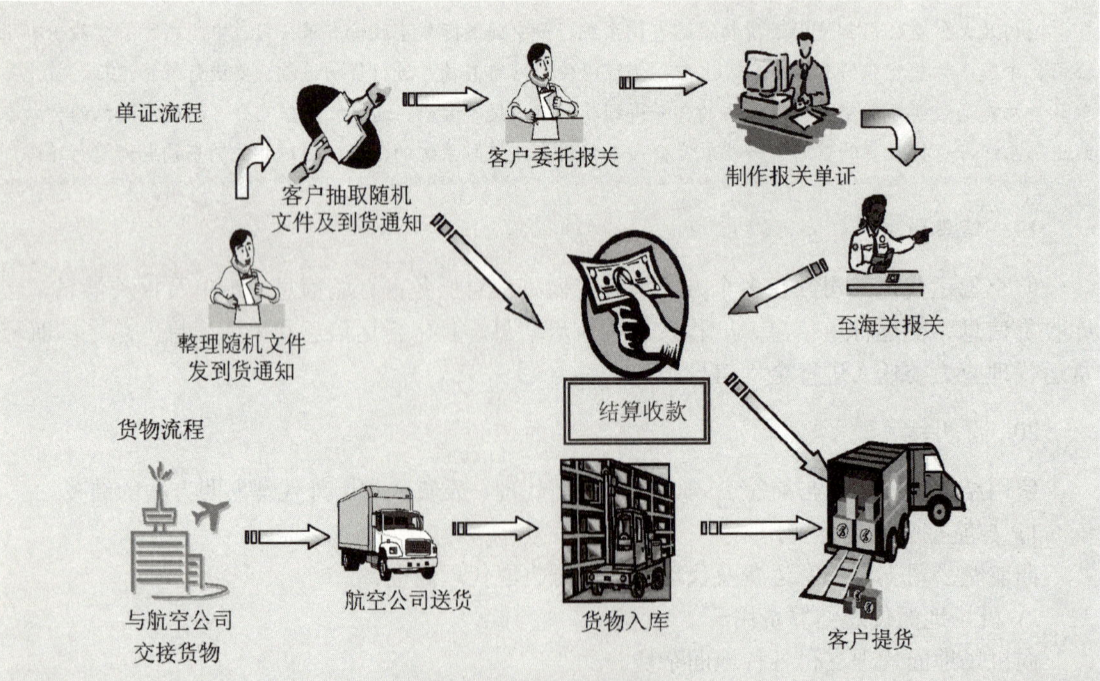

图 7.6 空运进口流程简图

其过程主要包括以下七个环节。

1. 代理预报

在国外发货之前，国外代理公司会将运单、航班、件数、重量、品名、实际收货人及其地址、联系电话等内容通过传真或 E-mail 发给目的地代理公司，这一过程称为预报。

特别提示

(1) 注意中转航班、中转点航班的延误会使实际到达时间和预报时间出现差异。

(2) 注意分批货物。从国外一次性运来的货物在国内中转时，由于国内载量的限制，往往采用分批的方式运输。

2. 交接单、货

航空货物入境时，与货物相关的单据也随机到达，运输工具及货物处于海关监管之下。货物卸下后，将货物存入航空公司或机场的监管仓库，进行进口货物舱单录入，将舱单上总运单号、收货人、始发站、目的站、件数、重量、货物品名及航班号等信息通过电脑传输给海关留存，供报关用。同时根据运单上的收货人地址寄发取单、提货通知。

交接时要做到：

(1) 单、单核对，即交接清单与总运单核对。

(2) 单、货核对，即交接清单与货物核对。

核对后，出现问题的处理方式见表 7-5。

表 7-5　运单问题处理方式

总运单	清单	货物	处理方式
有	无	有	清单上加总运单号
有	无	无	总运单退回
无	有	有	总运单后补
无	有	无	清单上划去
有	有	无	总运单退回
无	无	有	货物退回

另外，还需注意分批货物，做好空运进口分批货物登记表。总之，货运代理在与航空货运站办理交接手续时，应根据运单及交接清单核对实际货物，若存在有单无货或有货无单的情况，应在交接清单上注明，以便航空公司组织查询并通知入境地海关。

发现货物短缺、破损或其他异常情况，应向航空公司索要商务事故记录，作为实际收货人交涉索赔事宜的依据。也可以接受收货人的委托，由航空货运代理公司代表收货人向航空公司办理索赔。航空货运代理公司请航空公司开具商务事故证明情况的通常有：①包装货物受损；②裸装货物受损；③木箱或精密仪器上防振、防倒置标志泛红；④货物件数短缺。

知识链接

航空公司进港操作见表 7-6。

表 7-6　航空公司进港操作

步骤	步骤名称	操作内容	角色	接收角色
1	运输工具入境申报	发送总运单、发送联程载货清单、发送进口载货清单	机场地面代理	航空货站
		在运单上盖到达航班、日期章	航空货站	机场地面代理
		发送总运单、货物舱单、发送邮件路单	机场地面代理	海关
		运单上盖海关监管章	海关	机场地面代理
2	卸货入仓	交接货物，如有问题填写运输事故记录；标出每票货的去向；填写到货通知	机场地面代理	航空货站
3	单据移交	移交随机文件、总运单及国际货物交接清单	机场地面代理	进口柜台

3. 理货与仓储

航空货运公司自航空公司接货后，随即短途驳运进自己的监管仓库，组织理货及仓储。

1) 理货

逐一核对每票货物件数，再次检查货物破损情况，确有接货时未发现的问题，可向航空公司提出交涉；按大货、小货、重货、轻货、单票货、混载货、危险品、贵重品、冷冻品、冷藏品，分别堆存、进仓；登记每票货物储存区号，并输入计算机。

2) 仓储

应根据不同货种的实际需要对货物进行保管。注意防雨、防潮、防重压、防变形、防温长变质、防暴晒，独立设危险品仓库。必须注意的是：上述货物，无论是在航空公司货站、机场货站，还是在航空货运代理的仓库进行仓储，这些都是海关的监管仓库。

4. 理单与到货通知

理单主要包括：①集中托运，总运单项下拆单；②分类理单、编号；③编制各类单证。

到货通知：尽早、尽快、尽妥地通知货主到货情况。正本运单处理：计算机打制海关监管进口货物入仓清单，一式五份，用于商检、卫检、动检各一份，海关两份。

5. 制单与报检报关

1) 进口报检

需要做商检的货物需向国家出入境检验检疫局申报，查验合格后国家出入境检验检疫局将出具证明文件，由报关行或者货主/货运代理交入海关，再进行进口报关海关程序。

2) 进口报关

制单、报关、运输的形式如下：

① 货运代理公司代办制单、报关、运输；

② 货主自行办理制单、报关、运输。

③ 货运代理公司代办制单、报关，货主自办运输；

④ 货主自行办理制单、报关后，委托货运代理公司办理运输；

⑤ 货主自办制单，委托货运代理公司报关和办理运输。

3) 进口制单

制单指按海关要求，依据运单、发票、装箱单及证明货物合法进口的有关批准文件，制作进口货物报关单。货运代理公司制单时一般程序如下：

(1) 长期协作的货主单位，有进口批文、证明手册等存放于货运代理处的，货物到达，发出到货通知后，即可制单、报关，通知货主运输或代办运输。

(2) 部分进口货，因货主单位(或经营单位)缺少有关批文、证明的，可于理单、审单后，列明内容，向货主单位催寄有关批文、证明，亦可将运单及随机寄来的单证、提货单以快递形式寄交货主单位，由其备齐有关批文、证明后再决定制单、报关事宜。

(3) 无须批文和证明的，可即行制单、报关，通知货主提货或代办运输。

(4) 部分货主要求异地清关时，在符合海关规定的情况下，制作转关运输申报单办理转关手续。报关单上需由报关人填报的项目：进口口岸、收货单位、经营单位、合同号、批准机关及文号、外汇来源、进口日期、提单或运单号、运杂费、件数、毛重、海关统计商品编号、货品规格及货号、数量、成交价格、价格条件、货币名称、申报单位、申报日期等，转关运输申报单内容少于报关单的，亦需按要求详细填列。

4) 进口报关程序

进口报关程序大致分为初审、审单、征税和验放四个主要环节。

(1) 报关期限与滞报金。进口货物报关期限为自运输工具进境之日起的14日内，超过这一期限报关的，由海关征收滞报金；征收标准为货物到岸价格的万分之五。

(2) 验放工作的实施。客户自行报关的货物，一般由货主到货运代理监管仓库借出货物，由代理公司派人陪同货主一并协助海关开验。客户委托代理公司报关的，代理公司通知货主，由其派人前来或书面委托代办开验后，代理公司须将已开验的货物封存，运回监管仓库储存。

检验合格后由海关在正本航空公司运单上或货运代理经海关认可的分运单上加盖放行章。

6. 收费与发货

1) 收费

货运代理公司仓库在发放货物前，一般先将费用收妥。收费内容：①到付运费及垫付佣金；②单证、报关费；③仓储费；④装卸、铲车费；⑤航空公司到港仓储费；⑥海关预录入、动植检，卫检报验等代收代付费；⑦关税及垫付佣金。

2) 发货

办完报关、报检等手续后，货主须凭盖有海关放行章、动植物报验章、卫生检疫报验章的进口提货单到所属监管仓库付费提货。

货物交接不当将会导致纠纷及索赔，应予以特别注意：

(1) 分批到达货，收回原提货单，出具分批到达提货单，待后续货物到达后即通知货主再次提取。

(2) 航空公司责任的破损、短缺，应由航空公司签发商务记录。

(3) 货运代理公司责任的破损、短缺，应由代理公司签发商务记录。

(4) 遇有货运代理公司责任的破损事项，应尽可能商同货主、商检单位立即在仓库做商品检验，确定货损程度，要避免后面运输中加剧货损的发展。

7. 送货与转运

1) 送货上门业务

送货上门业务主要指进口清关后货物直接运送至货主单位，运输工具一般为汽车。

2) 转运业务

转运业务主要指将进口清关后货物转运至内地的货运代理公司，运输方式主要为飞机、汽车、火车、水运与邮政。

3) 进口货物转关及监管运输

进口货物转关及监管运输是指货物入境后不在进境地海关办理进口报关手续，而运往另一设关地点办理进口海关手续，在办理进口报关手续前，货物一直处于海关监管之下，转关运输亦称监管运输，即此运输过程置于海关监管之中。

7.3.4 航空运输货物保险

航空运输货物保险分为航空运输险(Air Transportation Risks)和航空运输一切险(Air Transportation All Risks)两种，可通过购买航空运输货物保险进行风险的防范。被保险货物遭受损失时，按保险单上列明承保险别的条款负赔偿责任。

1. 责任范围

1) 航空运输险

本保险承保责任范围如下：

(1) 被保险货物在运输途中遭受雷电、火灾、爆炸或由于飞机遭受恶劣气候或其他危难事故而被抛弃，或由于飞机遭受碰撞、倾覆、坠落或失踪意外事故所造成的全部或部分损失。

(2) 被保险人对遭受承保责任内危险的货物采取抢救，防止或减少货损的措施而支付的合理费用，但以不超过该批被救货物的保险金额为限。

2) 航空运输一切险

除包括上列航空运输险的责任外，本保险还负责被保险货物由于外来原因所致的全部或部分损失。

2. 除外责任

本保险对下列损失不负赔偿责任。

(1) 被保险人的故意行为或过失所造成的损失。

(2) 属于发货人责任所引起的损失。

(3) 保险责任开始前，被保险货物已存在的品质不良或数量短差所造成的损失。

(4) 被保险货物的自然损耗、本质缺陷、特性及市价跌落、运输延迟所引起的损失或费用。

(5) 本公司航空运输货物战争险条款和货物及罢工险条款规定的责任范围和除外责任。

3. 责任起讫

(1) 本保险负“仓至仓”责任，自被保险货物运离保险单所载明的起运地仓库或储存处所开始运输时生效，包括正常运输过程中的运输工具在内，直至该项货物运达保险单所载明目的地收货人的最后仓库或储存处所或被保险人用作分配、分派或非正常运输的其他储存处所为止。如未运抵上述仓库或储存处所，则以被保险货物在最后卸载地卸离飞机后满30日为止。如在上述30日内被保险的货物需转送到非保险单所载明的目的地时，则以该项货物开始转运时终止。

(2) 由于被保险人无法控制的运输延迟、绕道、被迫卸货、重行装载、转载或承运人运用运输契约赋予的权限所作的任何航行上的变更或终止运输契约，致使被保险货物运到非保险单所载目的地时，在被保险人及时将获知的情况通知保险人，并在必要时加缴保险费的情况下，本保险仍继续有效，保险责任按以下规定终止。

(3) 被保险货物如在非保险单所载目的地出售，保险责任至交货时为止，但不论任何情况，均以被保险的货物在卸载地卸离飞机后满30日为止。

(4) 被保险货物在上述30日期限内继续运往保险单所载原目的地或其他目的地时，保险责任仍按(1)的规定终止。

4. 被保人的义务

被保险人应按照以下规定的应尽义务办理有关事项，如因未履行规定的义务而影响本公司利益时，本公司对有关损失有权拒绝赔偿。

(1) 当被保险货物运抵保险单所载目的地以后，被保险人应及时提货，当发现被保险货物遭受任何损失，应立即向保险单上所载明的检验、理赔代理人申请检验，如发现被保险货物整件短少或有明显残损痕迹应立即向承运人、受托人或有关责任人索取货损货差证明，如果货损货差是由于承运人、受托人或其他有关方面的责任所造成的，应以书面方式向他们提出索赔。必要时还须取得延长时效的认证。

(2) 对遭受承保责任内危险的货物，应迅速采取合理的抢救措施，防止或减少货物损失。

(3) 在向保险人索赔时，必须提供下列单证：保险单、航空运单、发票、装箱单、磅码单、货损货差证明、检验报告及索赔清单，如涉及第三者责任还须提供向责任方追偿的有关函电及其他必要单证或文件。

5. 索赔期限

本保险索赔时效，从被保险货物在最后卸载地卸离飞机后计算，最多不超过两年。

任务7.4 国际航空运单

7.4.1 航空运单的含义

航空运单(Airway Bill，AWB)，是承运人与托运人之间缔结运输合同的文件，也是由承运人或其代理人出具的货物收据。但它不具有物权凭证的性质，既不能转证，也不能凭以提取货物。收货人提货须凭航空公司发出的提货通知单。

7.4.2 航空运单的性质和作用

航空运单是由承运人或其代理人签发的重要的货物运输单据，是承托双方的运输合同，其内容对双方均具有约束力。航空运单不可转让，持有航空运单也并不能说明可以对货物要求所有权。在货物所有权这一点，航空运单与国际铁路运单相似，与海运提单有很大不同。

1. 航空运单是运输合同

航空运单是发货人与航空承运人之间的运输合同。与海运提单不同，航空运单不仅证明航空运输合同的存在，而且航空运单本身就是发货人与航空运输承运人之间缔结的货物运输合同，在双方共同签署后产生效力，并在货物到达目的地交付给运单上所记载的收货人后失效。

2. 航空运单也是货物收据

航空运单是承运人签发的已接收货物的证明，在发货人将货物发运后，承运人或其代理人就会将其中一份交给发货人(即发货人联)，作为已经接收货物的证明。除非另外注明，它是承运人收到货物并在良好条件下装运的证明。

3. 航空运单是承运人据以核收运费的账单

航空运单分别记载着属于收货人负担的费用，属于应支付给承运人的费用和应支付给代理人的费用，并详细列明费用的种类。

4. 航空运单是报关单证之一

出口时，航空运单是报关单证之一。在货物到达目的地机场进行进口报关时，航空运单也通常是海关查验放行的基本单证。

5. 航空运单同时可作为保险证书

如果承运人承办保险或发货人要求承运人代办保险，则航空运单也可用来作为保险证书。

6. 航空运单是承运人内部业务的依据

航空运单随货同行，证明了货物的身份。运单上载有有关该票货物发送、转运、交付的事项，承运人会据此对货物的运输作出相应安排。

7.4.3 航空运单的分类

根据签发人的不同，航空运单分两类。

1. 主运单

凡由航空运输公司签发的航空运单称为主运单。它是航空运输公司据以办理货物运输和交付的依据，是航空公司和托运人订立的运输合同，每一批航空运输的货物都有自己相对应的航空主运单。

2. 分运单

集中托运人在办理集中托运业务时签发的航空运单称作分运单。在集中托运的情况下，除航空运输公司签发主运单外，集中托运人还要签发航空分运单。

7.4.4　航空运单的填开责任

根据《华沙公约》规定，航空运单应当由托运人填写，承运人根据托运人的要求填写航空运单的，在没有相反证据的情况下，应当视为代替委托人填写的。这表明托运人应对货运单所填各项内容的正确性、完备性负责。由于货运单所填内容不准确、不完全，致使承运人或其他人遭受损失的，托运人负有责任。

7.4.5　航空运单的构成及用途

我国国际航空运单由一式十二联组成，包括三联正本、六联副本和三联额外副本。国际航空运单各联的分发见表 7-7。

表 7-7　航空货运单各联的分发

序号	名称及分发对象	颜色
A	Original 3(正本 3，给托运人)	浅蓝色
B	Copy 9(副本，给代理人)	白色
C	Original 1(正本 1，交出票航空公司)	浅绿色
D	Original 2(正本 2，交收货人)	粉红色
E	Copy 4(副本 4，提取货物收据)	浅黄色
F	Copy 5(副本 5，给目的地机场)	白色
G	Copy 6(副本 6，给第三承运人)	白色
H	Copy 7(副本 7，给第二承运人)	白色
I	Copy 8(副本 8，给第一承运人)	白色
J	Extra Copy(额外副本，供承运人使用)	白色
K	Extra Copy(额外副本，供承运人使用)	白色
L	Extra Copy(额外副本，供承运人使用)	白色

航空运单的正本一式三份，每份都印有背面条款，具体如下：

正本 1：由承运人留存，作用有两个方面：一是作为承托双方运输合同成立的证明；二是交承运人财务部门，作为记账凭证。

正本 2：随货同行，在货物到达目的地，交付给收货人时作为核收货物的依据。

正本 3(托运人联)：在货运单填制后，此联交给托运人，作为承托双方运输合同成立的证明。同时也可作为货物预付运费时交付运费的收据，还是承运人收到货物的依据。

7.4.6 航空运单的填制

1. 填制航空运单的基本要求

(1) 航空运单要求用英文打字机或计算机，用英文大写字母打印，各栏内容必须准确、清楚、齐全，不得随意涂改。

(2) 航空运单已填内容在运输过程中需要修改时，必须在修改项目的近处盖章，注明修改货运单的空运企业名称、地址和日期。修改航空运单时，应将所有剩余的各联一同修改。

(3) 航空运单的各栏目中，有些栏目印有阴影。其中，有标题的阴影栏目仅供承运人填写。没有标题的阴影栏目一般不需填写，除非承运人特殊需要。

2. 航空运单各项栏目的填写说明

国际航空运单主要栏目填写说明见表 7-8。

表 7-8 国际航空运单主要栏目填写说明

填写栏目名称	填写说明
货运单号码 The Airway Bill Number	航空运单号码应清晰地印在运单的左右上角及右下角(中性货运单需自行填制) 包括航空公司的数字代号(Airline Code Number)和货运单序号及检验号(Serial Number) 注意：第 8 位数字是检验号，是前 7 位数字对 7 取模的结果 第 4 位数字与第 5 位数字之间应留有比其他数字之间较大的空间
始发站机场 Airport of Departure	需填写国际航协统一制定的始发站机场或城市的三字代码，这一栏应该和 11 栏相一致 1A：国际航协统一编制的航空公司代码，如我国的国际航空公司的代码就是 999 1B：运单号
托运人名称和地址 Shipper's Name and Address	详细填写托运人全名，地址应详细填明国家、城市、门牌号码及电话号码
托运人账号 Shipper's Account Number	有必要时填写
收货人名称和地址 Consignee's Name and Address	详细填写收货人全名，地址应详细填明国家、城市、门牌号码及电话号码。此栏不得出现“To Order”字样
收货人账号 Consignee's Account Number	有必要时填写
始发站、第一承运人地址及所要求的线路 Airport of Departure(Address of First Carrier) and Requested Routing	填写始发站城市的英文全称
路线和目的站 Routing and Destination	由航空公司填写经由的航空路线
货币 Currency	填写运单上所用货币代码

续表

填写栏目名称	填写说明
运费/声明价值费、其他费用 WT/VAL，Other	选择预付费用或到付费用，并在“选择付费方式”栏内作“×”记号
托运人向承运人声明的货物价值 Declared Value for Carriage	填写托运人在运输货物时声明货物的价值总数。如果托运人不需办理声明价值，则填写“NVD(No Value Declared)”
托运人向目的站海关声明的货物价值 Declared Value for Customs	填写托运人向海关申报的货物价值。托运人未声明价值时，必须填写“NCV(No Customs Valuation)”
目的站 Airport of Destination	填写目的站城市的英文全称，必要时注明机场和国家名称
航班/日期 Requested Flight /Date	填写已订妥的航班日期
保险金额 Amount of Insurance	托运人委托航空公司代办保险时填写
处理情况 Handling Information	本栏填写以下内容：货物上的唛头标记、号码和包装等；通知人的名称、地址、电话号码；货物在途中需要注意的特殊事项；其他需要说明的特殊事项；运往美国商品的规定
件数 No. of Pieces/RCP	如各种货物运价不同，要分别填写，总件数另行填写
毛重 Gross Weight	重量单位，分别填写时，另行填写总重量
运价类别 Rate Class	用 M、N、Q、C、R 或 S 分别代表起码运费、45 千克以下普通货物运价、45 千克以上普通货物运价、指定商品运价、附减运价(低于 45 千克以下普通货物运价的等级运价)、附加运价(高于 45 千克以下普通货物运价的等级运价)
品名编号 Commodity Item Number	指定商品运价则填写其商品编号，按 45 千克以下普通货物运价的百分比收费的，则分别填写具体比例
货物品名及体积 Nature and Quantity of Goods	货物体积按长、宽、高的顺序以厘米为单位填写最大的长、宽、高度
托运人或其代理人签字 Signature of Shipper or his Agent	表示托运人同意承运人的装运条款
运单签发日期 Executed on(Date)	日期应为飞行日期，如果货运单在飞行日期前签发，则应以飞行日期为货物装运期
承运人或其代理人签字 Signature of Issuing Carrier or his Agent	有此签字，航空货运单才能生效

3. 使用航空运单的注意事项

(1) 航空运单只是运输合同的证明，不是物权凭证，不可以转让，在货运单的正面有“不可转让(NOT NEGOTIABLE)”字样。

(2) 航空运单可用于单一种类货物的运输，也可以用于不同种类货物的集合运输；可用于单程运输，也可以用于联程运输。

(3) 一张航空运单可以用于一个托运人在同一时间、同一地点托运的由承运人运往同一目的站的同一收货人的一件或多件货物。

(4) 托运人对填开的货物说明和声明的正确性负责。由于货运单上所填的说明和声明不符合规定，或不完整、不正确，给承运人或其他人造成的损失，托运人应当承担赔偿的责任。

(5) 航空运单的有效期。当货物运至目的地，收货人提取货物并在货运单交付联上签字认可后，航空运单作为运输契约凭证的有效期即告结束。作为运输契约，其作为法律依据的有效期应延伸至运输停止后的两年内有效。

(6) 全套正本。航空运单必须提交注明“托运人/发货人正本”的那一联，即使信用证要求全套正本航空运单，也只要提交托运人联即可。图 7.7 为航空运单样例。

航空货运单

999 | |　　　　999—

Shipper's Name and Address | Shipper's Account Number

NOT NEGOTIABLE 中国民航 CAAC

AIR WAYBILL AIR CONSIGNMENT NOTE

ISSUED BY:THE CIVIL AVIATION ADMINIASTRATION OF CHINA

BEIJING CHINA

Copies 1,2 and 3 of this Air Waybill are originals and have the same validity.

Consignee's Name and Address | Consignee's Account Number

It is agreed that the goods described herein are accepted in apparent good order and condition (except ad noted) for carriage SUBJECT TO THE CONDITIONS OF CONTRACT ON THE REVERSE HEREOF.THE SHIPPER'S ATTENTION IS DRAWN TO THE NOTICE CONCERNINC CARRIER'S LIMITATION OF LIABILITY.Shipper may increase such limitation of liability by declaring a higher value for carriage and paying a supplemental charge if required.

ISSUING CARRIER MAINTAINS CARGO ACCIDENT LIABILITY INSURANCE

Issuing Carrier's Agent Name and City

Accounting Information

Agent's IATA Code | Account No.

Airport of Departure(Addr. of First Carrier)and Requested Routing

to	By First Carrier	Routing and Destination	to	by	to	by	Cunrency	CHGS Code	WT/NAL PPD	WT/NAL COLL	Other PPD	Other COLL	Declared Value for Carriage	Declared Value for Customs

Airport Destination	Flight/Date	For Carrier Use only	Flight/Date	Amount of Insurance	INSURANCE if carrier offers insurance, and such insurance is requested in accordance with conditions on reverse here of, indicate amount to be insured in figure in box marked amount of insurance.

Handling Information

(for USA only)Those commodities licensed by U.S.for ultimate destination…Diversion contray to U.S.law is prohibited.

No.of Pieces RCP	Gross Weight	Kg Lb	Rate Class Commodity Item No.	Chargeable Wehght	Rate Charge	Total	Nature and Quantity of Goods (incl.Dimensions or Volume)

Prepaid	Weight Charge	Collect	Other Charges
Valuation Charge			AWA:50
Tax			
Total Other Charges Due Agent			Shipper cetifies that the particulars on the face hereof are correct and that insofar as any part of the consignment contains dangerous goods,such part is properly described by name and is in proper condition for carriage by air according to the applicable Dangerous Goods Regulations.
50			
Total Other Charges Due Carrier			Signature of Shipper or his Agent
Total Prepaid		Total Collect	
Currency Conversion Rates		CC Charges in Dest.Currency	Executed on (date) at (place) Signature of Issuing carrier or its Agent
For Carrier's use only at Destination	Charges at Destination	Total Collect Charges	999—

图 7.7　航空运单样例

任务 7.5　国际航空运费

7.5.1　航空运费与运价基础知识

1. 航空运费

航空运费(Weight Charge)是指将一票货物自始发地机场运输到目的地机场所应收取的航空运输费用，不包括其他费用。一般地说，货物的航空运费主要由两个因素组成，即货物适用的运价与货物的计费重量。

1) 运价

运价(Rate)又称费率，是指承运人对所运输的每一重量单位货物(千克或磅)所收取的自始发地机场至目的地机场的航空费用。货物的航空运价一般以运输始发地的本国货币公布。

(1) 航空货物运价所使用的货币是运输始发地货币。货物的航空运价一般以运输始发地的本国货币公布，即运输始发地货币。有的国家以美元代替其本国货币公布运价，此时，美元即为运输始发地货币。

(2) 货物运价的有效期。销售航空货运单所使用的运价应为填制货运单之日的有效运价，即在航空货物运价有效期内适用的运价。

2) 计费重量

计费重量(Chargeable Weight)是指用以计算货物航空运费的重量。货物的计费重量或者是货物的实际毛重(Actual Gross Weight)，或者是货物的体积重量(Volume Weight)，或者是较高重量分界点的重量。

(1) 实际毛重，包括货物包装在内的货物重量。

(2) 体积重量的折算，换算标准为每 6 000 立方厘米折合 1 千克。体积重量(千克)＝长(厘米)×宽(厘米)×高(厘米)/6 000，由于货舱空间体积的限制，一般对于低密度的货物，体积重量可能会成为计费重量。货物体积有规则和不规则之分。

图 7.8 为不规则货物，图 7.9 为规则货物。

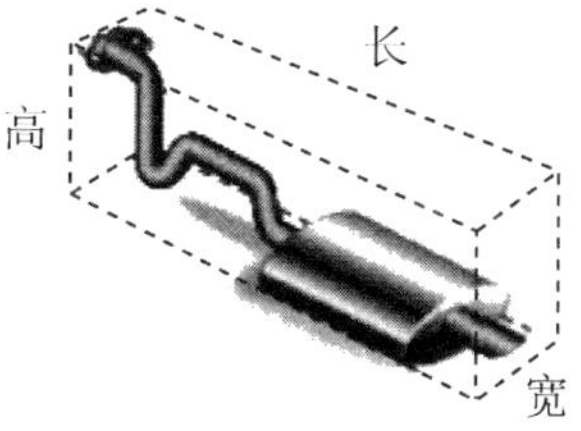

图 7.8　不规则货物

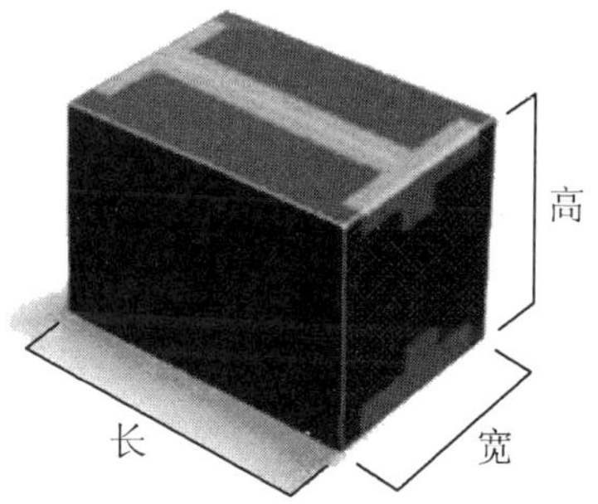

图 7.9　规则货物

(3) 计费重量。一般来说，计费重量取货物的实际毛重与货物的体积重量两者较高者；但当货物按较高重量分界点的较低运价计算的航空运费较低时，则较高重量分界点的货物起始重量作为货物的计费重量。

国际航协规定，国际货物的计费重量以 0.5 千克为最小单位，重量尾数不足 0.5 千克的，按 0.5 千克计算。0.5 千克以上不足 1 千克的，按 1 千克计算。例如，103.001 千克→103.5 千克，103.501 千克→104.0 千克，65.5 千克→65.5 千克。

当使用同一份运单，收运两件或两件以上可以采用同样种类运价计算运费的货物时，其计费重量取货物总的实际毛重与总的体积重量两者较高者。

2. 最低运费

最低运费(Minimum Charge)是指一票货物自始发地机场运至目的地机场航空运费的最低限额。货物按其适用的航空运价与计费重量计算所得的航空运费，应与货物最低运费相比，取高者。

7.5.2 其他费用

其他费用(Other Charges)是指承运人可以收取的除航空运费、货物声明价值附加费以外的费用，包括货物地面运输费、退运手续费、航空货运单费(Documentation Charges)、到付货物手续费、特种货物处理费、保管费等。

1. 航空货运单费

航空货运单费又称为航空货运单工本费，此项费用为填制航空货运单的费用。航空公司或其代理人销售或填制货运单时，该费用包括逐项逐笔填制货运单的成本。对于航空货运单费，各国的收费水平不尽相同。依 TACT Rules 4.4 及各航空公司的具体规定来操作。航空货运单费应填制在货运单的“其他费用”一栏中，用两字代码“AW”(Air Waybill)表示。按《华沙公约》等有关公约，国际上多数国际航协航空公司作如下规定。

(1) 由航空公司来销售或填制航空货运单，此项费用归出票航空公司(Issuing Carrier)所有，表示为“AWC”。

(2) 由航空公司的代理人销售或填制货运单，此项费用归销售代理人所有，表示为“AWA”。

中国民航各航空公司规定，无论航空货运单是由航空公司销售还是由代理人销售，填制时“OTHER CHARGES”一栏中均用“AWC”表示，意为此项费用归出票航空公司所有。

2. 垫付款和垫付费

(1) 垫付款(Disbursements)，是指在始发地机场收运一票货物，所发生的其他费用到付。这部分费用仅限于货物地面运输费、清关处理费和货运单工本费。

此项费用需按不同其他费用的种类代号、费用归属代号(A 或 C)及费用金额一并填入货运单的“其他费用”一栏。例如，“AWA”表示代理人填制的货运单；“CHA”表示代理人代替办理始发地清关业务；“SUA”表示代理人将货物运输到始发地机场的地面运输费。

(2) 垫付费(Disbursements Fees)，是对于垫付款的数额而确定的费用。垫付费的费用代码为“DB”，按 TACT Rules 规定，该费用归出票航空公司所有。在货运单的“其他费用”栏中，此项费用应表示为“DBC”。

垫付费的计算公式：

$$垫付费=垫付款\times 10\%$$

但每一票货物的垫付费不得低于 20 美元或等值货币。

3. 危险品处理费

国际航空货物运输中，对于收运的危险品货物，除按危险品规则收运并收取航空运费外，还应收取危险货物收运手续费(Charges for Shipments of Dangerous Goods-handling)，该费用必须填制在货运单“其他费用”栏内，用“RA”表示费用种类，TACT Rules 规定，危险品处理费归出票航空公司所有。在货运单中，危险品处理费表示为“RAC”。

自中国至国际航协业务一区、二区和三区，每票货物的最低收费标准均为 400 元人民币。

4. 付货物手续费

国际货物运输中，当货物的航空运费及其他费用到付时，在目的地的收货人，除支付货物的航空运费和其他费用外，还应支付到付货物手续费(Charges Collect Fee，CC Fee)。

此项费用由最后一个承运航空公司收取，并归其所有。一般 CC Fee 的收取，采用目的站开具专门发票，但也可以使用货运单(此种情况在交付航空公司无专门发票，并将航空运单作为发票使用时使用)。

对于运至中国的运费到付货物，到付运费手续费的计算公式及标准如下：

到付货物手续费＝(货物的航空运费＋声明价值附加费)×2%

各个国家 CC Fee 的收费标准不同。在中国，CC Fee 最低收费标准为 100 元人民币。

7.5.3　声明价值附加费

声明价值附加费(Valuation Charges)又称申明价值费。按《华沙公约》规定，对由于承运人的失职而造成的货物损坏、丢失或错误等所承担的责任，其赔偿的金额为每千克 20 美元或 7.675 英镑或相等的当地货币。

如果货物的价值超过了上述值，托运人得到足额赔偿，就必须事先向承运人作出特别声明，并在航空运单“供运输使用的声明价值”栏中注明声明金额。这样，一旦货物发生应由承运人承担责任的毁灭、遗失、损坏或延误，承运人将根据实际损失情况，按照高于赔偿责任限额的托运人声明价值予以全额赔偿。

货物的声明价值是针对整件货物而言的，不允许对货物的某部分声明价值。由于托运人声明价值增加了承运人的责任，承运人要收取声明价值费，否则，即使出现更多的损失，承运人对超出的部分也不承担赔偿责任。

声明价值费的收取依据货物的实际毛重，计算公式为

声明价值费＝(货物价值－货物毛重×20)×声明价值费费率

需要注意的是，20 美元应折算为当地货币，声明价值费费率通常为 0.5%。

知识链接

(1) 根据中国民航各有关航空公司的规定，每批货物(即每份货运单)的声明价值不得超过 10 万美元或其等值货币(未声明价值的，按毛重每千克 20 美元计算)。超过时，应分批交运(即分两份或多份货运单)。如果货物不宜分开，必须经有关航空公司批准后方可收运。

(2) 大多数的航空公司在规定声明价值费费率的同时，还要规定声明价值费的最低收费标准。如果根据上述公式计算出来的声明价值费费低于航空公司的最低标准，则托运人要按照航空公司的最低标准缴纳声明价值费。

案例评析 7-1

一票精密设备通过航空运输从新加坡运到延吉市，货运单号为 999-89783444，货物价值为 6 万美元，声明价值 6 万美元。货运单上注明 “Airport of Departure: Singapore; Airport of Destination: YanJi，货物重 20 千克”。货物从新加坡运往长春机场，再使用卡车运输至延吉市。由于在长春至延吉的高速公路上发生车祸，精密设备受到损坏，相关检验部门对受损精密设备进行估价，其残值为 2.4 万美元。

思考：(1) 航空公司是否应赔偿？理由是什么？

(2) 如果赔偿，应赔偿多少？为什么？

【评析要点】(1) 航空公司应给予赔偿。因为根据《华沙公约》，国际航空运输的国际航班的国内段同样适用于《华沙公约》，而不适用国内航空法。

(2) 如果赔偿，应赔偿 3.6 万美元(6 万－2.4 万)。因为该票货物运输前已声明价值，故应按声明价值和残值来确定赔偿金额。

7.5.4 国际航空货物运价体系

国际货物运价按制定的途径划分，可以分为协议运价和国际航协运价。

1. 协议运价

协议运价是指航空公司与托运人签订协议，托运人保证每年向航空公司交运一定数量的货物，航空公司则向托运人提供一定数量的运价折扣。

目前航空使用的运价大多是协议运价，但在协议运价中又根据不同的协议方式进行如下细分。

(1) 长期协议：通常航空公司同代理人签订的协议是一年的期限。

(2) 短期协议：通常航空公司同代理人签订的协议是半年或半年以下的期限。

(3) 包板(舱)：指托运人在一定航线上包用承运人的全部或部分舱位或集装器来运送货物。

(4) 死包板(舱)：托运人在承运人的航线上通过包板(舱)的方式运输时，托运人无论向承运人是否交付货物，都必须付协议上规定的运费。

(5) 软包板(舱)：托运人在承运人的航线上通过包板(舱)的方式运输时，托运人在航班起飞前 72 小时如果没有确定舱位，承运人则可以自由销售舱位，但承运人对代理人的包板(舱)的总量有一个控制。

(6) 销售量返还：如果代理人在规定期限内完成了一定的货量，航空公司则可以按一定的比例返还运费。

(7) 销售额返还：如果代理人在规定期限内完成了一定的销售额，航空公司则可以按一定的比例返还运费。

(8) 自由销售：也称议价货物或是一票一价，除协议货物外，都是一票货物一个定价。

2. 国际航协运价

国际航协运价是指国际航协在 TACT(空运货物运价表)运价资料上公布的运价。国际货物运价使用国际航协的运价手册(TACT Rates Book)，结合并遵守 TACT Rules 共同使用。但在实际操作中，各国从竞争角度考虑，很多航空公司完全遵照国际航协运价，进行了一定的折扣，当然这种运价在实际中仍具有很重要的作用。

1) 国际航协运价的种类

按照国际航协货物运价公布的形式划分，国际货物运价可分为公布直达运价和非公布直达运价。

(1) 公布直达运价是指承运人直接在运价资料中公布的从运输始发地至运输目的地的航空运价。公布直达运价包括普通货物运价(General Cargo Rate，GCR)、指定商品运价(Specific Commodity Rate，SCR)、等级货物运价(Class Cargo Rate，CCR)、集装货物运价(Unit Load Device Rate，ULD)。

公布直达运价的运价结构见表 7-9。

表 7-9　公布直达运价的运价结构

Date/type	Note	Item	Min.Wight	Local Curr.
BEIJING		CN		BJS
Y.RENMINBI		CNY		KGS
TOKYO		JP	M	230.00
			N	37.51
			45	28.13
		0008	300	18.80
		0300	500	20.61
		1093	100	18.43
		2195	500	18.80

注：第一栏，Date/Type——公布运价的生效或失效日期及集装器运价代号。本栏中若无特殊标记，说明所公布的运价适用于在本手册有效期内销售的航空运单。

第二栏，Note——相对应运价的注释，填制货运单时，应严格按照注释所限定的内容执行。

第三栏，Item——指定商品运价的品名编号。

第四栏，Min.Wight——使用相对应运价的最低重量限额。

第五栏，Local Curr——用运输始发地货币表示的运价或最低运费。

(2) 非公布直达运价包括比例运价(Construction Rate)和分段相加运价(Combination Of Rates And Charges)。

① 比例运价。当货物运输始发地至目的地无公布直达运价时，采用货物运价手册中公布的一种不能单独使用的运价附加数(Add-Onamount)，与已知的公布直达运价相加构成非公布直达运价，此运价称为比例运价。

② 分段相加运价。对于相同运价种类，当货物运输的始发地至目的地无公布直达运价和比例运价时，只能采用分段相加的办法，组成运输起讫地点间的运价，一般采用最低组合运价。图 7.10 为国际航空货物运价体系。

2) 国际航协运价的定价原则

(1) 重量分段对应运价。在每个重量范围内设置一个运价。北京—东京的运价表如下。

BEIJING		CN	BJS
Y.RENMINBI		CNY	KGS
TOKYO	JP	M	230.00
		N	37.51
		45	28.13
		300	18.80

“N”运价表示的重量在 45 千克以下的运价是每千克人民币 37.51 元，也就是说运价 37.51 元/千克适用的重量范围是 0～45 千克，在这个重量范围内用的都是同一个运价。

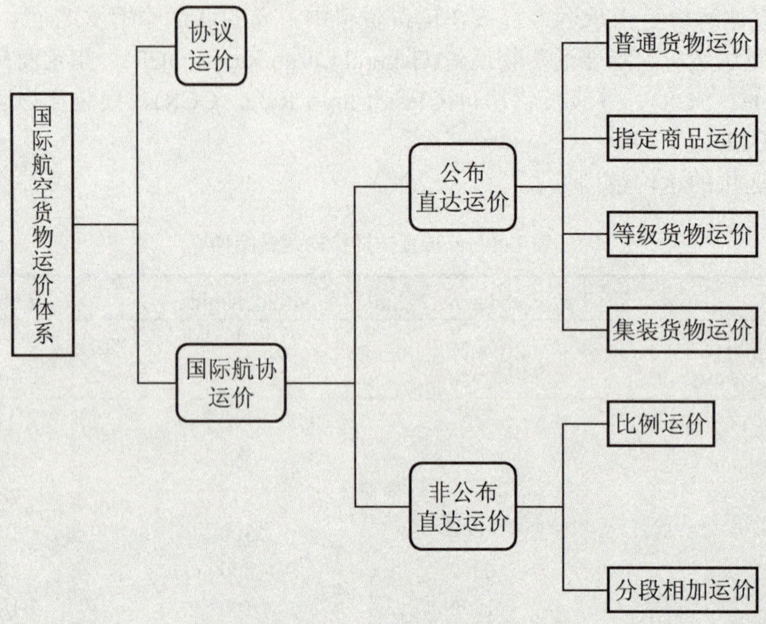

图 7.10　国际航空货物运价体系

(2) 数量折扣原则。随着运输重量的增大，运价越来越低，这实际上是使用定价原则中的数量折扣原则，通过这个原则，保证飞机的舱位有充分的货物。从以上北京到东京的运价就可以看出，45 千克以下的运价是 28.13 元/千克，重量为 45～300 千克的运价是 18.80 元/千克。重量越大，运价越低。

(3) 运距的因素。这是一个基本因素，运距越长，运价越高。由于运距越长，运输的消耗越大，因此运价越高。

(4) 根据货物性质定价。国际航协根据产品的性质分为在普货运价的基础上运价附加和运价附减。例如，对于活体动物、骨灰、灵柩、鲜活易腐物品、贵重物品及急件等货物采取附加的形式，对于书报杂志和作为货物运输的行李采取附减的形式。

纵观现有的运价主要有两个特点：运价是货物重量和距离的函数。另外，还要考虑到运输货物的不同，即不同的货物，运价也有区别。

3. 货物运价的使用原则

(1) 如果有协议运价，则优先使用协议运价。

(2) 在相同运价种类、相同航程和相同承运人的条件下，公布直达运价应按下列顺序使用：优先使用指定商品运价。如果指定商品运价条件不完全满足，则可以使用等级货物运价和普通货物运价(等级货物运价优先于普通货物运价使用)。

(3) 如果货物可以按指定商品运价计费，但因其重量没满足指定商品运价的最低重量要求，则可以将用指定商品运价计费与采用普通货物运价计费结果相比较，取低者。如果该指定商品同时又属于附加的等级货物，则只允许采用附加的等级货物运价和指定商品运价的计费结果比较，取低者，不能与普通货物运价比较。

(4) 如果货物属于附减的等级货物，即书报杂志类和作为货物运输的行李，其等级货物计费则可以与普通货物运价计算的运费相比较，取低者。

(5) 如果当运输两点间无公布直达运价，则应使用非公布直达运价。

7.5.5 国际航协公布直达运价体系

1. 普通货物运价

普通货物运价包括基础运价和重量分界点运价。基础运价为 45 千克以下普通货物运价(代号 N)，费率按照中国民用航空局规定的统一费率执行。重量分界点运价，45 千克以上普通货物运价(代号 Q)由中国民用航空局统一规定，按标准运价的 80%执行。此外，航空公司可根据运营航线的特点，建立其他重量分界点运价，共飞航线由运营航空公司协商协定，报中国民用航空局批准执行。

2. 等级货物运价

等级货物运价是指在规定的业务区内或业务区之间运输特别指定的等级货物的运价。国际航协规则规定，等级货物包括以下各种货物：活体动物，贵重货物，书报杂志类货物，作为货物运输的行李，灵柩、骨灰，汽车等。

等级货物运价适用于指定地区内部地区之间的少数货物运输，通常是在普通货物运价的基础上增加或减少一定的百分比。当某种货物没有指定商品运价可以适用时，才可选择合适的等级运价，其起码质量规定为 5 千克。

1) 附减等级货物运价

附减等级货物运价主要适用于书报、杂志及无人押运行李等价值不高的货物。其运价种类代号为“R”。其航空运单的“Rate Class”一栏，用字母“R”表示。

2) 附加等级货物运价

附加等级货物运价主要适用于一些较贵重的或对运输条件要求较高的物品，如贵重物品，灵柩、骨灰及活体动物等。其运价种类代号为“S”。其航空运单的“Rate Class”一栏，用字母“S”表示。

3) 几种典型的等级货物运价

(1) 活体动物运价(Live Animals Rate)。

① 内容说明。

Baby Poultry——幼禽类，指出生不足 72 小时的幼禽。

Monkeys and Primates——猴类和灵长类。

Cold Blooded Animals——冷血动物类。

All Live Animal——指除上述 3 类外的所有活体动物。

Except 表示一些区域的运价规则与表中规则有例外的情况，使用时应严格按照 TACT Rules 的规则要求，计算出正确的航空运费。

② 运价规则的运用说明。

“Normal GCR”——使用 45 千克以下的普通货物运价，如无 45 千克以下的普通货物运价，可使用 100 千克以下普通货物运价。不考虑较高重量点较低运价。

“Normal GCR or Over 45kg”——使用 45 千克以下普通货物运价，或者 45 千克以上普通货物运价。即使有较高重量分界点的较低运价，也不可以使用。

“Appl. GCR”——使用相适应的普通货物运价。
“As a Percentage of Appl. GCR”——按相应的普通货物运价附加某个百分比使用。
运输动物所用的笼子等容器、饲料和饮用水等重量包括在货物的计费重量内。
③ 活体动物运输的最低收费标准。
IATA 三区内——相应 M 的 200%。
IATA 二区与三区之间——相应 M 的 200%。
IATA 一区与三区之间(除到/从美国、加拿大外)——相应 M 的 200%。
从 IATA 三区到美国——相应 M 的 110%。
从美国到 IATA 三区——相应 M 的 150%。
IATA 三区与加拿大之间，相应 M 的 150%。
对于冷血动物，有些区域间有特殊规定，应按规则严格执行。
(2) 贵重货物运价(Valuable Cargo Rate)。
(3) 书报、杂志类运价。
(4) 作为货物运输的行李运价(Baggage Shipped as Cargo Rate)。
① 行李运价的适用范围。
(a) 在 IATA 业务二区内(全部航程为欧洲分区例外)。
(b) 在 IATA 业务三区内(至或从美国领地除外)。
(c) 在 IATA 业务二区与三区之间(至或从美国领地除外)。
(d) 在 IATA 业务一区与二区之间(至或从美国、美国领地至或从格陵兰岛例外)。
(e) 从 IATA 业务三区至 IATA 业务一区。
② 行李运价。
All IATA Area：50% of the Normal GCR.
③ 最低运费按公布的最低运费的 M 收取。
④ 可以使用普通货物较高重量点的较低运价。

3. 指定商品运价

所运输的货物满足以下三个条件，则运输始发地和运输目的地就可以直接使用指定商品运价。

(1) 运输始发地至目的地之间有公布的指定商品运价。
(2) 托运人所交运的货物，其品名与有关指定商品运价的货物品名相吻合。
(3) 货物的计费重量满足指定商品运价使用时的最低重量要求。

使用指定商品运价计算航空运费的货物，其运价种类代号为“C”。其航空运单的“Rate Class”一栏，用字母“C”表示。

国际航协公布指定商品分组及编号如下：
0001—0999——食用动物和植物产品。
1000—1999——活体动物和非食用动物及植物产品。
2000—2999——纺织品、纤维及其制品。
3000—3999——金属及其制品，但不包括机械、车辆和电器设备。
4000—4999——机械、车辆和电器设备。
5000—5999——非金属矿物质及其制品。
6000—6999——化工品及相关产品。

7000—7999——纸张、芦苇、橡胶和木材制品。

8000—8999——科学、精密仪器、器械及配件。

9000—9999——其他货物。

其中每一组又细分为10个小组，每个小组再细分，这样几乎所有的商品都有一个对应的编号。

从整个国际航协来看，指定商品编号非常多，以北京为例，始发的货物的指定商品编号常用的如下：

0007——Fruit，Vegetables(水果、蔬菜)。

0008——Fruit，Vegetables-Fresh(新鲜的水果、蔬菜)。

0300——Fish(Edible)，Seafood(可食用的鱼)，海鲜、海产品)。

1093——Worms(沙蚕)。

2195——成包、成卷、成块未进一步加工或制造的纱、线、纤维、布。

2199——服装(包括鞋、袜)。

2211——成包、成卷、成块未进一步加工或制造的纱、线、纤维，服装，纺织品。

7481——橡胶轮胎、橡胶管。

4. 集装货物运价

集装货物运价是成组货物运价，适用于托盘或集装器(集装箱)运输，低于普通货物运价。一般情况下，计算集装货物运费时应考虑以下因素：

(1) 集装器运价种类代号。

(2) Pivot WT.(集装器最低计费重量)。

(3) Pivot Charge(集装器最低运费)。

除特别公布的指定商品运价外，国际航协运价手册中公布的ULD运价适用于所有货物。

7.5.6 国际航空直达运费的计算

1. 普通货物运费的计算

1) 术语

Volume、Volume Weight、Chargeable Weight、Applicable Rate(适用运价)、Weight Charge(航空运费)。

2) 计算步骤

第一步：计算出航空货物的体积及体积重量。

体积重量的折算的标准为每6 000立方厘米折合1千克。

第二步：计算货物的总重量(Gross Weight)。

总重量＝单个商品重量×商品总数

第三步：比较体积重量与总重量，取大者为计费重量。根据国际航协规定，国际货物的计费重量以0.5千克为最小单位，重量尾数不足0.5千克的，按0.5千克计算。0.5千克以上不足1千克的，按1千克计算。

第四步：根据公布运价，找出适合计费重量的适用运价。

(1) 计费重量小于45千克时，适用运价为GCR N的运价(GCR为普通货物运价，N运价表示重量在45千克以下的运价)。

(2) 计费重量大于45千克时，适用运价为GCR Q45、GCR Q100、GCR Q300等与不同重量等级分界点相对应的运价(航空货运对于 45 千克以上的不同重量分界点的普通货物运价均用“Q”表示)。

第五步：计算航空运费。

航空运费=计费重量×适用运价

第六步：若采用较高重量分界点的较低运价计算出的运费比第五步计算出的航空运费较低时，取低者。

第七步：比较第六步计算出的航空运费与最低运费 M，取高者。

3) 航空运单“运费计算”栏的填制

(1) No. of Pieces RCP：填写货物的数量。

(2) Gross Weight：货物的总重量。

(3) Kg Lb：以千克为单位用代号“K”，以磅为单位用代号“L”。

(4) Rate Class：若计费重量小于 45 千克，填写“N”；若计费重量大于 45 千克，填写“Q”；若航空运费为最低运费，则填写“M”。

(5) Commodity Item No.：普通货物此栏不填。

(6) Chargeable Weight：填写计费重量。

(7) Rate/Charge：填写适用运价。

(8) Total：填写航空运费。

(9) Nature and Quantity of Goods(Incl Dimensions or Volume)：填写商品品名及商品的尺寸。

【例 7-1】由北京运往东京一箱服装，毛重 31.4 千克，体积尺寸为 80 厘米×70 厘米×60 厘米，要求：

(1) 计算其航空运费。

(2) 根据计算结果，填写航空运单“运费计算”栏。公布运价如下：

BEIJING Y. RENMINBI		CN CNY	BJS KGS
TOKYO	JP	M	230.00
		N	37.51
		45	28.13

解：体积：$80cm \times 70cm \times 60cm = 336\,000\,cm^3$

体积重量：$336\,000\,cm^3 \div 6\,000\,cm^3/kgs = 56.0kgs$

毛重：31.4kgs

计费重量：56.0kgs

适用运价(Applicable Rate)：GCR Q28.13 CNY/kgs

航空运费(Weight Charge)：56.0×28.13=1 575.28(元)

因此，运费为 1 578.28 元人民币。

航空运单“运费计算”栏填制如下：.

No. of Pieces RCP	Gross Weight	Kg Lb	Rate Class	Commodity Item No	Chargeable Weight	Rate/Charg e	Total	Nature and Quantity of Good (Incl Dimensions or Volume)
1	31.4	K	Q		56.0	28.13	1 575.28	WEARING APPAREL DIMS：80cm×70cm×60cm

【例 7-2】Routing: BEIJING，CHINA(BJS)TO AMSTERDAM，HOLLAND(AMS).

Commodity: PARTS.

Gross Weight: 38.6kgs.

Dimensions: 101cm×58cm×42cm.

公布运价如下：

BEIJING Y. RENMINBI		CN CNY	BJS KGS
AMSTERDAM	NL	M	320.00
		N	50.22
		45	41.53
		300	37.52

要求：

(1) 计算其航空运费。

(2) 根据计算结果，填写航空货运单运费计算栏。

解：Volume: 101cm×58cm×42m=246 036 cm^3

Volume Weight: 246 036 cm^3 ÷6 000 cm^3 /kgs=41.0kgs

Gross Weight: 38.6kgs

Chargeable Weight: 41.0kgs

Applicable Rate: GCR N 50.22 CNY/kgs

Weight Charge: 41.0×50.22=CNY 2 059.02

采用较高重量分界点的较低运费计算如下：

Chargeable Weight: 45.0kgs

Applicable Rate: GCR Q 41.53 CNY/kgs

Weight Charge: 41.53×45.0=1 868.85(元)

两者相比较，取运费较低者计算如下：

Weight Charge: 41.53×45.0=1 868.85(元)

因此，运费为 1 868.85 元。

航空运单“运费计算”栏填制如下：

No. of Pieces RCP	Gross Weight	Kg Lb	Rate Class	Commodity Item No.	Chargeable Weight	Rate/ Charge	Total	Nature and Quantity of Goods(Incl Dimension or Volume)
1	38.6	Kg	Q		45.0	41.53	1868.85	PARTS DIMS: 101cm×58cm×42cm

2. 等级货物运费的计算

1) 贵重货物运价

(1) 运价 All IATA Area：200% of the Normal GCR.

例外：IATA 一区与三区之间且经北或中太平洋(除朝鲜半岛至美国本土各点外)，1 000 千克或 1 000 千克以上贵重货物的运费，按普通货物 45 千克以下运价 150%收取(150% of the Normal GCR)。

(2) 最低运费按公布最低运费的 200%收取，同时不低于 50 美元或其等值货币。

【例 7-3】Routing: BEIJING, CHINA(BJS).
TO BOSTON, U.S.A.(BOS).
Commodity: GOLD WATCH.
Gross Weight: 32.0kgs.
Dimensions: 1 Piece 61cm×51cm×42cm.

公布运价如下:

BEIJING		CN	BJS
Y. RENMINBI		CNY	KGS
BOSTON	US	M	630.00
		N	79.97
		45	60.16
		100	53.19
		300	45.80

要求:
(1) 计算其航空运费。
(2) 根据计算结果,填写航空运单“运费计算”栏。

解: Volume: 61cm×51cm×42cm =130 662 cm^3
Volume Weight: 130 662 cm^3 ÷6 000 cm^3 /kgs=21.78kgs=22.0kgs
Gross Weight: 32.0 kgs
Chargeable Weight: 32.0 kgs
Applicable Rate: S 200% of the Normal GCR
200%×79.97CNY/kgs=159.94CNY/kgs
Weight Charge: 32.0×154.94=5 118.08(元)

因此,运费为 5 118.08 元人民币。
航空运单“运费计算”栏填制如下: .

No. of Pieces RCP	Gross Weight	Kg Lb	Rate Class	Commodity Item No	Chargeable Weight	Rate/ Charge	Total	Nature and Quantity of Good (Incl Dimensions or Volume)
1	32.0	K	N		32.0	154.94	4 958.08	GOLD WATCH DIMS: 61cm×51cm×42cm

2) 书报、杂志类运价
(1) 货物的范围。书报杂志类货物包括报纸、杂志、期刊、图书、目录、盲人读物及设备。
(2) 运价。其有以下几种情况。
① With IATA Area 1, Between IATA Area 1 and 2: 67%of the Normal GCR.
② All other Areas: 50% of the Normal GCR.
③ 最低运费按公布的最低运费的 M 收取。
④ 可以使用普通货物的较高重量点的较低运价。

【例 7-4】Routing: BEIJING, CHINA (BJS) To LONDON, UNITED KINGDOM (LON).
Commodity: BOOKS.

Gross weight: 980.0kgs.

Dimensions: 20 Piece 70cm×50cm×40cm each.

公布运价如下：

BEIJING Y. RENMINBI		CN CNY	BJS KGS
London	GB	M	320.00
		N	63.19
		45	45.22
		100	41.22
		500	33.42
		1 000	30.71

要求：

(1) 计算其航空运费。

(2) 根据计算结果，填写航空运单“运费计算”栏。

解：Volume: $70\text{cm}\times50\text{cm}\times40\text{cm}\times20=2\ 800\ 000\ \text{cm}^3$

Volume Weight: $2\ 800\ 000\ \text{cm}^3\div6\ 000\ \text{cm}^3/\text{kgs}=466.67\text{kgs}=467.0\text{kgs}$

Gross Weight: 980.0kgs

Chargeable Weight: 980.0kgs

Applicable Rate: R　50% of the Normal GCR

50%×63.19 CNY/kgs=31.595 CNY/kgs=31.60 CNY/kgs

Weight Charge: 980.0×31.60=CNY 30 968.00

由于计费重量已经接近下一个较高重量点 1 000 千克，因此用较高重量点的较低运价。

Chargeable Weight: 1 000.0kgs

Weight Charge: 1 000.0×30.71=30 710.00(元)

低于上述利用等级运价减价计算出的运价。

则 Weight Charge: 30 710.00。

因此，运费为 30 710.00 元。

航空货运单运费计算栏填制如下：

No. of Pieces RCP	Gross Weight	Kg Lb	Rate Class	Commodity Item No	Chargeable Weight	Rate/ Charge	Total	Nature and Quantity of Goods(Incl Dimension or Volume)
20	980.0	K	Q		1000.0	30.71	30 710.00	BOOKS DIMS：70cm×50cm×40cm×20

3. 指定商品运费的计算

1) 计算步骤

第一步：查询运价表，如运输始发地至目的地之间有公布的指定商品运价，则考虑使用指定商品运价。

第二步：查找 TACT Rates Book 的品名表，找出与运输货物品名相对应的指定商品代号。

第三步：计算计费重量。此步骤与普通货物的计算步骤相同。

第四步：找出适用运价，然后计算出航空运价。此时需要比较计费重量与指定商品运价的最低重量。

(1) 如果货物的计费重量超过指定商品运价的最低重量，则优先使用指定商品运价作为商品的适用运价，此时航空运价＝计费重量×适用运价。

(2) 如果货物的计费重量没有达到指定商品运价的最低重量，则需要比较计算。

① 按普通货物计算，适用运价为 GCR N 或 GCR Q 的运价，航空运价＝计费重量×适用运价。

② 按指定商品运价计算，适用运价为 SCR 的运价，航空运价＝计费重量×适用运价。

③ 比较(1)和(2)计算出的航空运价，取低者。

第五步：比较第四步计算出的航空运费与最低运费，取高者。

2) 航空运单“运费计算”栏的填制

Commodity Item No.：填写指定商品代号。其余与普通货物的航空运单“运费计算”栏的填制相同。

【例 7-5】Routing: BEIJING，CHINA (BJS) TO OSAKA，JAPAN(OSA).

Commodity: FRESH APPLES.

Gross weight: EACH 65.2kgs，TOTAL 5 PIECES.

Dimensions: 102cm×44cm×25cm×5.

公布运价如下：

BEIJING Y. RENMINBI			CN CNY	BJS KGS
OSAKA	JP		M	230
			N	37.51
			45	28.13
		0008	300	18.80
		0300	500	20.61
		1093	100	18.43
		2195	500	18.80

要求：

(1) 计算其航空运费。

(2) 根据计算结果，填写航空货运单运费计算栏。

解：查找 TACT Rates Books 的品名表，品名编号“0008”所对应的货物名称为“FRUIY，VEGETABLES-FRESH”，现在承运的货物是 Fresh Apples，符合指定商品代码“0008”。

此时，能不能直接使用指定商品运价作为该商品的适用运价，还要考虑货主交运货物的计费重量是否达到或超过“0008”指定商品运价使用时的最低重量要求。

Volume: 102cm×44cm×25cm×5＝561 000cm^3

Volume Weight: 561 000cm^3÷6 000cm^3/kgs＝93.5kgs

Gross Weight: 65.2kgs×5＝326.0kgs

Chargeable Weight: 326.0kgs

由于货主所交运的货物重量也符合“0008”指定商品运价使用时的最低重量要求，因此计算如下：

Applicable Rate: SCR 0008/Q 18.80 CNY/kgs

Weight Charge: 326.0×18.80＝6 128.80(元)

航空运单“运费计算”栏填制如下：

No. of Pieces RCP	Gross Weight	Kg Lb	Rate Class	Commodity Item No.	Chargeable Weight	Rate/ Charge	Total	Nature and Quantity of Goods(Incl.Dimension or Volume)
5	326.0	K	Q	0008	326.0	18.80	6 128.80	FRESH APPLES DIMS：102cm×44cm×25cm×5

职业能力训练

一、案例分析题

南京某货主出口一批价值10 000美元共10箱的丝织品，通过B航空公司的代理人A办理空运，经北京出口至法国巴黎。货物交付后，由代理人A于2009年1月1日出具了航空运单一份。该货运单注明：第一承运人是B航空公司，第二承运人是C航空公司，货物共10箱，重250千克。货物未声明价值。B航空公司于当日即通过代理人A向货主通知了货物已灭失。货主向代理人A提出书面索赔要求，要求代理人A全额赔偿损失。

思考：(1) 代理人A是否应承担责任？为什么？

(2) B航空公司是否应承担责任？为什么？

(3) 货主获得的赔偿金额应为多少？

二、计算题

1．从北京运往新加坡一箱水龙头接管，毛重35.6千克。公布运价如下：

BEIJING		CN	BJS
Y. RENMINBI		CNY	KGS
SINGAPORE	SG	M	230.00
		N	36.66
		45	27.5
		300	23.46

思考：其航空运费为多少？

2．从北京运往温哥华一只大熊猫，重400.0千克，体积尺寸长、宽、高分别为150厘米、130厘米、120厘米。

公布运价如下：

BEIJING		CN	BJS
Y. RENMINBI		CNY	KGS
VANCOUVER	CA	M	420.00
		N	59.61
		45	45.68
		100	41.81
		300	38.79
		500	35.77

根据活体动物运价表，从北京运往温哥华，属于自三区运往一区的加拿大，运价的构成

形式是“150% of Appl. GCR”。

思考：该航空运费应为多少？

3．Routing：BEIJING，CHINA (BJS).
TO NEW YORK，USA.

Commodity：SHEEP.

Gross Weight：270kgs.

Dimensions：240cm×120cm×60cm.

公布运价如下：

BEIJING Y. RENMINBI		CN CNY	BJS KGS
NEW YORK	US	M	420.00
		N	64.46
		45	46.34
		100	45.19
		300	41.86

经查，此时运价构成形式为 150% of the Normal GCR。

思考：该票货物的航空运费应为多少？

4．Routing：BEIJING，CHINA (BJS).
TO TOKYO，JAPAN (TYO).

Commodity：PERSONAL EFFECTS.

Gross Weight：25.0kgs.

Dimensions：1 Pieces 70cm×47cm×35cm.

公布运价如下：

BEIJING Y. RENMINBI		CN CNY	BJS KGS
TOKYO	JP	M	230.00
		N	37.51
		45	28.13

根据行李运价表，得知运价的构成形式是 R 50% of the Normal GCR。

思考：该行李的航空运费应为多少？

5．北京运往大阪 15 箱鲜蘑菇共 270.0 千克，每件体积长、宽、高分别为 60 厘米×45 厘米×25 厘米。

公布运价如下：

BEIJING Y. RENMINBI			CN CNY	BJS KGS
OSAKA	JP		M	230.00
			N	37.51
			45	28.13
		0008	300	18.80
		0300	500	20.61
		1093	100	18.43
		2195	500	18.80

思考：该鲜蘑菇航空运费应为多少？

三、实践操作题

1. 广州医药进出口有限公司(简称 G 公司)外贸部出口产品为奇星华佗再造丸，出口市场为澳大利亚。根据 G 公司和澳大利亚 H 客户签订的合同，G 公司要在 2011 年 5 月向对方提供 62 千克奇星华佗再造丸，货物包装为纸箱，体积为 51 厘米×30 厘米×28 厘米×8，信用证要求装运期不能迟于 2011 年 5 月 12 日，目的地为墨尔本。G 公司在 4 月 21 日前已将货物准备好，并及时联系广州市文捷国际航空快递有限公司(简称 J 公司)作为其货运代理，G 公司的贸易部张经理要求 J 公司市场业务部的姚经理为其提供较好的航空运输解决方案。假如你是姚经理的话，请为这项方案制定几项具体的工作任务。

2. 从上海浦东国际机场运往日本大阪关西国际机场一批宠物狗，没有运输声明价值，托运人没有办理货物保险，运费是预付，计费重量是 60 千克。假如你是单证操作员，航空运单“运费计算”栏应如何填写？

【考核评价】

对本项目内容的考核，分为任课老师考核、学生自评和学生小组互评考核，考核评分内容见表 7-10。

表 7-10　评分表

姓名	学习态度(10%)	职业素养(10%)	专业知识(30%)	课堂和实训参与程度(30%)	学习纪律(20%)	合计

推荐网络学习资源

◆中国民用航空局(http://www.caac.gov.cn)。
◆锦程物流网(http://www.jctrans.com)。
◆中国邮政特快专递(http://www.ems.com.cn)。
◆广州空运网(http://www.hflida.cn)。
◆DHL(http://www.cn.dhl.com /zh/ express.html)。
◆FedEx(http://www. fedex.com/cn)。
◆UPS(http://www.ups.com/cn)。
◆TNT(http://www.tnt.com.cn)。

项目 8 其他国际货运代理业务

学习目标

知识目标

- ◆掌握国际铁路货物联运进出口代理业务流程。
- ◆掌握国际公路货物运输运作流程。
- ◆掌握国际多式联运代理业务基本程序。
- ◆熟悉对中国香港及澳门的铁路货物联运的流程。
- ◆熟悉我国通往邻国的铁路干线及国境车站。
- ◆熟悉国际多式联运的特点。
- ◆了解国际铁路货物联运及国际公路货物运输的含义。
- ◆了解国外国际多式联运的发展状况。

能力目标

- ◆通过讨论和竞争性发言，提高学生的语言表达能力。
- ◆通过案例评析，提高学生对相关知识的认知能力。
- ◆通过实践操作题，提高学生的实践应用能力。

引导案例

国际多式联运合同纠纷案

【案情简介】

原告：浙江鲟箭皮件有限公司。

被告：上海汇联国际货物运输代理有限公司。

原告称，2008年6月25日，原告在温州将集装箱DFSU6052129内价值76 096美元的1 160件男式人造革鞋交给被告，双方签订由被告提供的鞋服整箱运输代理协议。协议约定由被告在45天内将该集装箱海铁联运至俄罗斯莫斯科，并提供俄罗斯的清关服务。货物出运后，原告一直没有收到被告关于货物到达的通知。原告多次询问货物动态，但被告一直以货物运输迟延为借口推脱责任。原告至今没有收到货物。原告请求判令被告赔偿货物损失76 096美元，以及按照中国人民银行同期活期存款利率从起诉之日计算至判决生效之日止的利息损失，诉讼费用由被告承担。

【审判结果】

上海海事法院认为，根据鞋服整箱运输代理协议约定的原、被告之间的权利与义务内容，本案系海铁多式联运合同纠纷，原告为托运人，被告为承运人。被告应当依约通过海铁联运的方式将货物从中国温州及时运输至俄罗斯莫斯科，并完成在俄罗斯的清关义务。涉案证据已经证实涉案货物从2008年6月28日出运至今未能抵达目的地莫斯科，已超过约定的45天的运输期限，被告已构成迟延交付。根据《海商法》的规定，承运人不能在明确约定的时间届满60日内交付货物的，原告有权推定货物已经灭失，被告应当赔偿原告货款损失。被告关于涉案货物至今滞留在俄罗斯的圣彼得堡，仍在海关的监管之下的陈述，因被告始终未能提供如俄罗斯当地海关监管仓库出具的证明公证文件等相关证据证实，本院不予采信。由于被告坚持辩称货物在俄罗斯海关的监管之下，证明其不确认货物已经丢失，被告可以享受责任限额的条件未成立，其对于原告货物损失不能享受责任限额，被告应当及时向原告赔偿货款损失76 096美元。原告利息损失的请求合理，可予支持。

【解析】

多式联运经营人负责履行或者组织履行多式联运合同，对全程运输应承担承运人的义务。其责任期间为从接收货物时起至交付货物时止，掌管货物的全部期间。

【相关的法律依据及条文】

1.《合同法》

第四十一条　对格式条款的理解发生争议的，应当按照通常理解予以解释。对格式条款有两种以上解释的，应当作出不利于提供格式条款一方的解释。格式条款和非格式条款不一致的，应当采用非格式条款。

第六十条　当事人应当按照约定全面履行自己的义务。

第一百零七条　当事人一方不履行合同义务或者履行合同义务不符合约定的，应当承担继续履行、采取补救措施或者赔偿损失等违约责任。

2.《海商法》

第五十条　货物未能在明确约定的时间内，在约定的卸货港交付的，为迟延交付。

除依照本章规定承运人不负赔偿责任的情形外，由于承运人的过失，致使货物因迟延交付而灭失或者损坏的，承运人应当负赔偿责任。

除依照本章规定承运人不负赔偿责任的情形外，由于承运人的过失，致使货物因迟延交付而遭受经济损失的，即使货物没有灭失或者损坏，承运人仍然应当负赔偿责任。

承运人未能在本条第一款规定的时间届满六十日内交付货物，有权对货物灭失提出赔偿请求的人可以认为货物已经灭失。

3.《中华人民共和国民事诉讼法》

第六十四条　当事人对自己提出的主张，有责任提供证据。

任务 8.1　国际铁路货物联运代理业务

国际铁路货物联运是一种利用铁路进行国际贸易货物运输的方式，是仅次于海洋运输的主要运输方式。

8.1.1　国际铁路货物联运的含义

国际铁路货物联运是指使用一份统一的国际铁路联运票据，在跨及两个及两个以上国家铁路的货物运送中，由参加国铁路负责办理两个或两个以上国家铁路全程运送货物过程，由托运人支付全程运输费用，而无须收、发货人参加的铁路运输组织形式。

国际铁路货物联运牵涉面广，从发货站发运货物起，须经过出口国的国境站，经过国的进口和出口国境站，直到进口国的进口国境站，环节多，交接复杂。因此，要求货物的包装要适合长途运输的需要，票据规范、清晰，随附单证齐全，运送车辆为国际列车，设备必须完好无损。

8.1.2　国际铁路货物联运的特点

(1) 涉及面广。每运送一批货物都要涉及两个或两个以上国家或几个国境站。

(2) 运输条件高。要求每批货物的运输条件，如包装、转载、票据的编制、添附文件及车辆使用都要符合有关国际联运的规章和规定。

(3) 办理手续复杂。货物必须在两个或两个以上国家铁路参加运送，在办理国际铁路联运时，其运输票据、货物、车辆及有关单证都必须符合有关规定和一些国家的正当要求。

(4) 使用一份铁路联运票据完成货物的跨国运输。

(5) 运输责任方面采用统一责任制。

(6) 仅使用铁路一种运输方式。

8.1.3　国际铁路货物联运的范围

(1) 同参加《国际铁路货物联运协定》(以下简称《国际货协》)和未参加《国际货协》但采用国际规定的铁路间的货物运送，铁路从发货站以一份运送票据负责运送至最终到站交付给收货人。

(2) 同未参加《国际货协》铁路间的货物运送，发货人在发送路用《国际货协》运送票据办理至参加国际货协的最后一个过境的出口国境站，由该站站长或收货人和发货人委托的收转人转至最终到站。

(3) 通过过境铁路港口站的货物运送，发货站和港口间用《国际货协》票据办理，由发货人或发货人委托在港口站的收转人办理转发送。

8.1.4　国际铁路货物联运办理的种别

国际铁路货物联运办理种别分为整车、零担和大吨位集装箱。

(1) 整车。是指按一份运单托运的按其体积或种类需要单独车辆运送的货物。

(2) 零担。是指按一份运单托运的一批货物，重量不超过 5 000 千克，按其体积或种类不需要单独车辆运送的货物。但如有关铁路间另有商定条件，也可不适用《国际货协》整车和零担货物的规定。

(3) 大吨位集装箱。是指按一份运单托运的，用大吨集装箱运送的货物或空的大吨位集装箱。

8.1.5　国际铁路货物联运的运输限制

在国际铁路直通货物联运中，下列货物不准运送。

(1) 应当参加运送的铁路的任一国家禁止运送的物品。

(2) 属于应当参加运送的铁路的任一国家邮政专运物品。

(3) 炸弹、弹药和军火(但狩猎和体育用的除外)。

(4) 爆炸品、压缩气体、液化气体或在压力下溶解的气体、自燃品和放射性物质。

(5) 一件重量不足 10 千克，体积不超过 0.1 立方米的零担货物。

(6) 在换装联运中使用不能揭盖的棚车运送一件重量超过 1.5 吨的货物。

(7) 在换装联运中使用敞车类货车运送的一件重量不足 100 千克的零担货物，但此项规定不适用《危险货物运送规则》中规定的一件最大重量不足 100 千克的货物。

只有在参加运送的各铁路间预先商定后才准运送货物和必须按特殊规定办理运送的货物，见表 8-1。

表 8-1　需要商定和特殊办理的货物

预先商定后才准运送的货物	必须按特殊规定办理运送的货物
一件重量超过 60 吨的(在换装运送中，运往越南重量超过 20 吨的)	危险货物
长度超过 18 米的(运往越南长度超过 12 米的)	押运人押运的货物
超限的	易腐货物
在换装运送中用特种平车装运的	集装箱货物
在换装运送中用专用罐车装运的化学货物	托盘货物
用罐车运往越南的一切罐装货物	不属于铁路或铁路出租的空、重车货捆货物

我国通往邻国的铁路干线及国境车站，见表 8-2。

表 8-2　我国通往邻国的铁路干线及国境车站

铁路线名	路线	全长/千米	地位
滨洲线	从京哈线上的哈尔滨出发，经大庆、富拉尔基、海拉尔，到达边境城市满洲里市，与俄罗斯后贝加尔斯克西伯利亚铁路连接	935	是东北三省到达俄罗斯西伯利亚的一条交通干线。满洲里处于“亚欧第一大陆桥”的交通要冲，是首批国家沿边开放城市和内蒙古自治区对俄贸易的主要通商口岸，现已发展成为我国最大陆路口岸
滨绥线	从京哈线上的哈尔滨出发，经尚志、牡丹江到达中俄边境的绥芬河市，与俄罗斯远东铁路接轨，可达俄罗斯远东最大城市符拉迪沃斯托克（海参崴）	548	是中国连接俄罗斯西伯利亚铁路的另一条铁路交通干线。1992 年，享有“国境商都”之美誉的绥芬河市被国务院批准为开放城市，现成为欧亚大陆桥上一座新兴的国际商贸城市，是中国通往日本海的最大陆路贸易口岸，同时，又是多国商品转运中心

续表

铁路线名	路线	全长/千米	地位
集二线	自京包铁路的乌兰察布市集宁区(原集宁市)北行，经察哈尔、苏尼特到达中蒙边境城市二连浩特市，与蒙古国的扎门乌德铁路接轨	331	是通往蒙古国的主要铁路交通干线和连接莫斯科的国际联运干线。集二铁路的建成，使北京至莫斯科较经满洲里的运程缩短了 1 000 多千米。二连浩特市是我国对外贸易物资转运站、北京—莫斯科国际铁路干线的必经之地和重要的口岸城市
沈丹线（原称奉安铁路）	从京哈线上的沈阳出发，经本溪、凤城，到达中朝界河鸭绿江边的丹东，跨过鸭绿江大桥与朝鲜新义州接轨	277	是辽宁省及关内地区、蒙古国、俄罗斯通往朝鲜的主要铁路干线。由凤城出发转道经过宽甸的铁路，也与朝鲜铁路接轨，成为辽宁省另一条中朝铁路联络线。边境口岸丹东市现已发展成为辽东地区的政治、经济、文化中心和中国最大的边境城市
长图线	自京哈线上的长春出发，经吉林、敦化到达中朝界河图们江边的图们市，过江后与朝鲜罗津铁路相连	529	是吉林省通向朝鲜的主要铁路干线。长图铁路支线——朝开铁路（从朝阳川至图们江边开山屯，与朝鲜铁路接轨），为另一条中朝铁路联络线。图们市位于图们江下游，是国家一类边境口岸城市，具有沿边、沿江、沿线和近海的特点，是中国、朝鲜、日本、俄罗斯等国多边贸易物资的中转口岸
梅集线	自沈集线梅河口岔出，经柳河、三源浦、通化、鸭园、果松、老岭、黄柏，至集安火车站止	245(不含集满线 6.5 千米)	是沟通我国东北地区，通往朝鲜的一大干线。原称梅辑铁路，是横穿梅河口、柳河县、通化市、通化县、集安市东南部的交通大动脉，也是中国东北地区铁路运输网的重要组成部分
湘桂线	从京广线上的衡阳西南行，经东安、桂林、柳州、南宁到达中越边境城市凭祥，通过友谊关与越南谅山地区铁路接轨	1 013	是我国通往越南及东南亚最便捷的陆路通道。凭祥市地处中国大陆和东南亚两大经济区域的结合部，素有“中国南大门”之称，是新崛起的对外开放口岸城市，也是我国与越南交往的主要城市
昆河线（原为滇越铁路北段）	自昆明东南行，经宜良、开远到达边境城市河口，与越南老街铁路接轨后直达河内	464	是我国内联西南、外联越南及东南亚的第二条重要的交通要道。1992 年，河口口岸成为国家一类开放口岸，河口与越南一桥相通，随着中越国际联运的重新开通，河口由改革开放的末端变成了前沿，成为云南走向世界的一个口岸
北疆铁路	自兰新铁路的西端乌鲁木齐出发，经石河子、奎屯、乌苏到边境城市博乐，通过阿拉山口与哈萨克斯坦铁路接轨，西行可达阿拉木图	467	是我国通往中亚各国及俄罗斯的主要铁路交通干线，是连接“亚欧大陆桥”的重要组成部分。位于天山西段北麓的博乐市是博尔塔拉蒙古自治州政府所在地，是西北疆物资集散地之一，是我国面向中亚各国的重要贸易口岸

8.1.6 国际铁路货物联运进出口代理业务流程

图 8.1 和图 8.2 分别显示了国际铁路货物联运进出口代理业务流程。

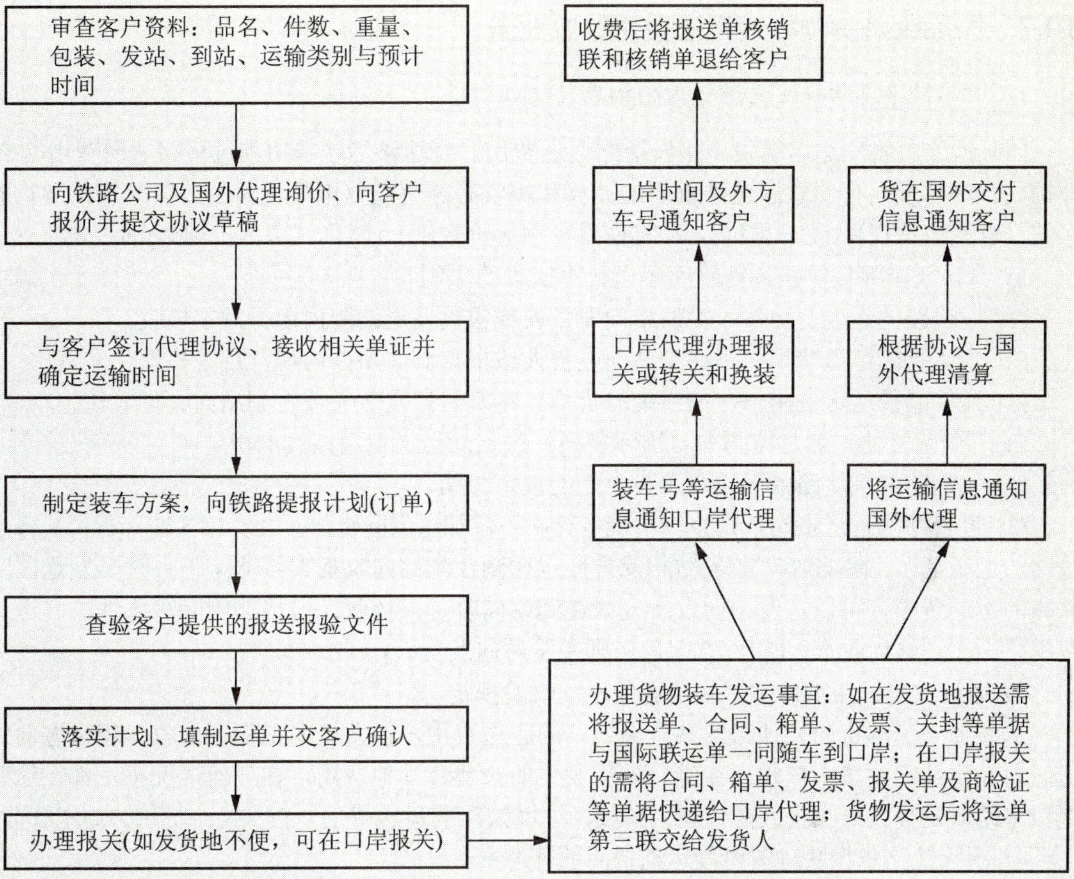

图8.1　国际铁路货物联运代理出口业务流程

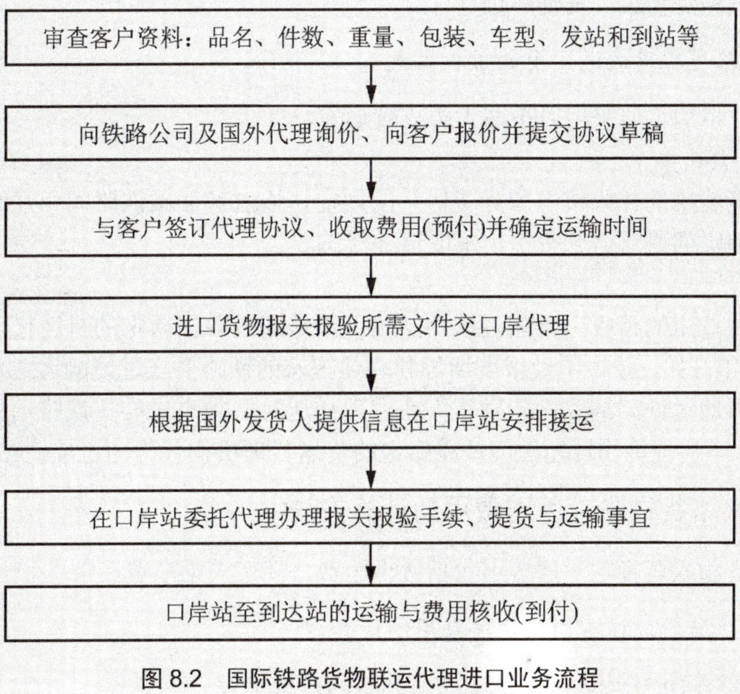

图8.2　国际铁路货物联运代理进口业务流程

8.1.7 国际铁路货物联运运送费用计收业务

1. 国际铁路货物联运运送费用的构成与核收

国际铁路货物联运运送费用由发送路运送费用、到达路运送费用和过境路运送费用 3 部分构成。国际铁路货物联运运送费用的计算和核收必须遵循《国际货协》、《国际铁路货物联运统一过境运价规程(统一货价)》和《铁路货物运价规则》(简称《国内价规》)的规定。

1) 参加《国际货协》各铁路间运送费用核收的原则

(1) 发送路的运送费用——在发站向发货人或根据发送路国内现行规定核收。

(2) 到达路的运送费用——在到站向收货人或根据到达路国内现行规定核收。

(3) 过境路的运送费用——按《统一货价》在发站向发货人或在到站向收货人核收。

2) 《国际货协》参加路与非《国际货协》铁路间运送费用核收的规定

(1) 发送路和到达路的运送费用与上面的规定相同。

(2) 过境路的运送费用，则按以下规定计收：参加《国际货协》并实行《统一货价》各过境路的运送费用，在发站向发货人(相反方向运送则在到站向收货人)核收，但办理转发送国际铁路的运送费用，可以在发站向发货人或在到站向收货人核收；过境非国际货协铁路的运送费用，则在到站向收货人(相反方向运送则在发站向发货人)核收。

3) 通过过境铁路港口站货物运送费用核收的规定

从参加《国际货协》铁路发站至港口站的运送费用，在发站向发货人核收；相反方向运送时，在到站向收货人核收。在港口站所发生的杂费和其他费用，在任何情况下，都在这些港口车站向发货人或收货人的代理人核收。过境铁路的运送费用，按《统一货价》规定计收。

4) 国际铁路货物联运国内段运送费用的计算

根据《国际货协》的规定，我国通过国际铁路联运的进出口货物，其国内段运送费用的核收应按照《铁路货物运价规则》进行计算。

2. 国际铁路过境路运送费用的核收方式

过境路运送费用主要采用以下两大类核收形式。

1) 铁路结算制

它是指过境费用的计收按《国际货协》的规定，通过参加国铁路间相互清算的制度。例如，中国过境朝鲜的铁路运送费用仍采取这种形态。

2) 代理结算制

它是指过境费用的计收不再通过铁路结算，而是通过各国指定的货运代理间相互清算的制度。从 1992 年开始，蒙古国及俄罗斯等独联体国家的铁路要求过境的运送费用均需由代理人支付，而不再通过铁路清算，即发货人在办理托运时必须事先委托铁路当局指定的货运代理机构，由该货运代理机构转托过境铁路指定的货运代理机构代为向过境铁路支付过境费用。

8.1.8 国际铁路货物联运运送费用的计算方法

国际铁路货物联运货物运送费用包括货物运费、押运人乘车费、杂费和其他费用。

1. 国际铁路货物联运国内段运送费用的计算方法

(1) 根据货物运价里程表确定从发站至到站的运价里程。

(2) 根据运单上填写的货物品名查找货物品名检查表，确定适用的运价号。

(3) 根据运价里程和运价号在货物运价率表中查出相应的运价率。

(4) 按《铁路货物运价规则》确定的计算重量与该批货物适用的运价率相乘，算出该批货物的运费，即

运费＝货物运价率×计费重量

特别提示

整车货物运费计算以吨为单位。零担货物的运费计算重量以10千克为单位，不足10千克进为10千克。

2. 国际铁路货物联运过境运送费用的计算方法

(1) 根据运单记载的应通过的国境站，在《统一货价》过境里程表中分别找出货物所通过的各个国家的过境里程。

(2) 根据货物品名，查阅《统一货价》中的通用货物品名表，确定所运货物应适用的运价等级。

(3) 根据货物运价等级和各过境的运送里程，在《统一货价》中找出符合该批货物的运价率。

(4) 《统一货价》对过境货物运费的计算是以慢运整车货物的运费额为基础的(即基本运费额)，计算公式为

基本运费额＝货物运费率×计费重量

其他种别的货物运费，则在基本运费额的基础上分别乘以不同的加成率，其公式为

运费总额＝基本运费额×(1＋加成率)

加成率是指运费总额应按托运类别在基本运费额基础上所增加的百分比。快运货物运费按慢运运费加100%，零担货物加50%后再加100%。随旅客列车挂运整车费则另加200%。

8.1.9 国际铁路货物联运运单的性质与功能

国际铁路联运运单包括《国际铁路货物运输公约》(《国际货约》)运单和《国际铁路货运联合运输协定》(《国际货协》)运单。国际商会修改制定的《UCP600》第十九至二十九条规定了以下七种运输单证：涵盖至少两种不同运送方式的运送单据、提单、不可转让的海运单、租船提单、空运单、公路、铁路或内河运单、快递收据、邮政收据或投邮证明书。

从是否具有物权凭证功能来划分，这七类运输单证可分成两大类：一类是具有物权凭证功能的单据，包括提单和租船提单；另一类是不具有物权凭证功能的单据，包括不可转让海运单，空运单，公路、铁路或内河运单，以及快递收据、邮政收据或投邮证明书。

国际铁路货物联运运单属于《UCP600》规定的公路、铁路或内河运单的范畴，它仅具有运输合同证明和货物收据的功能，不具有物权凭证的功能，不具有流通性。因此，《国际货约》和《国际货协》均明确规定铁路货物联运运单中的“收货人”一栏必须是记名的。

8.1.10 对中国香港铁路货物运输的流程

1. 中国内地对中国香港铁路出口货物运输的流程

(1) 发货地的外运分公司或外贸公司向当地铁路局办理从发货地至深圳北站的国内铁路运输的托运手续，填写国内铁路运单。

(2) 发货地的外运分公司或外贸公司委托深圳外运分公司办理接货、报关、查验、过轨等中转运输手续。

(3) 深圳外运分公司接到铁路的到车预告后，抽出事先已分类编制的有关单证加以核对，并抄送中国旅行社香港分社以备接车。

(4) 货车到达深圳北站后，深圳外运分公司与铁路进行票据交接，如单证齐全无误，则向铁路编制过轨计划，并向海关报关，准备过轨的列车，联检通过后，海关放行。

(5) 中国旅行社香港分社向港段铁路海关报关，并在罗湖车站向九广铁路公司办理起票手续，港段铁路将过轨货车运到九龙车站交中国旅行社香港分社卸货。

图 8.3 显示了内地对中国香港铁路出口货物运输的流程。

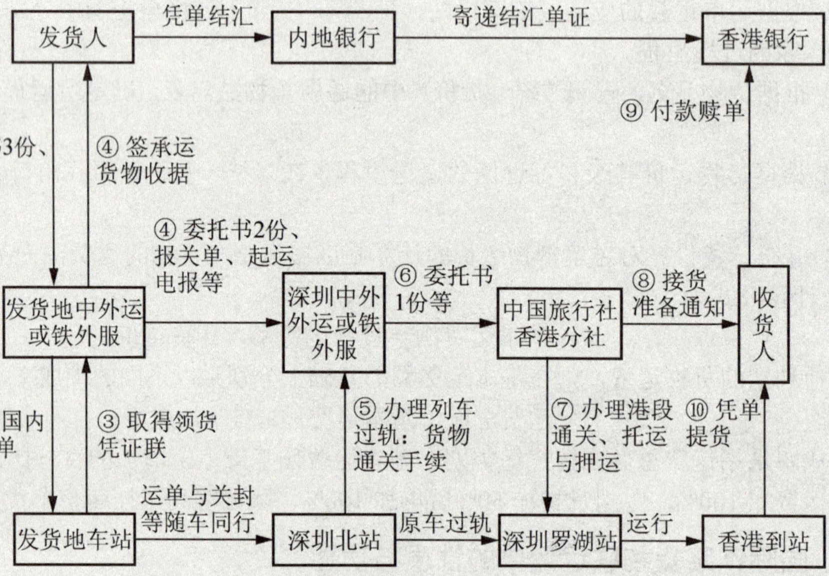

图 8.3　内地对中国香港铁路出口货物运输流程

整个运输流程分为三个阶段。

(1) 国内铁路运输托运手续。

① 注意问题：

(a) 高度的限制。装载高度从轨面算起，不得超过 4.5 米。

(b) 重量限制。目前，中国香港铁路局规定，每节车厢总重(自重＋货重)不得超过 72 吨。

(c) 货物的均衡发运。

② 主要单证有供港货物委托书、出口货物报关单、起运电报、承运货物收据及铁路运单。

(2) 运行组织、口岸交接阶段。

① 运行组织。包括快运货物列车、直达列车和成组运输。

② 口岸交接。铁路到达深圳的外贸出口货物有三种方式：原车过轨(占 80%～90%)；卸车(存储)经公路出口；卸车后存外贸仓库再装火车出口。深圳外运公司办理杂货，总公司工作组和转运站办理活畜禽。

(3) 港段接卸阶段。

① 港段有关运输机构及其业务范围：香港九广铁路公司；中国旅行社香港分社；运输行；华润集团公司储运部。

② 香港铁路的接卸作业。货车到达深圳后，深圳外运公司填报当天车辆过轨货物通知单(预报)，交给中国旅行社香港分社罗湖办事处，中国旅行社香港分社派人过桥取送。货车过轨后，罗湖办事处根据香港九龙铁路公司提供的过轨车号，填制“过轨确报”。至现场逐个核对车号，并进行适当处理，并向香港九广铁路公司起票托运。

香港的卸货点没有货场，卸货时全部采用火(火车)、车(汽车)直取或车(火车)、船直取方式。汽车不来，火车就不能卸。

2. 对中国香港铁路货物运输费用的计算

由于对中国香港铁路运输分两段运输完成，因此，运费是按内地和香港分别计算的。

1) 内地段铁路运费的计算

内地铁路运送费用：铁路运费、深圳国轨租车费、货物装卸费及货运代理劳务费等。以上按人民币计算。

2) 港段铁路运费的计算

港段铁路运送费用：铁路运费、港段终点调车费、卸车费及港段劳务费等。以上按港币计算。

8.1.11　对中国澳门的铁路运输

中国澳门与内地没有铁路直通。内地各省运往澳门的出口货物先由铁路运至广州。整车货物，到广州南站新风码头42道专用线；零担货到广州南站；危险品零担，到广州吉山站；集装箱和快件到广州火车站。

收货人均为中国外运广东省分公司。货物到达广州后由省外运分公司办理水路或公路的中转，运至澳门。货物到达澳门后，由南光集团运输部负责接收货物并交付收货人。广东省的地方物资和一部分不适合经水运的内地出口物资，可用汽车经拱北口岸运至澳门。

任务8.2　国际公路货物运输代理业务

8.2.1　国际公路货运代理概述

1. 国际公路货运代理的概念

国际公路货运代理是指接受发货人、收货人的委托为其办理公路货物运输及其相关服务的人。其服务内容包括揽货、托运、仓储、中转、集装箱拼装拆箱、结算运杂费、报关、报验、保险、相关的短途运输服务及咨询业务。

2. 国际公路货运代理的特点

由于公路运输的特点，国际公路货运代理除了具有规模小、数量多、市场准入门槛低、机制灵活等特点，还具有以下特点。

(1) 身份多重性。以上只不过是传统意义有关国际公路货运代理的定义，在实践中，他们往往突破原有的代理人、居间人、咨询人的身份，以自己的名义开展全程运输组织，并从中赚取运费差价，从而成为承运人。有些企业甚至成为第三方物流经营人，从事现代物流服务。

(2) 经营范围独特性。由于公路运输的特点，国际公路货运代理以从事其他运输方式的集疏运服务、海关监管运输、保税运输、仓储与配送等服务为主，而且，代收货款服务往往成为业务范围的重要组成部分。实践中，有些货主为图方便，纷纷委托国际公路货运代理送货时代收货款，取货时代付货款。尤其在零担货运业，公司能否从事代收款业务甚至成为货主选择货运代理公司时的主要标准。

(3) 服务多元化。随着各国实行宽松的运输管制政策及客户服务需求的日益提高，公路运输服务日益呈现多元化趋势。

8.2.2 国际公路货物运输的含义

国际公路货物运输是指起运地点、目的地点或约定的经停地点位于不同的国家或地区的公路货物运输。在我国，只要公路货物运输的起运地点、目的地点或约定的经停地点不在我国境内均构成国际公路货物运输。目前，世界各国的国际公路货物运输一般以汽车作为运输工具，因此，国际公路货物运输与国际汽车货物运输这两个概念往往是可以相互替代的。

8.2.3 国际公路货物运输的特点

国际公路货物运输，除了具有适应性强、机动灵活、直达性能好、运输成本高、运行持续性较差及对环境污染影响较大等特点之外，还具有以下特点。

(1) 可以广泛参与国际多式联运。

(2) 是邻国间边境贸易货物运输的主要方式。

(3) 按有关国家之间的双边或多边公路货物运输协定或公约运作。

8.2.4 我国公路口岸与主要对外通道

近年来，我国大陆周边地区通过公路口岸出入境的货物运输发展较快，开放的一、二类边境口岸和临时过境通道已有 160 多个。

目前，我国公路对外运输通道主要如下：

(1) 对独联体国家公路运输口岸。

(2) 对朝鲜公路运输口岸。

(3) 对巴基斯坦公路运输口岸。

(4) 对印度、尼泊尔、不丹公路运输口岸。

(5) 对越南公路运输口岸。

(6) 对缅甸公路运输口岸。

(7) 对中国香港、澳门的公路运输口岸。

8.2.5 国际公路货物运输的类别

(1) 整车运输。托运人一次托运的货物在 3 吨(含 3 吨)以上，或虽不足 3 吨，但其性质、体积或形状需要一辆 3 吨以上汽车运输的，均为整车运输。

(2) 零担运输。托运人一次托运货物不足 3 吨的为零担运输。各类危险、易破损、易污染和鲜活等货物，除另有规定和有条件办理的外，不办理零担运输。

(3) 特种车辆运输。根据货物性质、体积或重量的要求，需要大型汽车或挂车(核定载重吨位为40吨及以上的)，以及容罐车、冷藏车或保温车等车辆运输的，即为特种车辆运输。

(4) 集装箱运输。即以集装箱为盛装器具，由专用汽车载运的运输方式。

(5) 包车运输。把车辆包给托运人安排使用，并按时间或里程计算运费的运输。

8.2.6　国际公路货物运输合同的相关规定

《国际公路货物运输合同公约》对公路运输所使用的单证和合同各方的责任作了较为详细的规定。

1. 承运方的主要违约责任

承运方的主要违约责任如下：

(1) 承运方过错造成货物逾期到达应按合同规定支付违约金。

(2) 从货物装运时起，至货物运抵到达地交付完毕时止，承运方应对货物的灭失、短少、变质、污染及损坏负责，并按货物实际损失赔偿。但有下列情况之一者除外：

① 不可抗力；

② 货物的自然损耗或性质变化；

③ 包装不符合规定(无法从外部发现)；

④ 包装完整无损而内装货物短缺、变质；

⑤ 托运方的过错；

⑥ 有押运人且不属于承运方责任的；

⑦ 其他经查证非承运方责任造成的损失。

(3) 货物错运到达地或收货人，由承运方无偿运到规定地点，交给指定的收货人，由此造成的货物逾期到达的，按规定处理。

(4) 货物赔偿价格，按实际损失价格赔偿。如货物部分损失，应按损坏货物减低的金额或按修理费用赔偿。赔偿费用应专账支付，不得在运费内抵扣。

2. 托运人的主要违约责任

托运人的主要违约责任如下：

(1) 未按合同规定的时间和要求提供货物的，应按合同规定支付给对方违约金。

(2) 由于托运人发生下列过错造成事故，致使车辆、机具、设备损坏、腐蚀或人身伤亡及第三者物质的损失，应由托运人负赔偿责任：

① 在普通货物中夹带、匿报危险品或其他违反危险品运输规定的行为；

② 错报笨重货物重量；

③ 货物包装不良或未按规定制作标志。

(3) 货物包装完整无损而货物短损、变质，收货人拒收，或货物运抵到达地找不到收货人，以及由托运方负责装卸的货物，超过合同规定装卸时间所造成的损失，均应由托运方负责赔偿。

(4) 由于托运方责任给承运部门造成损失，或因捏报而造成他人生命财产损失的，除由托运方负责赔偿外，必要时应交有关部门处理。

(5) 托运方对承运方的赔偿要求，凡起运前发现而要求赔偿的，由起运车站负责处理，其他由到达站负责处理。但行车肇事所引起的货运事故，应由事故发生地的就近车站，会同当地监理部门和有关单位作出现场记录，由责任人承担赔偿责任。

(6) 要求赔偿有效期限，从货物开票之日起，不得超过6个月。从提出赔偿要求之日起，责任人承担应在2个月内作出处理。

3. 收货人的主要违约责任

收货人的主要违约责任如下：

(1) 收货人逾期领取货物要承担货物的仓储保管费。

(2) 收货人应当补交托运人未交或者少交的运费，迟交的要承担滞纳金。

(3) 因收货人的取货行为而造成公路承运人其他财产损失的，应承担赔偿责任。

4. 违约金和赔偿金

当事人可以约定违约金和赔偿金。但违约金一般最高不应超过违约部分运量应计运费的10%，并在明确责任的次日起10日内偿付，逾期支付的按日支付滞纳金。货物灭失、短少的，应按此部分货物价值赔偿；货物变质、污染、损坏按照受损货物所减低价值或者修理费赔偿。赔偿价格应按国家有关主管部门的规定计算。

8.2.7 国际公路货物运输运作流程

1. 公路运输基本运作流程

图8.4显示了公路运输的基本运作流程。

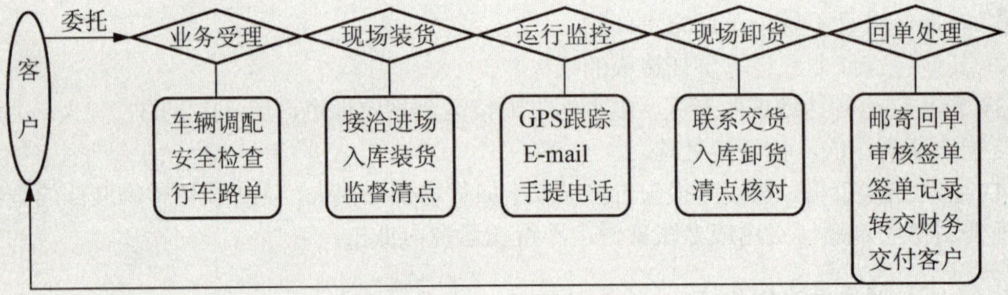

图8.4 公路运输运作流程

1) 接单

公路运输主管从客户处接收(传真)运输发送计划；公路运输调度从客户处接出库提货单证；核对单证。

2) 登记

运输调度在登记表上分送货目的地，分收货客户标定提货号码；司机(指定人员及车辆)到运输调度中心取提货单，并确认签收。

3) 调用安排

填写运输计划；填写运输在途及送到情况；追踪反馈表；电脑输单。

4) 车队交接

根据送货方向，重量、体积，统筹安排车辆；报运输计划给客户处，并确认到厂提货时间。

5) 提货发运

按时到达客户提货仓库；检查车辆情况，办理提货手续；提货，盖好车棚，锁好箱门；

办好出厂手续，电话通知收货客户预达时间。

6) 在途追踪

建立收货客户档案；司机及时反馈途中信息；与收货客户电话联系送货情况；填写跟踪记录；有异常情况及时与客户联系。

7) 到达签收

通过电话或传真确认到达时间；司机将回单用航空快递或传真寄(发)回公司；定期将回单送至客户处。

8) 回单

按时准确到达指定卸货地点；货物交接；百分之百签收，保证运输产品的数量和质量与客户出库单一致；了解送货人对客户产品在当地市场的销售情况。

9) 运费结算

整理好收费票据；做好收费汇总表并交至客户，确认后交回结算中心；结算中心开具发票，向客户收取运费。

2. 公路零担运输运作流程

表 8-3 显示了公路零担货运业务流程与操作要求。

表 8-3 公路零担货运业务流程与操作要求

流程	操作人员	业务操作	操作要求
业务联络	业务员	(1) 预约 (2) 订立合同 (3) 接单(派车联系单、发货单) (4) 电话联系客户，可直接传递派单 (5) 将运输单分配给各调度员	(1) 以多种接单方式方便客户及时下达指令 (2) 确保客户满意 (3) 派单及时、准确
配载派车	调度员 司机	(1) 接单 (2) 按货物数量、品种及去向、时间要求分配配载 (3) 签订货物运输清单，落实车辆安全防护工作 (4) 发车至仓库或客户处提货	(1) 及时优质高效配载 (2) 确保车辆安全性 (3) 各项运输注意事项交代完整、清楚 (4) 确保车辆准时到位
装货发运	调度员 司机 仓管员 现场员 卸载工	(1) 凭单提货 (2) 仓库核对发货并登记 (3) 装车前后做好各项核对工作 (4) 规范文明、准确卸载 (5) 现场监督，记录作业情况	(1) 单、货相符 (2) 做好运输安全措施 (3) 文明卸载、按时发运 (4) 出库手续齐备、统计准确
在途跟踪	客服专员	(1) 主动向客户汇报货物在途状态 (2) 主动向客户提供查询服务	及时妥善处理货运途中问题
单货验收	调度员 司机	(1) 在指定舱位按时卸货 (2) 单据签章及时、完整、有效 (3) 签收后通知调度，回单返回及时	(1) 签收单据如有破损，司机负责 (2) 回单于卸货后 5～7 天内返回
单证处理	调度员 回单管理员 结算员	(1) 调度将回单核对后交回单管理员 (2) 回单管理员将回单交结算员 (3) 结算员审核结算收支费用	(1) 回单返回及时、准确 (2) 统计、计价准确 (3) 结算费用及时

3. 公路整车运输运作流程

无论是零担运输还是整车运输，其业务运作过程均由发送管理、在运管理、中转管理和交付管理四个方面构成。但它们之间仍存在许多不同之处。表 8-4 显示了公路整车运输与零担运输业务运作方面的差异。

表 8-4 公路整车运输与零担运输业务运作对比

对比项目	整车运输	零担运输
承运人责任期间	装车/卸车	货运站/货运站
是否进站存储	否	是
货源与组织特点	货物品种单一、数量大、货价低，装卸地点一般比较固定，运输组织相对简单	货源不确定、货物批量小、品种繁多、站点分散，质高价贵，运输组织相对复杂
营运方式	直达的不定期运输形式	一般定线、定班期发运
运输时间长短	相对较短	相对较长
运输合同形式	通常预先签订书面运输合同	通常托运单或运单作为合同的证明
运输费用的构成与高低	单位运费率一般较低，仓储、装卸等费用分担，需在合同中约定	单位运费率一般较高，运费中往往包括仓储、装卸等费用

任务 8.3 国际多式联运代理业务

8.3.1 国际多式联运

1. 国际多式联运概述

《联合国国际多式联运公约》将国际多式联运定义为：“国际多式联运是指按照多式联运合同，以至少两种不同的运输方式，由多式联运经营人把货物从一国境内接运货物的地点运至另一国境内指定交付货物的地点。”

国际多式联运将不同的运输方式组合成综合的一体化运输，通过一次托运、一次计费、一张单证、一次保险，由各运输区段的承运人共同完成货物的全程运输，即将全程运输作为一个完整的单一运输过程来安排。

理论上多式联运可有海—铁、海—空、海—公、铁—公、铁—空、公—空、海—铁—海、公—海—空等多种类型，如图 8.5 所示。

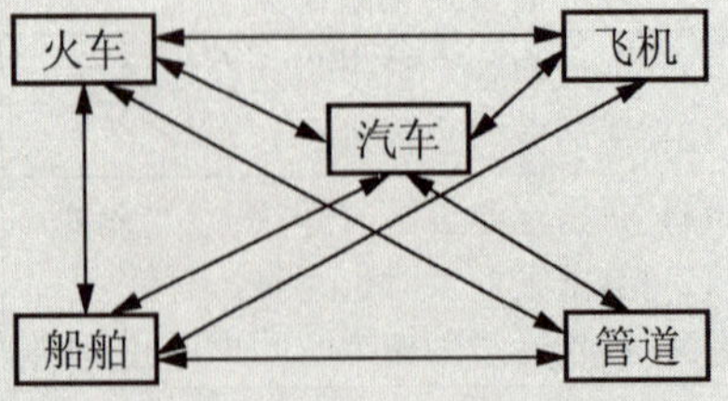

图 8.5 国际多式联运服务可能的组合方式

2. 多式联运业务相关关系方

1) 多式联运经营人

多式联运经营人(Multimodal Transportation Operator)是与托运人进行签约，负责履行或组织履行联运合同，并对全程运输负责的企业法人和独立经营人。

2) 货物托运人与收货人

这里所述的托运人和收货人，是指货物实际托运人和实际收货人。其与多式联运经营人的关系：前者是多式联运的业务委托关系和合同当事方；后者是多式联运合同涉及的第三方和在目的地享受货物提运权的关系人。

3) 分合同方

分合同方包括区段承运人，如船舶所有人或经营人，铁路、公路、航空和江河运输经营人，以及非运载工具经营人，如集装箱场站、仓储经营人和转运代理人等。与多式联运经营人签订分合同并承担合同中所约定的责任部分。

4) 其他有关方

其他有关方主要指那些与货物和国际多式联运相关的其他关系方。包括与货物进出口业务相关的货物保险与货物检验及其他责任保险方，以及进出口贸易监管、外汇控制机构、海关和理赔银行等。

案例评析 8-1

我国 A 公司与美国 B 公司签订了进口 3 套设备的贸易合同，FOB 美国西海岸，目的地为山东济南。A 公司委托 C 航运公司负责全程运输。C 航运公司从美国西雅图港以海运方式运输了装载于 3 个集装箱的设备到青岛港，C 航运公司委托 D 货运代理公司负责青岛到济南的陆路运输，双方订立陆路运输合同。D 货运代理公司并没有亲自运输，而是委托 E 汽车运输服务公司运输。货物到目的地后，收货人发现 2 个集装箱破损，货物严重损坏。经查实发现涉案 2 个集装箱货物的损坏发生在青岛至济南的陆路运输区段。请分析并解答以下问题(本案适用中国法律)：

(1) C 航运公司是否对货物的损失承担责任？为什么？

(2) 阐述 C 航运公司和 D 货运代理公司的法律地位。

【评析要点】(1) C 航运公司需对货物的损失承担责任。因为 A 公司委托 C 航运公司负责全程运输，故 C 航运公司作为国际多式联运经营人，应该对货物运输的全程负责。

(2) C 航运公司和 D 货运代理公司的法律地位不相同。其中，C 航运公司的法律地位为国际多式联运经营人，D 货代公司为 C 航运公司的陆上区段运输分包人。

3. 国际多式联运的特点

(1) 多式联运经营人必须与发货人订立多式联运合同，是确定多式联运性质的依据。

(2) 多式联运经营人必须对全程运输负责。

(3) 一般情况下，多式联运经营人往往会把各区段以自己的名义委托给有关区段的承运人(分承运人)，分承运人与原发货人不发生任何关系，分承运人与多式联运经营人之间是承托关系。

(4) 必须是国际间的货物运输。

(5) 必须是不同运输方式下的连续运输。

(6) 多式联运的费率为全程单一运费费率。

(7) 由多式联运经营人签发一份全程多式联运单证(Multimodal Transport Document，MTD)，它和传统提单一样，都是物权证书和有价证券。

根据国际商会《联合运输单证统一规则》的规定，如信用证无特殊规定，银行可接受多式联运经营人签发的多式联运单证。UCP 600 也规定，除非信用证另有规定，银行将接受多式联运经营人或代表多式联运经营人签发的单证。

总之，由多式联运经营人对托运人签订一个运输合同统一组织全程运输，实行运输全程一次托运、一单到底、一次收费、一次保险、统一理赔和全程负责。虽然它可能由各运输区段的承运人共同完成货物的全程运输，但它是将货物的全程运输作为一个完整的单一运输过程来安排。

4. 国际多式联运的优势

(1) 手续方便，责任统一。

(2) 降低运输成本，节约费用。

(3) 减少中间环节，缩短货运时间。

(4) 提高运输组织水平，实现合理化运输。

(5) 实现门到门运输。

它是一种以方便托运人和货主为目的的先进的货物运输组织形式。

5. 国际多式联运的基本方式

1) 协作式联运

协作式联运是指两种或两种以上运输方式的不同运输企业按照统一的公约、规章或商定的协议，共同将货物从接管货物的地点运到指定交付货物的地点的联运。

2) 衔接式多式联运

衔接式联运是指由一个多式联运经营人综合组织两种或两种以上运输方式的不同运输企业，将货物从接管货物的地点运到指定交付货物的地点的联运。

6. 国外国际多式联运的发展形势

1) 海陆联运

海—陆联运是国际多式联运的主要组织形式，也是远东/欧洲方向国际多式联运采用的主要组织形式之一。海—陆联运中的大陆运输部分就称为“大陆桥运输”。

大陆桥运输(Land Bridge Transport)，又称陆桥运输，是指使用横贯大陆的铁路、公路运输系统作为中间桥梁，把大陆两端的海洋连接起来，形成跨越大陆、联结海洋的运输组织形式。

① 西伯利亚大陆桥运输。西伯利亚大陆桥(Siberian Land Bridge，SLB)，全长 1.3 万千米，因其地跨亚、欧两个大陆，所以又称第一亚欧大陆桥。西伯利亚大陆桥示意如图 8.6 所示。

西伯利亚大陆桥是利用俄罗斯西伯利亚铁路作为陆地桥梁，把太平洋远东地区与波罗的海和黑海沿岸及西欧大西洋口岸连起来。此条大陆桥运输线东自符拉迪沃斯托克(海参崴)的纳霍特卡港口起，横贯欧亚大陆，至莫斯科，然后分三路：一路自莫斯科至波罗的海沿岸的圣彼得堡港，转船往西欧、北欧港口；一路从莫斯科至俄罗斯西部国境站，转欧洲其他国家铁路(公路)直运欧洲各国；另一路从莫斯科至黑海沿岸，转船往中东、地中海沿岸。西伯利亚大陆桥的营运情况及主要问题如下：

图 8.6　西伯利亚大陆桥示意

20 世纪 70 年代初以来，西伯利亚大陆桥运输发展很快。目前，它已成为远东地区往返西欧的一条重要运输路线。日本是利用此条大陆桥的最大顾主，整个 80 年代，其利用此大陆桥运输的货物数量每年都在 10 万个集装箱以上。为了缓解运力紧张情况，苏联又建成了第二条西伯利亚铁路。但是，西伯利亚大陆桥也存在三个主要问题：

(a) 运输能力易受冬季严寒影响，港口有数月冰封期。

(b) 货运量西向大于东向约两倍，来回运量不平衡，集装箱回空成本较高，影响了运输效益。

(c) 运力仍很紧张，铁路设备陈旧。随着新亚欧大陆桥的正式营运，这条大陆桥的地位正在下降。

在我国，西伯利亚大陆桥运输主要采用以下三种方式，见表 8-5。

表 8-5　西伯利亚大陆桥运输的三种方式

运输方式	特点
铁—铁方式	由国内各车站至满洲里或二连浩特出口，通过后贝加尔斯克或通过蒙古国的扎门乌德站至纳乌什基站，利用西伯利亚铁路转至亚洲伊朗、阿富汗或东欧、西欧铁路再运至欧洲等地或相反方向的运输
铁—海方式	由国内各火车站至满洲里、后贝加尔斯克站或二连浩特、蒙古国的扎门乌德站、纳乌什基站，利用西伯利亚铁路运至波罗的海和黑海港口，在装船转运至西欧、北欧和巴尔干地区，主要港口及相反方向的运输
铁—卡方式	由国内各火车站经满洲里或二连浩特出口，通过蒙古国、原苏联铁路再转运至俄罗斯布列斯特转公路，运至欧洲各地及相反方向的运输。我国利用西伯利亚大陆桥运输业务的总经营人，是中国对外贸易运输(集团)总公司

② 北美大陆桥运输。北美大陆桥(North American Land Bridge)运输指从日本东向，利用海路运输到北美西海岸，再经由横贯北美大陆的铁路线，陆运到北美东海岸，再经海路运箱到欧洲的“海—陆—海”运输结构。

北美大陆桥包括美国大陆桥运输和加拿大大陆桥运输。北美大陆桥是世界上历史最悠久、影响最大、服务范围最广的陆桥运输线。北美大陆桥运输对巴拿马运河的冲击很大，由于陆桥运输可以避开巴拿马运河宽度的限制，许多海运承运人开始建造超巴拿马型集装箱船，增加单艘集装箱船的载运箱量，放弃使用巴拿马运河，使集装箱国际海上运输的效率大为提高。

(a) 美国大陆桥运输。美国大陆桥有两条运输线路：一条是从西部太平洋沿岸至东部大西洋沿岸的铁路和公路运输线；另一条是从西部太平洋沿岸至东南部墨西哥湾沿岸的铁路和公路运输线。

(b) 小陆桥(Mini Land Bridge，MLB)运输。北美小陆桥运输是指日本经美国太平洋沿岸各港的海铁联运。它与大陆桥运输的区别是运输终点为美国东海岸，而不再下海。采用这样的运输方式，使海运和陆运结合起来，从而达到了运输迅速、降低运输成本的目的。小陆桥运输从运输组织方式上看与大陆桥运输并无大的区别，只是其运送的货物的目的地为沿海港口。例如，日本到美国东海岸的货物，先由日本装船至美国西海岸港口，再转铁路至东海岸目的地。

(c) 微型陆桥(Microbridge 或 Micro Land Bridge)运输。微型陆桥运输与小陆桥运输基本相似，只是其交货地点在内陆地区，即货物运到太平洋西岸的港口(通常为 LA 或 LB)，再转铁路的海—铁联运方式。

(d) 美国内陆点多式联运(Interior Point of Intermodal，IPI)，又称内陆点多式联运，它是指使用联运提单，经美国西海岸和美国湾沿海港口，利用集装箱拖车或铁路运输将货物运至美国内陆城市的一种多式联运。运输途径及运输经营人的责任和风险完全与小陆桥运输相同。

(e) 美国内陆公共点(Overland Common Points，OCP)运输。美国内陆公共点或称陆路共通点，是指美国西海岸有陆路交通工具与内陆区相联通的港口，是可享有优惠费率，通过陆上运输可抵达的区域。以落基山脉为界，即除紧临太平洋的美国西部九个州以外，从美国的北达科他州、南达科他州、内布拉斯加州、科罗拉多州、新墨西哥州起以东的地区均属内陆公共点地区。我国出口到美国的货物海运到美国西部港口(旧金山、西雅图)卸货，再通过陆路交通(主要是铁路)向东运至指定的内陆地点，即属于内陆公共点运输。所有经美国西海岸运往这些地区(或反向)的货物，称内陆公共点地区货物，并享有内陆公共点运输的优惠费率。所谓内陆公共点费率是太平洋航运公会为争取运往美国内陆地区的货物，途经美国西海岸转运而指定的一个比直达美国东海岸较低的费率。

表 8-6 显示了西伯利亚大陆桥运输与美国内陆公共点、美国小陆桥、美国内陆点多式联运运输的区别。

表 8-6　4 种运输组织方式的区别

比较项目	西伯利亚大陆桥	美国内陆公共点	美国小陆桥	美国内陆点多式联运
货物成交价	采用 FCA 或 CIP 应视为合同中约定	卖方承担的责任、费用终止于美国西海岸港口	卖方承担的责任、费用终止于最终交货地	与美国小陆桥相同
提单的适用	全程运输	海上区段	全程运输	全程运输
运费计收	全程	海、陆分段计收	全程	全程
保险区段	全程投保	海、陆段分别投保	全程投保	全程投保
货物运抵区域	不受限制	内陆公共点	美国东海岸和美国湾港口	内陆点
多式联运	是	不是	是	是

③ 新亚欧大陆桥运输。新亚欧大陆桥又称亚欧第二大陆桥，东起我国的连云港，西至荷兰鹿特丹港，全长 10 837 千米。其中在中国境内 4 143 千米，途经中国、哈萨克斯坦、俄罗斯、白俄罗斯、波兰、德国和荷兰 7 个国家，可辐射 30 多个国家和地区。1990 年 9 月，中国铁路与哈萨克斯坦铁路在德鲁日巴站正式接轨，标志着该大陆桥的贯通。1991 年 7 月 20 日开办了新疆—哈萨克斯坦的临时边贸货物运输。1992 年 12 月 1 日由连云港发出首列国际集装箱联运“东方特别快车”，经陇海、兰新铁路，西出边境站阿拉山口，分别运送至阿拉木图、莫斯科、圣彼得堡等地，标志着该大陆桥运输的正式开办。近年来，该大陆桥运量逐年增长，并具有巨大的发展潜力。

④ “第三亚欧大陆桥”运输构想。2007 年 11 月 1 日，“构建第三亚欧大陆桥专家论坛”在昆明开幕，该论坛由云南省社科院、云南省发展和改革委员会经济研究院联合主办。“第三亚欧大陆桥”构想如下：以深圳港为代表的广东沿海港口群为起点，以昆明为枢纽，经缅甸、孟加拉国、印度、巴基斯坦、伊朗，从土耳其进入欧洲，最终抵达荷兰鹿特丹港，横贯亚欧 21 个国家。

2) 海空联运

(1) 海空联运的特点。海空联运是以航空运输为核心的多式联运，通常由航空公司或航空运输转运人，或者专门从事海空联运的代理人来制订计划，以便满足许多货主对于海运联运货物的抵达时间要求，与一般空运一样精确到“×号×时×分”。此外，目前，国际上对海空联运还没有相应的规定和法律，运价可自由制定。

(2) 海空联运经营人的种类及其业务操作。目前，海空货物联运主要有承运人型、转运人型和经纪人型三种类型。

对于转运人、经纪人型的责任，各公司并不一样，有的采取全程统一责任制，有的适用不同的赔偿额，并且采用分段责任制，即海运区段按照船舶公司的条款，空运区段按照航空公司的条款。

(3) 国际海空联运已经开通和使用的多式联运路线如下：

① 远东—欧洲：目前，此航线一般以温哥华、西雅图、洛杉矶、中国香港和曼谷等为中转地，也有以旧金山、新加坡为中转地的。

② 远东—中近东、非洲、大洋洲：以中国香港、曼谷为中转地。在特殊情况下，可以经马赛至非洲、经曼谷至印度、经中国香港至澳大利亚等，但是这些线路的货运量较小。

③ 远东—中南美：近年来，远东—中南美的货运发展迅速，因为此港口和内陆运输不稳定，所以对海空联运服务的需求巨大，联运运输线主要以迈阿密、洛杉矶、温哥华为中转。

3) 陆空联运

国际陆空联运主要有陆(铁路或公路)空联运和陆空陆联运。

目前，我国经香港空运的陆空联运货物的主要业务程序如下：

(1) 货主在签署贸易合同，制作的发票、货物明细单时应注明联运方式，如“由发货地至香港装火车，由香港至中转地装飞机，由中转地至目的地装汽车”，并在唛头上列明目的地，注明转口货，以避免香港特别行政区征税。有关单据上要加盖“陆空联运”字样，以示区别，加速中转。

(2) 货主向陆空联运经营人办理委托，并提供有关单证资料，包括为安排货物在香港转运业务的运输委托书或出口货物报关单。

(3) 货物在内地装上火车后，陆空联运经营人签署航空货运分运单或承运货物收据交付货主，以便货主结汇。

(4) 陆空联运经营人向在香港的收转人(目前主要有中国旅行社香港分社、华厦空运公司、合力空运有限公司等)提供货物装上火车离站信息，以便转运人办理货物在香港的中转事宜。

(5) 陆空联运经营人委托在中转地的代理人，负责从航空公司接收货物，并安排汽车转运至目的地，交付收货人。

7. 国外开展国际多式联运存在的主要问题

(1) 国际集装箱规格尚未取得一致。
(2) 许多发展中国家尚停留在集装箱化的初级阶段。
(3) 有关国际多式联运经营人责任的法律问题尚未取得一致。

8. 我国国际多式联运的发展概况

目前，我国已开办的国际多式联运路线主要有以下几条。
(1) 我国内地—我国港口—日本港口—日本内地(或反向运输)。
(2) 我国内地—我国港口(包括香港)—美国港口—美国内地(或反向运输)。
(3) 我国港口—肯尼亚的蒙巴萨港—乌干达内地(或反向运输)。
(4) 我国内地—我国港口(包括香港)—德国汉堡港或比利时安特卫普港—北欧、西欧内地(或反向运输)。
(5) 我国内地—我国港口(如上海新港)—科威特—伊拉克(或反向运输)。
(6) 我国东北地区—图们—朝鲜清津港—日本港口(或反向运输)。
(7) 我国港口—日本港口—澳大利亚港口—澳大利亚内地。
(8) 我国内地接转西伯利亚大陆桥运输(或反向运输)。
(9) 我国内地接转亚欧大陆桥运输(或反向运输)。

8.3.2 国际多式联运经营人

国际多式联运经营人指其本人或通过其代理同托运人订立多式联运合同的人，可以是实际承运人，也可以是无船承运人。国际多式联运下面使用多式联运单据(Multimodal Transportation Documents)，另外负责国际多式联运的人叫做国际多式联运经营人，也就是 MTO。

1. 国际多式联运经营人的特征

(1) 国际多式联运经营人是本人而非代理人。
(2) 国际多式联运经营人也兼营有关货运代理服务。
(3) 国际多式联运经营人是中间人。
(4) 国际多式联运经营人既可以拥有部分运输工具也可以不拥有运输工具。

2. 国际多式联运经营人的类型

1) 无船国际多式联运经营人
无船国际多式联运经营人又可分为以下三种类型。
(1) 场站经营人型。这类国际多式联运经营人拥有货运站、堆场、仓库等场站设施，与货主订立国际多式联运合同后，除利用自己拥有的场站设施完成装卸和仓储服务外，还需要与相关的各种运输方式的承运人订立分合同，由这些承运人来完成货物运输。

(2) 承运人型。这类国际多式联运经营人不拥有运输船舶，但却拥有汽车、火车或飞机等运输工具，他们与货主订立国际多式联运合同后，除利用自己拥有的运输工具完成某些区段的时机运输外，对于自己不拥有或经营的运输区段则需要通过与相关的承运人订立分包合同来实现该区段的运输，与船舶运输为主的国际多式联运经营人一样，这类国际多式联运经营人既是契约承运人又是某个或几个区段的实际承运人。

(3) 代理人型。这类国际多式联运经营人不拥有任何运输工具和场站设施，需要通过与相关的承运人和场站经营人订立分合同来履行其与货主订立的国际多式联运合同。

2) 以船舶运输为主的国际多式联运经营人

这类国际多式联运经营人在利用自己拥有的船舶提供港与港服务的同时，将他们的服务扩展到包括陆上运输甚至空运在内的门到门服务。一般情况下，他们可能不拥有也不从事公路、铁路和航空货物运输，而是通过与相关承运人订立分合同来安排相关的运输。此外，他们也可能不拥有也不从事场站设施，而是与相关场站经营人订立装卸与仓储合同来安排相关的装卸与仓储服务。

3. 国际多式联运经营人应具备的基本条件

(1) 取得从事国际多式联运的资格，必须依法注册。《中华人民共和国国际海运条例》规定：在中国境内经营无船承运业务，应当在中国境内设立企业法人。

(2) 具备国际多式联运线路及相应的经营网络。

(3) 与自己经营的国际多式联运线路有关的实际承运人和场站经营人之间存在长期的合作协议。

(4) 具备必要的运输设备，尤其是场站设施和短途运输工具。

(5) 拥有雄厚的资金，对运输全过程发生的货物灭失或损坏负责，因此要具有足够的赔偿能力。

(6) 拥有符合规定要求的国际多式联运单据，确保其流通性。从发货人或其代理那里接管货物时起即签发多式联运单证，并对接管的货物开始负责。

(7) 具备自己所经营国际多式联运线路的运价表。

4. 国际多式联运经营人的业务范围

(1) 咨询业务。

(2) 货运代理业务。

(3) 运输经纪业务。

(4) 承运人或场站经营人业务。

(5) 国际多式联运业务。

(6) 运输延伸服务——物流服务。

5. 国际多式联运经营人的经营方式

(1) 企业独立经营(适用于货源数量较大，较为稳定的线路，要求企业具有较强的实力和业务基础，工作效率较高，利润也相对较高)。

(2) 企业间联合经营。

(3) 代理方式。

后两种经营方式具有投资少、见效快、建立线路准备工作少等特点，用于线路货源不大，经济实力不大的企业设立分支机构和开展业务。

6. 国际多式联运经营人、无船承运人和传统货运代理的异同

国际多式联运经营人、无船承运人和传统货运代理的异同见表8-7。

表8-7 国际多式联运经营人、无船承运人和传统货运代理的异同

比较项目		多式联运经营人	无船承运人	传统货运代理
相同之处		均属于运输中间商，其主要业务是为供需双方提供运输服务或代理服务，以求赚取运费或代理费		
不同之处	运输方式	至少两种运输方式	海运	海、陆、空
	法律地位	对货主而言是承运人，对各区段承运人而言是货主	对货主而言是承运人，对船公司而言是货主	代理人
	资金占用	很大	较大	很小
	是否拥有船舶	必要时可以拥有	禁止拥有	禁止拥有
	是否拥有陆运与空运工具	必要时可以拥有	必要时可以拥有	禁止拥有
	是否有自己的提单	有	有	无
	是否有自己的运价表	有	有	无
	收入性质	运费(差价)	运费(差价)	代理费或佣金

7. 国际多式联运经营人的责任

1) 责任期间

《联合国国际货物多式联运公约》中对国际多式联运经营人的责任期间的规定采取了《联合国海上货物公约》的做法，即“自接受货物起到交付货物为止”的全部掌管货物期间。《海商法》也有类似规定。

2) 责任基础

国际多式联运经营人的责任基础有两种。

过失责任制是指按承运人对货损货差是否有过失而决定其是否负责的原则，可分为完全过失责任和不完全过失责任两种。前者是指只要承运人对货损货差有过失的就应承担责任，而后者却附有一部分除外规定，即基本前提是应承担责任，但对某些过失，法律仍允许承运人免责。

严格责任制是指除不可抗力等有限的免责事由外，无论有无过失，承运人对于货损货差均应承担责任。

3) 责任形式

(1) 责任分担制(Liability System)。也称为区段负责制，是对统一责任制的修正，其责任范围实行统一责任制，但是赔偿责任按各区段的法律规定办理。

责任分担制是指多式联运经营人对货物运输全程负责，但对于发生货差货损的赔偿责任，多式联运经营人并不承担全程运输责任的赔偿，仅对自己完成的区段货物运输负责。各区段的运输责任由各个区段的承运人负责，各区段的责任原则按该区段使用的法律予以确定。但由于这种责任形式与多式联运的基本特征不符，因此，当多式联运经营人签发全程多式联运

单，并且声明采用这种责任形式时，也可能会被法院判定此种约定无效而要求多式联运经营人承担全程运输的责任。

(2) 统一责任制(Uniform Liability System)。也称为同一责任制，是在国际多式联运过程中，由多式联运经营人按同样的责任内容对货主承担全程运输责任的制度。在统一责任制下，多式联运经营人对运输全程中货物的货差货损或延期交付负全部责任，无论事故发生在何种区段，责任是明显的还是隐蔽的，均按一个统一原则由多式联运经营人统一按约定的限额进行赔偿。这种统一法律规定的确定，可以由合同约定，也可由强制性的国际公约或国内法确定。

只有在多式联运经营人已尽了最大努力去挽救和避免损失的发生或确实证明是货主的故意行为过失等原因所造成的货物灭失或损坏的情况下，多式联运经营人才可免责。统一责任制是一种科学、合理、手续简化的责任制度。但这种责任制对联运经营人来说责任负担较重，而且由于现阶段各种运输方式采用不同的责任基础和责任限额，因此目前多式联运经营人签发的提单均未能采用此种责任形式。

(3) 网状责任制(Network Liability System)。又称混合责任制，是指在国际多式联运过程中，多式联运经营人尽管对全程运输负责，但对货运事故的赔偿的原则仍按不同运输区段所适用的法律规定。当无法确定货运事故发生区段时(俗称为“隐藏损害”)，则按海运法规或双方约定原则予以赔偿。

(4) 统一修正责任制(Modified Uniform Liability System)。是指多式联运经营人对货主赔偿时不考虑各区段运输方式的种类及其所适用的法律，而是对全程运输按一个统一的原则并一律按一个约定的责任限额进行赔偿。

统一修正责任制是介于统一责任制与网状责任制之间的责任制，也称混合责任制，它在责任基础方面与统一责任制相同，而在赔偿限额方面与网状责任制相同。

《联合国国际货物多式联运公约》基本上采用这种责任制，规定：“多式联运经营人对货损的处理，无论是否能够确定造成货损的实际运输区段，都将适用于本公约的规定。对于货损发生于某一特定区段，而该区段适用的国际公约或强制性国家法律规定的赔偿责任限额高于本公约规定的赔偿责任限额时，则应按照该区段适用的国际公约或强制性国家法律规定的赔偿责任限额予以赔偿。”

4) 责任限额

(1) 有关货损货差的责任限额。遵守各国际货物运输公约所规定的货损货差。

(2) 有关延迟交付的责任限额。延迟交付是指货物未在明确议定的时间内交付或在无此协议时，未能按照具体情况对一个勤奋的承运人所能合理要求的时间内交付。

根据《海商法》的规定，对于明确议定交付期限下所造成的延迟损失予以赔偿，其责任限额为延迟交付货物的运费数额，如果延迟损失与货物的灭失、损坏同时发生，则按货物灭失、损坏的责任限额为准，即对于货物延迟损失和灭失、损坏的不能超过货物灭失、损坏所规定的责任限额。

5) 承运人责任的免除

对于承运人可以免除责任的免责条款，除《联合国海上货物公约》及《联合国国际货物多式联运公约》未采用列举法外，其他国际公约、惯例及国内法律法规大都采用列举方式列举了若干免责事项。

案例评析 8-2

大连 A 国际货运代理公司与发货人订立多式联运合同，并负责将两个集装箱货物从大连经印度孟买运至新德里。A 国际货运代理公司分别与 B 船公司和 C 铁路运输公司签订运输合同，货物装船后 B 船公司签发清洁海运提单。货物在孟买港卸船时发现其中一个集装箱外表损坏，A 国际货运代理公司在当地的代理人将货物通过铁路运往新德里前，已告知 C 铁路运输公司。当集装箱到达新德里后，收货人发现外表损坏的集装箱内的货物严重受损，根据本案例，试回答以下问题：

(1) A 国际货运代理公司是否应承担责任？为什么？

(2) B 船公司是否应承担责任，为什么？

(3) C 铁路运输公司是否应承担责任，为什么？

【评析要点】(1) A 国际货运代理公司应承担责任。因为 A 是国际多式联运经营人，以承运人的身份与发货人订立多式联运合同，所以应对自大连至目的地新德里的全程运输负责，对货物的损坏承担责任。

(2) B 船公司应该承担责任。因为 B 公司作为海运段运输的承运人，在货物装船后签发了清洁提单，在卸货港卸货时发现货物残损，所以船公司应承担责任。

(3) C 铁路运输公司无责任。因为货物在交给铁路公司前已经损坏，A 公司的代理人也通知了铁路公司，所以铁路公司对货物残损无责任。

8. 对国际多式联运经营人的索赔与诉讼

1) 索赔通知时限、索赔时效与诉讼时效的概念

(1) 索赔通知时限，又称货物灭失或损害通知时限，是指有关运输的国际公约或国内法律中所规定的收货人或其代理人在从承运人或其代理人处收受货物后应用书面形式向承运人或其代理人提出的表明货物的损坏、灭失及延迟交付情况，并提出保留索赔权利的书面声明的期限。

(2) 索赔时效是指有关运输的国际公约或国内法规中所规定的索赔人向另一方或其代理人提出赔偿要求的有效期间。国际多式联运通常采用集装箱运输方式。

集装箱运输下货损事故的主要种类与发生原因有：①破损、擦损；②水渍损失；③汗渍损失；④污损；⑤腐烂变质、冻结货解冻损失；⑥被盗；⑦自然灾害和意外事故造成的损失。

《联合国国际货物多式联运公约》规定，对货物灭失或损坏明显的，应当在收到货物的次日书面提出。如果最后一天是星期日或法定假日，则顺延到下一个工作日。对货物灭失或损坏不明显的，应当在收货后连续 6 天内书面提出。延迟交货的索赔应在交货后下一日算起的 6 个月内提出，诉讼应在 2 年内提出。

(3) 诉讼时效是指有关国际公约或国内法律所规定的当事人向法院请求保护其权利的有效期间。

① 海牙规则：诉讼时效为 1 年，对延长时效未作规定。

② 海牙-维斯比规则：诉讼时效为 1 年，且允许协议延长时效。

③《联合国海上货物公约》与《联合国国际货物多式联运公约》：诉讼时效均为 2 年，且允许声明延长时效。

④《海商法》：诉讼时效期间为 1 年，且有 90 天的追偿期。

(4) 有关索赔通知时限的法律规定。

有关国际公约或国内法律所规定的货物损失通知时限见表 8-8。

表 8-8　有关国际公约或国内法律所规定的货物损失通知时限

规则 \ 通知时限 \ 损失情况	灭失或损坏显而易见	灭失或损坏非显而易见	延迟交付
海牙规则和维斯比规则	交付前或交付当时	3个连续日	未规定
《联合国海上货物公约》	1个工作日	15个连续日	60日
《海商法》	交付当时	非集装箱货，7个连续日；集装箱货，15个连续日	60日
我国公路及水路货物运输规则	交付当时		未规定
《华沙公约》与《中华人民共和国民用航空法》	应当于发现时提出，最迟不超过14日，货物无法交付时自货运单填开之日起120天内提出		21日
《国际公路货物运输合同公约》	交付之前或当时	7日	21日
《国际铁路货物运输公约》	在接受货物7日内要求检验，如果终止日为星期日或法定节假日，该期限应顺延至下一个工作日		60日
《国际货协》	未作规定		
《联合国国际货物多式联运公约》	1个工作日	6个连续日	16日
《联合运输单证统一规则》	交付之时或之前	7个连续日	未规定

8.3.3 国际多式联运代理业务的基本程序及费用计算方式

1. 国际多式联运代理业务的基本程序

1) 接受委托

多式联运经营人根据发货人提交的托运单或场站收据和自己的运输路线决定是否接受托运。如能接受则在托运单或场站收据上签章，以表明承诺，并填写运输工具名称和提单号等。

2) 提取空箱

集装箱来源：①多式联运人自己购置的；②租箱公司租用的；③由全程运输的分承运人提供的。

提箱程序如下：

(1) 多式联运人签发提箱单。连同设备交接单一并交由托运人。

(2) 托运人到指定的CY或CFS提箱。

(3) 提箱时必须出具提箱单，并由双方代表在设备交接单上签字，办理交接手续。

3) 报检报关

凡列入商检机构《进出口商品种类表》和合同规定必须由商检机构出证的商品，必须报检。如联运从港口开始，则在港口报关。若联运从内陆地区开始，则在货物所在地报关，到口岸报关后验方。

4) 货物装箱

货物装箱分为发货人自行装箱和多式联运经营人装箱。

发货人自行装箱包括发货人或其代理人提取空箱在发货人工厂或仓库自行装箱，或在发货人代理人的 CFS 装箱。

多式联运经营人装箱分为在多式联运经营人或其代理人货运站装箱，在区段承运人的货运站装箱视为在多式联运经营人代理人的货运站装箱。

5) 办理保险

发货人投保运输险，多式联运经营人投保货物责任险，集装箱所有人投保集装箱险。多式联运经营人代为投保灭失运输险时，应注意货物买卖合同和信用证规定的险别、保险金额和保险期间。

6) 货物运送

多式联运经营人接受货物后，交第一程运输的承运人，此实际承运人接受装箱货物后，向多式联运经营人签发本区段运输提/运单。此项业务可由多式联运经营人以托运人的身份进行，与发货人和其代理人无关。若第一承运人代为中转时，多式联运经营人应通知第二区段承运人，准备接运货物。

7) 签发提单

多式联运人或其代理人接受货物后，在场站收据上签章，发货人凭此到多式联运经营人或其分支机构，或其代理人处换取多式联运全程运输提单。发货人凭多式联运提单、保险单和发票等信用证要求的有关提单到银行结汇。

8) 中转、过境

在中转站不同运输方式间的中转，是由多式联运经营人分支机构或其代理组织，也可由各区段的实际承运人代为办理。

如果货物在目的港交付，则在目的港海关报关；若在进口国内地交付，则在口岸办理在海关监管下的保税运输手续，即转关。

9) 交付货物

货物到达目的地后，一般放在保税仓库的 CY 或 CFS，由当地代理通知收货人提货，收货人或其代理人需凭多式联运提单换取提货单，凭提货单到进口国海关办理进口结关手续。如是整箱，收货人掏箱后需返还空箱；如为拼箱，则可直接提货。

10) 处理货运事故

全程运输中发生的货物灭失或损坏的处理方法如下：

(1) 无论是否可确定灭失或损坏的区段，收货人或发货人均可在有效的时间内向多式联运经营人提出索赔。

(2) 如果能确知事故发生的区段和实际责任人时，由多式联运经营人向其追偿。

(3) 如果不能确知事故发生的区段和实际责任人时，根据多式联运所选定的适用法律或国际规则，或多式联运人与分区段承包人的分合同约定处理。

(4) 如果已对所运货物及责任投保，也可先向保险公司索赔，然后由保险公司向责任人追偿。

(5) 如果索赔人和责任人不能达成一致，可在有效诉讼期内，通过协议进行仲裁或向法院提起诉讼。图 8.7 表示的是国际多式联运代理业务的基本程序。

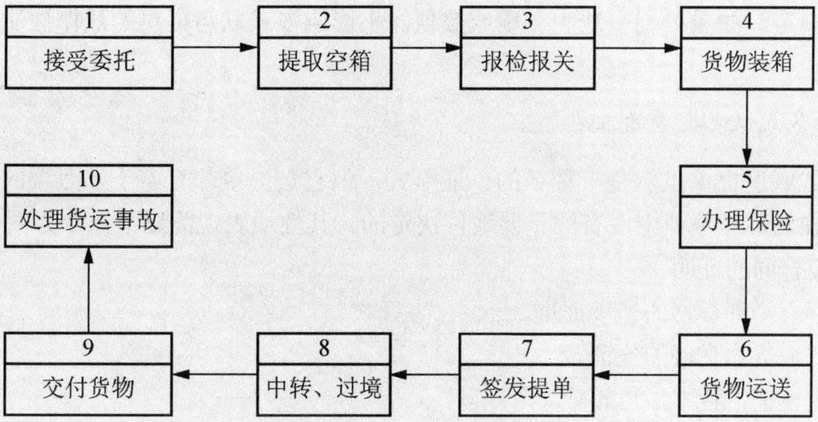

图 8.7　国际多式联运代理业务的基本程序

2. 国际多式联运费用的构成及计算方式

1) 国际多式联运费用的构成

国际多式联运费用构成应包括运输总成本、经营管理费用和经营利润三项。

(1) 运输总成本，主要由集疏运费、港区服务费、海运运费、集装箱租赁费和保险费组成。

(2) 经营管理费用，主要包括多式联运经营人与货主、各派出机构、代理人、实际承运人之间的信息、单证传递费用、单证成本和制单手续费，以及各派出机构的管理费用。这部分费用也可以分别加到不同区段的运输成本中一并计算。

(3) 经营利润，是指多式联运经营人预期从该线路货物联运中获得的毛利润。

2) 国际多式联运的计费方式

目前，国际多式联运的计费方式主要有单一运费制和分段运费制两种。

(1) 单一运费制是指集装箱从托运到交付，所有运输区段均按照一个相同的运费费率计算全程运费。在西伯利亚大陆桥运输中采用的就是这种计费方式。

(2) 分段运费制是按照组成多式联运的各运输区段，分别计算海运、陆运、空运及港站等各项费用，然后合计为多式联运的全程运费，由多式联运经营人向货主一次计收。各运输区段的费用，再由多式联运经营人与各区段的实际承运人分别结算。目前大部分多式联运的全程运费均采用这种计费方式。

(3) 混合计算运费。理论上讲，国际多式联运企业应制定全程运价表，且采用单一运费率制。然而由于制定单一运费率是一件较为复杂的问题，因此，作为过渡方法，目前有的多式联运经营人城市采取混合计收方法：从国内接收货物地点至到达国口岸采取单一费率。向发货人收取(预付运费)，从到达国口岸到内陆目的地的费用按实际成本确定，另向收货人收取(到付运费)。

8.3.4　国际多式联运提单

国际多式联运提单(Combined Transport B/L，Intermodal Transport B/L)是多式联运合同的

证明，多式联运经营人收到货物的收据和凭以交付货物的凭证。根据《联合国国际货物多式联运公约》规定，如果单据中缺少一项或数项，不影响多式联运提单的法律性质，该提单仍然有效。

1. 国际多式联运提单的性质

国际多式联运提单虽然是一种新的单证形式，但它与提单却有着千丝万缕的联系，这主要是由海运在国际运输业中占有的重要地位决定的。其性质表现为以下几个方面。

(1) 运输合同的证明。

(2) 经营人接管货物的初步证据。

(3) 目的地货物交接的凭证。

(4) 物权凭证，背书后可转让。

2. 国际多式联运提单的主要内容

国际多式联运提单应当载明下列事项。

(1) 货物品类、识别货物所必需的主要标志。

(2) 多式联运经营人的名称和主要营业场所。

(3) 托运人、收货人的名称、地址。

(4) 多式联运经营人接管货物的地点、日期。

(5) 约定交付货物的地点。

(6) 表示该多式联运提单可转让或不可转让的声明。

(7) 多式联运经营人或其授权人的签字及签发地点、日期。

(8) 运输方式及路线、转运地点、约定运达期限及说明。

(9) 如经双方明确协议，每种运输方式的运费或应由收货人支付的运费，用以支付的货币。

(10) 有关声明。

(11) 在不违背签署多式联运提单所在国法律和法规的前提下，双方同意列入多式联运提单的其他事项。

3. 国际多式联运提单的签发

1) 签发国际多式联运提单的注意事项

(1) 如可转让应在“收货人”栏列明“按指示交付”或“向持票人交付”；如不可转让应列明收货人的名称。

(2) 通知方应填写最终交货地点的收货人指定的代理人。

(3) 正本提单表明正本份数，副本提单应注明“不可转让”或“副本”字样。

(4) 国际多式联运提单应由多式联运经营人或经他授权的人签字。

(5) 如果多式联运经营人在接受货物时，对货物实际情况有怀疑的，可在提单中作出保留，注明不符之处并注明理由。

2) 国际多式联运提单签发的时间和地点

(1) 在发货人工厂或仓库交付货物。在 FCA、CPT、CIP 条件下的“在卖方所在地交货”情况下，发货人在自己的门前交付货物。签发时间是在接受货物后。

(2) 在 CFS 交付货物。在 FCA、CPT、CIP 条件下的“在卖方其他地点交货”情况下，货物多为 LCL。签发时间是在货物交接入库后。

(3) 在 CY 交付货物。发货人将封好的集装箱运到 CY，CY 人员接受货物并签发场站收据，发货人凭场站收据换取多式联运提单。

3) 国际多式联运提单与各区段承运人单据的区别与联系

国际多式联运提单与其他提单(如转船提单、联运提单等)都是中途需要换装作业的提单。但是其他提单都是规定承运人仅对自己完成的区间承担责任，而国际多式联运提单则是规定国际多式联运经营人对全程负责。可见它们之间存在很大的不同。

多式联运提单与各区段承运人单据的区别与联系见表 8-9。

表 8-9 国际多式联运提单与各区段承运人单据的区别与联系

项目	国际多式联运提单	各运输区段承运人单据(提单、运单)
收货地	起始收货地点	区段运输工具的实际收货地
装货港	一程承运船的装港	区段运输工具(船)的实际装货港
卸货港	最末程承运船卸港	区段运输工具的实际交货地
交货地	最终交货地点	区段运输工具的实际交货地
签单地	起始收货地点	区段运输工具的收货地(港)
托运人	依贸易合同而定	多式联运经营人或其代理人
通知人	依贸易合同而定	多式联运经营人或其代理人
收货人	依贸易合同而定	多式联运经营人或其代理人
签发人	多式联运经营人或其代理人	区段承运人或其代理人
责任区间	承担全程责任	承担各自负责区段责任
主要用途	结汇	货物交接与提取

4. 国际多式联运提单流转和控制的一般程序

国际多式联运提单流转和控制的一般程序如下：

(1) 国际多式联运经营人或其代理人在合同约定地点接受货物并装运后，应及时缮制和签发多式联运提单给托运人。

(2) 国际多式联运提单上的收、发货人是实际收、发货人，通知方是多式联运经营人在目的地指定的代理人或合同中指定的人。

(3) 多式联运经营人缮制一套货运提单交沿途各区段代理人，作为向该区段承运人或其代理人进行提货的凭据。

(4) 每一程货运提单中，发货人均是多式联运经营人在该区段的代理人或分合同方，收货人是多式联运经营人在下一程的代理人或作为分合同方的区段承运人或其代理人。

(5) 货物运至目的地，区段承运人或其代理人按多式联运经营人的提示放货给多式联运经营人在目的地的代理人，多式联运经营人在目的地代理人凭货运单或提单办理手续提取货物的同时，通知目的地实际收货人凭多式联运正本提单前来其处办理提货手续，在缴纳了各项应交费用和收回多式联运正本提单后放货给实际收货人，并完成交货义务和终止货运责任。多式联运提单及各区段实际承运人签发运输单证的流转程序如图 8.8 所示。

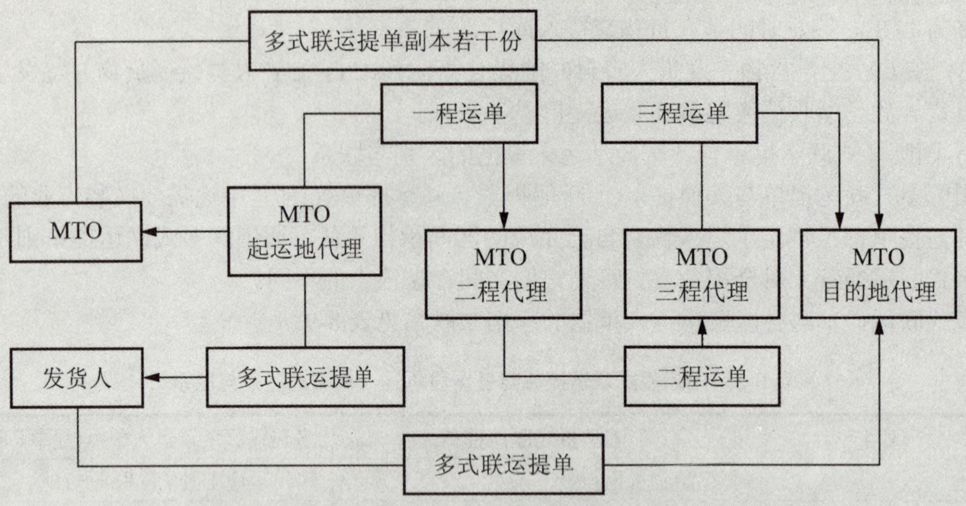

图 8.8　多式联运提单及各区段实际承运人签发运输单证的流转程序

图 8.8 中一程是公路运输、二程是海上运输、三程是铁路运输，表明在这三种情况下多式联运经营人签发的多式联运提单及各区段单证的流转程序。

① 多式联运经营人缮制并签发全程多式联运提单，并将正副本分别交付发货人和各地分支机构或代理。

② 一程承运人收到货物后向多式联运经营人或其代理签发公路运单，多式联运经营人起运地分支机构或代理应以最快的通信方式将运单、舱单等寄交多式联运经营人二程分支机构或代理。

③ 二程承运人收到货物后向多式联运经营人或其代理签发提单，多式联运经营人二程分支机构或代理应以最快的通信方式将正本提单、舱单等寄交多式联运经营人三程分支机构或代理。

④ 三程承运人收到货物后向多式联运经营人或其代理签发铁路运单，多式联运经营人三程分支机构或代理应以最快的通信方式将运单等寄交多式联运经营人目的地分支机构或代理。

⑤ 多式联运经营人目的地分支机构凭铁路运单从承运人或代理处提取货物，并向收货人发出提货通知。收货人付款赎单后取得多式联运经营人签发的全套正本多式联运提单，凭此全套正本提单可向多式联运经营人目的地分支机构或代理办理提货手续。多式联运经营人目的地分支机构或代理经与多式联运经营人寄交的副本提单核对，并在收取应收取的运杂费后，将货物交付收货人。

职业能力训练

一、案例分析题

1．2010 年 5 月 20 日，我国甲电力有限公司从欧洲进口一批发电机组及配套设备，委托我国乙货运代理公司负责全程运输，乙货运代理公司以托运人的身份向海运承运人订舱，装卸港口分别为 A 和 B。货物从欧洲港口起运后，甲电力有限公司向我国丙财产保险股份有限公司投保海洋货物运输一切险，保险单上启运地和目的地分别为 A 和 B。2010 年 6 月 9 日，在发电设备被海运至我国 B 港后，乙货运代理公司又转委托中国丁运输有限公司将其运至电力有限公司在 C 地的工地，并向其支付货运运费。发电设备在公路运输途中，从丁运输有限公司的车上侧移跌落地面，严重受损。

思考：(1) 甲公司的货损应向谁索赔？为什么？

(2) 丁运输有限公司是否应承担责任？为什么？

(3) 保险公司是否应承担责任？为什么？

2．2009 年 6 月 5 日，A 货主与 B 货运代理公司签订一份关于货物全程运输的协议，约定由 B 货运代理公司承运 A 货主的货物，包括从 A 货主所在地汽车运输至中国香港、中国香港至新加坡的海上船舶运输，A 货主一次性支付全程运费。该协议并无关于运输烟花等危险品的约定，且 B 货运代理公司的经营范围仅为普通货物运输服务。在 A 货主处装车时，B 货运代理公司发现所运货物 16 000 箱烟花并表示拒绝运输，但 A 货主坚持要 B 货运代理公司承运，B 货运代理公司遂接受了运输任务。在汽运输过程中，由于司机违章抢道行驶与火车相撞，导致货物发生爆炸全损。A、B 双方当事人就有关责任和索赔发生纠纷并诉至法院。

思考：(1) 本案是否属于国际多式联运合同纠纷？为什么？

(2) A 货主对此是否有责任？为什么？

(3) B 货运代理公司是否有责任？为什么？

二、实践操作题

南昌 A 集团公司需要从德国 B 汽车制造公司进口一批零部件，合同约定的贸易条款为 FOB 南昌。南昌 A 集团公司计划采取集装箱海陆联运方式，经由上海转运至南昌，并向社会公开招标。现有一家国际货运代理企业欲投标，为此，需要测算其可能产生的多式联运成本。

思考：(1) 该国际货运代理企业承运此业务会涉及哪些成本？

(2) 该国际货运代理企业投标时可选择哪些计费方式？

【考核评价】

对本项目内容的考核，分为任课老师考核、学生自评和学生小组互评考核，考核评分内容见表 8-10。

表 8-10　评分表

姓名	学习态度(10%)	职业素养(10%)	专业知识(30%)	课堂和实训参与程度(30%)	学习纪律(20%)	合计

推荐网络学习资源

◆中国物流与采购联合会(http://www.chinawuliu.com.cn)。
◆110 法律咨询(http://www.110.com)。
◆中国铁路货运网(http://www.zgtlhy.com)。
◆好运物流网(http://www.haoyun56.com)。
◆易登网(http://www.edeng.cn)。
◆中铁国际多式联运有限公司(http://www.crimt.com.cn/Simplified/Main.asp)。

参 考 文 献

[1] 陈彩凤．国际货运代理[M]．北京：北京交通大学出版社，2010.

[2] 杨鹏强．国际货运代理实务[M]．北京：电子工业出版社，2008.

[3] 丁立言，张铎．国际物流学[M]．北京：清华大学出版社，2000.

[4] 张清，杜扬．国际物流与货运代理[M]．2版．北京：机械工业出版社，2011.

[5] 邓传红．国际货运代理实务[M]．大连：大连理工大学出版社，2009.

[6] 赵国玲．海商法概论[M]．北京：北京大学出版社，2000.

[7] 张蕾丽，刘志学．国际贸易与国际物流[M]．武汉：华中理工大学出版社，1999.

[8] 顾永才，陈幼端．国际物流与货运代理[M]．北京：首都经济贸易大学出版社，2007.

[9] 石玉川，张家瑾．国际贸易实务[M]．北京：对外经济贸易大学出版社，2005.

[10] 教琳．报关实务[M]．北京：对外经济贸易大学出版社，2008.

[11] 姚大伟．国际贸易单证实务[M]．北京：中国对外经济贸易出版社，2005.

[12] 张敏，周敢飞．国际货运代理实务[M]．北京：北京理工大学出版社，2007.

[13] 杨志刚．国际货运代理业务指南[M]．北京：人民交通出版社，2001.

[14] 孟于群．货运代理与物流法律及案例评析[M]．北京：中国对外经济贸易出版社，2005.

[15] 姚大伟．国际贸易运输实务[M]．北京：中国对外经济贸易出版社，2002.

[16] 李敏华，任铁争．国际贸易实务[M]．北京：中国人民大学出版社，2010.

[17] 金乐闻，武素秋．国际货运代理实务[M]．北京：对外经济贸易大学出版社，2000.

[18] 裘克勤．国际贸易港口[M]．北京：人民交通出版社，1997.

[19] 中国国际货运代理协会．国际货运代理理论与实务[M]，北京：中国商务出版社，2007.

[20] 牛鱼龙．海运货代实务案例[M]．上海：同济大学出版社，2008.

[21] 王为．国际铁路货物联运[M]．北京：中国商务出版社，2007.

[22] 孙家庆．国际货运代理[M]．2版．大连：东北财经大学出版社，2008.

[23] 中国国际货运代理协会．国际多式联运与现代物流理论与实务[M]．北京：中国商务出版社，2010.

[24] 中国国际货运代理协会．国际航空货运代理理论与实务[M]．北京：中国商务出版社，2010.

[25] 国际海事信息网(http://www. simic. net. cn)。

[26] 233网校(http://www. 233. com)。

[27] 中国国际货运代理协会网站(http://www. cifa. org. cn)。

北京大学出版社第六事业部高职高专经管教材书目

本系列教材的特色：

1. 能力本位。以学生为主体，让学生看了就能会，学了就能用；以教师为主导，授人以渔；以项目为载体，将技能与知识充分结合。

2. 内容创新。内容选取机动、灵活，适当融入新技术、新规范、新理念；既体现自我教改成果，又吸收他人先进经验；保持一定前瞻性，又避免盲目超前。

3. 精编案例。案例短小精悍，能佐证知识内容；案例内容新颖，表达当前信息；案例以国内中小企业典型事实为主，适合高职学生阅读。

4. 巧设实训。实训环节真实可行，实训任务明确，实训目标清晰，实训内容详细，实训考核全面，切实提高能力。

5. 注重立体化。既强调教材内在的立体化，从方便学生学习的角度考虑，搭建易学易教的优质的纸质平台，又强调教材外在的立体化，以立体化精品教材为构建目标，网上提供完备的教学资源。

物流管理系列

序号	书　名	标准书号	编著者	定价	出版时间
1	现代物流概论	978-7-81117-803-6	傅莉萍	40	201010 第 2 次印刷
2	现代物流管理	978-7-301-17374-9	申纲领	30	201205 第 2 次印刷
3	现代物流管理	978-7-5038-4854-4	沈　默	37	201107 第 4 第印刷
4	现代物流概论	978-7-301-20922-6	钮立新	38	201207
5	企业物流管理	978-7-81117-804-3	傅莉萍	32	201308 第 4 次印刷
6	物流专业英语	978-7-5655-0210-1	仲　颖	24	201205 第 2 次印刷
7	现代生产运作管理实务	978-7-301-17980-2	李陶然	39	201211 第 2 次印刷
8	物流案例与实训	978-7-301-17521-7	申纲领	28	201307 第 3 次印刷
9	物流市场调研	978-7-81117-805-0	覃　逢	22	201309 第 3 次印刷
10	物流营销管理	978-7-81117-949-1	李小叶	36	201205 第 2 次印刷
11	采购管理实务	978-7-301-17917-8	李方峻	28	201402 第 3 次印刷
12	采购实务	978-7-301-19314-3	罗振华	33	201306 第 2 次印刷
13	供应链管理	978-7-301-20639-3	杨　华	33	201205
14	采购与供应管理实务	978-7-301-19968-8	熊　伟	36	201308 第 2 次印刷
15	采购作业与管理实务	978-7-301-22035-1	李陶然	30	201301
16	仓储管理技术	978-7-301-17522-4	王　冬	26	201306 第 2 次印刷
17	仓储管理实务	978-7-301-18612-1	李怀湘	30	201209 第 2 次印刷
18	仓储与配送管理	978-7-81117-995-8	吉　亮	38	201207 第 4 次印刷
19	仓储与配送管理实训教程	978-7-81117-886-9	杨叶勇	24	201209 第 2 次印刷
20	仓储与配送管理实务	978-7-5038-4857-5	郭曙光	44	201009 第 2 次印刷
21	仓储与配送管理实务	978-7-301-20182-4	李陶然	35	201203
22	仓储与配送管理项目式教程	978-7-301-20656-0	王　瑜	38	201205
23	仓储配送技术与实务	978-7-301-22673-5	张建奇	38	201307
24	物流运输管理	978-7-301-17506-4	申纲领	29	201109 第 3 次印刷
25	物流运输实务	978-7-301-20286-9	黄　河	40	201203
26	运输管理项目式教程	978-7-301-19323-5	钮立新	30	201108
27	物流信息系统	978-7-81117-827-2	傅莉萍	40	201205 第 2 次印刷
28	物流信息系统案例与实训	978-7-81117-830-2	傅莉萍	26	200908
29	物流信息技术与应用	978-7-301-17212-4	谢金龙	30	201211 第 3 次印刷
30	物流成本管理	978-7-301-20891-5	傅莉萍	28	201207
31	第三方物流综合运营	978-7-301-21213-4	施学良	32	201405 第 2 次印刷
32	物流市场营销	978-7-301-21249-3	张　勤	36	201209
33	国际货运代理实务	978-7-301-21968-3	张建奇	38	201407 第 2 次印刷

序号	书　名	标准书号	编著者	定价	出版时间
34	物流经济地理	978-7-301-21963-8	葛颖波等	29	201301
35	运输组织与管理项目式教程	978-7-301-21946-1	苏玲利	26	201301
36	物流商品养护技术	978-7-301-22771-8	李燕东	25	201307
37	物流设施与设备	978-7-301-22823-4	傅莉萍等	28	201307
38	运输管理实务	978-7-301-22824-1	黄友文	32	201307
39	药品物流基础	978-7-301-22863-0	钟秀英	30	201307
40	采购与仓储管理实务	978-7-301-23053-4	耿波等	34	201308
41	新编仓储与配送实务	978-7-301-23594-2	傅莉萍	32	201401
42	电子商务物流基础与实训（第 2 版）	978-7-301-24034-2	邓之宏	33	201404
43	物流信息技术与应用（第 2 版）	978-7-301-24080-9	谢金龙等	34	201404